Konsumorientierte Einkommensteuer und internationale Steuerordnung

Europäische Hochschulschriften

Publications Universitaires Européennes
European University Studies

Reihe V
Volks- und Betriebswirtschaft

Série V Series V
Sciences économiques, gestion d'entreprise
Economics and Management

Bd./Vol. 3056

PETER LANG
Frankfurt am Main · Berlin · Bern · Bruxelles · New York · Oxford · Wien

Christiane Liesenfeld

Konsumorientierte Einkommensteuer und internationale Steuerordnung

PETER LANG
Europäischer Verlag der Wissenschaften

Bibliografische Information Der Deutschen Bibliothek
Die Deutsche Bibliothek verzeichnet diese Publikation in der Deutschen Nationalbibliografie; detaillierte bibliografische Daten sind im Internet über <http://dnb.ddb.de> abrufbar.

Zugl.: Mainz, Univ., Diss., 2003

D 77
ISSN 0531-7339
ISBN 3-631-51207-4

www.peterlang.de

Meiner Familie

Vorwort

Die vorliegende Arbeit entstand im Rahmen meiner Tätigkeit als wissenschaftliche Mitarbeiterin am Institut für Finanzwissenschaft der Johannes Gutenberg-Universität Mainz. Sie wurde im November 2002 abgeschlossen und im März 2003 vom Fachbereich Rechts- und Wirtschaftswissenschaften der Johannes Gutenberg-Universität als Dissertation angenommen.

Herrn Professor Dr. Rolf Peffekoven, der die Anfertigung der Arbeit betreut hat, danke ich für die Unterstützung, für wertvolle Anregungen und für die Übernahme des Erstreferats. Herrn Professor Dr. Georg Tillmann danke ich für die Übernahme des Zweitreferats.

Bei meinen Kollegen Herrn Dipl.-Volkswirt Markus Euler und Herrn Dr. Frank Roland bedanke ich mich ganz herzlich für die mühevolle Durchsicht des Manuskripts. Für die freundschaftliche und kollegiale Zusammenarbeit danke ich ebenso meinen Kollegen Herrn Dipl.-Volkswirt Christopher Profitlich, Herrn Dr. Ronald Steyer und Herrn Dr. Michael Sturm, den wissenschaftlichen Hilfskräften sowie den Sekretärinnen des Lehrstuhls Frau Edeltraud Egger und Frau Elke Pfennig.

Meine Familie hat mich in den Jahren, in denen diese Arbeit entstanden ist, mit viel Verständnis und Geduld unterstützt. Ihr gilt mein ganz besonderer Dank.

Mainz, im Herbst 2003 — Christiane Liesenfeld

Inhaltsverzeichnis

Abkürzungs- und Symbolverzeichnis

ABl. EG	Amtsblatt der Europäischen Gemeinschaften
AB_{max}	maximaler Anrechnungsbetrag
Abs.	Absatz
ACE	Allowance for Corporate Equity
ACIR	Advisory Commission on International Relations
AO	Abgabenordnung
Art.	Artikel
AStG	Außensteuergesetz
Aufl.	Auflage
Bd.	Band
betr.	betreffend
BGBl.	Bundesgesetzblatt
BMF	Bundesministerium der Finanzen
BMG	Bemessungsgrundlage
BStBl.	Bundessteuerblatt
BT	Bundestag(s)
BVerfG	Bundesverfassungsgericht
BVerfGE	Entscheidung des Bundesverfassungsgerichts
bzw.	beziehungsweise
C	Konsum
D	Abschreibung
DIW	Deutsches Institut für Wirtschaftsforschung
d.V.	die Verfasserin
ECOFIN	Rat der Wirtschafts- und Finanzminister der Europäischen Gemeinschaft
Ed.	Editor/Edition (Herausgeber/Auflage)
EG	Europäische Gemeinschaft/en
EGKS	Europäische Gemeinschaft für Kohle und Stahl
EGV	Vertrag zur Gründung der Europäischen Gemeinschaft
EK	Eigenkapital

endg.	endgültig
EStDV	Einkommensteuer-Durchführungsverordnung
EStG	Einkommensteuergesetz
etc.	et cetera
EU	Europäische Union
EuGH	Europäischer Gerichtshof
EUV	Vertrag über die Europäische Union
EWG	Europäische Wirtschaftsgemeinschaft
EWR	Europäischer Wirtschaftsraum
GATT	General Agreement on Tarifs and Trade (Allgemeines Zoll- und Handelsabkommen)
GG	Grundgesetz
Ggf.	gegebenenfalls
GTZ	Deutsche Gesellschaft für Technische Zusammenarbeit
Hrsg.	Herausgeber
Jg.	Jahrgang
i	Zinssatz
IFS	Institute for Fiscal Studies
IStR	Internationales Steuerrecht
ITP	Individual Tax Prepayment
KNS	Konsumorientierte Neuordnung des Steuersystems
KOM	Kommission der Europäischen Union
KStG	Körperschaftsteuergesetz
No./Nr.	Nummer
N.F.	Neue Folge
OECD	Organisation for Economic Co-Operation and Development
OECD-MA	OECD-Musterabkommen
O.V./o.V.	ohne Verfasser
PEPS	Personal Equity Plans
QL	Quellenland
QLP	Quellenlandprinzip

R-Steuer	Steuer auf der Basis von realwirtschaftlichen Transaktionen (real items = R)
R+F-Steuer	Steuer auf der Basis von real- und finanzwirtschaftlichen Transaktionen (real and financial items = R+F)
Rn.	Randnummer
S	Sparen/Nettoersparnisbildung
S_{max}	maximaler Sparbetrag
S.	Seite/n
SHS	Schanz, Haig, Simons
S-Steuer	Steuer auf der Basis von Beteiligungstransaktionen (share items = S)
SVR	Sachverständigenrat zur Begutachtung der gesamtwirtschaftlichen Entwicklung
T	Steuerschuld
t	Steuersatz
t_{R+F}	Steuersatz R+F-Steuer
t_S	Steuersatz S-Steuer
t_{WL}	Steuersatz Wohnsitzland
t_{QL}	Steuersatz Quellenland
u.a.	und andere
u.a.O.	und andere Orte
UNCTAD	United Nations Conference on Trade and Development (Welthandelskonferenz)
USA	United States of America (Vereinigte Staaten von Amerika)
V	Steuerlicher Abschreibungsvorteil
Vol.	Volume (Band)
WL	Wohnsitzland
WLP	Wohnsitzlandprinzip
WTO	World Trade Organisation
WWU	Wirtschafts- und Währungsunion
Y	Einkommen
z	Kalkulationszinssatz

Tabellenverzeichnis

1 Einleitung

Die Debatte um die „richtige" Form der Einkommensbesteuerung ist nicht nur ein finanzpolitischer, sondern auch ein finanzwissenschaftlicher Dauerbrenner. Dabei verfolgen die unzähligen Vorschläge zur Reform der bestehenden Einkommensteuer im Allgemeinen zwei grundsätzlich verschiedene Ansätze: Während die einen – wohl die Mehrheit in der Wissenschaft – auf eine umfassende Einkommensbesteuerung im Sinne der Reinvermögenszugangstheorie nach Schanz, Haig und Simons (SHS-Konzeption) abzielen, halten die anderen – eher die Minderheit – diese Art der Einkommensbesteuerung für grundsätzlich ungerecht, ineffizient und praktisch nicht umsetzbar. Diesen Schwächen kann ihrer Meinung nach durch eine konsumorientierte Einkommensteuer – also durch eine grundlegende Abkehr von dem traditionellen Leitbild der Einkommensbesteuerung – wirksam begegnet werden.

Im Laufe der Zeit wurden unterschiedlichste Ausgestaltungen der konsumorientierten Einkommensteuer entwickelt und diskutiert. Grundsätzlich ist unter dieser Form der Einkommensbesteuerung eine auf das konsumierte Einkommen der natürlichen Personen erhobene Zwangsabgabe zu verstehen. Die angestrebte steuerliche Belastung des Konsums kann jedoch auf zwei verschiedene, prinzipiell gleichwertige Arten erreicht werden: Die Bemessungsgrundlage der sparbereinigten Variante der konsumorientierten Einkommensteuer – der Jahreskonsum – ergibt sich im Wesentlichen dadurch, dass die Nettoersparnisbildung von den Markteinkünften abgezogen wird. Dagegen wird bei den zinsbereinigten Varianten der Abzug einer marktüblichen Verzinsung des eingesetzten Eigenkapitals von den Einkünften gewährt. Dadurch wird – je nach Abgrenzung des Konsumbegriffs – der Lebenskonsum oder das Lebenseinkommen der Steuerpflichtigen belastet. In Kapitel 2 werden die in der finanzwissenschaftlichen Literatur am häufigsten diskutierten Reformkonzeptionen vorgestellt, die diesen beiden Spielarten zuzuordnen sind. Auch die unterschiedlichen Ansätze zur Ergänzung der konsumorientierten Einkommensbesteuerung auf der Haushaltsebene durch eine Gewinnbesteuerung der Unternehmen werden dort in ihren wesentlichen Aspekten erläutert.

Wie in Kapitel 3 dargestellt wird, lassen sich die von den Vertretern einer konsumorientierten Einkommensbesteuerung angeführten vermeintlichen Vorzüge dieser Steuern im Hinblick auf steuerliche Gerechtigkeit, Effizienz und Praktikabilität nicht eindeutig nachweisen. Die in der internationalen finanzwissenschaftlichen und steuerrechtlichen Literatur ausführlich und äußerst kontrovers geführte Diskussion zu diesen Punkten soll hier nur knapp und mit ihren wesentlichen Argumenten nachgezeichnet werden.

Die Debatte zwischen Gegnern und Befürwortern einer konsumorientierten Einkommensbesteuerung konzentriert sich auf die Wirkungen einer konsumorientierten Einkommensbesteuerung in einer geschlossenen Volkswirtschaft. Angesichts der weiter zunehmenden internationalen Verflechtungen der Wirtschaft greift eine solche Analyse zweifellos zu kurz. Nicht zuletzt die insbesondere in Europa seit langer Zeit geführte Diskussion über die Besteuerung von Kapitalerträgen macht deutlich, dass „eine nur national orientierte Steuerpolitik im internationalen Wettbewerb der Steuersysteme keine Perspektive mehr hat“.[1] Will man aber die Beurteilung der konsumorientierten Einkommensteuern auf eine offene Volkswirtschaft ausdehnen, dann müssen die Anforderungen an ein Steuersystem für eine offene Wirtschaft über die in Kapitel 3 diskutierten Kriterien hinaus erweitert und ergänzt werden (Kapitel 4).

Mit Blick auf diese besonderen Anforderungen und zur Lösung der ebenfalls in Kapitel 4 dargestellten grundsätzlichen Probleme, die mit der Besteuerung internationaler Faktoreinkommen verbunden sind, hat sich im Laufe von Jahrzehnten ein komplexes internationales System der Besteuerung grenzüberschreitender Transaktionen entwickelt. Die für Deutschland relevanten Regelungen werden in Kapitel 5 im Einzelnen erläutert: Außensteuerrecht, Doppelbesteuerungsabkommen und Europäisches Steuerrecht. Pläne für eine grundlegende Veränderung der Einkommensbesteuerung müssen sich auch daran messen lassen, ob sie sich in diese internationale Steuerordnung einfügen würden. Gegebenenfalls notwendige Modifizierungen dieser Ordnung würden die Durchsetzbarkeit und die Praktikabilität des Reformvorhabens erheblich einschränken.

[1] Krause, H.-J. (1997), S. 493.

Eine so erweiterte Analyse einer konsumorientierten Reform der Einkommensbesteuerung wirft zusätzliche Fragen auf: Inwiefern könnten die bestehenden Regelungen für die Besteuerung grenzüberschreitender Faktoreinkommen bestehen bleiben, wenn ausschließlich Deutschland zu einer konsumorientierten Einkommensteuer übergehen würde? Wären die notwendigen Umstellungen so umfangreich und schwierig, dass eine solche Reform an dem damit verbundenen administrativen Aufwand scheitern würde? Könnte der Änderungsbedarf durch einen allgemeinen Übergang zu einem solchen System reduziert oder sogar vermieden werden? Ist einer der beiden Spielarten der konsumorientierten Einkommensbesteuerung unter internationalen Gesichtspunkten der Vorzug zu geben? Lassen sich insbesondere die Aussagen bestätigen, dass eine sparbereinigte Einkommensteuer „im Alleingang für Deutschland derzeit nicht praktizierbar"[2], die zinsbereinigte Variante dagegen mit der internationalen Steuerordnung „ohne weiteres vereinbar"[3] wäre? Diese Fragen zu beantworten ist das Ziel dieser Arbeit.

---

2 Rose, M. (1996a), S. 85.
3 Ebenda, S. 85 f.

2 Konsumorientierte Einkommensbesteuerung: Idee und technische Ausgestaltung

2.1 Die Idee einer konsumorientierten Einkommensbesteuerung

Der Gedanke, den jährlichen Konsum direkt bei den Haushalten zu besteuern, ist keineswegs neu.[4] Bereits in der Mitte des 17. Jahrhunderts forderte der englische Philosoph Thomas Hobbes – wenn auch eher aus moralischen Gründen – eine Besteuerung, die sich an den Konsumausgaben und nicht an den Einkünften der Steuerpflichtigen orientiert. Etwa hundert Jahre später vertrat John Stuart Mill auch unter ökonomischen Gesichtspunkten die Ansicht, nur eine Einkommensbesteuerung, die die Ersparnisbildung steuerfrei lasse, könne gerecht sein. Mit Blick auf die administrativen Schwierigkeiten, die seiner Ansicht nach mit der Erhebung einer direkten Konsumsteuer verbunden wären, verfolgte Mill die Idee jedoch nicht weiter.[5]

Die Diskussion um die direkte Besteuerung des Konsums wurde erst zu Beginn des 20. Jahrhunderts wieder intensiviert – zu einer Zeit also, in der viele Staaten ein Einkommensteuersystem erst entwickelten oder das bestehende System grundlegend reformierten. Auch damals gaben zahlreiche bekannte Ökonomen wie beispielsweise Luigi Einaudi, Alfred Marshall, John Maynard Keynes und Arthur Cecil Pigou einer direkten Konsumsteuer generell den Vorzug vor einer Einkommensteuer; doch auch sie hielten eine solche Abgabe für praktisch nicht durchsetzbar.[6] Zwar legten im deutschsprachigen Raum Karl Elster mit seiner „Reichsaufwandsteuer“ (1913) und Paul Mombert mit der „Verbrauchseinkommensteuer“ (1916) bereits detailliertere Vorschläge für die Umsetzung einer solchen Steuer vor.[7] Der Durchbruch gelang jedoch erst 1937, als Irving Fisher ein überzeugendes und praktikables Schema für die Ermittlung der Bemessungsgrundlage einer persönlichen Konsum-

[4] Eine ausführliche Darstellung der Geschichte der Ausgabensteuer bis in die 70er Jahre des 20. Jahrhunderts findet sich bei Zumstein, P. (1977), S. 3 ff. Einen Überblick über die Vorschläge zur Einführung einer solchen Steuer für den gleichen Zeitraum gibt Peffekoven, R. (1980), S. 446 ff.

[5] Vgl. Musgrave, R.A. (1991), S. 40 f., Weisflog, W.E. (1983), S. 339. Zu den Begründungen von Hobbes und Mill siehe ausführlicher Kapitel 3.1.

[6] Vgl. Batina, R., Ihori, T. (2000), S. 7, Musgrave, R.A. (1991), S. 41, Zumstein, P. (1977), S. 10 ff., ACIR (1974), S. 8.

[7] Vgl. Elster, K. (1913), Elster, K. (1916), Mombert, P. (1916), Mombert, P. (1922), S. 69 ff.

steuer vorstellte.[8] Seine Konzeption kann als grundlegend für die weitere Entwicklung bezeichnet werden.[9]

Auch der wohl bekannteste Vertreter einer direkten Konsumsteuer, Nicholas Kaldor, konzipierte 1955 seine so genannte „expenditure tax"[10] auf der Basis von Fishers Vorschlag. Die Konzeption von Kaldor fand jedoch wesentlich mehr Beachtung – nicht zuletzt deshalb, weil sie als erste (und für lange Zeit auch als einzige) in die Praxis umgesetzt wurde.[11] Obwohl Kaldors Modell bei seiner praktischen Erprobung in Indien und Sri Lanka (Ceylon) wenig erfolgreich war[12], wurde diese Konzeption einer sparbereinigten Einkommensteuer international sowohl in der politischen wie auch in der wissenschaftlichen Diskussion immer wieder aufgegriffen.

In den 1970er Jahren wurden für einige westliche Länder umfassende Untersuchungen über eine grundlegende Reform des jeweils bestehenden Einkommensteuersystems durchgeführt. Dabei wurde immer auch der Übergang zu einer direkten Konsumbesteuerung in Betracht gezogen:[13] So wurde 1976 in Schweden eine entsprechende Studie von Sven-Olof Lodin veröffentlicht, die dieser im Auftrag der „1972 Government Commission on Taxation" erstellt hatte. Darin analysierte Lodin in erster Linie die praktische Durchführbarkeit einer progressiven Ausgabensteuer, die ergänzend zu einer proportionalen Einkommensteuer erhoben werden sollte.[14] In den USA führte das U.S. Department of the Treasury etwa zur gleichen Zeit eine ausführliche Untersuchung über eine grundlegende Reform der Einkommensbesteuerung durch. Dabei wurden zwei mögliche Wege aufgezeigt: eine umfassende Einkommensbesteuerung („Comprehensive Income Tax") auf der einen Seite und eine direkte Konsumbesteuerung („Consumption Base Tax") auf der anderen Seite. Die Ergebnisse der Analyse wurden 1977 als „Blueprints for Basic Tax Reform"[15]

---

[8] Vgl. Fisher, I. (1937). 1942 hat Fisher gemeinsam mit seinem Bruder eine detaillierte Konzeption für eine direkte Konsumbesteuerung veröffentlicht. Vgl. Fisher, I., Fisher, H.W. (1942).

[9] Vgl. Batina, R., Ihori, T. (2000), S. 7, Musgrave, R.A. (1991), S. 42, Zumstein, P. (1977), S. 21 f.

[10] Kaldor, N. (1969). Siehe auch Folkers, C. (1987), S. 106, Scheer, C. (1998), S. 172.

[11] Zur praktischen Umsetzung der „Expenditure Tax" in Indien und Ceylon siehe ausführlich Zumstein, P. (1977), III. Teil.

[12] Wobei zu beachten ist, dass in beiden Fällen die Konzeption Kaldors mit zahlreichen Sonderregelungen und Einschränkungen versehen und damit nur unvollständig umgesetzt wurde. Siehe dazu Zumstein, P. (1977), S. 423 ff.

[13] Vgl. McLure, C.E., Zodrow, G.R. (1991), S. 117 f.

[14] Vgl. Lodin, S.-O. (1976), Zumstein, P. (1977), S. 27 f.

[15] Vgl. Bradford, D.F. (1984).

veröffentlicht.[16] Der 1978 in England publizierte so genannte „Meade Report" stellte einer umfassenden Einkommensteuer unterschiedliche Formen einer „Expenditure Tax" gegenüber. Darüber hinaus entwickelte er unterschiedliche Konzeptionen einer ergänzenden Unternehmensbesteuerung, die noch heute Gegenstand ausgiebiger Diskussionen sind.[17] All diese Untersuchungen führten jedoch nicht dazu, dass eine konsumorientierte Einkommensbesteuerung in der praktischen Steuerpolitik eines Landes umgesetzt wurde.

Größere Erfolgsaussichten versprachen sich die Vertreter eines solchen Steuersystems in den Ländern, in denen ohnehin ein völlig neues Steuersystem aufgebaut werden sollte. Entsprechende Studien wurden für unterschiedliche Entwicklungsländer, wie zum Beispiel Kolumbien[18] und Bolivien[19], sowie für einige osteuropäische Reformstaaten, wie Ungarn, Lettland und Kroatien[20], angefertigt. Eine konsumorientierte Einkommens- und Gewinnbesteuerung in Reinform wurde daraufhin jedoch nur in Kroatien eingeführt.[21]

In Deutschland hat die Debatte über eine „Konsumorientierte Neuordnung des Steuersystems"[22] (KNS) seit dem gleichnamigen internationalen Kongress in Heidelberg im Juni 1989 neuen Aufwind erhalten.[23] Das Neue an der heutigen Diskussion ist, dass überwiegend die so genannte zinsbereinigte Variante einer konsumorientierten Einkommensteuer befürwortet wird, während die früher propagierten sparbereinigten

---

16 Bereits 1974 hatte die Advisory Commission on Intergovernmental Relations (ACIR) für die USA eine Ausgabensteuer als Ergänzung der Einkommensteuer empfohlen. Im gleichen Jahr schlug Andrews eine solche Steuer als Ersatz für die amerikanische Einkommensteuer vor. Vgl. ACIR (1974), Andrews, W.D. (1974).

17 Vgl. Institute for Fiscal Studies (1978).

18 Die im Jahr 1988 veröffentlichte Studie „The Taxation of Income from Business and Capital in Columbia" wurde erstellt von McLure, Mutti, Thurony und Zodrow. Vgl. McLure, C.E., Zodrow, G.R. (1991), S. 117 und S. 169. Diese Untersuchung stützte sich, wie letztlich alle Studien der 70er und 80er Jahre des 20. Jahrhunderts, auf die Arbeiten von Kaldor (1955), Andrews (1974), Mieszkowski (1977, 1980), Hall und Rabushka (1983, 1985), Aaron und Galper (1985) sowie Bradford (1986). Vgl. McLure, C.E., Zodrow, G. R. (1991), S. 117, Institute for Fiscal Studies (1978), S. XVII.

19 Vgl. McLure, C.E., Zodrow, G. (1996).

20 Diese Gutachten wurden in den Jahren 1990 bis 1996 von einer Gruppe deutscher Wissenschaftler erstellt, die durch das Bundesministerium für wirtschaftliche Zusammenarbeit und Entwicklung und die Deutsche Gesellschaft für Technische Zusammenarbeit (GTZ) unterstützt wurde. Vgl. Rose, M. (1998a), S. 247.

21 Vgl. Kapitel 2.2.3.

22 Rose, M. (Ed.) (1990), Rose, M. (Hrsg.) (1991). Die Bezeichnung „konsumbasierte" oder „konsumorientierte Einkommensteuer" lässt sich zurückführen auf Andrews Konzeption der „consumption-type income tax" aus dem Jahr 1974. Vgl. Andrews, W.D. (1974), Weisflog, W.E. (1983).

23 Vgl. Fehr, H., Wiegard, W. (1999), S. 65.

Konzeptionen in den Hintergrund treten.[24] Diese Tendenz ist in erster Linie darauf zurückzuführen, dass die zinsbereinigte Einkommensbesteuerung, bei der eine marktübliche Verzinsung des gesparten beziehungsweise investierten Kapitals steuerfrei gestellt wird, für praktikabler gehalten wird als die sparbereinigten Konzeptionen, bei denen die gesparten beziehungsweise investierten Einkommensteile steuerfrei bleiben.[25]

Die Terminologie „konsumorientierte Einkommensteuer" legt nahe, dass es sich um eine Einkommensteuer handelt, die lediglich anders ausgerichtet – eben: anders orientiert – ist als die traditionelle Einkommensteuer. Und genau so wollen die meisten Befürworter dieser Steuer sie auch verstanden wissen.[26] Ob es sich bei der konsumorientierten Einkommensteuer tatsächlich um eine Einkommensteuer handelt oder nicht, ist jedoch umstritten. Von dem traditionellen Leitbild der Einkommensteuer, einer synthetischen Einkommensteuer nach der Reinvermögenszugangstheorie, unterscheiden sich beide Varianten der konsumorientierten Einkommensteuer grundlegend. Eine synthetische Einkommensteuer ist eine „auf das Einkommen natürlicher Personen erhobene öffentliche Zwangsabgabe"[27], bei der das im Zeitraum eines Jahres erzielte Gesamtnettoeinkommen einem einheitlichen Tarif unterworfen wird. Dabei wird weder nach der Art der Einkommensquelle differenziert noch nach der Art der Einkommensentstehung.[28] Dagegen wird bei der sparbereinigten Einkommensteuer nach der Art der Einkommensverwendung differenziert, bei der zinsbereinigten Einkommensteuer nach der Art der Einkommensquelle.

Dennoch wird im Folgenden an der heute üblichen Bezeichnung der konsumorientierten Einkommensteuer festgehalten. Diese Vorgehensweise bietet sich aus folgenden Gründen an: Zunächst einmal ist die synthetische Einkommensteuer nach der Reinvermögenszugangstheorie nicht die einzige akzeptierte Form der Einkommensbesteuerung; so setzt sich beispielsweise insbesondere in den skandinavi-

---

[24] Vgl. Krause-Junk, G. (1988), S. 254.
[25] Siehe dazu ausführlicher Kapitel 3.3.
[26] Andrews, auf dessen Konzeption einer „consumption-type personal income tax" sich die Bezeichnung zurückführen lässt, lehnte den zu seiner Zeit üblichen Begriff der „expenditure tax" gerade deswegen ab, weil er seiner Ansicht nach den Eindruck erweckte, es handele sich bei dieser Steuer nicht um eine Einkommensteuer. Vgl. Andrews, W.D. (1974), S. 1119.
[27] Andel, N. (1980), S. 332.
[28] Vgl. ebenda, S. 332 f.

schen Ländern zunehmend eine analytische Einkommensbesteuerung durch, die nach der Art der Einkommensquelle differenziert. Darüber hinaus wird durch die Bezeichnung „konsumorientierte Einkommensteuer" deutlich, dass beide Varianten die heutige Einkommensteuer ersetzen sollen. Zudem wollen viele Vertreter der konsumorientierten Einkommensteuer – wie in Kapitel 3.1 ausführlich behandelt wird – sowohl mit der sparbereinigten als auch mit der zinsbereinigten Variante im Endeffekt das Einkommen der Steuerpflichtigen belasten. Letztlich ist es unter ökonomischen Gesichtspunkten „keine besonders spannende Frage"[29], ob die konsumorientierte Einkommensteuer nun als Einkommensteuer, als Konsumsteuer oder als keins von beiden zu bezeichnen ist. Wie die Ausführungen zur politischen Durchsetzbarkeit einer konsumorientierten Einkommensteuer[30] und zur weiteren Anwendbarkeit bestehender zwischenstaatlicher Abkommen zur Vermeidung der Doppelbesteuerung auf dem Gebiet der Steuern vom Einkommen[31] zeigen werden, ist diese Frage in erster Linie von rechtlicher Bedeutung.

2.2 Technische Ausgestaltung einer konsumorientierten Einkommensbesteuerung

Auch wenn die unterschiedlichen Konzeptionen einer konsumorientierten Einkommensbesteuerung im Endeffekt auf eine steuerliche Belastung der Verbrauchsausgaben abzielen, unterscheiden sie sich – mehr oder weniger deutlich – in ihrer technischen Ausgestaltung, insbesondere in der Ermittlung ihrer Bemessungsgrundlage. Da die Vertreter einer konsumorientierten Einkommensteuer ihr Hauptaugenmerk prinzipiell auf die richtige Steuerbasis legen und den Steuertarif als zweitrangig ansehen[32], konzentrieren sich die folgenden Ausführungen auf die unterschiedlichen Möglichkeiten, die Bemessungsgrundlage einer solchen Abgabe zu ermitteln.[33]

---

[29] Fehr, H., Wiegard, W. (1999), S. 68.
[30] Siehe dazu Kapitel 3.3.5.
[31] Siehe dazu Kapitel 6.1.3.1 und 6.2.3.1.
[32] So beispielsweise Alfred-Weber-Gesellschaft (Hrsg.) (1998), S. 8, Schmidt, P. (1999), S. 12 f., Lang, J. (1999), S. 151.
[33] Zur Ausgestaltung des Tarifs einer direkten Konsumsteuer siehe Pollak, H. (1991).

Grundsätzlich könnte die Bemessungsgrundlage einer konsumorientierten Einkommensteuer auf direktem Wege ermittelt werden: Die Steuerpflichtigen müssten dazu ihre Ausgaben erfassen und dem Fiskus am Jahresende offen legen. Diese Vorgehensweise wäre nicht nur sehr aufwendig, sondern auch schwer kontrollierbar und damit äußerst anfällig für Steuerhinterziehungen. Zudem würden den Finanzbeamten erhebliche Einblicke in die Privatsphäre der Steuerpflichtigen gewährt, was negative Auswirkungen auf die Akzeptanz einer solchen Besteuerung hätte.[34] Aus diesen Gründen werden seit den Konzeptionen von Karl Elster und Irving Fisher nur noch Methoden einer indirekten Ermittlung der konsumorientierten Bemessungsgrundlage diskutiert, welche am erzielten Markteinkommen anknüpfen.[35]

2.2.1 Die sparbereinigte Einkommensbesteuerung

Die sparbereinigte Einkommensteuer, die auch als Cash-flow-Steuer, Ausgabensteuer oder Verbrauchseinkommensteuer bezeichnet wird, ist die ältere der beiden Spielarten der konsumorientierten Einkommensbesteuerung. Die „klassischen Modelle der Ausgabensteuer“[36], die von Fisher und Kaldor entwickelt wurden, begründen diese Form der konsumorientierten Einkommensteuer. Zu den neueren Vorschlägen, die der Grundkonzeption der sparbereinigten Einkommensteuer zuzuordnen sind, zählen die „Cash Flow Tax“ aus den „Blueprints for Basic Tax Reform“[37], die „Universal Expenditure Tax“ des Meade-Komitees[38], das Konzept der „Expenditure Tax“ von Lodin[39], Andrews „Consumption-Type or Cash Flow Personal Income Tax“[40], die „Lifetime Expenditure Tax“ von Kay und King[41] sowie die Konzeption von Aaron und Galper.[42] Aber noch in jüngster Zeit werden Vorschläge für eine sparbereinigte Einkommensteuer veröffentlicht.[43] Zu den deutschen Vertretern einer spar-

---

[34] Vgl. Wohlgemuth, M. (1996), S. 67.
[35] Vgl. Peffekoven, R., Fischer H. (1982), S. 697, Bach, S. (1993), S. 182.
[36] Lang, J. (1999), S. 148.
[37] Vgl. Bradford, D.F. (1984), Kaiser, M. (1992), S. 79 ff. Das unter der Leitung von Bradford erstellte Gutachten zur Vereinfachung des amerikanischen Steuersystems wurde 1977 erstmals veröffentlicht.
[38] Vgl. Institute for Fiscal Studies (1978), S. 175 ff., Kaiser, M. (1992), S. 82.
[39] Vgl. Lodin, S.-O. (1978), S. 41 ff., Kaiser, M. (1992), S. 82.
[40] Vgl. Andrews, W.D. (1974).
[41] Vgl. Kay, J.A., King, M.A. (1990), S. 108 ff.
[42] Vgl. Aaron, H.J., Galper, H. (1985).
[43] So zum Beispiel Seidman, L.S. (1997).

bereinigten Einkommensteuer zählten neben Joachim Mitschke, dessen Konzeption noch ausführlicher dargestellt wird, und Joachim Lang[44] früher auch Dieter Schneider[45] und der so genannte „Kronberger Kreis" des Frankfurter Instituts (heute: Stiftung Marktwirtschaft).[46] Während sich Dieter Schneider heute für eine traditionelle Einkommensbesteuerung und gegen eine Konsumorientierung des Steuersystems ausspricht[47], favorisiert der Kronberger Kreis mittlerweile eine zinsbereinigte Einkommensteuer.[48]

2.2.1.1 Die Konzeption einer sparbereinigten Einkommensteuer

Die sparbereinigte Einkommensteuer ist auf die Besteuerung des Jahreskonsums ausgerichtet;[49] ihre Bemessungsgrundlage errechnet sich generell als Differenz zwischen dem in einem Jahr erwirtschafteten Gesamteinkommen und der Nettoersparnisbildung.[50] Das vermeintlich einfache Grundschema birgt einige Stolpersteine; denn ob die auf diese Weise errechnete Bemessungsgrundlage tatsächlich dem Jahreskonsum entspricht, hängt wesentlich von der Abgrenzung der Begriffe „Gesamteinkommen" und „Nettoersparnisbildung" ab. Bei der Ermittlung beider Größen gibt es Schwierigkeiten und Interpretationsmöglichkeiten.

Die Bestimmung des jährlichen Gesamteinkommens wirft die gleichen Probleme auf, die im Zusammenhang mit der klassischen Einkommensbesteuerung diskutiert werden: Für eine exakte Ermittlung des Jahreskonsums muss dieses Gesamteinkommen den Betrag widerspiegeln, der maximal für Konsumzwecke verwendet werden kann, ohne dass bestehendes Vermögen aufgelöst werden muss. Das entspricht letztlich der Definition des Einkommens nach der Reinvermögenszugangstheorie,

---

[44] Vgl. Lang, J. (1999), Lang, J. (1996), Lang, J. (1993).
[45] Vgl. Schneider, D. (1971), insbesondere S. 371 f.
[46] Der Kronberger Kreis unterstützte damals den Vorschlag Mitschkes. Vgl. Kronberger Kreis (1986).
[47] Vgl. Schneider, D. (1999), insbesondere S. 6 ff.
[48] Zu den neuen Vorschlägen des Kronberger Kreises siehe Kronberger Kreis (1996), Kronberger Kreis (2000).
[49] Vgl. Rose, M. (1998), S. 249.
[50] Zu verschiedenen Möglichkeiten der indirekten Bestimmung des Konsums und der jeweiligen Problematik siehe Mitschke, J. (1980a), S. 274 ff.

die mit erheblichen praktischen Schwierigkeiten verbunden und daher – nach Meinung ihrer Gegner – „in der Rechtspraxis gründlich gescheitert“[51] ist.[52]

Bei der Ergänzung einer bereits erhobenen traditionellen Einkommensteuer durch eine sparbereinigte Einkommensteuer liegt es aus praktischen Gründen nahe, das gemäß Einkommensteuergesetz ermittelte Gesamteinkommen zu übernehmen und gegebenenfalls im Sinne der Reinvermögenszugangstheorie zu ergänzen.[53] In den heute üblichen Fällen, in denen die direkte Konsumsteuer anstelle einer traditionellen Einkommensteuer erhoben werden soll, bietet es sich dagegen an, eine neue und einfachere Methode der Einkommensmessung zu verwenden. So berücksichtigt die von Fisher entwickelte „Constructive Income Tax“ ausschließlich Zahlungsströme und vermeidet damit viele Probleme, die mit einer konsequenten Ermittlung des Einkommens gemäß Reinvermögenszugangstheorie (insbesondere mit der Vermögensbewertung) verbunden sind.[54] Fishers Methode der Cash-flow-Besteuerung, bei der die Konsumausgaben berechnet werden, indem die Summe aller Zahlungszuflüsse um die gesamten nicht-konsumtiven Zahlungsabflüsse reduziert wird, bildet noch heute die Grundlage für die Ermittlung der jährlichen Konsumausgaben.[55]

Um eine Kontrolle der Nettoersparnisbildung durch den Fiskus zu ermöglichen, sollen Ersparnisse nur dann die Bemessungsgrundlage mindern, wenn sie auf bestimmte so genannte „qualifizierte Konten“[56] bei Banken oder Versicherungen eingezahlt werden. Werden Gelder von diesen Konten entnommen und nicht auf andere qualifizierte Konten umgeschichtet, gelten sie als „entspart“ und erhöhen somit die Bemessungsgrundlage.[57] Das Bilden von Ersparnissen außerhalb qualifizierter Konten wird als Konsumausgabe gewertet und demnach besteuert. Erträge von Erspar-

---

51 Lang, J. (1999), S. 151.

52 Vgl. Haller, H. (1964), S. 42 ff., Mitschke, J. (1980a), S. 276.

53 So griff Elster bei der „Reichsaufwandsteuer“ auf das von der Quellentheorie geprägte Gesamteinkommen im Sinne des preußischen Einkommensteuergesetzes zurück. Dieser Größe fügte er unregelmäßige Einnahmen wie Veräußerungsgewinne, Schenkungen, Erbschaften und Darlehen hinzu. Vgl. Elster, K. (1913), S. 789 f.

54 Vgl. Mitschke, J. (1980a), S. 277 und S. 297, Seidl, C. (1990), S. 415 ff.

55 Vgl. Peffekoven, R. (1980), S. 420.

56 In der englischsprachigen Literatur ist von „qualified accounts“ oder auch von „registered assets“ die Rede. Vgl. beispielsweise Bradford, D.F. (1984), S. 102 beziehungsweise Kay, J.A., King, M.A. (1990), S. 111, Institute for Fiscal Studies (1978), S. 175.

57 Vgl. Rose, M. (1998a), S. 249, Lang, J. (1993), S. 285 (§ 123). Aufgrund dieser Regelung wird die sparbereinigte Einkommensbesteuerung der Haushalte in der englischsprachigen Literatur auch als „qualified-accounts-approach“ bezeichnet. So zum Beispiel Aaron, H.J. (1990), S. 394.

nissen außerhalb qualifizierter Konten bleiben steuerlich unberücksichtigt.[58] Bei einigen Vorschlägen wird bei der Berechnung der Nettoersparnisbildung auch die Veränderung von Bargeldbeständen berücksichtigt. Das ist durchaus konsequent, da vorhandenes Bargeld generell für Konsumausgaben verwendet werden kann und somit die Bemessungsgrundlage prinzipiell erhöhen muss, soweit es nicht bis zum Jahresende erhalten bleibt oder auf qualifizierten Konten gespart wird.[59] Andere Vertreter der sparbereinigten Einkommensteuer sind der Ansicht, diese verwaltungstechnisch aufwendige Position könne angesichts ihrer unerheblichen Quantität vernachlässigt werden.[60] Auch wenn Bargeldbestände im modernen Zahlungsverkehr eine immer geringere Rolle spielen: Blieben sie im Rahmen einer sparbereinigten Einkommensteuer unberücksichtigt, so wäre das mit einem erheblichen Anreiz verbunden, vermehrt Bargeld zu halten.

Schwierigkeiten treten bei der Ermittlung des Jahreskonsums nicht nur bei der Frage auf, welche Größen das Gesamteinkommen und damit die Konsummöglichkeiten erhöhen. Strittig ist auch, ob bestimmte Arten der Einkommensverwendung als konsumtiv gewertet werden sollen und welcher Periode sie zuzuordnen sind. So unterscheiden sich die einzelnen Vorschläge insbesondere in der steuerlichen Behandlung von Geschenken und Erbschaften, Krediten und Ausgaben für langlebige Konsumgüter.

Zweifellos erhöhen Geschenke ebenso wie Erbschaften die Konsummöglichkeiten des Empfängers und sollten deshalb der sparbereinigten Einkommensteuer unterliegen, sofern sie nicht in qualifizierten Konten gespart werden. In diesem Punkt besteht weitgehende Einigkeit. Ob Geschenke und Nachlässe dagegen auch beim Schenker oder Erblasser zu besteuern sind, ist umstritten: Einerseits stellen sie keinen Konsum nach der üblichen Auffassung dar und dürften damit eigentlich nicht der persönlichen Konsumsteuer unterliegen. Andererseits lässt sich ihre Steuerfreiheit nicht damit rechtfertigen, dass sie eine Form der Ersparnisbildung darstellen. Als solche müssten sie das Vermögen des Schenkers beziehungsweise des Erblassers

---

58 Vgl. Bradford, D.F. (1984), S. 10. Diese steuerliche Behandlung von Ersparnissen und deren Erträgen entspricht der im Rahmen einer zinsbereinigten Einkommensteuer.

59 Die Veränderung der Bargeldbestände soll beispielsweise berücksichtigt werden bei den Konzeptionen von Fisher, I., Fisher, H. (1942), S. 12 und Kaldor, N. (1969), S. 192.

60 So beispielsweise Andrews, W.D. (1974), S. 1149 f. und S. 1160 ff.

erhöhen, was nicht der Fall ist.[61] Letztlich ist die steuerliche Behandlung von Geschenken und Nachlässen eine Frage der Perspektive: Sieht man die sparbereinigte Einkommensteuer als eine Steuer auf die Einkommensverwendung, so ist die Besteuerung auch beim Schenker beziehungsweise Erblasser konsequent. Bei diesem so genannten „ability-to-pay"-Konzept belastet die sparbereinigte Einkommensteuer letztendlich das Lebenseinkommen des Steuerpflichtigen und damit den „weitgefaßten Begriff des Lebenkonsums"[62]. Wird die sparbereinigte Einkommensteuer dagegen als eine Steuer auf den Güterverbrauch (also den Lebensstandard) des Steuerpflichtigen betrachtet („standard-of-living"-Konzept), so ist eine Besteuerung von Geschenken und Nachlässen beim Schenker beziehungsweise Erblasser nicht zu begründen. Daher bleiben bei diesem Konzept Geschenke und Nachlässe bei ihm steuerfrei, so dass im Endeffekt der Lebenskonsum des Steuerpflichtigen (im engeren Sinne) besteuert wird.[63]

Die oben aufgeführten Konzeptionen der sparbereinigten Einkommensteuer deuten Geschenke und Nachlässe entsprechend unterschiedlich: Während sie bei manchen (so beispielsweise beim Meade-Komitee, bei Mitschke, bei Lodin sowie bei Aaron und Galper) grundsätzlich als eine steuerpflichtige Form der Einkommensverwendung gewertet werden[64], sehen andere (zum Beispiel Elster, Fisher und Andrews) sie als nicht-konsumtive und damit als steuerfreie Form der Einkommensverwendung an.[65] Kaldor hielt eine Freistellung dieser Einkommensverwendungsarten von einer persönlichen Konsumsteuer prinzipiell für gerechtfertigt, lehnte sie aber mit Blick auf die damit verbundenen Anreize zur Steuerumgehung dennoch ab.[66]

Auch in der steuerlichen Behandlung von Krediten unterscheiden sich die oben aufgeführten Vorschläge einer sparbereinigten Einkommensteuer: Die Aufnahme von

[61] Vgl. Peffekoven, R. (1980), S. 422.
[62] Rose, M. (1998b), S. 99.
[63] Vgl. Bradford, D.F. (1984), S. 30 f., Rose, M. (1998b), S. 99.
[64] Um eine Doppelbesteuerung zu vermeiden, sollen sie in der Regel nur dann versteuert werden, wenn sie aus bislang steuerfreien Ersparnissen getätigt werden. Vgl. Institute for Fiscal Studies (1978), S. 150 ff., Aaron, H.J., Galper, H. (1985), S. 66, Lodin, S.-O. (1978), S. 94 ff. Lodin zieht im Fall der Nachlässe eine Erbschaftsteuer der direkten Konsumbesteuerung vor.
[65] Vgl. Elster, K. (1913), S. 790 ff., Fisher, I., Fisher, H.W. (1942), S. 8 und S. 202 sowie Andrews, W.D. (1974), S. 1162 im Fall von Anlagevermögen und größeren Bargeldbeträgen.
[66] Die daraus resultierende Doppelbelastung der Geschenke und Nachlässe sei unbedenklich, da sie bei verschiedenen Personen entstehe. Vgl. Kaldor, N. (1969), S. 201 ff.

Krediten erweitert die Konsummöglichkeiten des Steuerpflichtigen. Um den steuerfreien Konsum kreditfinanzierter Güter zu vermeiden, werden bei fast allen Konzeptionen aufgenommene Kredite in die Bemessungsgrundlage einbezogen. Tilgungs- und Zinszahlungen (Schuldendienst) gelten in diesen Fällen nicht als Konsum, bleiben also steuerfrei.[67] Insbesondere im Fall der Konsumentenkredite und der Hypotheken findet aber auch die umgekehrte Vorgehensweise Befürworter: Die Kreditaufnahme bleibt dabei steuerfrei, der Schuldendienst unterliegt der Konsumsteuer.[68] Auch die richtige steuerliche Behandlung von vergebenen Darlehen lässt sich nicht eindeutig klären: Obwohl sie beim Darlehensgeber grundsätzlich als Konsumausgaben gewertet werden könnten, sehen die Vertreter der sparbereinigten Einkommensteuer sie im Allgemeinen als nicht-konsumtive Ausgaben. Empfangene Rückzahlungen und Zinsen müssen dann allerdings als Einkommen berücksichtigt werden, da sie ansonsten für steuerfreien Konsum des Darlehensgebers genutzt werden könnten.[69]

Auf die dargestellte Weise ermittelte Ausgaben für Konsumgüter sind nur dann mit dem tatsächlichen Konsum der Steuerpflichtigen gleichzusetzen, wenn alle erworbenen Güter noch in derselben Periode verzehrt werden. Das ist jedoch nur bei Dienstleistungen so; Konsumgüter dagegen werden nicht immer bereits in der Anschaffungsperiode vollständig verbraucht. Offensichtlich ist das bei langlebigen Konsumgütern („durable goods"). Dabei handelt es sich um Güter, „die nicht durch einmaligen Gebrauch untergehen (so Lebensmittel), oder deren Anschaffungskosten, wenn wiederholter Gebrauch möglich ist, nicht von untergeordneter Bedeutung sind (so Kleidung)."[70] Bei derartigen Gütern, zu denen unter anderem Hausrat, Immobilien, Fahr- und Flugzeuge, Schmuck und Kunstgegenstände zählen, ist die Grenze zu (im Rahmen einer Konsumsteuer grundsätzlich steuerfreien) Investitionsausgaben fließend. Dabei ist der Investitionscharakter umso ausgeprägter, je stärker die Anschaffungskosten von der Summe der Werte des jährlichen Konsums abwei-

---

67 Vgl. Kaldor, N. (1969), S. 192, Lodin, S.-O. (1978), S. 91, Institute for Fiscal Studies (1978), S. 151, McLure C.E., Zodrow, G.R. (1991), S. 123, Andrews, W.D. (1974), S. 1153 f. im Fall einer Kreditaufnahme für unternehmerische oder Investitionszwecke.

68 Vgl. Fisher, I., Fisher, H.W. (1942), S. 8 und S. 202 f., Andrews, W.D. (1974), S. 1154 f., Bradford D.F. (1984), S. 112.

69 Vgl. Kaldor, N. (1969), S. 192, Institute for Fiscal Studies (1978), S. 151, Fisher, I., Fisher, H.W. (1942), S. 8.

70 Mitschke, J. (1976), S. 190.

chen und je weniger das Gut durch den Gebrauch an Wert verliert.[71] Aus diesen Gründen wird darüber diskutiert, ob die Anschaffungskosten solcher Güter überhaupt als Konsumausgaben besteuert werden sollen und wenn ja, in welcher Periode.[72]

Werden dauerhafte Güter nach der reinen Konsumgutlösung besteuert, wie es beispielsweise die Konzeptionen von Fisher und Bradford („Blueprints") vorsehen, dann unterliegen die Anschaffungskosten bereits in der Anschaffungsperiode der Konsumsteuer. Folglich dürfen bei einem Verkauf des entsprechenden Gutes entstehende Erlöse nicht besteuert werden, da es sonst zu einer Doppelbesteuerung käme. Auch Veräußerungsgewinne oder -verluste müssen in diesem Fall unberücksichtigt bleiben.[73] Doch auch wenn die „durable goods" als Konsumgüter gewertet und damit von der persönlichen Konsumsteuer prinzipiell erfasst werden, sollten die damit verbundenen Ausgaben nicht vollständig in der Anschaffungsperiode besteuert werden. Das würde zu einer ungerechtfertigten – weil nicht dem tatsächlichen Verbrauch entsprechenden – Erhöhung der Bemessungsgrundlage führen und wäre im Falle eines direkt progressiven Tarifs zudem mit einem inakzeptablen Progressionseffekt verbunden.[74] Daher sehen viele Konzeptionen einer persönlichen Konsumsteuer vor, die Ausgaben für langlebige Konsumgüter auf mehrere Perioden zu verteilen, um so den Wert der jährlichen Inanspruchnahme zumindest annähernd zu ermitteln. Dafür sind ganz unterschiedliche Techniken denkbar;[75] oft wird jedoch dafür plädiert, die Anschaffungskosten auf die übliche Lebensdauer des jeweiligen Gutes zu verteilen, die aus Steuervereinfachungsgründen pauschal festgelegt werden kann.[76]

---

71 Vgl. Kaldor, N. (1969), S. 195.

72 Dabei steht mittlerweile außer Frage, dass die Ausgaben für dauerhafte Konsumgüter als Konsumausgaben zu werten sind. Vgl. Seidl, C. (1990), S. 422. Zu Definitions- und Messproblemen bei langlebigen Konsumgütern siehe Mitschke, J. (1976), S. 190 ff.

73 Vgl. Fisher, I., Fisher, H.W. (1942), S. 203, Mitschke, J. (1976), S. 191 f., Bradford, D.F. (1984), S. 11 und S. 17.

74 Vgl. Zumstein, P. (1977), S. 262, Kaldor, N. (1969), S. 195.

75 Unterschiedliche Ansätze zur steuerlichen Behandlung langlebiger Konsumgüter werden dargestellt bei Wohlgemuth, M. (1996), S. 59 ff., Zumstein, P. (1977), S. 263 ff., Lodin, S.-O. (1978), S. 76 ff., Seidl, C. (1990), S. 422 ff., Müller, M. (1992), S. 48 ff.

76 So zum Beispiel Andrews, W.D. (1974), S. 1156. Bei Kaldors „Expenditure Tax" ist vorgesehen, dass die Steuerpflichtigen die Ausgaben für langlebige Gebrauchsgüter (also beispielsweise für Kraftfahrzeuge und Hausrat) auf bis zu fünf Jahre verteilen können. Vgl. Kaldor, N. (1969), S. 197.

Bei der so genannten „Investitionsgutlösung" für die steuerliche Behandlung dauerhafter Güter werden die Anschaffungsausgaben als steuerfreie Investition angesehen. In den einzelnen Nutzungsperioden werden dann die jeweiligen „Erträge" beziehungsweise die Nutzungswerte als Naturalkonsum besteuert. Erlöse, die aus der Veräußerung des entsprechenden Gutes entstehen, werden bei dieser Lösung als steuerlich relevante Einnahmen erfasst.[77]

Die durch die Rechnung „Gesamteinkommen minus Nettoersparnisbildung" ermittelte Größe ist nicht mit der Bemessungsgrundlage der sparbereinigten Einkommensteuer gleichzusetzen. Bei allen Konzeptionen werden von diesen „Bruttoausgaben"[78] noch verschiedene steuerfreie Ausgaben abgezogen – zum Teil aus rein wirtschafts- oder sozialpolitischen Gründen, zum Teil aber auch aus steuersystematischen Gründen. Dabei handelt es sich zum Beispiel um Unterhaltszahlungen, Kinderbetreuungskosten, Ausgaben für medizinische Behandlung und Schadensregulierungen, Spenden für wohltätige Zwecke, gezahlte Steuern, gerichtlich auferlegte Strafen, Geburts- und Beerdigungskosten sowie um Ausgaben, die infolge einer körperlichen Behinderung entstehen.[79] Soweit es sich dabei um freiwillige Formen der Einkommensverwendung handelt, die aus wirtschafts- oder sozialpolitischen Gründen gefördert werden sollen (wie zum Beispiel Spenden), ist ein Abzug von der Steuerbemessungsgrundlage jedoch nicht das geeignete Instrument. Eine Förderung außerhalb des Steuersystems wäre hier vorzuziehen. In vielen Fällen sprechen aber auch steuersystematische Gründe dafür, bestimmte Ausgaben nicht mit der sparbereinigten Einkommensteuer zu belegen: Bei einer Subjektsteuer, die auch persönliche Umstände berücksichtigt, ist der Tatsache Rechnung zu tragen, dass

[77] Vgl. Mitschke, J. (1985), S. 105 ff. Kaldor schlug vor, alle dauerhaften Konsumgüter, die nicht als Gebrauchsgut, sondern als Wertanlage zu betrachten sind (wie beispielsweise Schmuck oder Kunstgegenstände), wie Investitionen zu behandeln. Ihre laufende Nutzung soll pauschal erfasst werden, indem der Bemessungsgrundlage jährlich ein festzulegender Prozentsatz des Anschaffungspreises hinzugerechnet wird. Auch selbstgenutztes Wohneigentum sollte Kaldor zufolge gemäß der „Investitionsgutlösung" besteuert werden: Der Kaufpreis bleibt steuerfrei und die jährliche Eigennutzung wird steuerlich erfasst, indem die Bemessungsgrundlage der Ausgabensteuer in den einzelnen Perioden um den Mietwert erhöht wird. Auf diese Weise soll eine steuerliche Gleichstellung zwischen Mietern und Eigenheimbesitzern erreicht werden. Vgl. Kaldor, N. (1969), S. 195 ff. Einen ähnlichen Vorschlag zur Besteuerung selbstgenutzten Wohneigentums unterbreitete Lodin, S.-O. (1978), S. 84 ff. Auch Andrews hielt diese Vorgehensweise prinzipiell für richtig, lehnte sie aber aus administrativen Gründen letztlich ab. Vgl. Andrews, W.D. (1974), S. 1157 ff.

[78] Peffekoven, R., Fischer, H. (1982), S. 698.

[79] Vgl. Bradford, D.F. (1984), S. 127, Fisher, I., Fisher, H.W. (1942), S. 8, Kaldor, N. (1969), S. 210. Hier zeigen sich Parallelen zu den in § 10 EStG festgelegten steuerfreien „Sonderausgaben" sowie zu den in §§ 33, 33a bis c EStG steuerfrei gestellten „außergewöhnlichen Belastungen".

unterschiedliche Personen aufgrund von Umständen, die sie persönlich nicht oder nur schwer beeinflussen können, trotz gleicher Ausgabenhöhe einen unterschiedlichen Lebensstandard erreichen.[80] So ist beispielsweise der Abzug von Ausgaben, die aufgrund einer körperlichen Behinderung entstehen, von der Bemessungsgrundlage vertretbar. Außerdem müssen Ausgaben, die lediglich das Existenzminimum sichern, steuerfrei bleiben. Daher wird den Steuerpflichtigen bei allen Reformvorschlägen ein persönlicher Freibetrag eingeräumt, der in vielen Fällen nach der Zahl der zu unterhaltenden Familienmitglieder differenziert ist.[81] Erst durch den Abzug der steuerfreien Ausgaben und des persönlichen Freibetrages von den Bruttoausgaben wird die Höhe der „steuerbaren Ausgaben" und damit die Bemessungsgrundlage der sparbereinigten Einkommensteuer ermittelt.[82]

Der persönliche Freibetrag kann auch als Bestandteil des Tarifs der sparbereinigten Einkommensteuer betrachtet werden:[83] Viele Konzeptionen der sparbereinigten Einkommensteuer sehen einen direkt progressiven Steuertarif mit steigenden Grenzsteuersätzen vor, der zudem mit einem Freibetrag kombiniert ist.[84] Es gibt aber auch Vorschläge, den jährlichen Konsum einer indirekt progressiven Steuer mit konstanten Grenzsteuersätzen zu unterwerfen. Der mit wachsender Bemessungsgrundlage zu verzeichnende Anstieg der Durchschnittssteuersätze ist dabei ausschließlich auf den eingeräumten Freibetrag zurückzuführen. Für einen solchen Tarif setzt sich zum Beispiel Mitschke ein.[85] Daneben gibt es Befürworter eines mehrstufigen Tarifs: So sehen beispielsweise die „Blueprints for Basic Tax Reform" und die Konzeption von Aaron und Galper einen Tarifverlauf vor, bei dem die Grenzsteuersätze stufenweise ansteigen, innerhalb der einzelnen Stufen aber konstant bleiben.[86]

Nachdem die charakteristischen Merkmale einer sparbereinigten Einkommensteuer und die wesentlichen Gemeinsamkeiten und Unterschiede einzelner, dieser Konzep-

---

[80] Vgl. Kaldor, N. (1969), S. 205 ff.
[81] Vgl. beispielsweise Lodin, S.-O., (1978), S. 44 und S. 103, Bradford, D.F. (1984), S. 127, Fisher, I., Fisher, H. (1942). Kaldor wollte die Familiengröße durch ein „Familiensplitting" berücksichtigen. Vgl. Kaldor, N. (1969), S. 208 f., Zumstein, P. (1977), S. 324 ff.
[82] Vgl. beispielsweise Lodin, S.-O. (1978), S. 44.
[83] So beispielsweise Peffekoven, R. (1980), S. 423 f.
[84] Vgl. Lodin, S.-O. (1978), S. 243, Andrews, W.D. (1974), S. 1174 f., Seidman, L.S. (1997), S. 3.
[85] Vgl. Mitschke, J. (1985), S. 56 ff. und S. 84 f.
[86] Vgl. Aaron, H.J., Galper, H. (1985), S. 69 f., Bradford, D.F. (1984), S. 150, Müller, M. (1992), S. 56 ff.

tion zuzuordnenden Vorschläge aufgezeigt wurden, soll im Folgenden ein konkreter Reformvorschlag umfassender dargestellt werden. Dazu bietet sich der Vorschlag von Joachim Mitschke an, nicht nur, weil er für Deutschland entwickelt wurde, sondern vor allem, weil er eine Konsumsteuer in „Reinform" darstellt, die auf eine ergänzende Unternehmensteuer verzichtet.[87]

2.2.1.2 Der Vorschlag von Mitschke[88]

Mitschke zielt mit seiner Reformkonzeption auf die Besteuerung des Einkommens ab, wobei er auf ein anderes Periodisierungsprinzip zurückgreift als die traditionelle Einkommensteuer: Das zu besteuernde Lebenseinkommen teilt er nicht in das Einkommen einzelner Jahre auf, „sondern in periodischen Konsum und Vermögen zum Lebensende"[89]. Die steuerliche Belastung des Lebenseinkommens soll also erreicht werden, indem zunächst der jährliche Konsum einer sparbereinigten Einkommensteuer beziehungsweise einer „Jahreskonsumsteuer"[90] unterworfen wird. Ergänzend dazu wird am Lebensende eine einmalige „Nachholsteuer auf die Lebensersparnisse"[91] in Form einer Vermögenszuwachssteuer erhoben.[92] Diese beiden Steuern ersetzen nicht nur die Einkommensteuer, sondern auch die (damals noch erhobene) Vermögensteuer sowie die Erbschaft- und Schenkungsteuer.[93] Zur Sicherung des Steueranspruchs des Staates bleiben die Lohnsteuer und die Kapitalertragsteuer als Quellensteuern erhalten.[94]

---

87 Siehe dazu ausführlicher Kapitel 2.2.1.3 und 2.4.

88 Diese Steuer ist Bestandteil eines von Mitschke entwickelten einheitlichen Steuer- und Transfersystems, der so genannten „Staatsbürgersteuer". Vgl. dazu Engels, W., Mitschke, J., Starkloff, B. (1974), Mitschke, J. (1978), Mitschke, J. (1985).

89 Mitschke, J. (1976), S. 12. Aus welchen Gründen er eine jährliche Einkommensbesteuerung ablehnt, wird beispielsweise näher erläutert in Mitschke, J. (1980b), S. 123 ff.

90 Kaiser, M. (1992), S. 83.

91 Mitschke, J. (1985), S. 53.

92 Vgl. ebenda, S. 138 ff., Mitschke, J. (1988a), S. 72. Zu den Problemen, die bei der Messung des Vermögens am Lebensende entstehen, siehe Mitschke, J. (1976), S. 199 f. Verschenktes oder ins Ausland transferiertes Vermögen wird als Konsum versteuert. Vgl. ebenda.

93 Vgl. Mitschke, J. (1995), S. 79. Die Vermögensteuer wird in Deutschland seit 1997 nicht mehr erhoben.

94 Vgl. Mitschke, J. (1995), S. 79, Mitschke, J. (1985), S. 175. Die Kapitalertragsteuer kann insbesondere bei ausländischen Gesellschaftern die Konsum- und Reinvermögenszuwachssteuer ersetzen. Vgl. Mitschke, J. (1986), S. 467.

Bei der Ermittlung der Bemessungsgrundlage der jährlichen Konsumsteuer greift Mitschke auf die Cash-flow-Technik von Fisher zurück, die er jedoch in einigen Punkten variiert beziehungsweise ergänzt:[95] So will Mitschke auch den Naturalkonsum steuerlich belasten und geht damit über eine reine Besteuerung von Zahlungsströmen hinaus.[96] Um den Naturalkonsum zu erfassen, werden zum Beispiel Naturalentgelte, Warenentnahmen und die private Nutzung betrieblicher Güter in die Bemessungsgrundlage einbezogen.[97] Damit wird die jährliche Bemessungsgrundlage exakter, aber auch aufwendiger ermittelt als bei Fisher.

Im Gegensatz zu Fisher, der dauerhafte Konsumgüter nach der reinen Konsumgutlösung erfasst, sieht Mitschke außerdem „für alle betraglich nicht untergeordneten Anschaffungen der (...) langlebigen Gebrauchsgüter die Investitionsgutlösung“[98] vor: Entsprechend mindern die Anschaffungskosten für diese Güter die Bemessungsgrundlage im Jahr der Anschaffung in voller Höhe, ihre jeweilige konsumtive Inanspruchnahme wird als – einzeln oder pauschal zu bewertender – Naturalkonsum besteuert. So erhöht beispielsweise die private Nutzung von Wohneigentum den steuerpflichtigen Jahreskonsum um einen pauschalierten jährlichen Nutzungswert.[99]

Außerdem kritisiert Mitschke die zeitliche Verschiebung der Konsumbesteuerung bei kreditfinanzierten Gütern und Dienstleistungen in die Periode der Kreditrückzahlung, die sich bei Fisher dadurch ergibt, dass erst die Rückzahlungsbeträge in die Bemessungsgrundlage einfließen.[100] Mitschke plädiert dafür, den kreditfinanzierten Konsum bereits bei der Kreditaufnahme steuerlich zu erfassen. Entsprechend werden aufgenommene Darlehen in die Bemessungsgrundlage einbezogen.[101] Dieser Ansatz ist im Rahmen einer sparbereinigten Einkommensteuer konsequent: Aufgenommene Darlehen erhöhen die Konsummöglichkeiten des Steuerpflichtigen. Sie sind deshalb steuerlich zu belasten, wenn sie noch im gleichen Jahr für konsumtive Zwecke ge-

---

95 Vgl. Mitschke, J. (1980a), S. 297 ff., Mitschke, J. (1976), S. 195 ff.
96 Ausführlicher dazu Mitschke, J. (1976), S. 166 f.
97 Vgl. Mitschke, J. (1986), S. 466. Siehe dazu ausführlich Mitschke, J. (1985), S. 105 ff.
98 Mitschke, J. (1985), S. 114. Bei eher geringwertigen dauerhaften Konsumgütern wie Hausrat zieht er aus administrativen Gründen die Konsumgutlösung vor. Vgl. Mitschke, J. (1976), S. 197, Mitschke, J. (1985), S. 114.
99 Vgl. Mitschke, J. (1986), S. 466.
100 Fisher löst auf diese Weise die Problematik der Besteuerung langlebiger Konsumgüter, die nicht selten kreditfinanziert sind.
101 Vgl. Mitschke, J. (1976), S. 195 ff., Mitschke, J. (1985), S. 240.

nutzt werden. Einer ungerechtfertigten Erhöhung der Bemessungsgrundlage im Fall der kreditfinanzierten Anschaffung langlebiger Konsumgüter wirkt die von Mitschke befürwortete Investitionsgutlösung entgegen.

Als Zahlungszuflüsse werden ansonsten „alle empfangenen Zahlungen aus Erwerbstätigkeit und Vermögensbesitz"[102] erfasst. Dazu zählen auch Erlöse aus der Veräußerung von Wirtschaftsgütern, von Unternehmen oder Unternehmensbeteiligungen sowie Entnahmen und Ausschüttungen bei Beteiligungen an Personen- oder Kapitalgesellschaften. Darüber hinaus erhöhen Leistungen von privaten und gesetzlichen Versicherungen[103], die vollen Rentenzahlungen, Lotteriegewinne, Erbschaften[104], Schenkungen und alle weiteren einmaligen und wiederkehrenden Zuwendungen[105] sowie aus vergebenen Krediten resultierende Tilgungen und Zinszahlungen die Bemessungsgrundlage.[106] Steuerlich relevante Zahlungsabflüsse sind alle „Zahlungsausgänge, die mit den Zahlungseingängen der Einkunftsart(en) in Verbindung stehen"[107]. Dazu zählen auch Ausgaben für den Kauf von Wirtschaftsgütern, Beiträge zu privaten und gesetzlichen Versicherungen, vergebene Kredite sowie die Verzinsung und Tilgung aufgenommener Kredite. Die Bemessungsgrundlage wird zudem um den Zuwachs des Bar- und Giralgeldbestandes im Laufe des Jahres vermindert.[108]

Auch bei Mitschkes Konzeption werden bestimmte Ausgaben als „sonstige Zahlungsabgänge" steuerfrei gestellt. Dazu zählen unter anderem geleistete Unterhaltszahlungen und nicht ersetzte Aufwendungen infolge von Geburten, Todesfällen, Krankheiten oder Unfällen sowie Kinderbetreuungskosten, die allein erziehenden Eltern entstehen.[109] Geschenke sind bei Mitschke konsumsteuerpflichtig, zählen also nicht zu den „sonstigen Zahlungsabflüssen". Damit vertritt Mitschke die „ability-to-

---

[102] Mitschke, J. (1986), S. 466.
[103] Mit Ausnahme von Leistungen, die als Ersatz beziehungsweise Übernahme einmaliger Aufwendungen im Versicherungsfall dienen. Dazu zählen insbesondere entsprechende Leistungen von Kranken- oder Unfallversicherungen. Vgl. Mitschke, J. (1985), S. 241.
[104] Wobei die Erbschaft nur insoweit erfasst wird, wie sie die Reinvermögenszuwachssteuer und eventuelle Transaktionskosten übersteigt. Vgl. Mitschke, J. (1985), S. 174 f.
[105] Mit Ausnahme des in Mitschkes Reformvorschlag vorgesehenen Bürgergeldes. Vgl. Mitschke, J. (1985), S. 54 f.
[106] Vgl. ebenda, S. 56, Mitschke, J. (1986), S. 466, Mitschke, J. (1995), S. 79.
[107] Mitschke, J. (1985), S. 240.
[108] Vgl. ebenda, S. 55, Mitschke, J. (1986), S. 466.
[109] Vgl. Mitschke, J. (1985), S. 242 f.

pay"-Variante der sparbereinigten Einkommensteuer, bei der man „im Ergebnis das Einkommen besteuern"[110] will. Die dadurch entstehende steuerliche Doppelbelastung des Geschenkes, das ja sowohl beim Schenker als auch beim Beschenkten besteuert wird, akzeptiert Mitschke mit dem Hinweis darauf, dass aus der Sicht der einzelnen Personen jedes Einkommen nur einmal der Besteuerung unterliege.[111]

Die Bemessungsgrundlage der sparbereinigten Einkommensteuer errechnet sich auch bei Mitschke im Wesentlichen als Differenz von Zahlungszuflüssen und Zahlungsabflüssen. Diese werden verschiedenen Einkunftsarten zugeordnet, welche den im deutschen Einkommensteuergesetz in § 2 Absatz 1 aufgeführten Einkunftsarten weitestgehend entsprechen. Die Zahlungsüberschüsse sind jeweils um den Naturalverbrauch zu ergänzen. Damit kann die Bemessungsgrundlage der Jahreskonsumsteuer wie folgt berechnet werden:[112]

	Summe der Zahlungsüberschüsse und des Naturalverbrauchs aus
	Land- und Forstwirtschaft
	Gewerbebetrieb
	selbständiger Arbeit
	unselbständiger Arbeit
	Vermietung und Verpachtung
	Kapitalvermögen
	Renten und sonstigen Versicherungsleistungen
	einmaligen und wiederkehrenden Zuwendungen
+	Zahlungsüberschüsse aus Privatkrediten
+/-	Veränderung Zahlungsmittelbestände
-	Sonstige Zahlungsausgänge
=	zu versteuernder Jahreskonsum

110 Mitschke, J. (1985), S. 134.
111 Vgl. ebenda, S. 56. Damit schließt Mitschke sich der Argumentation Kaldors an. Vgl. Kaldor, N. (1969), S. 201 ff.
112 Das Muster einer Konsumsteuererklärung findet sich bei Mitschke, J. (1985), S. 239 ff.

Der auf diese Weise ermittelte zu versteuernde Jahreskonsum unterliegt einem indirekt progressiven Tarif, einer Kombination aus individuellem, haushaltsspezifischem Grundfreibetrag und konstantem Grenzsteuersatz.[113] Dieser Tarif soll sowohl für die Jahreskonsumsteuer als auch für die einmalige Vermögenszuwachssteuer gelten, so dass das gesamte Lebenseinkommen einheitlich besteuert wird.[114]

2.2.1.3 Sparbereinigte Einkommensteuer und Unternehmensteuer

Ein System direkter Konsumbesteuerung könnte auf eine ergänzende Unternehmensteuer verzichten, da grundsätzlich nur private Haushalte konsumieren. Unternehmensbeteiligungen könnten dann steuerlich genauso behandelt werden wie andere Formen der Ersparnisbildung oder Investition: Der Kauf der Anteile bliebe steuerfrei, sofern diese auf qualifizierten Konten oder Wertpapierdepots registriert würden. Erlöse aus der Veräußerung der Anteile würden ebenso wie ausgeschüttete Gewinne die Bemessungsgrundlage der Anteilseigner erhöhen und besteuert, sobald sie konsumtiv verwendet würden. Einbehaltene Unternehmensgewinne könnten ohne weiteres steuerfrei bleiben, da sie die Konsummöglichkeiten der Anteilseigner nicht – zumindest nicht direkt – erhöhen.[115] Aus diesen Gründen halten die Befürworter einer so genannten „reinen Konsumsteuer"[116] wie Kaldor, Bradford („Blueprints") und Lodin die Ergänzung der sparbereinigten Einkommensteuer durch eine Unternehmensteuer für überflüssig.[117]

---

[113] Da Mitschke eine einheitliche Steuer- und Transferordnung anstrebt, hat der Tarif einen Negativsteuerbereich, der mit der Zahlung von „Bürgergeld" verbunden ist. In diesem Tarif ist der Grundfreibetrag mit der „Unterstützungsgrenze" gleichzusetzen, mit dem Betrag also, bis zu dem die Steuerpflichtigen Anspruch auf Nettotransferzahlungen haben. Zur Begründung und zur genauen Gestaltung des Tarifverlaufs siehe Mitschke, J. (1985), S. 56 ff. und S. 84 f.

[114] Vgl. Mitschke, J. (1996), S. 201 f. Die Höhe des Grenzsteuersatzes und des Grundfreibetrages macht Mitschke abhängig von dem zu erzielenden Steueraufkommen, das dem Aufkommen der bis zum Reformzeitpunkt erhobenen (und aufkommensneutral zu ersetzenden) Einkommen-, Erbschaft- und Schenkungsteuer und Vermögensteuer entsprechen soll. Vgl. Mitschke, J. (1985), S. 59 ff.

[115] Vgl. Musgrave, R.A., Musgrave, P.B., Kullmer, L. (1993), S. 309, McLure, C.E., Zodrow, G.R. (1991), S. 147, Schmidt, K. (1986), S.18, Bradford, D.F. (1984), S. 120 f.

[116] Kaiser, M. (1992), S. 224.

[117] Vgl. Kaldor, N. (1969), S. 171, Bradford, D.F. (1984), S. 120 f., Lodin, S.-O. (1978), S. 83, Kaiser, M. (1992), S. 224.

Auch Mitschke ist der Ansicht, seine Konzeption einer Lebenseinkommensbesteuerung nehme „einer eigenständigen Körperschaftsteuer (...) die Rechtfertigung"[118]. Alle Gewinne würden auch ohne eine solche Steuer irgendwann bei den Anteilseignern – entweder mit der jährlichen Konsumsteuer oder mit der am Lebensende erhobenen Vermögenszuwachssteuer – belastet: Ausgeschüttete und konsumtiv verwendete Gewinne unterliegen ganz offensichtlich der Jahreskonsumsteuer. Aber auch nicht ausgeschüttete Gewinne werden von dieser Steuer erfasst, wenn sie Wertsteigerungen bei den Unternehmensanteilen bewirken, die von den Anteilseignern realisiert und für Konsumzwecke verausgabt werden. Thesaurierte Gewinne, die nicht zu entsprechenden Veräußerungsgewinnen führen, sowie gesparte ausgeschüttete Gewinne erhöhen den Vermögensbestand des Anteilseigners. Sie werden an dessen Lebensende mit dem aktuellen Marktwert erfasst und mit der Vermögenszuwachssteuer belastet. Aus diesen Gründen plädiert Mitschke dafür, die Körperschaftsteuer ersatzlos zu streichen.[119]

Andere Autoren vertreten die Meinung, eine gesonderte Unternehmensteuer sei auch in einem System direkter Konsumbesteuerung der Haushalte unverzichtbar: Nur mit einer solchen Abgabe könne der Steueranspruch des Staates gesichert werden; ansonsten bestünde beispielsweise die Möglichkeit, konsumsteuerpflichtige Transaktionen in den Unternehmensbereich zu verlagern und so eine Besteuerung zu umgehen.[120] Zudem würden ausländische Anteilseigner inländischer Unternehmen und inländische Tochtergesellschaften ausländischer Unternehmen ohne eine Unternehmensteuer im Inland überhaupt nicht besteuert.[121] Außerdem wird angeführt, dass eine solche ergänzende Unternehmensteuer mit der Körperschaftsteuer ohnehin bestehe und bei allen bereits getroffenen wirtschaftlichen Entscheidungen auch antizipiert worden sei. Daher wäre das Abschaffen der Körperschaftsteuer mit unerwarteten Gewinnen, so genannten „windfall profits", verbunden: Bei den heutigen Anteilswerten sei die Körperschaftsteuer bereits berücksichtigt, ihr Wegfall würde daher zu plötzlichen Kursanstiegen und damit zu nicht erwarteten Kursgewinnen

---

[118] Mitschke, J. (1988a), S. 72.
[119] Vgl. Mitschke, J. (1986), S. 466 f.
[120] Vgl. Aaron, H.J., Galper, H. (1985), S. 79.
[121] Vgl. ebenda, Kay, J.A., King, M.A. (1990), S. 174. Dieses Problem sieht auch Mitschke, der deshalb für eine Quellensteuer auf Kapitalerträge plädiert, die zur Definitivsteuer wird, wenn Kapitalerträge an nicht konsumsteuerpflichtige natürliche Personen fließen. Vgl. Mitschke, J. (1995), S. 79, Mitschke, J. (1985), S. 66 ff.

für die Anteilseigner führen.[122] Nicht zuletzt aufgrund der damit verbundenen Umverteilungswirkungen würde die Abschaffung der Körperschaftsteuer allein an dem zu erwartenden erheblichen politischen Widerstand scheitern.[123] Das Meade-Komitee greift schließlich auf eine äquivalenztheoretische Rechtfertigung einer eigenständigen Körperschaftsteuer zurück, wenn es die Privilegien, die mit der Rechtsform der Kapitalgesellschaft verbunden sind – wie beispielsweise die beschränkte Haftung – als einen Grund für eine zusätzliche Besteuerung dieser Unternehmen heranzieht.[124] Die Schaffung dieser Privilegien ist jedoch praktisch mit keinen Kosten für den Staat verbunden, so dass schon allein deswegen die äquivalenztheoretische Begründung einer Körperschaftsteuer nicht überzeugt. Zudem ist fraglich, ob der aus der beschränkten Haftung stammende Nutzen für die jeweilige Kapitalgesellschaft in einem direkten Zusammenhang mit der Steuerbemessungsgrundlage steht.

Nun gibt es ganz unterschiedliche Ansichten darüber, wie eine Unternehmensteuer zur Ergänzung der sparbereinigten Einkommensbesteuerung ausgestaltet sein sollte. So würde es beispielsweise zur Sicherung des Steueranspruchs des Staates nahe liegen, eine sparbereinigte Einkommensteuer durch eine Dividenden- oder Ausschüttungssteuer[125] zu ergänzen, die nur ausgeschüttete Gewinne erfasst, einbehaltene Gewinne dagegen unbesteuert lässt. Wenn diese Steuer bei den Haushalten auf die sparbereinigte Einkommensteuer angerechnet werden kann – wie es beispielsweise Rose fordert[126] – kommt die Konzeption einer „reinen Konsumsteuer“ sehr nahe.

In erster Linie werden jedoch unterschiedliche Spielarten einer Cash-flow-Unternehmensteuer[127] diskutiert, deren Bemessungsgrundlage sich prinzipiell aus

---

[122] Vgl. Kay, J.A., King, M.A. (1990), S. 157, Institute for Fiscal Studies (1978), S. 227.
[123] Vgl. McLure, C.E., Zodrow, G.R. (1991), S. 148.
[124] Vgl. Institute for Fiscal Studies (1978), S. 227.
[125] Diese Ausschüttungssteuer bezieht sich auf die gesamten geleisteten Dividenden. Sie ist nicht mit der S-Steuer zu verwechseln, die in der Literatur ebenfalls als Ausschüttungssteuer bezeichnet wird, deren Bemessungsgrundlage aber anders ermittelt wird.
[126] Vgl. Rose, M. (1991b), S. 11 f.
[127] Wobei dieser finanzwissenschaftliche Cash-flow-Begriff sich von dem betriebswirtschaftlichen Cash-flow-Begriff durch die Höhe der Bruttoinvestitionen unterscheidet. Zur Abgrenzung der beiden Begriffe siehe Kaiser, M. (1992), S. 37 ff. In der englischsprachigen Literatur findet sich auch die Bezeichnung „flow-of-funds taxation“. Vgl. Institute for Fiscal Studies (1978), S. 230 ff., Boadway, R., Bruce, N., Mintz, J. (1983). Zudem wird in einigen angelsächsischen Quellen auch die sparbereinigte Einkommensteuer als „Cash-flow-Tax“ bezeichnet. Vgl. Bradford, D.F. (1984), Andrews, W.D. (1974).

der Summe aller Zahlungseingänge abzüglich der Summe aller durch das Unternehmen veranlassten Zahlungsabgänge errechnet.

Tabelle 1: Zahlungsflüsse bei Körperschaften

Zahlungszuflüsse	Zahlungsabflüsse
Reale Transaktionen (real items = R)	
• Verkauf von Gütern • Verkauf von Dienstleistungen • Verkauf von Anlagegütern	• Kauf von Material • Löhne, Gehälter und Kauf anderer Dienstleistungen • Käufe von Anlagegütern
Finanzielle Transaktionen (financial items = F)	
• eigene Kreditaufnahme • erhaltene Kredittilgung • erhaltene Zinsen • Abnahme der Beteiligungen an ausländischen Unternehmen • Kontoüberziehung • Abnahme des positiven Kassenbilanzsaldos	• geleistete Kredittilgung • Kreditgewährung • gezahlte Zinsen • Zunahme der Beteiligungen an ausländischen Unternehmen • Rückgang Kontoüberziehung • Zunahme des positiven Kassenbilanzsaldos
Beteiligungstransaktionen (share items = S)	
• Einlage/Kapitalerhöhung/ Ausgabe eigener Aktien • Veräußerung von Beteiligungen • erhaltene Gewinnausschüttungen	• Entnahme/Kapitalherabsetzung/ Rückkauf eigener Aktien • Kauf von Beteiligungen • geleistete Gewinnausschüttungen
Steuern (tax items = T)	
• Steuererstattungen	• Steuerzahlungen

Quelle: Institute for Fiscal Studies (1978), S. 231.

Im Mittelpunkt der wissenschaftlichen Auseinandersetzungen stehen dabei nach wie vor drei Konzeptionen, die das Meade-Komitee Ende der 1970er Jahre in seiner Untersuchung zur Reform der direkten Steuern in England analysierte: die Besteuerung der R-Basis, der R+F-Basis beziehungsweise der S-Basis. Diese Formen der Cash-flow-Steuer unterscheiden sich darin, welche der in Tabelle 1 dargestellten Zahlungsflüsse sie berücksichtigen.

Die so genannte Real-Cash-flow-Steuer (kurz: R-Steuer) geht auf einen Vorschlag von Brown aus dem Jahr 1948 zurück.[128] Ihre Bemessungsgrundlage ergibt sich aus der Differenz zwischen den Zahlungszuflüssen und Zahlungsabflüssen, die aus realwirtschaftlichen Transaktionen (real items) resultieren. Steuerlich relevante Einzahlungen entstehen durch den Verkauf von Dienstleistungen und Gütern, wozu auch Anlagegüter zählen. Davon abgezogen werden alle Ausgaben für den Kauf von Dienstleistungen, also beispielsweise Lohn- und Gehaltszahlungen, sowie von Gütern wie zum Beispiel Material oder Anlagegüter. Damit ergibt sich die Bemessungsgrundlage als Differenz zwischen dem Umsatz einerseits und den Vorleistungen, den Bruttoinvestitionen sowie den Lohnkosten andererseits.[129]

Das charakteristische Element der R-Steuer, dass finanzwirtschaftliche Transaktionen generell unberücksichtigt bleiben, ist gleichzeitig der wesentliche Kritikpunkt an dieser Konzeption. Denn das hätte zum Beispiel zur Folge, dass Finanzinstitute von einer solchen Steuer kaum betroffen wären. Sie würden vielmehr in der Regel eine negative Bemessungsgrundlage aufweisen, da sie einerseits keine nennenswerten Einnahmen aus realwirtschaftlichen Transaktionen erzielen (auch Finanzdienstleistungen werden häufig über Zinseinnahmen abgegolten[130]), andererseits aber durch-

---

[128] Vgl. Brown, E.C. (1948). Im Meade-Report wird die R-Steuer zugunsten der so genannten S-Steuer verworfen. Vgl. Institute for Fiscal Studies (1978), S. 230 ff. Als „Minderheitenvotum" zum Meade-Report ist der Vorschlag der beiden Komitee-Mitglieder Kay und King zu sehen, die eine Ergänzung der sparbereinigten Einkommensteuer durch eine R-Variante der Cash-flow-Steuer befürworten. Vgl. Kay, J.A., King, M.A. (1990), S.174 ff., King, M.A. (1987). Kay und King haben offenbar Zugeständnisse an die Durchsetzbarkeit ihres Reformmodells gemacht haben und sind im Laufe der Zeit von einer reinen R-Steuer abgekommen: So sprechen sie sich mittlerweile dafür aus, aufgenommene Kredite in die Bemessungsgrundlage einzubeziehen und dafür den Abzug von gezahlten Zinsen zuzulassen. Im Gegenzug dazu müssen auch Zinseinnahmen versteuert werden. Vgl. Kay, J.A., King, M.A. (1990), S. 176.

[129] Vgl. Kaiser, M. (1992), S. 42, Richter, W.F., Wiegard, W. (1991a), S. 198. Da bei der R-Basis die Ausgaben für Investitionsgüter sofort und in voller Höhe abgezogen werden, wird diese Unternehmensteuer auch als „investitionsbereinigte Gewinnsteuer" bezeichnet. So zum Beispiel bei Rose, M. (1998a), S. 251, Rose, M. (1998b), S. 109, Kaiser, M. (1992), S. 42 ff, McLure, C.E., Zodrow, G.R. (1991), S. 147.

[130] Im Zuge des Strukturwandels im Bankensektor, bei dem Geschäfte im Bereich der Emissionen, Unternehmensfusionen und -übernahmen an Bedeutung gewinnen, ist allerdings ein Wechsel vom zins- zum provisionsgestützten Geschäft zu verzeichnen. Vgl. Schmidt, O. (2001), S. 346.

aus realwirtschaftlich bedingte Ausgaben, wie beispielsweise Löhne und Gehälter oder auch den Kauf von Anlagegütern, zu verzeichnen haben.[131]

Um auch Finanzinstitute der Cash-flow-Steuer unterwerfen zu können, schlägt das Meade-Komitee eine Unternehmensteuer auf R+F-Basis vor. Dabei wird die Bemessungsgrundlage der R-Steuer um Ein- und Auszahlungen aus rein finanziellen Transaktionen (financial items) erweitert.[132] Prinzipiell werden also neben den realwirtschaftlichen auch alle Arten von Finanzinvestitionen steuerlich berücksichtigt; das heißt, Investitionsausgaben verringern die Bemessungsgrundlage sofort in voller Höhe, daraus resultierende Investitionserträge erhöhen sie; das Aufnehmen von Darlehen wird dabei als „negative Finanzinvestition" interpretiert. Folglich vergrößern aufgenommene Kredite, erhaltene Tilgungen und Zinsen sowie abnehmende Kassenbestände die Bemessungsgrundlage, während eigene Kredittilgungen und Zinszahlungen, gewährte Kredite und zunehmende Kassenbestände sie reduzieren.[133]

Von diesen finanziellen Transaktionen zu unterscheiden sind Beteiligungstransaktionen, die bei der R+F-Steuer keine Rolle spielen. So stellt im Gegensatz zur Kreditaufnahme die Veräußerung eigener Anteile beziehungsweise die Neuemission von Aktien keinen steuerlich relevanten Zahlungszufluss dar. Folgerichtig gelten Gewinnausschüttungen an die Anteilseigner anders als geleistete Schuldendienste nicht als Zahlungsabflüsse. Damit differenziert die R+F-Steuer zwischen Fremd- und Eigenkapital.[134] Auch der Erwerb von Anteilen an anderen Unternehmen wird prinzipiell nicht als steuerlich relevante Investition angesehen, so dass Ausgaben für sol-

---

[131] Vgl. Institute for Fiscal Studies (1978), S. 233, Kaiser, M. (1992), S. 30. Diesem Kritikpunkt begegnen Kay und King durch die in Fußnote 128 beschriebene Modifikation. Bei einer R-Steuer könnten Unternehmen sich außerdem der Besteuerung entziehen, indem sie Gewinne vom realwirtschaftlichen in den finanzwirtschaftlichen Bereich verlagern. Entsprechende Möglichkeiten zeigt zum Beispiel Becker, H. (1995), S. 244 auf. Diese Möglichkeit relativiert sich jedoch, sobald Geschäfte zwischen R-Steuerpflichtigen Unternehmen betroffen sind. So ist die Koppelung von Kaufgeschäften mit Kreditgeschäften nur auf den ersten Blick eine attraktive Steuervermeidungstechnik: Wenn ein Unternehmen A einem anderen Unternehmen B Waren unter Preis verkaufen und ihm gleichzeitig einen Kredit zu überhöhten Zinsen gewähren würde, so könnte zwar das Unternehmen A die R-Steuer vermindern, das Unternehmen B hätte aber kaum Interesse an einer solchen Regelung, da es die gezahlten Kreditzinsen im Rahmen der R-Steuer nicht geltend machen könnte. Vgl. Bach, S. (1993), S. 55 f.

[132] Siehe Tabelle 1.

[133] Vgl. Institute for Fiscal Studies (1978), S. 233, Kaiser, M. (1992), S. 56.

[134] Vgl. Aaron, H.J., Galper, J. (1985), S. 80, McLure, C.E., Zodrow, G.R. (1991), S. 124.

che Beteiligungen nicht als Zahlungsabfluss, daraus resultierende Erträge nicht als Zahlungszufluss berücksichtigt werden. Auf diese Weise soll zum einen die Doppelbesteuerung von Dividenden, die zwischen Unternehmen fließen, vermieden werden, zum anderen sollen spezielle Techniken der Steuervermeidung ausgeschlossen werden. Würden nämlich Beteiligungen an anderen Unternehmen als Finanzinvestition akzeptiert, so könnten zwei Unternehmen ihre Bemessungsgrundlage und damit ihre Steuerschuld reduzieren, indem sie gegenseitig Anteile an ihren Gesellschaften kaufen.[135]

Das Meade-Komitee befürwortet die R+F-Unternehmensteuer zumindest für eine Übergangsphase.[136] Letztlich hält es aber die Möglichkeit, einer sparbereinigten Einkommensteuer die so genannte S-Variante der Cash-flow-Steuer zur Seite zu stellen, für das „ultimate goal"[137]. Bei der S-Steuer werden ausschließlich Beteiligungstransaktionen (share items) berücksichtigt.[138] Das Charakteristische dieser Steuer ist, dass sie – im Gegensatz zu R- und R+F-Steuer – einen Überschuss an Auszahlungen belastet, und zwar den „Auszahlungsüberschuß, der aus den Beteiligungstransaktionen zwischen der Körperschaft und den Anteilseignern sowie den inländischen Körperschaften resultiert."[139] Der Erwerb von inländischen Unternehmensanteilen, also sowohl der Rückkauf eigener Aktien als auch der Kauf inländischer Beteiligungen, ist ebenso wie gezahlte Dividenden als Auszahlung zu werten, welche die Bemessungsgrundlage erhöht. Entsprechend reduziert der Verkauf eigener Aktien und inländischer Beteiligungen sowie der Zufluss von Dividenden die Bemessungsgrundlage der S-Steuer.[140] Im Gegensatz zur R+F-Steuer werden Betei-

---

[135] Vgl. Aaron, H.J., Galper, J. (1985), S. 80, McLure, C.E., Zodrow, G.R. (1991), S. 124, Kaiser, M. (1992), S. 57. Während einige Befürworter der R+F-Steuer – wie beispielsweise Aaron und Galper oder McLure und Zodrow – bei dieser Regelung keinen Unterschied zwischen in- und ausländischen Beteiligungen machen, beschränkt das Meade-Komitee sie auf inländische Unternehmensanteile; Beteiligungen an ausländischen Unternehmen werden dagegen steuerlich berücksichtigt. Offenbar geht das Komitee davon aus, dass die dargestellte Steuervermeidungstechnik nicht auch grenzüberschreitend genutzt wird. Das ist aber nur dann realistisch, wenn im Ausland kein entsprechendes Steuersystem besteht, so dass ausländische Unternehmen durch einen gegenseitigen Aktienkauf keinen Steuervorteil und damit kein Interesse an einem solchen Vorgehen hätten. McLure und Zodrow ziehen der Kombination aus sparbereinigter Einkommensteuer und R+F-Unternehmensteuer generell eine Kombination aus zinsbereinigter Einkommensteuer und R-Steuer vor. Vgl. Aaron, H.J., Galper, H. (1985), S. 80, McLure, C.E., Zodrow, G.R. (1991), S. 124, Institute for Fiscal Studies (1978), S. 234, Kaiser, M. (1992), S. 57.

[136] Vgl. Institute for Fiscal Studies (1978), S. 257.

[137] Ebenda, S. 511.

[138] Vgl. ebenda, S. 231 und S. 233 ff., Kaiser, M. (1992), S. 60 ff.

[139] Kaiser, M. (1992), S. 60.

[140] Vgl. ebenda, S. 62, Institute for Fiscal Studies (1978), S. 234.

ligungen an inländischen Körperschaften in die S-Basis einbezogen. Auf diese Weise soll ausgeschlossen werden, dass Unternehmen ihre Bemessungsgrundlage durch gegenseitigen Aktienkauf gezielt vermindern. Der Verkauf eigener Anteile würde die Bemessungsgrundlage reduzieren, der Kauf fremder Anteile hätte dagegen keine Auswirkungen auf die Bemessungsgrundlage.[141]

Cash-flow-Unternehmensteuern werden in erster Linie als Ersatz für die Körperschaftsteuer vorgeschlagen, so beispielsweise vom Meade-Komitee, von Kay und King sowie von Aaron und Galper.[142] Eine als allgemeine, rechtsformunabhängige Betriebssteuer ausgestaltete Cash-flow-Steuer – wie sie unter anderem McLure und Zodrow befürworten[143] – würde dagegen nicht nur die Körperschaftsteuer ersetzen, sondern auch verschiedene Einkunftsarten, die derzeit der persönlichen Einkommensteuer unterliegen, erfassen. Dazu könnten neben den Einkünften aus Forst- und Landwirtschaft, aus Gewerbebetrieb und aus selbständiger Arbeit auch die Einkünfte aus Vermietung und Verpachtung zählen.[144]

Gleichgültig ob die Cash-flow-Steuer als allgemeine oder spezielle, ausschließlich Körperschaften erfassende Betriebssteuer ausgestaltet ist: Sie hat grundsätzlich den Charakter einer Objektsteuer, das heißt, die individuelle Leistungsfähigkeit der hinter dem jeweiligen Betrieb stehenden Personen soll (und kann) bei der Besteuerung nicht berücksichtigt werden. Personenbezogene Freibeträge passen damit ebenso wenig zu einer solchen Steuer wie ein progressiver Tarif. Entsprechend ist der Steuertarif bei den Vorschlägen einer Cash-flow-Unternehmensteuer grundsätzlich pro-

---

[141] Vgl. Institute for Fiscal Studies (1978), S. 234. Auch hier unterstellt das Meade-Komitee ganz offensichtlich, dass solche Steuerumgehungstechniken nur innerhalb nationaler Grenzen funktionieren. R+F- und S-Steuer unterscheiden sich letztlich nur dadurch, dass erstere sich auf eine „tax exclusive-“ und letztere auf eine „tax-inclusive“-Bemessungsgrundlage bezieht: Da der Zahlungsüberschuss, der aus real- und finanzwirtschaftlichen Transaktionen entsteht, nur an die Anteilseigner oder an den Staat fließen kann, entspricht die Differenz zwischen der R+F-Basis und der S-Basis genau der Höhe der Abgaben an den Staat (siehe Tabelle 1). Die S-Steuer bezieht sich damit auf eine kleinere Bemessungsgrundlage; ihr Steuersatz muss entsprechend höher sein als der einer aufkommensgleichen R+F-Steuer. Allgemein gilt: $t_S = t_{R+F}/(1-t_{R+F})$ mit t_S = Steuersatz der S-Steuer und t_{R+F} = Steuersatz der R+F-Steuer. Zur Herleitung siehe Kaiser, M. (1992), S. 61, Peffekoven, R. (1980), S. 424, Peffekoven, R., Fischer, H. (1982), S. 699.

[142] Dabei sieht die Konzeption von Aaron und Galper vor, die Bemessungsgrundlage bei Personengesellschaften und Einzelunternehmen auf die gleiche Weise zu ermitteln, die Steuer jedoch direkt bei den Unternehmern zu erheben. Vgl. Aaron, H.J., Galper, H. (1985), S. 79.

[143] Vgl. McLure, C.E., Zodrow, G.R. (1991), S. 149.

[144] Vgl. Bach, S. (1999), S. 86 und S. 97 ff., Bach, S. (1993), S. 73 ff.

portional ausgestaltet. Aufgrund des Objektsteuercharakters sehen die Vorschläge für eine als allgemeine Betriebssteuer erhobene Cash-flow-Steuer in der Regel den Abzug eines Unternehmerlohnes vor, was bei den betrieblichen Einkünften der heutigen Einkommensteuer nicht üblich und auch nicht notwendig ist. Dieser Unternehmerlohn unterliegt dann der direkten Konsumsteuer, wobei persönliche Umstände berücksichtigt werden können. Um bestimmten Steuervermeidungstechniken wie beispielsweise der Verlagerung persönlicher Konsumausgaben in den Unternehmensbereich entgegenzuwirken, sollte der Steuersatz der Cash-flow-Steuer mit dem Spitzengrenzsteuersatz der sparbereinigten Einkommensteuer übereinstimmen.[145]

Durch die Besteuerung von Unternehmensgewinnen auf Cash-flow-Basis wird der Staat zum stillen Teilhaber an den besteuerten Unternehmen: Der Sofortabzug der Investitionsausgaben von der Bemessungsgrundlage beteiligt ihn nach Maßgabe des jeweiligen Steuersatzes an den Investitionen, was die Besteuerung der daraus resultierenden Erträge in gleicher Höhe rechtfertigt. Dieses Prinzip der Beteiligung funktioniert jedoch nur dann, wenn den Steuerpflichtigen im Fall einer negativen Bemessungsgrundlage, also eines negativen Zahlungsüberschusses, ein sofortiger und vollständiger „Verlustausgleich"[146] in Form einer Steuererstattung gewährt wird. Ein solcher „Verlustausgleich", den beispielsweise Brown vorsah[147], ist jedoch im Hinblick auf das Steueraufkommen kritisch zu beurteilen: Der Fiskus verzichtet nicht nur in der jeweiligen Periode auf Steuereinnahmen, er läuft darüber hinaus auch Gefahr, dass er um seine „Dividenden" in Höhe der auf spätere Investitionserträge erhobenen Cash-flow-Steuer betrogen wird. Davon kann sicher nicht die Rede sein, wenn im Rahmen des üblichen Unternehmerrisikos ein positiver Zahlungsüberschuss ausbleibt. Doch könnten „windige" Unternehmer Investitionen lediglich vortäuschen, um so Steuererstattungen zu kassieren – ein Problem, das in ähnlicher Form als „Vorsteuerabzugs-Betrug" bereits bei der Umsatzsteuer bekannt ist.[148] Ein solches Risiko könnte der Fiskus umgehen, indem er – wie es beispielsweise Kay und King vorschlagen – anstelle des „Verlustausgleichs" nur einen „Verlustvortrag"

[145] Vgl. McLure, C.E., Zodrow, G.R. (1991), S. 149.
[146] Wobei der Begriff des „Verlustes" in einem Cash-flow-System eigentlich unpassend ist.
[147] Vgl. Brown, E.C. (1948), S. 303.
[148] Vgl. Bach, S. (1999), S. 91.

zulässt, bei dem ein negativer Zahlungsüberschuss zeitlich unbegrenzt und verzinst mit späteren Zahlungsüberschüssen verrechnet werden kann.[149]

2.2.1.4 Zur Integration von sparbereinigter Einkommensteuer und Cash-flow-Unternehmensteuer

Zu den Gesamtkonzeptionen, die neben der sparbereinigten Einkommensteuer auch eine Cash-flow-Unternehmensteuer vorsehen, zählen die Reformvorschläge des Meade-Komitees (Universal Expenditure Tax plus R+F- beziehungsweise S-Steuer), von Kay und King (Lifetime Expenditure Tax plus R-Steuer), von McLure und Zodrow (Individual cash flow tax plus R+F-Steuer) sowie von Aaron und Galper (Cash flow income tax plus R+F-Steuer). Diese Autoren sind der Ansicht, bei einer Gesamtkonzeption aus sparbereinigter Einkommensbesteuerung und Cash-flow-Besteuerung der Unternehmen bereite „die Integration von Körperschaftsteuer (oder Unternehmensteuer) und persönlicher Besteuerung (...) keine nennenswerten Probleme"[150]: Auf ein Anrechnungsverfahren könne nicht nur verzichtet werden, es sei mit einem solchen konsumorientierten Steuersystem auch gar nicht vereinbar.[151]

So weisen Aaron und Galper für die von ihnen befürwortete Kombination aus R+F-Steuer und sparbereinigter Einkommensteuer nach, dass es auch ohne Anrechnungsverfahren nicht zu einer Doppelbelastung ausgeschütteter Gewinne kommt.[152] Damit ist ein solches Steuersystem grundsätzlich rechtsformneutral: Ein Investor erhält bei einer Investition in ein Unternehmen bei gegebener Bruttorendite die gleiche Nettorendite, gleichgültig ob dieses Unternehmen als Einzelunternehmen beziehungsweise Personengesellschaft oder als Kapitalgesellschaft geführt wird (siehe Tabelle 2).

---

[149] Vgl. Kay, J.A., King, M.A. (1990), S. 175 f. Diese Vorgehensweise passt systematisch eher zu einer zinsbereinigten Unternehmensteuer, bei der die Investition selbst aus versteuertem Einkommen zu finanzieren ist, der Staat jedoch im Gegenzug die späteren Erträge dieser Investition steuerfrei lässt. Vgl. Bach, S. (1999), S. 89.

[150] McLure, C.E., Zodrow, G.R. (1991), S. 130.

[151] Vgl. Kay, J.A., King, M.A. (1990), S. 177, Aaron, H.J., Galper, H. (1985), S. 80 ff., Institute for Fiscal Studies (1978), S. 248 ff., Kaiser, M. (1992), S. 154 f.

[152] „(...) integration of the cash flow income taxes for individuals and corporations is natural and automatic." Aaron, H.J., Galper, H. (1985), S. 66.

Tabelle 2: Investitionen in Personengesellschaften/Einzelunternehmen und in Körperschaften in einem Cash-flow-Steuersystem[153]

	Fall 1: Personengesellschaft/ Einzelunternehmen	Fall 2: Körperschaft
Einlage/Anteilskauf	10.000	10.000
Steuererstattung	5.000	5.000
Nettokosten	5.000	5.000
Kapitalerhöhung	10.000	10.000
Investition	10.000	20.000
Ertrag (20 %)	2.000	4.000
Cash-flow-Steuer (50 %)	0	2.000
Dividende	2.000	2.000
Einkommensteuer (50 %)	1.000	1.000
Nettodividende	1.000	1.000
Nettorendite	20 %	20 %

Quelle: In Anlehnung an Aaron, H.J., Galper, H. (1985), S. 81.

Betrachtet werden zwei Fälle, in denen eine Person jeweils 10.000 Euro in eine Personengesellschaft (Fall 1) beziehungsweise in eine Kapitalgesellschaft (Fall 2) einbringt. In beiden Fällen kann sie diese 10.000 Euro noch in der gleichen Periode von der Bemessungsgrundlage der sparbereinigten Einkommensteuer absetzen. Durch die damit (bei einem individuellen Steuersatz von 50 Prozent) verbundene Steuererstattung von 5.000 Euro betragen die Investitionskosten „nach Steuer" (Nettokosten) nur 5.000 Euro.

In Fall 1 stehen der Personengesellschaft damit 10.000 Euro für Investitionszwecke zur Verfügung. Bei einer unterstellten Rendite von 20 Prozent wird ein Ertrag von 2.000 Euro erwirtschaftet und vollständig an den Unternehmer ausgeschüttet. Diese 2.000 Euro unterliegen dessen persönlichem Steuersatz von 50 Prozent, so dass der Unternehmer unter dem Strich eine Nettorendite von 1.000 Euro oder 20 Prozent

[153] Aaron und Galper beziehen sich in diesem Rechenbeispiel auf eine Cash-flow-Steuer auf R+F-Basis. Das Beispiel kann jedoch ohne weiteres auch auf eine R- oder S-Basis übertragen werden.

(bezogen auf die „Nach-Steuer"-Investition von 5.000 Euro) erzielt hat. In Fall 2 kann die Kapitalgesellschaft nicht nur 10.000 Euro investieren, sondern (bei einem Cash-flow-Steuersatz von ebenfalls 50 Prozent) sogar 20.000 Euro. Das ist darauf zurückzuführen, dass die Körperschaft die Investitionskosten sofort von ihrer Steuerbemessungsgrundlage absetzen kann und dadurch eine Steuerersparnis in Höhe von 10.000 Euro erzielt. Bei einer Rendite von 20 Prozent entsteht ein Ertrag in Höhe von 4.000 Euro. Dieser unterliegt jedoch der Unternehmensteuer, so dass auch in diesem Fall nur 2.000 Euro an den Anteilseigner ausgeschüttet werden. Der Anteilseigner erzielt also auch bei einer Investition in eine Kapitalgesellschaft eine Nettorendite von 20 Prozent.

Die dargestellte „automatische Integration" von sparbereinigter Einkommensteuer und Cash-flow-Unternehmensteuer liegt darin begründet, dass der zweifachen Besteuerung der Investitionserträge von Körperschaften (erst auf der Unternehmens-, dann auf der Anteilseignerebene) der zweifache Abzug der Investitionsausgaben von der Bemessungsgrundlage (erst auf der Anteilseigner-, dann auf der Unternehmensebene) gegenübersteht. Dabei ist das Ergebnis unabhängig von den unterstellten Steuersätzen, setzt aber voraus, dass ein sofortiger „Verlustausgleich" gewährt wird.[154]

Auch das Meade-Komitee spricht sich für den Fall der Kombination von sparbereinigter Einkommensteuer und R- oder S-Steuer dafür aus, das Anrechnungsverfahren aufzugeben und stattdessen zu einem „klassischen System" überzugehen[155]: „A personal expenditure tax combined with a corporation tax on an R basis or an S basis requires a classical system rather than an imputation system for relating corporation tax with personal tax."[156] Das Anrechnungsverfahren wäre bei diesen Konzepti-

[154] An dem Beispiel wird auch deutlich, dass sich der Fiskus jeweils in Höhe der in der Investitionsperiode entgangenen Steuereinnahmen als stiller Teilhaber an der Investition beteiligt: im Fall 1 mit 5.000 Euro, im Fall 2 mit 15.000 Euro. Damit erzielt auch er – ebenso wie der private Unternehmer beziehungsweise Anteilseigner – eine Rendite von 20 Prozent: Im Fall 1 fließen insgesamt 1.000 Euro, im Fall 2 insgesamt 3.000 Euro der Erträge in Form von Steuern an den Staat.

[155] Dabei ist zu berücksichtigen, dass das Meade-Komitee bei seinen Ausführungen von dem in Großbritannien üblichen „imputation system" ausgeht, bei dem die bereits gezahlte Körperschaft-steuer nicht vollständig auf die Einkommensteuerschuld angerechnet werden kann. Die Ausführungen können aber ohne weiteres auf ein System der Vollanrechnung – wie es in Deutschland bis einschließlich 2001 üblich war – übertragen werden.

[156] Institute for Fiscal Studies (1978), S. 249.

onen[157] mit dem steuerlichen Anreiz zu einer Schütt-aus-hol-zurück-Politik der Kapitalgesellschaften und einer steuerlichen Subventionierung von Investitionen, die über die Ausgabe von Beteiligungen finanziert werden, verbunden.[158] Das ist darauf zurückzuführen, dass auf der einen Seite der Kauf von Unternehmensanteilen beim Anteilseigner steuerfrei bliebe, auf der anderen Seite die erhaltenen Dividenden mit einer Steuergutschrift versehen wären. Somit könnten die Anteilseigner die Dividenden plus Steuergutschrift dem Unternehmen sofort (und steuerfrei) wieder zur Verfügung stellen, indem sie neue Anteile kaufen. Da das Unternehmen entweder die Ausgabe der neuen Anteile von der Steuer absetzen kann (S-Basis) oder überhaupt keine Steuer auf die geleisteten Dividenden gezahlt hat (R-Basis/R+F-Basis), wäre dieses Schütt-aus-hol-zurück-Verfahren mit einer Steuersubvention verbunden.

Diese Zusammenhänge lassen sich sehr einfach nachvollziehen, wenn man eine Kapitalgesellschaft betrachtet, die einen Zahlungsüberschuss von 100 Euro erzielt, indem sie Waren zu einem Einkaufspreis von 1000 Euro einkauft und zu 1100 Euro verkauft, wobei ihr keine weiteren Kosten entstehen. Die Bemessungsgrundlage einer S-Steuer (Fall 1) würde damit 0 Euro, die einer R-/R+F-Steuer (Fall 2) 100 Euro betragen. Bei einem unterstellten Steuersatz von jeweils 50 Prozent würde das Unternehmen in Fall 1 über ein Bankguthaben von 100 Euro, in Fall 2 von 50 Euro verfügen können. Entscheidet es sich für eine vollständige Ausschüttung, dann erhält der Anteilseigner in beiden Fällen eine Nettodividende von 50 Euro, da bei Ausschüttung auch die S-Steuer in Höhe von 50 Euro fällig würde. Bei einer sparbereinigten Einkommensteuer und einem Anrechnungsverfahren könnte der Anteilseigner jedoch in beiden Fällen 100 Euro wieder anlegen, da er bei Wiederanlage der Nettodividenden von 50 Euro keine sparbereinigte Einkommensteuer zahlen müsste und damit die bereits gezahlte Unternehmensteuer in Höhe von 50 Euro erstattet bekäme[159], die er dann ebenfalls wieder in das Unternehmen einbringen könnte. Damit wäre die Besteuerung im Fall 2 abgeschlossen, im Fall 1 würde das Unternehmen infolge der Einzahlung eine Steuererstattung von 50 Euro erhalten. In beiden Fällen würde die Schütt-aus-hol-

[157] Das Gleiche gilt für eine Kombination aus sparbereinigter Einkommensteuer und R+F-Steuer.
[158] Damit würde es gegen das Gebot der Gewinnverwendungs- und der Finanzierungsneutralität der Besteuerung verstoßen.
[159] Dabei wird unterstellt, dass der Steuerpflichtige keine weiteren Zahlungsüberschüsse erzielt und ein sofortiger und vollständiger „Verlustausgleich" vorgenommen wird.

zurück-Politik durch das Anrechnungsverfahren in Höhe von 50 Euro steuerlich subventioniert.[160]

Von den bisher dargestellten Gesamtkonzeptionen, die eine sparbereinigte Einkommensteuer ohne Unternehmensteuer vorsehen oder eine solche Steuer durch eine Cash-flow-Unternehmensteuer ergänzen, unterscheidet sich der Vorschlag von Lang grundlegend: Er spricht sich dafür aus, eine sparbereinigte Einkommensteuer durch eine anrechenbare, rechtsformunabhängige zinsbereinigte Unternehmensteuer, wie sie später noch diskutiert wird, zu ergänzen.[161]

2.2.2 Die zinsbereinigte Einkommensbesteuerung

Die jüngere Spielart der konsumorientierten Einkommensbesteuerung, die die sparbereinigte Einkommensteuer zunehmend in den Hintergrund drängt, ist die so genannte zinsbereinigte oder auch zinskorrigierte[162] Einkommensteuer. Wie bei der sparbereinigten Einkommensteuer gibt es auch hier viele verschiedene Konzeptionen, die sich in den Details ihrer technischen Ausgestaltung unterscheiden. Als grundlegend für diese Reformvorschläge werden im Allgemeinen die Arbeiten von Ekkehard Wenger (1983) sowie von Robin Boadway und Neil Bruce (1984)[163] bezeichnet.[164] Weitere bekannte Vertreter einer solchen zinsbereinigten Steuerkonzeption sind Robert E. Hall und Alvin Rabushka[165], Charles E. McLure und George R. Zodrow sowie David F. Bradford („X-Steuer"). Auch das Institute for Fiscal Studies hat einen Vorschlag für eine zinsbereinigte Neuordnung des britischen Steuersys-

---

160 Eigene Berechnungen in Anlehnung an Institute for Fiscal Studies (1978), S. 249. Das Rechenbeispiel des Meade-Komitees wurde hier modifiziert und unter anderem an das in Deutschland bis einschließlich 2001 übliche Anrechnungsverfahren angepasst. Auch durch das Halbeinkünfteverfahren würde diese Subventionierung der Schütt-aus-hol-zurück-Politik nicht vermieden, sondern lediglich reduziert – im Beispiel auf eine Höhe von 12,50 Euro.

161 Vgl. Lang, J. (1999), S. 157 ff., Lang, J. (1993), S. 179 ff. (Rn. 640 ff.), S. 177 (Rn. 626) und S. 193 (Rn. 693). Die zinsbereinigte Unternehmensbesteuerung wird ausführlich dargestellt in Kapitel 2.2.2.2.

162 So beispielsweise bei Schneider, D. (1999), S. 6, Wenger, E. (1983).

163 Wobei sich Boadway und Bruce auf den Vorschlag einer zinsbereinigten Unternehmensteuer beschränken. Vgl. Boadway, R., Bruce, N. (1984).

164 So beispielsweise Hackmann, J. (1999), S. 36, Naust, H. (1991/92), S. 514, Wagner, F.W. (1999a), S. 1523.

165 Eine Variante der von Hall und Rabushka vorgeschlagenen "flat tax" war zentraler Bestandteil des (gescheiterten) Wahlkampfs des Präsidentschaftkandidaten Steve Forbes in den USA im Jahr 1996. Vgl. Rosen, H.S. (1999), S. 451.

tems erarbeitet.[166] Im deutschsprachigen Raum setzen sich neben Ekkehard Wenger auch Manfred Rose, Franz W. Wagner und der Kronberger Kreis des Frankfurter Instituts (heute: Stiftung Marktwirtschaft) für die zinsbereinigte Einkommensteuer ein.[167] Eine weitestgehend zinsbereinigte Einkommensbesteuerung wurde 1994 in Kroatien eingeführt.[168] Auch in Österreich, Italien und Skandinavien wurden Systeme der Einkommens- und Gewinnbesteuerung etabliert, die einer Zinsbereinigung in wesentlichen Punkten nahe kommen.[169]

2.2.2.1 Die Konzeption einer zinsbereinigten Einkommensteuer

Auf den ersten Blick unterscheidet sich die zinsbereinigte Einkommensteuer grundlegend von der sparbereinigten Einkommensteuer: Die Ermittlung ihrer Bemessungsgrundlage knüpft am Markteinkommen an, das um eine „marktübliche Verzinsung“[170] des Spar- und Investitionskapitals reduziert wird. Diese marktübliche Verzinsung wird auch als Normal-, Standard- oder Schutzverzinsung bezeichnet:[171] Sie soll eine Kapitalverzinsung widerspiegeln, „wie sie bei einer Anlage am Kapitalmarkt ohne besonderen Aufwand und ohne besonderes Risiko zu erzielen wäre“.[172] Auf diese Weise sollen die Opportunitätskosten des eingesetzten Eigenkapitals bei der Ermittlung der Bemessungsgrundlage (sozusagen als Einkunftserzielungskosten) berücksichtigt werden. Damit sind die „individuellen Bemessungsgrundlagen (...) ein Konglomerat aus Lohneinkommen und – von der 'Normalverzinsung' des Eigenkapitals abweichenden – 'Übergewinnen' “.[173]

Der Abzug der marktüblichen Kapitalverzinsung von der Bemessungsgrundlage der (zinsbereinigten) Einkommensteuer wird zum einen analog zum Abzug von sonsti-

---

[166] Vgl. Institute for Fiscal Studies (1989), Institute for Fiscal Studies (1994).
[167] Vgl. Rose, M. (1998a), S. 249, Schneider, D. (1999), S. 6, Krause-Junk, G. (1999), S. 128, Kronberger Kreis (2000).
[168] Siehe dazu Kapitel 2.2.3.
[169] In diesen Ländern wird eine „Dual Income Tax“ erhoben, bei der Kapitaleinkünfte einem gesonderten, niedrigeren Tarif unterliegen. Vgl. Wagner, F.W. (1999a), S. 1520, Wagner, F.W., Wenger, E. (1999), S. 53, Wagner, F.W. (1998), S. 2.
[170] Kronberger Kreis (2000), S. 31.
[171] Vgl. Hackmann, J. (1999), S. 45.
[172] Kronberger Kreis (2000), S. 31.
[173] Hackmann, J. (1999), S. 51.

gen Einkunftserzielungskosten begründet: „Entstehungsgrundlage von Zinseinkommen wie überhaupt aller anderen Arten von Kapitaleinkommen ist der Konsumverzicht, für den sich die Individuen in der Erwartung entschieden haben, daß die Kosten des Wartens auf den späteren Konsum durch den Markt ausgeglichen werden. Dieser Ausgleich wird nun gerade durch den Marktzins gewährleistet."[174] Zum anderen deckt der Marktzins auch die inflationsbedingte Entwertung des Sparkapitals ab. „Ein Einkommen in Höhe des Marktzinses stellt also gar keine steuerliche Leistungsfähigkeit dar"[175] und muss insofern von einer Steuer, die die individuelle Leistungsfähigkeit belasten will – sozusagen als „Kapitalexistenzminimum" – verschont bleiben.

Auf der Ebene der privaten Haushalte wird bei vielen Vorschlägen nur das Arbeitseinkommen als „Restgröße" besteuert, weshalb die zinsbereinigte Besteuerung der Haushalte oft einfach als Lohn- oder Lohneinkommensteuer bezeichnet wird.[176] Das hängt zunächst damit zusammen, dass bei privaten Haushalten nur durchschnittliche – also „marktübliche" – Erträge aus Finanzvermögen unterstellt werden. Zumindest – so die Vertreter dieser Steuer – sei die Differenz zwischen tatsächlicher Verzinsung und Standardverzinsung so gering, dass Kapitaleinkommen wie Zinsen, Dividenden und Veräußerungsgewinne aus Vereinfachungsgründen vernachlässigt werden könnten.[177] Zudem wird die zinsbereinigte Einkommensbesteuerung der Haushalte bei vielen Vorschlägen durch eine als allgemeine Betriebssteuer ausgestaltete Gewinnsteuer ergänzt, die neben den üblichen betrieblichen Einkünften auch Miet- und Pachteinnahmen erfasst. Das ist beispielsweise bei dem von Hall und Rabushka für die Vereinigten Staaten entwickelten Modell einer „flat tax" der Fall, welches die Einkommensbesteuerung der Haushalte auf eine „individual wage

174 Rose, M. (1996a), S. 78. Entwickelt man diese Idee konsequent weiter, dann stellt sich die Frage, warum nicht beispielsweise auch ein „Standardlohn" als Ausgleich für den Freizeitverzicht abzugsfähig ist.

175 Rose, M. (1997), S. 19.

176 So beispielsweise bei Bach, S. (1999), S. 97, Bradford, D.F. (1991), S. 175.

177 Vgl. Rose, M. (1998a), S. 259, Wenger, E. (1999), S. 49. Das hat zudem den administrativen (und unter Umständen auch fiskalischen) Vorteil, dass auch eine unter dem marktüblichen Zinssatz liegende Verzinsung steuerlich nicht berücksichtigt werden muss. Vgl. Knoll, L. (2000), S. 177. In seinem im Sommer 2001 vorgestellten "Einfachsteuerkonzept" rückt Rose von dieser Vereinfachung ab. Hier werden Gewinne, Zinsen und sonstige Kapitalerträge besteuert, sofern sie die Schutzverzinsung übersteigen. Vgl. Schrinner, A. (2001), S. 5.

tax" beschränkt.[178] Die „X-Steuer" von Bradford sieht ebenfalls die Ergänzung einer auf Haushaltsebene erhobenen Lohnsteuer durch eine allgemeine Betriebssteuer vor.[179]

Auch im Rahmen einer zinsbereinigten Einkommensteuer ist eine systemadäquate steuerliche Behandlung von Erbschaften und Schenkungen, Krediten und langlebigen Konsumgütern zu klären. Dabei gibt es – ebenso wie bei der sparbereinigten Variante – unterschiedliche Vorstellungen: So kann beispielsweise die „ITP consumption tax"[180] von McLure und Zodrow nicht mit einer Lohnsteuer gleichgesetzt werden, weil sie neben Arbeitseinkommen auch erhaltene Schenkungen und Erbschaften erfasst.[181] Geleistete Schenkungen und Erbschaften sind zwar nicht explizit zu versteuern, werden jedoch aus bereits versteuertem Einkommen getätigt.[182] Die damit verbundene steuerliche Doppelbelastung von Geschenken und Nachlässen ist eine Konsequenz des von McLure und Zodrow verfolgten „Lebensausstattungsansatzes":[183] Die ITP-Steuer soll die gesamte „Lebensausstattung" eines Steuerpflichtigen und damit den „Gegenwartswert des Lebenseinkommens einschließlich aller Schenkungen und Erbschaften"[184] belasten. Andere Konzeptionen – so zum Beispiel die von Hall und Rabushka, Wenger und Bradford – lassen Erbschaften und Geschenke bei der Besteuerung völlig unberücksichtigt. Da sie aus versteuertem Einkommen geleistet werden, wurden sie im Voraus besteuert.[185]

---

[178] Vgl. Hall, R.E., Rabushka, A. (1995), Leube, K.R. (Hrsg.) (1998). Hall und Rabushka wollen neben Löhnen und Gehältern auch Pensionen als Arbeitseinkommen erfassen. Zahlungen aus der gesetzlichen Rentenversicherung sollen dagegen steuerfrei bleiben. Das ist in einem zinsbereinigten Einkommensteuersystem durchaus konsequent, zumal die Beiträge – im Gegensatz zur sparbereinigten Einkommensteuer – aus versteuertem Einkommen geleistet werden. Die Renten aus der gesetzlichen Rentenversicherung werden somit zinsbereinigt und im Sinne des Korrespondenzprinzips vorgelagert besteuert.

[179] Vgl. Bradford, D.F. (1991), S. 175.

[180] Wobei ITP für „Individual Tax Prepayment" steht. Vgl. McLure, C.E., Zodrow, G.R. (1991), S. 120.

[181] Vgl. ebenda, S. 161 ff., insbesondere S. 167.

[182] Vgl. ebenda, S. 163.

[183] Vgl. Hackmann, J. (1999), S. 50.

[184] McLure, C.E., Zodrow, G.R. (1991), S. 119. Eine Besteuerung von Geschenken und Nachlässen ausschließlich beim Empfänger entspricht dem „dynastischen Ansatz", bei dem eine Gruppe von Gebern und Empfängern (in der Regel mehrere Generationen einer Familie) bezüglich ihrer steuerlichen Leistungsfähigkeit als Einheit gesehen wird. Vgl. ebenda, S. 162 ff.

[185] Auf diese Weise wird der dynastische Ansatz auf eine indirekte und nur ungenaue, aber einfache Art und Weise umgesetzt. Vgl. McLure, C.E., Zodrow, G.R. (1991), S. 162 ff., Kaiser, M. (1992), S. 86 ff.

Auch die Nutzung dauerhafter Konsumgüter unterliegt der zinsbereinigten Einkommensteuer, ohne dass sie explizit in die Bemessungsgrundlage einbezogen werden muss. Da der Kaufpreis in der Anschaffungsperiode nicht von der Bemessungsgrundlage abgezogen werden kann und somit aus versteuertem Einkommen zu zahlen ist, wird die Steuer hier ebenfalls im Voraus gezahlt.[186] Bei kreditfinanziertem Wohneigentum wird die Eigennutzung dagegen zeitnäher besteuert: Die Kreditaufnahme bleibt bei der zinsbereinigten Einkommensteuer grundsätzlich unberücksichtigt, da jedoch weder Tilgungen noch Zinsen von der Bemessungsgrundlage abgezogen werden dürfen, werden die Schuldendienste aus versteuertem Einkommen getätigt.[187]

Die in manchen Konzeptionen der sparbereinigten Einkommensteuer vorgesehene Besteuerung von Veräußerungserlösen ist durchaus akzeptabel, sofern die Anschaffungskosten des entsprechenden Gutes sofort von der Bemessungsgrundlage abgezogen werden können. Da eine Sofortabschreibung im Rahmen der zinsbereinigten Einkommensteuer nicht zulässig ist, kann beispielweise ein Hauseigentümer den Kaufpreis erst zum Veräußerungszeitpunkt steuerlich geltend machen, indem er ihn vom Verkaufspreis abzieht. Die damit verbundenen Zinsnachteile können dadurch ausgeglichen werden, dass der Kaufpreis mit dem Standardzinssatz auf den Verkaufszeitpunkt aufgezinst wird. Die Differenz zwischen dem aufgezinsten Kaufpreis und dem tatsächlichen Veräußerungserlös ist nach Ansicht der Vertreter einer zinsbereinigten Einkommensteuer zu vernachlässigen; Veräußerungsgewinne unterliegen somit nicht der zinsbereinigten Einkommensteuer. Gewinne, die bei der Veräußerung von Unternehmen oder Unternehmensteilen erzielt werden, sind aus dem gleichen Grund steuerfrei.[188]

Die dargestellten Regelungen machen deutlich, warum die zinsbereinigte Einkommensteuer auch als „Steuervorauszahlungsansatz"[189] beziehungsweise „Tax Prepayment Approach"[190] der sparbereinigten Einkommensteuer bezeichnet wird: Im Gegensatz zu dieser werden bei der zinsbereinigten Einkommensteuer die gespar-

---

[186] Vgl. Bradford, D.F. (1986), S. 78 f.
[187] Vgl. Hackmann, J. (1999), S. 102, McLure, C.E., Zodrow, G.R. (1991), S. 124.
[188] Vgl. Wenger, E. (1999), S. 47 f.
[189] Rose, M. (1991b), S. 12, Bach, S. (1999), S. 100.
[190] Rose, M. (1992), S. 8.

ten Beträge besteuert, die Erträge aus diesen Ersparnissen bleiben aber steuerfrei. Die Steuer auf den zukünftigen Konsum wird also im Voraus geleistet, indem die heutige Ersparnis besteuert wird. Der Gegenwartswert der Steuerbelastung ist bei beiden Spielarten der konsumorientierten Einkommensteuer identisch – allerdings (wie in Kapitel 2.3 noch ausführlicher dargestellt wird) nur unter äußerst restriktiven Bedingungen.[191]

Steuersubjekt der zinsbereinigten Einkommensteuer ist die natürliche Person. Da die Steuer direkt bei den Haushalten erhoben wird, kann die persönliche Leistungsfähigkeit der Steuerpflichtigen durch individuelle, familienbezogene Freibeträge berücksichtigt werden. Auch ein progressiver Tarif ist dadurch möglich. So sieht beispielsweise die Konzeption der „flat tax" von Hall und Rabushka einen indirekt progressiven Tarif vor, der einen familienbezogenen Grundfreibetrag mit einem einzigen Grenzsteuersatz kombiniert.[192] Bradford sowie McLure und Zodrow dagegen sprechen sich für einen direkt progressiven Tarif mit stufenweise steigenden Grenzsteuersätzen aus.[193] Auch der Kronberger Kreis sowie Rose, Wenger und Wagner plädieren für einen direkt progressiven Tarif.[194]

2.2.2.2 Zinsbereinigte Einkommensteuer und Unternehmensteuer

Die Vorschläge für eine die zinsbereinigte Einkommensteuer ergänzende Gewinnsteuer gehen in zwei grundsätzlich unterschiedliche Richtungen: Während sich einige Autoren für eine ebenfalls zinsbereinigte Gewinnsteuer aussprechen, sind andere der Ansicht, eine zinsbereinigte Einkommensteuer auf Haushaltsebene sollte durch eine Cash-flow-Unternehmensteuer ergänzt werden.

---

[191] Vgl. Hackmann, J. (1999), S. 53 f., Seidl, C. (1990), S. 419 f.

[192] Wobei der Grundfreibetrag auch die Werbungskosten pauschal abdeckt; ein weiterer Abzug von Einkunftserzielungskosten ist im Rahmen der Lohnsteuer nicht möglich. Vgl. Hall, R.E., Rabushka, A. (1995), S. 58 ff., Leube, K.R. (Hrsg.) (1998), S. 90 f.

[193] Vgl. Bradford, D.F. (1991), S. 176.

[194] Vgl. Kronberger Kreis (1986), S. 23 sowie Kapitel 2.2.3 dieser Arbeit. In seinem „Einfachsteuerkonzept" spricht sich Rose für einen indirekt progressiven Tarif aus. Vgl. Schrinner, A. (2001), S. 5.

Hall und Rabushka, McLure und Zodrow sowie Bradford („X-Steuer“) bevorzugen eine als allgemeine Betriebssteuer ausgestaltete Unternehmensteuer auf R-Basis. Diese Kombination ist durchaus nahe liegend, weil so eine einheitliche Form der Einkommens- und Gewinnermittlung erreicht wird: Auch die Lohnsteuer erfasst Zahlungsströme und kann somit als Cash-flow-Steuer auf Humankapital angesehen werden. Der Zufluss von Löhnen, Gehältern und gegebenenfalls Pensionen erhöht ihre Bemessungsgrundlage, der Abfluss von Einkunftserzielungskosten – die in diesem System als Investitionen in das Humankapital zu verstehen sind – senkt sie.[195] Eine als allgemeine Betriebssteuer eingeführte Cash-flow-Steuer würde nicht nur die heutige Körperschaftsteuer ersetzen, sondern auch die derzeit im Rahmen der Einkommensteuer erfassten betrieblichen Einkünfte (Einkünfte aus Forst- und Landwirtschaft, Gewerbebetrieb und selbständiger Arbeit) sowie Einkünfte aus Vermietung und Verpachtung belasten. Damit gilt sie für alle Unternehmen, unabhängig von ihrer Rechtsform, ebenso wie für Einzelpersonen.[196]

Im deutschsprachigen Raum wird die Ergänzung der zinsbereinigten persönlichen Einkommensteuer durch eine ebenso ausgestaltete Gewinnsteuer bevorzugt. Ein solches System der Einkommens- und Gewinnbesteuerung wurde von der Forschungsgruppe „Konsumorientierte Neuordnung des Steuersystems“ (KNS), der Manfred Rose, Ekkehard Wenger und Franz W. Wagner angehörten, in die Diskussion gebracht und 1994 in Kroatien etabliert.[197] Auch der Kronberger Kreis, der sich noch in den 1980er Jahren für eine sparbereinigte Einkommens- und Gewinnbesteuerung im Sinne Mitschkes aussprach, bevorzugt mittlerweile eine zinsbereinigte Einkommens- und Gewinnbesteuerung.[198] Joachim Lang, der auf der Ebene der Haushalte eine sparbereinigte Einkommensteuer bevorzugt, hat einen detaillierten Vorschlag für die legislative Umsetzung einer zinsbereinigten Besteuerung von Unternehmen erarbeitet.[199]

---

[195] Vgl. Wenger, E. (1999), S. 41.
[196] Vgl. Bradford, D.F. (1991), S. 175, Leube, K.R. (Hrsg.)(1998), S. 83 ff., Hall, R.E., Rabushka, A. (1995), S. 55 ff.
[197] Siehe dazu Kapitel 2.2.3.
[198] Vgl. stellvertretend für viele andere Quellen Rose, M. (1999b), S. 183, Wagner, F.W. (1999a), S.1523 ff., Wenger, E. (1999), S. 49 f., Kronberger Kreis (1996), Kronberger Kreis (2000).
[199] Vgl. Lang, J. (1993), S. 295 ff. (§§ 150 ff.).

Die Bemessungsgrundlage der zinsbereinigten Gewinnsteuer unterscheidet sich von der Bemessungsgrundlage der heutigen Einkommen- beziehungsweise Körperschaftsteuer dadurch, dass nicht nur die Fremdkapitalkosten in Form der Kreditzinsen, sondern auch die kalkulatorischen Kosten des eingesetzten Eigenkapitals als Betriebsausgaben von der Bemessungsgrundlage abgezogen werden können. Auf diese Weise werden die Grundkosten (das „Existenzminimum") des eingesetzten Kapitals in Höhe des die Opportunitätskosten widerspiegelnden Schutzzinses und der ökonomisch exakten Abschreibungen steuerlich verschont:[200] Denn ein „Bruttoertrag in Höhe der Abschreibung und einer marktüblichen Verzinsung deckt die existentiellen Kapitalkosten und sichert, dass der Kapitalgeber befriedigt und der Kapitalbestand wieder erneuert werden kann."[201]

Die tatsächlichen, von Unternehmen zu Unternehmen verschiedenen, Finanzierungskosten können in der Praxis nicht berücksichtigt werden. Aus diesem Grund sehen die Vorschläge für eine zinsbereinigte Gewinnsteuer eine Pauschallösung vor: Fremdkapitalkosten werden – so wie bei der heutigen Einkommen- und Körperschaftsteuer auch – in ihrer tatsächlichen Höhe berücksichtigt, Eigenkapitalzinsen gemäß dem Opportunitätskostenansatz, wobei ein für alle Unternehmen gleicher, marktüblicher Zinssatz anzusetzen ist.[202] Als Orientierungsgröße für diesen, jährlich neu festzusetzenden, Normal- oder Standardzinssatz werden die jahresdurchschnittliche Umlaufrendite am Kapitalmarkt[203] oder die Rendite langfristiger Staatsanleihen genannt.[204] In der Praxis würde eine Zinsbereinigung dadurch erreicht, dass der herkömmlich ermittelte Gewinn zusätzlich um das Produkt aus Standardverzinsung und dem zu Jahresbeginn in der Bilanz ausgewiesenen Eigenkapital reduziert würde.[205] Ergibt sich auf diese Weise eine negative Bemessungsgrundlage, kann der Verlust – aufgezinst mit dem Standardzinssatz – auf spätere Jahre vorgetragen werden. Dieser intertemporale Verlustausgleich könnte gegebenenfalls auch durch einen zeitlich begrenzten Verlustrücktrag ergänzt werden.[206]

---

[200] Vgl. Rose, M. (1996c), S. 1085.
[201] Rose, M. (1997), S. 19.
[202] Vgl. Rose, M. (1991a), S. 210.
[203] Vgl. Kronberger Kreis (2000), S. 38.
[204] Vgl. Rose, M. (1991a), S. 211. Bond, S.R., Devereux, M.P. (1995) zeigen, dass auch unter Risiko- und Unsicherheitsbedingungen ein risikofreier Marktzins als Standardzins zu wählen ist.
[205] Vgl. Rose, M. (1992), S. 7.
[206] Vgl. Kronberger Kreis (1996), S. 27.

Die zinsbereinigte Gewinnsteuer kann grundsätzlich als Ersatz für die Körperschaftsteuer oder als allgemeine Betriebssteuer eingeführt werden. In letzterem Fall würden ihr alle Unternehmen unabhängig von der Rechtsform sowie natürliche Personen mit unternehmerischen Einkünften und Einkünften aus Vermietung und Verpachtung unterliegen. Da die Technik der Zinsbereinigung eine Buchführung beziehungsweise Bilanzierung der Steuerpflichtigen voraussetzt, könnte nichtbuchführungspflichtigen Steuersubjekten auch ein Optionsrecht zur zinsbereinigten Gewinnsteuer eingeräumt werden. Dann könnte beispielsweise ein Vermieter entscheiden, ob er dieser Besteuerung unterliegen möchte und den damit verbundenen Verwaltungsaufwand in Kauf nimmt. Ansonsten würde er wie ein selbstnutzender Wohneigentümer behandelt; das heißt die Mieteinnahmen wären steuerlich ebenso wenig relevant wie alle damit verbundenen Aufwendungen.[207]

Die zinsbereinigte Gewinnsteuer ist als indirekte Objektsteuer grundsätzlich proportional auszugestalten. Dabei sollte der Steuersatz mit dem Spitzensteuersatz der zinsbereinigten Einkommensteuer übereinstimmen, um Steuervermeidungsstrategien zu unterbinden. Läge der Gewinnsteuersatz unterhalb des Spitzensteuersatzes der Einkommensteuer, bestünde unter Umständen der Anreiz, Arbeitseinkommen in Dividendeneinkommen umzuwandeln.[208]

2.2.2.3 Zur Integration von zinsbereinigter Einkommensteuer und Unternehmensteuer

Die Integration von Lohnsteuer und R-Steuer würde schon allein dadurch erreicht, dass die beiden Abgaben jeweils unterschiedliche Einkunftsarten belasten. Eine steuerliche Doppelbelastung wird so ebenso vermieden wie die Steuerfreiheit einzelner Komponenten des Einkommens: Gezahlte Löhne und Gehälter mindern die Bemessungsgrundlage der Betriebssteuer und werden erst bei den Empfängern steuerlich belastet. Alle anderen Einkommen, die irgendwann den Haushalten zufließen, sind bereits mit der Betriebssteuer belastet. Das ist sicherlich ein einfaches

[207] Vgl. Kronberger Kreis (1996), S. 59.
[208] Vgl. Rose, M. (1998a), S. 271.

und „wasserdichtes Steuersystem"[209], bei dem jedoch der Subjektsteuercharakter der Einkommensteuer erheblich geschwächt wird. Eine Betriebssteuer ist von Natur aus eine Objektsteuer und kann somit die persönliche steuerliche Leistungsfähigkeit des Einkommensbeziehers nicht berücksichtigen; ihr Tarif ist entsprechend bei allen Vorschlägen proportional ausgestaltet. Der Unternehmerlohn wird aus diesen Gründen von der Bemessungsgrundlage der Betriebssteuer abgezogen und der als Subjektsteuer ausgestalteten Lohnsteuer unterworfen.[210]

Aber auch im Fall einer auf Kapitalgesellschaften beschränkten zinsbereinigten Gewinnsteuer würden – so die Ansicht ihrer Vertreter – „keine besonderen Probleme im Kontext der Integration der direkten Unternehmensbesteuerung mit einer ebenfalls zinsbereinigten Einkommensteuer auf der Haushaltsebene"[211] entstehen. Denn dann „dürften Ausschüttungen beim Anteilseigner nicht nochmals besteuert werden, sondern müßten steuerfrei bleiben."[212] Dahinter steht der Gedanke, die Gewinnsteuer nicht als Quellensteuer auf persönliche Einkommen auszugestalten, sondern als völlig eigenständige Steuer, welche die Gewinne abschließend belastet. Damit ist eine zusätzliche Besteuerung ausgeschütteter Gewinne ebenso wenig notwendig wie eine Verlustverrechnung mit Einkünften, die der Einkommensteuer unterliegen, zulässig ist.[213] Dieser Ansatz hat sicherlich administrative Vorteile, bringt das Steuersystem jedoch weg von einer persönlichen Einkommensbesteuerung, welche die individuelle Leistungsfähigkeit natürlicher Personen berücksichtigt. Auch von dem Idealbild einer synthetischen Einkommensteuer entfernt man sich so. Letzteres ist ausdrückliches Ziel der Befürworter einer konsumorientierten Einkommensteuer; ersteres wohl ein Zugeständnis an das Ziel einer möglichst einfachen Besteuerung.

Die Steuerfreiheit von Dividenden beim Anteilseigner ist jedoch auch im Sinne einer persönlichen Einkommensbesteuerung zu rechtfertigen, wenn man unterstellt, dass die Unternehmen zunächst die steuerfreie Normalverzinsung des Eigenkapitals ausschütten.[214] Ansonsten wäre – so der Vorschlag des Kronberger Kreises – eine

[209] Leube, K.R. (Hrsg.)(1998), S. 91.
[210] Vgl. ebenda, S. 83 ff., Bradford, D.F. (1991), S. 175, Hall, R.E., Rabushka, A. (1995), S. 55 ff.
[211] Rose, M. (1991a), S. 212.
[212] Wenger, E. (1999), S. 49.
[213] Vgl. Kronberger Kreis (1996), S. 25.
[214] Vgl. Rose, M. (1991a), S. 212.

Trennung zwischen dem „Normalgewinn", der die Standardverzinsung des Eigenkapitals darstellt, und dem „Extragewinn" bereits auf der Unternehmensebene vorzunehmen. Wird der Normalgewinn an den Anteilseigner ausgeschüttet, so muss er nicht mehr versteuert werden. Der Extragewinn unterliegt der Gewinnsteuer und bei Ausschüttung dem Anrechnungsverfahren beziehungsweise dem Halbeinkünfteverfahren.[215]

2.2.3 Die Konzeption der marktorientierten Einkommens- und Gewinnbesteuerung

Bei der von Rose, Wenger und Wagner entwickelten konsumorientierten Steuerkonzeption handelt es sich im Wesentlichen um eine zinsbereinigte Einkommens- und Gewinnbesteuerung, die jedoch auch Elemente der Sparbereinigung enthält. Von 1994 bis 2000 wurde dieses Steuersystem in Kroatien umgesetzt.[216] Mit dem Regierungswechsel zu Beginn des Jahres 2000 änderten sich jedoch die steuerpolitischen Vorstellungen der kroatischen Regierung; die neue Mitte-Links-Koalition unter dem Ministerpräsidenten Ivica Racan setzte eine Abkehr vom System der zinsbereinigten Einkommens- und Gewinnbesteuerung durch. Während dieser Schritt seitens der Regierung mit der mangelnden Attraktivität des bisherigen Steuersystems für ausländische Investoren begründet wurde,[217] sehen Befürworter der zinsbereinigten Einkommens- und Gewinnbesteuerung die im Dezember 2000 im kroatischen Parlament beschlossene Steuerreform als ausschließlich politisch motivierte Aktion an, die „jenseits einer auf allgemeinen ökonomischen Zusammenhängen fußenden Steuerpolitik"[218] liege.

---

[215] Vgl. Kronberger Kreis (2000), S. 44 f. Zur technischen Ausgestaltung des Anrechnungsverfahrens bei einer zinsbereinigten Körperschaftsteuer siehe ausführlich Kiesewetter, D. (1999), S. 91 ff.

[216] Rose entwickelte die Konzeption sowie die gesetzlichen Grundlagen für die konsumorientierte Besteuerung des persönlichen Einkommens und kontrollierte die Abstimmung des Gesamtsystems, Wenger entwarf die zinsbereinigte Gewinnsteuer, Wagner unterstützte die kroatische Regierung bei der Einführung und gesetzlichen Umsetzung einer Europäischen Mehrwertsteuer. Der KNS-Gruppe gehörten auch Mitglieder der Oberfinanzdirektion Karlsruhe an. Die Arbeit der Gruppe wurde zudem unterstützt vom Bundesministerium für wirtschaftliche Zusammenarbeit und Entwicklung sowie durch die Deutsche Gesellschaft für Technische Zusammenarbeit (GTZ). Vgl. Rose, M. (1998a), S. 247 f.

[217] Vgl. Benkhoff, W. (2000), S. 10, o.V. (2000a), S. 19.

[218] Knoll, L. (2001), S. 341.

Während die Gesamtkonzeption von Rose, Wenger und Wagner früher als „konsumorientiert“ bezeichnet wurde, findet sich in späteren Veröffentlichungen Roses im Allgemeinen die Bezeichnung „marktorientierte Einkommensbesteuerung“. Dass es sich dabei nur um einen neuen Namen und keineswegs um eine grundlegend veränderte Konzeption handelt, wird in verschiedenen Beiträgen deutlich, in denen die beiden Begriffe synonym verwendet werden.[219]

Die Konzeption der marktorientierten Einkommensbesteuerung unterliegt einem dauernden inhaltlichen Wandel, der sich jedoch im Wesentlichen darauf beschränkt, dass einzelne Einkünfte unterschiedlichen Einkunftsarten zugeordnet werden oder auch unterschiedlichen Steuern unterliegen. So zählen beispielsweise die Mieteinnahmen natürlicher Personen und nicht bilanzierender Unternehmer in einigen Aufsätzen zu den Einkünften aus selbständiger Erwerbstätigkeit[220], in anderen zu den Einkünften aus Vermögen[221] - wobei sie jeweils mit der persönlichen Einkommensteuer belastet werden. Einer jüngeren Quelle zufolge sollen Mieteinnahmen dagegen generell der Gewinnsteuer unterliegen.[222] Diese Unterschiede machen es notwendig, sich in den weiteren Ausführungen auf eine Variante zu konzentrieren. Im Folgenden wird generell die theoretische Grundkonzeption Roses zugrunde gelegt.

2.2.3.1 Die marktorientierte Einkommensteuer

Der marktorientierten Einkommensteuer unterliegen grundsätzlich alle natürlichen Personen. Ihre Bemessungsgrundlage wird ausgehend von dem so genannten „Gesamtbetrag der Einkünfte“ ermittelt. Dieser Betrag setzt sich generell aus nur drei Einkunftsarten zusammen: Dabei wird zwischen den Einkunftsarten „Einkünfte aus

---

219 So beispielsweise in Rose, M. (1996c), S. 1085, Rose, M. (1998b), S. 100. Die Bezeichnung „marktorientierte Einkommensbesteuerung“ soll vermutlich auf die primäre Zielsetzung dieser Konzeption hinweisen: Angestrebt wird eine an die Bedingungen der Marktwirtschaft angepasste, entscheidungsneutrale Besteuerung, durch die die individuelle Bewertung von Marktalternativen möglichst nicht beeinflusst wird. Vgl. Rose, M. (1998b), S. 100, Rose, M. (1999a), S. 344, Alfred-Weber-Gesellschaft (1998), S. 9, Rose, M. (1999b), S. 168.

220 Vgl. Rose, M. (1998b), S. 105.

221 Vgl. Greß, M., Rose, M., Wiswesser, R. (1998), S. 38.

222 So beispielsweise in Rose, M. (1999a), S. 344 f., wo „nach neuerer Abgrenzung“ (S. 345) alle unternehmerischen Einkünfte der Gewinnsteuer unterliegen.

nichtselbständiger Tätigkeit", „Einkünfte aus selbständiger Tätigkeit" sowie „Einkünfte aus Vorsorgevermögen" unterschieden.[223]

Zu den „Einkünften aus nichtselbständiger Tätigkeit" zählen alle Arten von Geld- und Sachlohn, die ein Arbeitnehmer aus einem weisungsgebundenen Dienstverhältnis bezieht.[224] Einkunftserzielungskosten werden in Form einer Werbungskostenpauschale berücksichtigt; ein darüber hinausgehender Abzug von Werbungskosten ist nur möglich soweit sie Ausgaben für Aus- und Weiterbildung betreffen.[225] Dadurch soll eine prinzipielle Gleichstellung von Human- und Sachkapital erreicht werden. Während Erträge aus Sachkapital zinsbereinigt besteuert werden, entspricht die Steuerfreiheit der Ausgaben für Aus- und Weiterbildung, also der Investitionen in Humankapital, jedoch einer Spar- beziehungsweise Investitionsbereinigung der Bemessungsgrundlage.[226]

Zu den „Einkünften aus selbständiger Tätigkeit" zählen alle Einkünfte aus Unternehmen beziehungsweise aus der wirtschaftlichen Tätigkeit eines Unternehmers, die nicht von der (im folgenden Kapitel dargestellten) Gewinnsteuer erfasst werden. Dazu zählen neben Einkünften aus Gewerbebetrieb, freiberuflicher und land- oder forstwirtschaftlicher Tätigkeit auch Einkünfte aus Vermietung und Verpachtung, aus Patenten und Lizenzen sowie aus gelegentlichen Erwerbstätigkeiten wie beispielsweise Vermittlungsgeschäften. Ausgeschüttete Gewinne nicht bilanzierender Unternehmen werden ebenfalls als Einkünfte aus selbständiger Erwerbstätigkeit besteuert.[227]

---

[223] Vgl. Rose, M. (1998b), S. 104 ff., Rose, M. (1999b), S. 184 ff., Rose, M. (1999c), S. 51 ff., Alfred-Weber-Gesellschaft (Hrsg.) (1998), S. 11.

[224] Ausgenommen sind Betriebsrenten und Beamtenpensionen, die in einer anderen Einkunftsart erfasst werden.

[225] Vgl. Rose, M. (1998b), S. 107, Rose, M. (1999b), S. 185, Rose, M. (1999c) S. 53 f., Alfred-Weber-Gesellschaft (Hrsg.)(1998), S. 12.

[226] Vgl. Alfred-Weber-Gesellschaft (Hrsg.)(1998), S. 12, Rose, M. (1999b), S. 186. Eine zinsbereinigte Besteuerung der Erträge aus Humankapital wäre auch nicht praktikabel: Die Einkünfte aus nichtselbständiger Tätigkeit müssten dabei teilweise steuerfrei bleiben, und zwar in Höhe einer Standardverzinsung des eingesetzten Humankapitals. Beides, sowohl die Standardverzinsung als auch das Humankapital, lässt sich aber in der Höhe nur sehr schwer ermitteln.

[227] Vgl. Rose, M. (1998b), S. 105 f.

Die Einkünfte aus selbständiger Tätigkeit werden auf der Basis einer Einnahmenüberschussrechnung[228] und in vereinfacht zinsbereinigter Form ermittelt. Das bedeutet zum einen, dass die Einkünfte sich aus dem Überschuss der Betriebseinnahmen über die Betriebsausgaben errechnen, und zum anderen, dass Erträge aus Finanzanlagen nicht zu den steuerpflichtigen Betriebseinnahmen zählen und dass zusätzlich zu den üblichen Betriebsausgaben eine Standardverzinsung des gesamten eingesetzten Realkapitals abzugsfähig ist. Die Basis dafür bildet ein Verzeichnis, in dem die (ansonsten nicht buchführungspflichtigen) Unternehmen alle Anlagegüter festhalten müssen.[229] Ein über die Standardverzinsung hinausgehender Abzug der Fremdkapitalkosten ist bei diesem vereinfachten Verfahren nicht vorgesehen. Steuerpflichtige, die eine Berücksichtigung dieser Kosten in voller Höhe wünschen, können für die Gewinnsteuer und damit für eine vollständige Zinsbereinigung optieren.[230]

Einkünfte aus Vorsorgevermögen werden nach dem nachgelagerten Korrespondenzprinzip und damit sparbereinigt besteuert: Einzahlungen in die gesetzliche Rentenversicherung sowie in private Pensionsfonds oder ähnliche langfristige Sparfonds werden aus unversteuertem Einkommen geleistet; die später ausgezahlten Renten[231] sowie Sparbeträge sind dann einschließlich ihrer Erträge als Einnahmen zu versteuern.[232] Diese Vorgehensweise hält Rose aus zwei Gründen für geboten: Zunächst soll den Steuerpflichtigen aus Gerechtigkeitsgründen in jeder Periode ein steuerfreies „Konsumexistenzminimum" gewährt werden. Ein entsprechender Abzug von der Bemessungsgrundlage setzt aber voraus, dass überhaupt steuerpflichtige Einkünfte vorhanden sind. Im Rentenalter kommen dafür eben in erster Linie Einkünfte aus Vorsorgevermögen in Betracht. Zudem ist eine Kontrolle dieser aus unversteuertem Einkommen gebildeten Ersparnisse – und vor allem des steuerpflichtigen Entsparens – relativ leicht durchzusetzen.[233] Einkünfte aus Vorsorgevermögen in Form einer kapitalbildenden Lebensversicherung sollen dagegen gemäß dem

---

228 Siehe dazu ausführlich ebenda, S. 108 ff.

229 Dieses Anlageverzeichnis ist auch Grundlage für die Abschreibungen der abnutzbaren Anlagegüter.

230 Vgl. Rose, M. (1998b), S. 109 f., Rose, M. (1999b), S. 185 f.

231 Das bezieht neben den gesetzlichen und privaten Renten auch die betrieblichen Renten ein, für die nur Arbeitgeberbeiträge geleistet wurden.

232 Vgl. Rose, M. (1999b), S. 189.

233 Vgl. Rose, M. (1999b), S. 189, Rose, M. (1998b).

„vorgelagerten Korrespondenzprinzip" – also zinsbereinigt – besteuert werden: Die Prämien werden aus versteuertem Einkommen gezahlt, spätere Auszahlungen bleiben bei der Ermittlung des zu versteuernden Einkommens vollständig unberücksichtigt.[234] Ein denkbarer Grund für diese Sonderbehandlung ist, dass die ansonsten vorzunehmende Besteuerung eines einmalig ausgezahlten und entsprechend hohen Betrages mit unerwünschten Progressionseffekten verbunden wäre.[235]

Neben diesen Einkünften aus Vorsorgevermögen werden private Vermögenseinkünfte in der marktorientierten Einkommensteuer nicht beziehungsweise nicht gesondert erfasst.[236] Erträge aus privatem Realvermögen zählen zu den Einkünften aus selbständiger Tätigkeit.[237] Bei Erträgen aus privat gehaltenem Finanzvermögen wird unterstellt, dass sie nicht wesentlich über die marktübliche Verzinsung hinausgehen. Sie bleiben daher aus administrativen Gründen grundsätzlich steuerfrei. Die Besteuerung von Einkünften aus Unternehmensbeteiligungen ist mit der Gewinnsteuer abgeschlossen.[238] Ausgeschüttete Gewinne werden nicht zusätzlich mit der Einkommensteuer oder einer Kapitalertragsteuer belastet; auf ein Anrechnungsverfahren wird verzichtet. Gewinne, die bei der Veräußerung von Unternehmensanteilen entstehen, unterliegen ebenfalls nicht der Einkommensteuer. Rose begründet das damit, dass Wertzuwächse einbehaltene Gewinne oder erwartete zukünftige Gewinne widerspiegeln und entsprechend der Gewinnsteuer unterliegen. Eine zusätzliche Besteuerung der Veräußerungsgewinne beim Anteilseigner würde zu einer Doppelbelastung dieser Einkünfte führen.[239]

---

[234] Vgl. Rose, M. (1999b), S. 188.

[235] Diesen Progressionseffekten könnte man zwar auch auf andere Weise entgegenwirken (zum Beispiel durch rechnerisches Verteilen der Auszahlungsbeträge auf mehrere Steuerperioden), die zinsbereinigte Besteuerung ist jedoch in dem System von Rose konsequent und – zumindest theoretisch – der sparbereinigten Behandlung anderer Einkünfte aus Vorsorgevermögen äquivalent. Zur Äquivalenz von spar- und zinsbereinigter Einkommensbesteuerung siehe Kapitel 2.3.

[236] Vgl. Rose, M. (1999c), S. 188 f.

[237] Vgl. ebenda.

[238] Die Besteuerung der Erträge aus Unternehmensbeteiligungen lässt erkennen, dass sich das Gewicht der Besteuerung im marktorientierten System von der Einkommens- zur Gewinnbesteuerung und damit von der Subjekt- zur Objektbesteuerung verlagert. Diese Tendenz wird besonders deutlich bei einer neueren Variante der konsumorientierten Einkommens- und Gewinnbesteuerung, die im Rahmen der Einkünfte aus selbständiger Arbeit nur noch den Unternehmerlohn und die Bezüge von Abgeordneten berücksichtigt. Alle anderen – oben aufgeführten – unternehmerischen Einkünfte sollen nicht mehr der Einkommensteuer sondern der Gewinnsteuer unterliegen. Vgl. Rose, M. (1999a), S. 344 ff.

[239] Vgl. Rose, M. (1996a), S. 82 f. Wie bereits dargestellt wurde, ließe sich die Steuerfreiheit von Veräußerungsgewinnen auch damit begründen, dass die Differenz zwischen aufgezinsten Anschaffungskosten und Veräußerungserlös vernachlässigbar ist.

Die Summe der drei Einkunftsarten bildet den „Gesamtbetrag der Einkünfte". Dieser wird um mit dem Eigenkapitalzins aufgezinste Verluste früherer Jahre reduziert. Durch diesen Verlustvortrag soll eine Besteuerung des gesamten Lebenseinkommens beziehungsweise eine „Besteuerung des Gesamtgewinns über die Lebensdauer des Unternehmens"[240] erreicht werden. Von dem auf diese Weise ermittelten „verlustbereinigten Gesamtbetrag der Einkünfte" werden in einem letzten Schritt „persönliche Abzüge" vorgenommen. Zu diesen Abzugsbeträgen gehören das familien- und invaliditätsbezogene Konsumexistenzminimum sowie Ausgaben für Sonderlebensbedarf wie beispielsweise Krankenversicherungsbeiträge.[241]

Die Bemessungsgrundlage der marktorientierten Einkommensteuer wird also folgendermaßen ermittelt:[242]

	Einkünfte aus selbständiger Erwerbstätigkeit
+	Einkünfte aus nichtselbständiger Erwerbstätigkeit
+	Einkünfte aus Vorsorgevermögen
=	Gesamtbetrag der Einkünfte
./.	aufgezinster Verlustvortrag
=	verlustbereinigter Gesamtbetrag aller Einkünfte
./.	persönliche Abzugsbeträge
=	zu versteuerndes Einkommen

Das zu versteuernde Einkommen soll einem progressiven Tarif unterworfen werden, wobei aus Transparenzgründen ein Stufentarif mit maximal drei Steuersätzen angestrebt wird.[243]

240 Rose, M. (1998b), S. 114.
241 Vgl. ebenda, S. 105, Rose, M. (1996a), S. 82 ff. Zur Bestimmung des persönlichen Freibetrages in der kroatischen Einkommensteuer siehe Greß, M., Rose, M., Wiswesser, R. (1998), S. 108 f.
242 Dieses Schema ist bei allen Vorschlägen zur konsum- beziehungsweise marktorientierten Einkommensteuer im Wesentlichen gleich. Vgl. z.B. Alfred-Weber-Gesellschaft (Hrsg.)(1998), S. 12, Rose, M. (1996a), S. 83 f., Rose, M. (1998b), S. 105 f., Greß, M., Rose, M., Wiswesser, R. (1998), S. 39.
243 Vgl. Alfred-Weber-Gesellschaft (Hrsg.)(1998), S. 11.

2.2.3.2 Die marktorientierte Gewinnsteuer[244]

Der marktorientierten Gewinnsteuer unterliegen alle buchführungs- und bilanzierungspflichtigen Unternehmen[245], unabhängig von ihrer Rechtsform. Auch einkommensteuerpflichtige Kleinunternehmer können für die Gewinnsteuer optieren.[246] Die Bemessungsgrundlage der marktorientierten Gewinnsteuer wird nach folgendem Schema ermittelt:[247]

	Gewinn (Betriebsvermögensvergleich)
./.	Standardverzinsung des Eigenkapitals
./.	Erträge (+ Verluste) aus Beteiligungen an gewinnsteuerpflichtigen Unternehmen
+	übermäßige Schuldzinsen (bei nicht gewinnsteuerpflichtigen Gläubigern)
./.	aufgezinster Verlustvortrag
=	zins- und verlustbereinigter Gewinn
./.	Unternehmerlohn (bei Personenunternehmen)
=	zu versteuernder Gewinn

Die Bemessungsgrundlage der marktorientierten Gewinnsteuer ist vollständig zinsbereinigt ausgestaltet; das heißt, von dem auf Basis eines Betriebsvermögensvergleichs ermittelten Gewinn kann eine Standardverzinsung[248] des in der Bilanz ausgewiesenen Eigenkapitals abgesetzt werden. Die Kosten des eingesetzten Kapitals – also Abschreibungen, Fremdkapital- und Eigenkapitalzinsen – werden somit vollständig als Betriebsausgaben berücksichtigt.[249]

---

[244] Einen Gesetzesentwurf für eine solche Gewinnsteuer findet man beispielsweise im Anhang zu Rose, M. (1996b). Zur Ausgestaltung der kroatischen Gewinnsteuer siehe Wagner, F.W., Wenger, E. (1996), S. 406 ff.

[245] Die Bilanzierungs- und Buchführungspflicht wird an das Überschreiten bestimmter ökonomischer Grenzen (Höhe von Umsatz, Gewinn, Anlagevermögen, Zahl der Beschäftigten) geknüpft. Vgl. Rose, M. (1996b), S. 179.

[246] Vgl. Rose, M. (1996a), S. 82, Rose, M. (1998a), S. 261, Rose, M. (1998b), S. 104 und 107.

[247] Vgl. Alfred-Weber-Gesellschaft (Hrsg.)(1998), S. 11 f., Rose, M. (1996a), S. 84, Rose, M. (1998b), S. 106.

[248] Der reale Standardzinssatz wird um die Inflationsrate ergänzt und so in die zu berücksichtigende nominale Standardverzinsung umgerechnet. Diese lag in Kroatien im Jahr 2000 bei zehn Prozent. Vgl. Benkhoff, W. (2000), S. 10.

[249] Vgl. Rose, M. (1996b), S. 165 und S. 184 ff.

Um das zu berücksichtigende Eigenkapital zu ermitteln, muss der Buchwert des Eigenkapitals zu Jahresbeginn, der die Basis für die Standardverzinsung bildet, um unterschiedliche Komponenten bereinigt werden: Zum einen muss berücksichtigt werden, dass sich der zu Jahresbeginn ermittelte Eigenkapitalbestand im Jahresverlauf beispielweise durch Dividendenzahlungen und Entnahmen oder durch Einlagen reduzieren beziehungsweise erhöhen kann. Dem kann durch entsprechende Korrekturen der Eigenkapitalverzinsung zu bestimmten Stichtagen begegnet werden.[250] Zum anderen muss das mit dem Standardzins zu multiplizierende Eigenkapital um die Buchwerte aller Beteiligungen an gewinnsteuerpflichtigen Unternehmen reduziert werden, damit die Eigenkapitalverzinsung bei verbundenen Unternehmen nicht mehrfach berücksichtigt wird.[251] Damit andererseits Erträge und Veräußerungsgewinne aus solchen Beteiligungen nicht zweimal mit der Gewinnsteuer belastet werden, bleiben sie steuerfrei.[252]

Fremdkapitalzinsen sind so lange unbeschränkt abzugsfähig, wie sie beim Gläubiger als Einnahmen steuerpflichtig sind. Das ist bei gewinnsteuerpflichtigen Unternehmen auch in einem marktorientierten Steuersystem grundsätzlich der Fall, bei einkommensteuerpflichtigen Gläubigern dagegen zählen Zinsen nicht zu den steuerlich relevanten Einnahmen. Insofern würde eine unbeschränkte Abzugsfähigkeit von Fremdkapitalzinsen zu Steuervermeidung führen: Zu versteuernde Gewinne könnten sehr leicht in steuerfreies Einkommen umgewandelt werden, indem ein Unternehmer zum Beispiel mit seiner Ehepartnerin einen Kreditvertrag mit überhöhten Zinsen vereinbart. Auch Lohnzahlungen an einkommensteuerpflichtige Angestellte könnte man auf diesem Weg in steuerfreie Zinseinnahmen umqualifizieren. Da ein solches Vorgehen für beide Seiten von Vorteil wäre, könnten derartige Verträge die Regel werden. Um diese Gestaltungsmöglichkeiten auszuschließen, dürfen an nicht ge-

---

[250] Dabei muss unterbunden werden, dass das Eigenkapital zum jeweiligen Stichtag kurzfristig erhöht und direkt danach durch Entnahmen wieder reduziert wird, um eine möglichst hohe Eigenkapitalverzinsung geltend zu machen. Das kann beispielsweise erreicht werden, indem monatliche Zinskorrekturen durch die Vorgabe ergänzt werden, Eigenkapitaleinlagen auf das Ende des Zugangsmonats, Eigenkapitalentnahmen entsprechend auf den Monatsanfang zu datieren. Vgl. Rose, M. (1998b), S. 117 f.

[251] Vgl. ebenda.

[252] Vgl. ebenda, S. 117.

winnsteuerpflichtige Gläubiger gezahlte übermäßige Zinsen nicht als Betriebsausgaben angesetzt werden.[253]

Gewinnsteuerzahlenden Personenunternehmen wird das Recht eingeräumt, die Bemessungsgrundlage um einen Unternehmerlohn zu reduzieren. Dieser unterliegt dann der Einkommensteuer, so dass der Abzug eines persönlichen Freibetrags sowie eventueller Ausgaben für Sonderlebensbedarf möglich ist. Zudem kann der Lohn unter Umständen mit einem niedrigeren Steuersatz belastet werden, wenn der individuelle Einkommensteuersatz unter dem Gewinnsteuersatz liegt.[254] Um Rechtsformunabhängigkeit zu erreichen und Steuervermeidungsstrategien entgegenzuwirken, soll der Gewinnsteuersatz dem Spitzensteuersatz der Einkommensteuer entsprechen.[255]

2.3 Zur Äquivalenz von spar- und zinsbereinigter Einkommensbesteuerung

Nach Ansicht der Befürworter einer konsumorientierten Einkommens- und Gewinnbesteuerung sind die beiden Grundvarianten äquivalent: „Intertemporal gesehen führt (...) die Zinsbereinigung und die Sparbereinigung zur gleichen Steuerlast."[256] Sie unterscheiden sich „lediglich" in den jährlichen Bemessungsgrundlagen – die sparbereinigte Einkommensteuer erfasst den Jahreskonsum, die zinsbereinigte Einkommensteuer den Lebenskonsum – und in der zeitlichen Verteilung der Steuerzahlungen.[257] Diese Gleichwertigkeit wurde in den „Blueprints for Basic Tax Reform" und vom Meade-Komitee zum Anlass genommen, die Steuerpflichtigen zwischen diesen

---

[253] Vgl. Rose, M. (1998b), S. 117, Rose, M. (1998a), S. 264 f. Als "übermäßige Zinsen" sah beispielsweise das kroatische Steuergesetz Zinsen an, die über die Höhe der Zinsen für Festgeldanlagen bei der eigenen Bank hinausgehen. Vgl. Rose, M. (1998a), S. 265.

[254] Vgl. Rose, M. (1996a), S. 85, Rose, M. (1998b), S. 106, Rose, M. (1999a), S. 345.

[255] Entgegen den Empfehlungen der KNS-Gruppe legte die kroatische Regierung den Gewinnsteuersatz anfänglich unterhalb des höchsten Steuersatzes bei der Einkommensteuer fest, um so für ausländische Investoren attraktiver zu sein. Wie sich aber sehr schnell zeigte, bestand dadurch ein steuerlicher Anreiz, mit dem Spitzensteuersatz belastete Lohneinkommen in niedriger besteuerte Dividenden umzuwandeln. Zudem optierten sehr viele selbständig Tätige für die Gewinnsteuer. Sie konnten auf diese Weise von einer relativ niedrigen steuerlichen Belastung ihrer Gewinne profitieren und gleichzeitig persönliche Abzüge von dem einkommensteuerpflichtigen Unternehmerlohn geltend machen. Vgl. Rose, M. (1999b), S. 190, Rose, M. (1998a), S. 271, Benkhoff, W. (2000), S. 10

[256] Rose, M. (1992), S. 7.

[257] Vgl. Rose, M. (1991b), S. 12.

beiden Spielarten wählen zu lassen, um so die Bemessungsgrundlage ihrer Einkommensteuer über die Zeit glätten zu können.[258]

Die Äquivalenz der beiden Steuern wird in der Literatur in unterschiedlichster Weise nachgewiesen:[259] Oft wird dabei auf ein Zwei-Perioden-Modell zurückgegriffen[260], in dem ein Steuersubjekt das in der ersten Periode erzielte (Arbeits-)Einkommen (Y_1) zum Teil konsumiert (C_1) und zum Teil spart (S_1). Die Ersparnisse werden mit einem Zinssatz i verzinst. In der zweiten Periode erzielt das Steuersubjekt nur das Zinseinkommen ($Y_2 = i \cdot S_1$), welches es zusammen mit den Sparrückflüssen vollständig zu Konsumzwecken (C_2) nutzt. In diesem einfachen Modell lässt sich nachweisen, dass bei einem identischen Steuersatz (t) der Gegenwartswert der Gesamtsteuerschuld bei der sparbereinigten Einkommensteuer (T_C) dem der zinsbereinigten Einkommensteuer (T_Z) entspricht.

Periode 1: Einkommen: Y_1

Konsum: $C_1 = Y_1 - S_1$

Periode 2: Einkommen: $Y_2 = iS_1$

Konsum: $C_2 = (1+i)S_1$

Sparbereinigte Einkommensteuer:

Steuer Periode 1: $T_{C1} = t(Y_1 - S_1)$

Steuer Periode 2: $T_{C2} = t(1+i)S_1$

Gegenwartswert Gesamtsteuer:

$$T_C = T_{C1} + \frac{T_{C2}}{(1+i)}$$

$$= t(Y_1 - S_1) + \frac{t(1+i)S_1}{(1+i)}$$

$$= tY_1 - tS_1 + tS_1$$

$$\mathbf{T_C = tY_1}$$

[258] Dieses Wahlrecht wurde vom Meade-Komitee dadurch eingeräumt, dass die Steuerpflichtigen ihr Vermögen entweder in „registered assets“ oder in „unregistered assets“ anlegen konnten. Vgl. Graetz, M.J. (1980), S. 170, Institute for Fiscal Studies (1978), S. 175 ff.

[259] Vgl. zum Beispiel Bach, S. (1999), S. 87 ff., Huber, B. (1991/92), S. 442, Kronberger Kreis (2000), S. 26 ff., McLure, C.E., Zodrow, G.R. (1991), S. 152 ff., Seidl, C. (1990), S. 417 f.

[260] So beispielsweise bei Rose, M. (1992), S. 7 f.

Zinsbereinigte		
Einkommensteuer:	Steuer Periode 1:	$T_{Z1} = tY_1$
	Steuer Periode 2:	$T_{Z2} = 0$
	Gegenwartswert	
	Gesamtsteuer:	$\mathbf{T_Z = tY_1}$

Sehr anschaulich kann die Äquivalenz von spar- und zinsbereinigter Einkommensteuer anhand des folgenden Rechenbeispiels (Tabelle 3) erläutert werden: Ein Steuerpflichtiger erzielt im Jahr 2002 ein Einkommen in Höhe von 10.000 Euro, welches er vollständig spart. Wird eine sparbereinigte Einkommensteuer erhoben, dann bleibt das gesamte Einkommen steuerfrei. Bei einem Zinssatz i von 5 Prozent erzielt der Steuerpflichtige einen Sparertrag von 500 Euro und kann im Jahr 2003 über ein Sparvermögen von insgesamt 10.500 Euro verfügen. Löst er dieses Vermögen zu Konsumzwecken auf, dann unterliegt der gesamte entsparte Betrag dem individuellen Steuersatz von 40 Prozent, so dass 4.200 Euro an den Fiskus fließen. Der Steuerpflichtige kann also im Jahr 2003 6.300 Euro konsumtiv verwenden. Über einen ebenso hohen Konsumfonds verfügt der Steuerpflichtige bei einer zinsbereinigten Einkommensbesteuerung. Im Jahr 2002 unterliegt dann sein gesamtes Einkommen seinem persönlichen Steuersatz von 40 Prozent, so dass ihm nur noch 6.000 Euro für die Ersparnisbildung zur Verfügung stehen. Entsprechend geringer fällt – bei gleichem Zinssatz – der Sparertrag aus, so dass dem Steuerpflichtigen 2003 ein Sparvermögen von insgesamt 6.300 Euro Verfügung steht. Da dieser Betrag aber nicht weiter zu versteuern ist, kann er die gesamten Ersparnisse für Konsumzwecke verwenden. Während der Steuerpflichtige bei der zinsbereinigten Variante im Jahr 2002 eine Steuer von 4.000 Euro zahlt, muss er bei der sparbereinigten Variante 4.200 Euro an den Staat abtreten. Da die Steuer in diesem Fall jedoch erst ein Jahr später anfällt, ist der Gegenwartswert des Steuerbetrages (bei einer Diskontierungsrate von 5 Prozent) in beiden Fällen gleich hoch, denn 4.000 = 4.200/(1 + 0,05).

Diese Äquivalenz von spar- und zinsbereinigter Einkommensteuer ist an eine Vielzahl von Bedingungen gebunden, die in der Praxis wohl nicht zu erfüllen sind:[261] So gehen sowohl das Zwei-Perioden-Modell als auch das Beispiel von einem proportio-

---

[261] Siehe dazu ausführlich Seidl, C. (1990), S. 419, Graetz, M.J. (1980), S. 170 ff.

nalen Tarif aus, der sich zudem über den Zeitverlauf nicht ändert. Bei einem progressiven Tarif (den alle Konzeptionen direkter Konsumbesteuerung vorsehen) würden obige Beispiele ebenso wenig zu gleich hohen Konsumfonds im Jahr 2003 führen wie bei variierenden Steuersätzen infolge von Steuerreformen mit Tarifänderungen. Ein im Zeitverlauf steigender persönlicher Steuersatz würde die sparbereinigte Einkommensteuer attraktiver machen; ein sinkender Steuersatz würde den Gegenwartswert der zinsbereinigten Steuer senken. Zudem ist eine Äquivalenz der beiden Grundkonzeptionen einer konsumorientierten Einkommensteuer nur dann gegeben, wenn man einen perfekten Kapitalmarkt ohne Unsicherheit unterstellt, bei dem Soll- und Habenzinsen identisch sind, keine Risikoaufschläge existieren und damit nur ein Zinssatz besteht. Denn nur dann entsprechen sich Ertragsrate und Diskontsatz. Auch diese Annahme ist nicht realistisch.[262] Darüber hinaus führen die beiden Steuern nur dann zu einem identischen Gegenwartswert der Steuerlast, wenn es keinen Anfangs- und Endbestand an Vermögen gibt. Alternativ müssten konsumierte Anfangsbestände bei der sparbereinigten Einkommensteuer unberücksichtigt bleiben und Endbestände (also Nachlässe[263]) als Konsum besteuert werden.

Tabelle 3: Äquivalenz von spar- und zinsbereinigter Einkommensteuer[264]

	Sparbereinigte Einkommensteuer	**Zinsbereinigte Einkommensteuer**
2002		
Einkommen	10.000	10.000
Steuer (t = 0,40)	0	4.000
Ersparnis	10.000	6.000
2003		
Zinsen (i = 0,05)	500	300
Entsparen	10.500	6.300
Steuer (t = 0,40)	4.200	0
Konsumfonds in 2003	**6.300**	**6.300**

Quelle: In Anlehnung an Rose, M. (1998a), S. 250.

262 Zur Diskussion über die Äquivalenz von spar- und zinsbereinigter Einkommensteuer bei Unsicherheit vgl. Zodrow, G.R. (1995).

263 Das gilt auch für Geschenke.

264 Ein solches Beispiel lässt sich auch für den Fall konstruieren, dass der Steuerpflichtige nicht in festverzinslicher Form spart. So weist Rose, M. (1998b), S. 101 f. nach, dass die zins- und die investitionsbereinigte Gewinnsteuer im Fall von in einem Unternehmen investierten Gewinnen ebenfalls zu einer gleichen, auf einen Zeitpunkt bezogenen Steuerlast führen.

2.4 Gesamtkonzeptionen konsumorientierter Einkommens- und Gewinnbesteuerung

Die unterschiedlichen Möglichkeiten der konsumorientierten Besteuerung von Haushalten und Unternehmen sollen hier noch einmal vereinfacht und im Überblick dargestellt werden: Als „reine Konsumsteuer" werden die Vorschläge bezeichnet, die neben einer sparbereinigten Besteuerung der Haushalte keine zusätzliche Unternehmensteuer vorsehen (Mitschke, Lodin, Kaldor, Bradford („Blueprints")). Davon zu unterscheiden sind die Vorschläge, die einer sparbereinigten Einkommensteuer eine Cash-flow-Unternehmensteuer (Meade-Komitee, Kay/King, Aaron/Galper) beziehungsweise eine zinsbereinigte Unternehmensteuer (Lang) zur Seite stellen. Alle Konzeptionen einer zinsbereinigten Einkommensteuer sehen eine ergänzende Unternehmensteuer vor: entweder eine ebenfalls zinsbereinigte Gewinnsteuer (Rose/Wenger/Wagner, Institute for Fiscal Studies) oder eine als allgemeine Betriebssteuer ausgestaltete Cash-flow-Steuer (Hall/Rabushka, McLure/Zodrow, Bradford („X-Tax")).

Tabelle 4: Gesamtkonzeptionen spar- und zinsbereinigter Einkommens- und Gewinnbesteuerung

	Sparbereinigte Einkommensteuer bei Haushalten	**Zinsbereinigte Einkommensteuer bzw. Lohnsteuer bei Haushalten**
Keine Unternehmensteuer	**Mitschke** Lodin Kaldor Bradford („Blueprints")	
Cash-flow-Steuer bei Unternehmen	Meade-Komitee (R+F/S) Kay/King (R) Aaron/Galper (R+F) (McLure/Zodrow (R+F))	Hall/Rabushka (R) McLure/Zodrow (R) Bradford ("X-Tax") (R)
Zinsbereinigte Gewinnsteuer bei Unternehmen	Lang	**Rose/Wenger/Wagner** Institute for Fiscal Studies (ACE)

3 Beurteilung der konsumorientierten Einkommensteuer in einer geschlossenen Volkswirtschaft

Die Beurteilung einer konsumorientierten Einkommensbesteuerung wird in der Regel in Form einer Differentialanalyse vorgenommen, also unter der Annahme, dass sie die bestehende Einkommensteuer aufkommensneutral ersetzt. Damit ist der Bezugspunkt grundsätzlich die traditionelle Einkommensteuer, wobei es zunächst nahe liegend scheint, auf das Ideal einer umfassenden Einkommensteuer gemäß der Reinvermögenszugangstheorie zurückzugreifen. Nach Ansicht vieler Gegner des traditionellen Leitbildes der Einkommensbesteuerung kann dieses „wegen der Mängel, die hier schon in der Besteuerungsidee wurzelten"[265] ohnehin nicht konsequent umgesetzt werden. Daher nehmen die Verfechter einer konsumorientierten Einkommensbesteuerung häufig auf die tatsächlich erhobene Einkommensteuer und ihre Schwächen Bezug. Solange jedoch keine nennenswerten praktischen Erfahrungen mit der – wie selbst Befürworter einer solchen Konzeption einräumen[266] – auch nicht in Reinform umsetzbaren konsumorientierten Einkommensbesteuerung gemacht wurden, spricht einiges dafür, grundsätzlich die Idealbilder von spar- und zinsbereinigter Einkommensteuer einerseits und traditioneller Einkommensteuer andererseits zu vergleichen. Dennoch beziehen sich die folgenden Ausführungen hin und wieder auch auf die in Deutschland erhobene Einkommensteuer, schon allein, um die Diskussion über die Eignung der beiden Steuersysteme in ihren wesentlichen Zügen wiederzugeben. Bei dieser Diskussion geht es um die Frage, welche der beiden theoretischen Konzeptionen die Anforderungen an eine moderne Steuer besser erfüllt. Darüber hinaus ist zu klären, ob gegebenenfalls einer der beiden Grundkonzeptionen der konsumorientierten Einkommensbesteuerung der Vorzug zu geben ist.

Vorrangiges Ziel einer Steuer ist es, Einnahmen zur Finanzierung der vom Staat übernommenen öffentlichen Aufgaben zu erzielen.[267] Geht man davon aus, dass die konsumorientierte Einkommen- und Gewinnsteuer die bestehende Einkommen- und Körperschaftsteuer aufkommensneutral ersetzen soll, so bedeutet das für Deutsch-

---

[265] Kronberger Kreis (2000), S. 33.
[266] So zum Beispiel Wagner, F.W., Wenger, E. (1996), S. 413.
[267] Vgl. Neumark, F. (1970), S. 19.

land ein zu erbringendes Steueraufkommen von etwa 170 Milliarden Euro (2000).[268] Über die fiskalische Ergiebigkeit eines konsumorientierten Einkommensteuersystems gibt es jedoch völlig unterschiedliche Ansichten. Ausgehend davon, dass sowohl die zins- als auch die sparbereinigte Einkommensteuer an der Bemessungsgrundlage der traditionellen Einkommen- und Körperschaftsteuer ansetzen und dann bestimmte Teile der Bemessungsgrundlage steuerfrei stellen (nämlich Kapitalerträge in Höhe der Standardverzinsung des Eigenkapitals beziehungsweise die Nettoersparnisbildung) ist zu vermuten, dass die gesamtwirtschaftliche Bemessungsgrundlage einer konsumorientierten Einkommensteuer geringer ausfällt als die einer umfassenden Einkommensteuer. Daher wäre bei unveränderten Steuertarifen zumindest in der Übergangsphase mit einem Einnahmenausfall zu rechnen. Die Unterschiede in der Bemessungsgrundlage könnten jedoch durch einen entsprechend veränderten Steuertarif kompensiert werden.[269]

Ob die zinsbereinigte Einkommensteuer fiskalisch interessanter ist als die sparbereinigte Variante oder umgekehrt, hängt wesentlich davon ab, ob die Normalverzinsung des in einer Volkswirtschaft vorhandenen Kapitals höher oder niedriger ist als die Nettoersparnisbildung. Während die jährlichen Erträge des bestehenden Kapitals in reichen Volkswirtschaften in der Regel über die Kapitalneubildung hinausgehen, muss ein solcher Kapitalstock in jungen Volkswirtschaften erst gebildet werden.[270] Gerade für ein Land, das sich im Aufbau befindet und entsprechend starke Investitionstätigkeiten verzeichnet, wäre der fiskalische Nachteil der sparbereinigten beziehungsweise Cash-flow-Steuer gegenüber der zinsbereinigten Variante (zunächst) erheblich. Das hat auch die kroatische Steuerreformkommission seinerzeit

---

268 Vgl. SVR (2001), Tabelle 33.

269 So rechnet Rose bei einem Übergang zu einer zinsbereinigten Einkommensteuer mit Steuermindereinnahmen von etwa 6,14 Milliarden Euro im ersten Jahr, wobei er einen schrittweise zu erhöhenden Schutzzins von zunächst nur 2 Prozent unterstellt. Vgl. Rose, M. (2000b), S. 20. Dagegen schätzte das Deutsche Institut für Wirtschaftsforschung (DIW), dass die Einführung einer sparbereinigten Einkommensbesteuerung im Jahr 1996 Einnahmenverluste in Höhe von etwa 28 Milliarden Euro mit sich gebracht hätte. Vgl. Umweltbundesamt (Hrsg.)(1999), S. 50. Auch wenn ein Vergleich solcher Modellrechnungen schon allein wegen der nicht angegebenen, aber vermutlich unterschiedlichen Annahmen (beispielsweise hinsichtlich der Übergangsregelungen) grundsätzlich problematisch ist: Diese erheblich voneinander abweichenden Ergebnisse weisen darauf hin, dass die zinsbereinigte Einkommen- und Gewinnsteuer unter fiskalischen Gesichtspunkten anders zu beurteilen ist als die sparbereinigte beziehungsweise Cash-flow-Variante.

270 Vgl. Goode, R. (1980), S. 61.

dazu veranlasst, diese Variante der konsumorientierten Einkommensbesteuerung von vornherein abzulehnen.[271]

Grundsätzlich könnte der Übergang zu einer sparbereinigten Einkommensbesteuerung auch positive Auswirkungen auf das Steueraufkommen haben, weil die – im Gegensatz zur praktizierten Einkommensbesteuerung – vollständigere Erfassung von Einkünften auf der Basis von Zahlungsflüssen die gesamtwirtschaftliche Steuerbemessungsgrundlage verbreitern würde. So liegt nach Modellrechnungen Mitschkes „die Bemessungsbasis der Konsumsteuer um etwa ein Fünftel höher als die der geltenden Einkommensteuer, Steuerhinterziehung eingerechnet".[272] Das setzt jedoch voraus, dass die Regierung sich bei der Umsetzung eines entsprechenden Reformvorhabens über die Forderungen einzelner Interessengruppen nach steuerlichen Vergünstigungen hinwegsetzen und damit eine erneute Erosion der Bemessungsgrundlage vermeiden kann.

Bei der Steuererhebung muss sich der Staat an bestimmten Grundsätzen orientieren, die sich mit der Entstehung des modernen Steuersystems in demokratischen, marktwirtschaftlichen Systemen herauskristallisiert haben. Als „eine Art zeitloser Kern der Steuerpostulate"[273] kann die Forderung nach einer gerechten Verteilung der Steuerlast, einer möglichst geringen Beeinträchtigung der Markteffizienz durch die Besteuerung, sowie nach einer einfachen, für Staat und Bürger möglichst kostengünstigen und für die Steuerpflichtigen nachvollziehbaren Steuererhebung angesehen werden.[274] Ob aber eine gerechte, effiziente und einfache Besteuerung eher durch eine Reform in Richtung einer SHS-Einkommensteuer oder durch eine konsumorientierte Neugestaltung der Einkommensbesteuerung erreicht werden

---

[271] Vgl. Rose, M. (1998a), S. 253.

[272] Mitschke, J. (1996), S. 96. Zur Modellrechnung im Einzelnen siehe Mitschke, J. (1985), S. 222 ff. Auch Schätzungen der US-amerikanischen Advisory Commission on Intergovernmental Relations (ACIR) für das Jahr 1968 kamen zu dem Ergebnis, dass die Bemessungsgrundlage einer konzeptionellen Ausgabensteuer prinzipiell größer wäre als die der aktuellen Einkommensteuer (ohne persönliche Abzüge). Vgl. ACIR (1974), S. 24 und S. 31.

[273] Scheer, C. (1998), S. 175.

[274] Vgl. Musgrave, R.A., Musgrave, P.B., Kullmer, L. (1993), S. 9. Eine ausführliche Darstellung des Wandels von Besteuerungsgrundsätzen im Laufe der letzten 500 Jahre findet sich bei Scheer, C. (1998).

kann, darüber wird nicht nur unter Finanzwissenschaftlern seit langem intensiv gestritten.[275]

3.1 Steuerliche Gerechtigkeit

Die frühen Befürworter der Konsumbesteuerung zogen sie der Einkommensbesteuerung in erster Linie aus Gerechtigkeitsgründen vor. So vertrat Hobbes bereits im 17. Jahrhundert die Ansicht, es sei gerechter, müßige Konsumenten zu besteuern, welche die Gesellschaft belasten, indem sie Teile des Sozialproduktes für sich in Anspruch nehmen, als fleißige und sparsame Einkommensbezieher.[276] Diese moralisch begründete Argumentation findet sich gelegentlich auch noch in jüngeren Quellen[277]; sie wurde jedoch (selbst von Befürwortern einer konsumorientierten Einkommensteuer) immer wieder kritisiert[278] und im Laufe der Zeit durch eher ökonomische Begründungen verdrängt.

Um steuerliche Gerechtigkeit zu erreichen, soll die Steuerlast möglichst „gleichmäßig“ verteilt und jeder Bürger „angemessen“ an der Finanzierung öffentlicher Aufgaben beteiligt werden. Eine Konkretisierung der inhaltsleeren Begriffe „gleichmäßig“ und „angemessen“ soll dabei im Allgemeinen durch das Leistungsfähigkeitsprinzip erreicht werden: Jeder Bürger ist gemäß seiner individuellen steuerlichen Leistungsfähigkeit (ability-to-pay) an den Kosten der Staatstätigkeit zu beteiligen. Dabei sollen Personen mit gleicher Leistungsfähigkeit einen identischen Steuerbetrag (horizontale Gerechtigkeit) und Personen mit unterschiedlicher Leistungsfähigkeit einen unter-

---

275 Diese Diskussion lässt sich gut anhand folgender Sammel- und Tagungsbände nachvollziehen, in denen renommierte Vertreter beider Konzeptionen sowie deren wichtigste Pro- und Contra-Argumente zu finden sind: Pechman, J.A. (Hrsg.)(1980), Cnossen, S., Bird, R.M. (Hrsg.)(1990), Rose, M. (Hrsg.)(1990), Rose, M. (Hrsg.)(1991), Smekal, C., Sendlhofer, R., Winner, H. (Hrsg.)(1999).

276 Vgl. Musgrave, R.A. (1991), S. 40, Rose, M. (1991b), S. 30.

277 So vertreten beispielsweise Rose, Wenger und Wagner in einer Informationsbroschüre zur „Aktion Faires Steuersystem“ folgende Ansicht: "Da (...) der Einzelne nur durch Konsum die Gesellschaft belastet, kann oberstes Ziel aller Einkommens- beziehungsweise Gewinnermittlungsregeln nur sein, eine möglichst gleichmäßige Belastung des Lebenskonsums der Bürger sicherzustellen." Rose, M., Wagner, F.W., Wenger, E. (o.J.), S. 5.

278 Siehe dazu beispielsweise Kay, J.A., King, M.A. (1990), S. 94 f., Pollak, H. (1990), S. 70 f.

schiedlichen Steuerbetrag (vertikale Gerechtigkeit) zahlen.[279] Während es bei der horizontalen Gerechtigkeit um die Wahl des Steuerobjektes und der Steuerbemessungsgrundlage geht, bezieht sich die vertikale Gerechtigkeit auf die Ausgestaltung des Steuertarifs. Beide Regeln setzen jedoch voraus, dass es einen geeigneten Indikator gibt, um die steuerliche Leistungsfähigkeit zu messen.[280]

Was in einer demokratischen Gesellschaft als Maß steuerlicher Leistungsfähigkeit angesehen wird, kann letztlich nur auf der Basis von gesellschaftlichen Werten und im Prozess der politischen Willensbildung entschieden werden.[281] Die wissenschaftliche Debatte über den „richtigen" Leistungsfähigkeitsindikator läuft damit ebenso zwangsläufig ins Leere wie die theoretische Auseinandersetzung darüber, ob eine konsumorientierte Einkommensteuer gerechter ist als eine umfassende Einkommensteuer. Dennoch finden sich in der Literatur ausführliche und äußerst kontroverse Diskussionen über steuerliche Leistungsfähigkeit sowie unterschiedlichste Ansätze, um diese Worthülse mit Inhalt zu füllen und dadurch operabel zu machen. Dabei haben sich zwei Grundkonzeptionen herauskristallisiert: Nach dem „Verfügungsmachtkonzept" (Neumark) wird Leistungsfähigkeit mit ökonomisch-finanzieller Dispositionskraft gleichgesetzt[282]; nach dem „Nutzenkonzept" (Haller) spiegelt sie sich dagegen in der Opferfähigkeit und damit in der Bedürfnisbefriedigung der Steuerpflichtigen wider.[283]

Ob das Einkommen oder der Konsum als gerechtere Steuerbemessungsgrundlage anzusehen ist, hängt also wesentlich davon ab, welche dieser beiden Konzeptionen man zugrunde legt. Befürworter einer umfassenden Einkommensteuer sehen die steuerliche Leistungsfähigkeit darin manifestiert, was den Steuerpflichtigen in einer Periode an Mitteln zur Verfügung steht, ohne die Vermögenssubstanz angreifen zu müssen (Reinvermögenszugangstheorie). Da die Einkommenserzielung kein Selbstzweck ist, kann das so definierte jährliche Einkommen mit dem „Bedürfnisbefriedi-

---

[279] In Deutschland hat das Prinzip der Besteuerung gemäß der steuerlichen Leistungsfähigkeit – den einschlägigen Urteilen des Bundesverfassungsgerichts zufolge – Verfassungsrang. Vgl. Rose, M. (1996c), S. 1086. Zu den Urteilen des Bundesverfassungsgerichts siehe beispielsweise BVerfG (1957) und BVerfG (1983).
[280] Vgl. Musgrave, R.A., Musgrave, P.B., Kullmer, L. (1993), S. 19, Pollak, H. (1990), S. 69 f.
[281] Vgl. Schmidt, K. (1999), S. 266.
[282] Vgl. Neumark, F. (1970), S. 135 f., Schneider, D. (1971), S. 355 ff.
[283] Vgl. Haller, H. (1964), S. 39 ff., Haller, H. (1990), S. 31 ff., Schneider, D. (1971), S. 360 ff.

gungspotential" der jeweiligen Person gleichgesetzt werden.[284] Für viele Befürworter einer direkten Konsumsteuer stellt dagegen nur die tatsächliche Bedürfnisbefriedigung, und damit das für Konsumzwecke verwendete Einkommen, steuerliche Leistungsfähigkeit dar. Ersparnisse werden ihrer Ansicht nach nur gebildet, um zukünftigen Konsum zu ermöglichen und spiegeln somit an sich keine Bedürfnisbefriedigung wider. Schließt man sich der Meinung an, dass steuerliche Leistungsfähigkeit tatsächlicher Bedürfnisbefriedigung entspricht, dann ist die Forderung nach einer Konsumsteuer gerechtfertigt. Allerdings nur, wenn man ausschließt, dass auch durch die Ersparnis- beziehungsweise Vermögensbildung an sich Bedürfnisse (wie zum Beispiel Sicherheit oder Prestige) befriedigt werden und damit ein Nutzen für den Sparer entsteht, der über den Gegenwartswert des zukünftigen Konsums hinausgeht. Ansonsten wäre auch hier das Einkommen als Bemessungsgrundlage vorzuziehen.[285]

Viele Vertreter der konsumorientierten Einkommensteuer sind durchaus der Ansicht, dass nicht nur der Konsum, sondern auch die Ersparnisbildung – und damit das gesamte Einkommen – steuerliche Leistungsfähigkeit darstellt.[286] Sie lehnen jedoch den Zeitraum ab, in dem diese Leistungsfähigkeit bei der heutigen Einkommensbesteuerung gemessen wird. Die jährliche Besteuerung sei zwar aus Praktikabilitätsgründen und zur Sicherung laufender Staatseinnahmen generell zu befürworten, sie bringe aber erhebliche Ungerechtigkeiten mit sich:[287] Die Höhe der im Laufe eines Lebens gezahlten Steuer sollte sich ihrer Ansicht nach an der über die gesamte Lebenszeit gemessenen steuerlichen Leistungsfähigkeit ausrichten.[288] Die Jährlichkeit der Einkommensteuer in Verbindung mit einem progressiven Tarif führe jedoch dazu, dass die über den Lebenszeitraum betrachtete Steuerschuld einer Person davon

---

[284] Konsequenter (aber nicht praktikabel) wäre es, die steuerliche Leistungsfähigkeit (ability-to-pay) daran zu messen, was ein Steuerpflichtiger an Einkommen erzielten könnte (ability-to-earn). Auf diese Weise würde auch die Freizeit in die Bemessungsgrundlage mit einbezogen. Vgl. Kay, J.A., King, M.A. (1990), S. 90. Siehe dazu auch Krause-Junk, G., Müller, R. (1999).

[285] Diese Ansicht vertritt beispielsweise Haller, H. (1964), S. 53 ff. Siehe dazu auch Schneider, D. (1971), S. 365 ff.

[286] So zum Beispiel Mitschke, J. (1986), S. 462: „Ökonomische Dispositionskraft äußert sich auch oder gerade in der Ersparnis."

[287] Vgl. Rose, M. (1996a), S. 77 f., Mitschke, J. (1996), S. 91, Bradford, D.F. (1984), S. 24 f. Zu Fragen der horizontalen Gerechtigkeit, insbesondere zur Wahl des richtigen Bemessungszeitraums, siehe auch Zodrow, G.R. (1990).

[288] Vgl. Bradford, D.F. (1984), S. 24.

abhängt, wie sich ihr Lebenseinkommen auf die einzelnen Perioden verteilt und zu welchem Zeitpunkt sie dieses Einkommen zu Konsumzwecken verwendet.[289]

So kann es bei der heutigen Einkommensbesteuerung zu gravierenden Ungleichbehandlungen kommen, sobald man über den Zeitraum eines Jahres hinausblickt. Jährliche Schwankungen der Einkommenshöhe führen zu einer höheren Gesamtsteuerlast als eine gleichmäßige Verteilung des gleichen Lebenseinkommens.[290] Zwei Personen mit einer über den gesamten Lebenszeitraum identischen steuerlichen Leistungsfähigkeit werden dadurch völlig unterschiedlich besteuert.[291] Diese Ungleichbehandlung kann durch eine (ebenfalls progressive) sparbereinigte Einkommensteuer reduziert werden, wenn die jährlichen Konsumausgaben gleichmäßiger auf die einzelnen Jahre verteilt sind.[292] Inwieweit das tatsächlich der Fall ist, ist nur empirisch nachzuweisen und hängt unter anderem davon ab, ob Ausgaben für langlebige Konsumgüter auf die Nutzungsdauer verteilt werden können. Ansonsten könnte es beispielsweise in der Zeit, in der ein eigener Hausstand gegründet wird, auch bei der sparbereinigten Einkommensteuer zu unerwünschten Progressionseffekten kommen.

Auch vom Übergang zu einer zinsbereinigten Einkommensteuer wäre eine Glättung der Bemessungsgrundlage zu erwarten, wobei das Ausmaß davon abhängt, wie stark die Kapitalerträge eines Steuerpflichtigen im Zeitablauf schwanken. Dabei ist jedoch zu berücksichtigen, dass im Unternehmensbereich die über die Normalverzinsung hinausgehenden Erträge durchaus besteuert werden, was der Glättungs-

---

[289] Um sowohl die steuerliche Leistungsfähigkeit als auch die Gesamtsteuerlast zweier Steuerpflichtiger über den gesamten Lebenszyklus vergleichen zu können, wird im Allgemeinen der Gegenwarts- beziehungsweise Barwert oder der Endwert der jeweiligen Größen herangezogen.

[290] Dieser Effekt ist auch aus Effizienzgründen kritisch zu beurteilen, da die Steuerpflichtigen (durch reine Bilanzkosmetik oder durch risikoärmere Aktivitäten) versuchen werden, ihr Einkommen gleichmäßiger zu verteilen. Vgl. Mitschke, J. (1996), S. 92 f.

[291] Ob das von den Steuerpflichtigen als ungerecht empfunden wird, hängt davon ab, auf welchen Zeitraum sich ihr Vergleich der eigenen wirtschaftlichen Situation mit der anderer Steuerpflichtiger bezieht. Das wird im Normalfall kaum die gesamte Lebensdauer sein. Vgl. Pollak, H. (1990), S. 84. Zu weiterer Kritik an der Lebenszeitraumbetrachtung siehe beispielsweise Goode, R. (1980), S. 54.

[292] Vgl. Mitschke, J. (1996), S. 96. Zur Besteuerung aus der Lebenszeitperspektive bei proportionalen und progressiven Tarifen von Einkommen- und Konsumsteuer siehe Pollak, H. (1990), S. 73 ff.

wirkung einer zinsbereinigten Einkommens- und Gewinnbesteuerung tendenziell entgegenwirkt.[293]

Zudem kritisieren die Befürworter einer konsumorientierten Einkommensteuer, dass Steuerpflichtige mit gleichem Lebenseinkommen bei der traditionellen Einkommensteuer auch dann unterschiedlich stark besteuert werden, wenn sie dieses Einkommen in unterschiedlichen Perioden konsumtiv verwenden: Je später konsumiert wird, umso größer ist die gesamte Steuerlast. Dies sei eindeutig ein Verstoß gegen die steuerliche Gerechtigkeit.[294] Grundlage dieser Kritik ist John Stuart Mills These von der „Doppelbesteuerung des Sparens" aus dem Jahr 1848: Danach belastet eine umfassende Einkommensteuer die Sparerträge zweifach, weil aus versteuertem Einkommen gespart wird und der Sparbetrag sowie die daraus entstehenden Zinsen auf diese Weise bereits geschmälert sind, die Erträge jedoch (nochmals)[295] der Einkommensteuer unterworfen werden.[296] Die Doppelbelastungsthese wurde von den späteren Befürwortern einer direkten Konsumsteuer wieder aufgegriffen[297] und ist auch heute noch ein zentrales – und äußerst umstrittenes – Argument für eine solche Steuer.[298]

Dreh- und Angelpunkt der Diskussion um die vermeintliche Doppelbesteuerung des Sparens ist die Frage, wie (vor allem: in welchem Zeitraum) steuerliche Leistungsfähigkeit zu messen ist. Die Verfechter einer konsumorientierten Einkommensteuer beziehen sich dabei auf den Gegenwarts- oder Endwert des im gesamten Lebenszeitraum erzielten Einkommens: Personen mit gleichem Gegenwarts- oder Endwert

---

293 Bei alledem ist zu beachten, dass die kritisierten Progressionseffekte nur in zweiter Linie eine Folge der Wahl der Bemessungsgrundlage sind. Sie könnten durch den Übergang zu einem proportionalen Steuertarif vermieden, durch den Übergang zu einem indirekt progressiven Tarif deutlich gemindert werden.

294 Vgl. Rose, M. (1997), S. 20. Dieses Argument geht Hand in Hand mit dem Kritikpunkt, die traditionelle Einkommensteuer sei ineffizient, da sie Sparen gegenüber dem sofortigen Konsum diskriminiere.

295 Dabei manifestiert sich die Doppelbelastung nicht in der Anzahl der staatlichen Zugriffe, sondern in der Höhe der steuerlichen Gesamtbelastung der Sparerträge. Vgl. Kay, J.A., King, M.A. (1990), S. 95.

296 Vgl. Musgrave, R.A. (1991), S. 40 f.

297 Prominente Vertreter der Doppelbesteuerungsthese sind Alfred Marshall, Luigi Einaudi, Arthur Cecil Pigou, Joseph Schumpeter, Irving Fisher und Nicholas Kaldor. Vgl. Musgrave, R.A. (1991), S. 41 f., Schumpeter, J. (1929/30), S. 381, Fisher, I. (1939), Fisher, I., Fisher, H.W. (1942), S. 56 ff., Kaldor, N. (1969), S. 79 ff.

298 Siehe unter anderem die diesbezügliche Auseinandersetzung zwischen Krause-Junk, G., Müller, R. (1999) und Knoll, L. (2000) sowie zwischen Schellhorn, H. (2000) und Rose, M. (2000a).

des Lebenseinkommens werden entsprechend als grundsätzlich gleich leistungsfähig angesehen. Dass es bei dieser Sichtweise bei der traditionellen Einkommensteuer durchaus zu einer steuerlichen Diskriminierung des Sparens beziehungsweise des Sparers kommt, lässt sich an folgendem Rechenbeispiel veranschaulichen:[299]

Verglichen werden zwei Personen, die im Jahr 2002 ein Lohneinkommen in Höhe von jeweils 2.500 Euro erzielen, welches einem Steuersatz von 40 Prozent unterliegt. Person A nutzt das verbleibende Nettoeinkommen in Höhe von 1.500 Euro sofort für Konsumzwecke, Person B legt es dagegen zu einem Zinssatz von 5 Prozent an. Im darauf folgenden Jahr löst B die Ersparnisse auf und nutzt das Sparkapital und die Zinserträge – also 1.575 Euro – für Konsumzwecke. Bei einer Diskontierungsrate von ebenfalls 5 Prozent entspricht der Gegenwartswert dieses Konsumfonds dem der Person A: 1.575 Euro/(1 + 0,05) = 1.500 Euro.[300] Damit sind diese beiden Personen nach Ansicht der Befürworter einer konsumorientierten Einkommensteuer in gleichem Maß steuerlich leistungsfähig, tragen aber im System der traditionellen Einkommensteuer unterschiedliche Steuerlasten: Person A muss nur im Jahr 2002 1.000 Euro an Steuern zahlen, Person B muss im Jahr 2002 ebenfalls 1.000 Euro und im Jahr 2003 30 Euro Steuern zahlen. Das entspricht einem Gegenwartswert von 1.028,57 Euro (1.000 Euro + 30 Euro/(1 + 0,05)).

Sowohl mit der spar- als auch mit der zinsbereinigten Einkommensteuer kann erreicht werden, dass diese beiden Personen, die aus Sicht der Anhänger einer konsumorientierten Einkommensbesteuerung über die gleiche steuerliche Leistungsfähigkeit verfügen, auch gleich stark besteuert werden. Im Fall einer sparbereinigten Einkommensteuer würde Person B im Jahr 2002 keine Steuern zahlen und könnte somit 2.500 Euro sparen. Im Jahr 2003 würde sie dann 2.625 Euro · 0,4, also 1050 Euro an Steuern zahlen. Das entspricht bei einer Diskontierungsrate von 5 Prozent einem Gegenwartswert von 1.000 Euro. Den gleichen Gegenwartswert der gesamten Steuerlast erreicht Person B bei einer zinsbereinigten Steuer, bei der sie im Jahr 2002 1.000 Euro an Steuern zahlt, im Jahr 2003 aber keine weiteren Abgaben leisten muss.

---

299 In Anlehnung an Rose, M. (1992), S. 11.

300 Der hier vorgenommene Vergleich könnte ebenso gut anhand von Endwerten vorgenommen werden, indem alle Zahlungen des Jahres 2002 auf das Jahr 2003 aufgezinst würden.

Die Befürworter der traditionellen Einkommensteuer vergleichen dagegen die steuerliche Leistungsfähigkeit zweier Personen prinzipiell an dem Einkommenszufluss innerhalb eines Jahres. Folgerichtig halten sie die These von der „Doppelbesteuerung des Sparens" grundsätzlich für gegenstandslos:[301] Die Einkommensteuer diskriminiere das Sparen ebenso wenig, wie sie den späteren Konsum an sich belaste; sie besteuere vielmehr denjenigen, der neues Einkommen in Form von Kapitalerträgen erziele, völlig zu Recht. Die von den Gegnern einer umfassenden Einkommensteuer bemängelte zusätzliche Steuerlast könne ganz einfach vermieden werden, indem der Steuerpflichtige sein Geld nicht zinsbringend anlege und somit kein zusätzliches Einkommen erziele.[302] Da Zinseinnahmen jedoch die steuerliche Leistungsfähigkeit erhöhen, sind die beiden in obigem Beispiel verglichenen Personen dieser Ansicht nach gerade nicht gleich leistungsfähig.[303]

Diesem Argument halten Vertreter einer konsumorientierten Einkommensteuer entgegen, dass Kapitalerträge nicht in voller Höhe steuerbares Einkommen darstellen. Voraussetzung für die Entstehung von beispielsweise Zinseinkommen sei der Konsumverzicht der Steuerpflichtigen in der Sparperiode. Eine marktübliche Verzinsung des Sparbetrages sei lediglich ein Entgelt für das Warten auf den Konsum und müsse somit im Sinne des Nettoprinzips der Einkommensbesteuerung – sozusagen als Einkunftserzielungskosten – bei der Ermittlung der Bemessungsgrundlage abgezogen werden. Lediglich Zinseinkünfte, die über die Standardverzinsung hinausgingen, seien mit steuerlicher Leistungsfähigkeit verbunden und daher prinzipiell zu versteuern.[304] Analog wird bei der Ermittlung betrieblicher Einkünfte auch der Abzug einer marktüblichen Verzinsung des eingesetzten Eigenkapitals als Betriebsausgabe begründet: Diese Verzinsung stellt nach Ansicht der Befürworter einer konsumorientierten Einkommens- und Gewinnbesteuerung keine steuerliche

[301] So zum Beispiel Peffekoven, R. (1980), S. 431: „Von einer Doppelbelastung des Sparens kann keine Rede sein." Vgl. auch Krause-Junk, G., Müller, R. (1999), S. 545 ff., Goode, R. (1980), S. 54 f.

[302] In dem Fall hätten die beiden Steuerpflichtigen A und B bei einer traditionellen Einkommensteuer mit 1.000 Euro die gleiche Steuerlast zu tragen. Dennoch würden sie nach Ansicht der Befürworter einer konsumorientierten Einkommensteuer ungleichmäßig besteuert, da Person B mit einem auf das Jahr 2002 diskontierten Konsumfonds von nur 1428,57 Euro (1.500 Euro/(1 + 0,05)) über eine geringere steuerliche Leistungsfähigkeit verfügt als Person B.

[303] Vgl. Peffekoven, R., Fischer, H. (1982), S. 702.

[304] Vgl. Rose, M. (1996c), S. 1086 f., Knoll, L. (2000), S. 177.

Leistungsfähigkeit dar, weil sie lediglich der Sicherung des „Kapitalexistenzminimums" diene.[305]

Zudem spiegelt die Verzinsung der Ersparnisse nach Ansicht der Vertreter einer sparbereinigten Einkommensteuer auch in dem Maße keine steuerliche Leistungsfähigkeit wider, wie sie lediglich den Kaufkraftverlust des Sparkapitals über die gesamte Spardauer hinweg kompensiere.[306] So führe die Besteuerung eines nominalen Zinsertrages in Höhe von 4 Prozent mit einem Steuersatz von 50 Prozent dazu, dass die reale Verzinsung vollständig weggesteuert wird, falls die Inflationsrate bei 2 Prozent liegt. Dadurch dass im Rahmen der heutigen Einkommensteuer die nominalen Zinserträge als steuerliche Leistungsfähigkeit erfasst und damit besteuert werden, könne es sogar zu einer Substanzbesteuerung des eingesetzten Kapitals kommen.[307] Dieses Inflationsproblem, das auch Verfechter der traditionellen Einkommensteuer nicht bestreiten[308], wird durch eine konsumorientierte Einkommensbesteuerung nach Meinung ihrer Anhänger „en passant" gelöst. Bei der zinsbereinigten Einkommensteuer „werden die Bemessungsgrundlagen aller Kapitaleinkommen automatisch auch inflationsbereinigt, weil die Inflationsrate Teil der abzugsfähigen Zinskosten des Eigenkapitals ist."[309] Auch mit der zweiten Spielart der konsumorientierten Einkommensbesteuerung, der Cash-flow-Steuer, könnte inflationsbedingten Ungerechtigkeiten bei der Besteuerung entgegengewirkt werden.[310] Da sie ausschließlich Zahlungsströme erfasst, umgeht sie die gesamte Bewertungsproblematik der traditionellen Einkommensteuer, durch die es unter anderem zu ei-

---

305 Vgl. Rose, M. (1996c), S. 1085.

306 Vgl. Schemmel, L. (1999), S. 15 ff. Die damit aufgeworfene Frage, ob steuerliche Leistungsfähigkeit grundsätzlich an nominalen oder realen Größen gemessen werden soll, soll hier nicht weiter verfolgt werden. Siehe dazu beispielsweise Stützel, W. (1979).

307 Vgl. Kronberger Kreis (2000), S. 16 f., Wagner, F.W. (1999a), S. 1521.

308 So schließen Krause-Junk, G., Müller, R. (1999) bei ihrer Argumentation gegen die Doppelbesteuerungsthese die Inflationsproblematik ausdrücklich aus. Vgl. ebenda, S. 545. Das Thema „Inflation und Einkommensteuer" wird ausführlich diskutiert in Aaron, H.J. (Ed.)(1976), Stützel, W. (1979), Wenger, E. (1983).

309 Rose, M. (1996c), S. 1089. Siehe dazu ausführlicher Wiswesser, R. (1999), S. 89 ff., Kaiser, M. (1992), S. 113 f.

310 Vgl. Lang, J. (1998), § 9, Rn. 564, Bradford, D.F. (1984), S. 9, Bradford, D.F. (1986), S. 237, Lodin, S.-O. (1978), S. 25, Kay, J.A., King, M.A. (1990), S. 99, McLure, C.E., Zodrow, G.R. (1991), S. 128, Wenger, E. (1983), S. 236.

ner rein inflationsbedingten Aufblähung der Bemessungsgrundlage und damit zur Besteuerung von „Scheingewinnen“ kommen kann.[311]

Das zweite inflationsbedingte Problem der Einkommens- und Gewinnbesteuerung – die so genannte „kalte Progression“ – könnte durch den Übergang zu einer konsumorientierten Einkommensteuer nicht gelöst werden, da es nicht mit der Ermittlung der Bemessungsgrundlage, sondern mit der progressiven Ausgestaltung des Steuertarifs zusammenhängt.[312] Auch in diesem Steuersystem wäre daher eine entsprechende Anpassung des Tarifs und bestehender Freibeträge notwendig.

Schließlich kritisieren Anhänger einer konsumorientierten Einkommensteuer die Art und Weise, auf die steuerliche Leistungsfähigkeit im Rahmen der heutigen Einkommens- und Gewinnbesteuerung gemessen wird. Durch den bestehenden „Dualismus der Methoden der Einkunftsermittlung“[313], das Nebeneinander von Überschussrechnung und Vermögensvergleich, kommt es ihrer Ansicht nach zu steuerlichen Ungleichbehandlungen: „Denn was sich bei einem Vermögensvergleich als Einkommen ergibt, bleibt unter Umständen bei einer Überschussrechnung teilweise steuerfrei und umgekehrt.“[314] So werden beispielsweise Einkünfte aus Humankapital (Löhne und Gehälter), die anhand der Überschussrechnung und somit zahlungsstromorientiert ermittelt werden, anders besteuert als auf der Basis eines Vermögensvergleichs ermittelte Einkünfte aus Sach- und Finanzkapital: Investitionen in das Humanvermögen können dabei noch in der gleichen Periode „abgeschrieben“ werden.[315] Im Gegensatz dazu können Investitionen in Finanz- und Sachkapital in der Regel nicht oder zumindest nicht sofort abgeschrieben werden, so dass den

---

311 Nur ein sehr starker Preisniveauanstieg innerhalb eines Jahres könnte auch bei der Cash-flow-Steuer zu einer Art „Scheingewinn“ oder „Scheinverlust“ führen. Vgl. McLure, C.E., Zodrow, G.R. (1991), S. 128.

312 Vgl. Bradford, D.F. (1980), S. 86 ff. Zu Scheingewinnen, kalter Progression und den damit verbundenen Folgen siehe Naust, H. (1983), S. 249 ff., Wiswesser, R. (1999).

313 Wagner, F.W. (1999a), S. 1523.

314 Kronberger Kreis (2000), S. 23.

315 Im deutschen Einkommensteuerrecht zum Beispiel als Werbungskosten (§ 9 EStG), Sonderausgaben (§ 10 Abs. 1 Nr. 7, Nr. 9 EStG) oder außergewöhnliche Belastungen (§ 33a Abs. 1 und 2 EStG). Wobei die Tatsache, dass Ausgaben für Arbeitsmittel sowie Aus- und Weiterbildung in Deutschland nicht uneingeschränkt abgesetzt werden können, bei dieser Argumentation vernachlässigt wird.

Steuerpflichtigen hier zumindest ein Zinsnachteil entsteht.[316] Aus diesen und weiteren steuerlichen Ungleichbehandlungen, die aus den unterschiedlichen Methoden der Einkunftsermittlung entstehen[317], lässt sich die Forderung nach einer einheitlichen Form der Einkunftsermittlung ableiten.

Das Ideal der Schanz-Haig-Simons-Konzeption, nach dem alles das als Einkommen zu erfassen ist, was der Steuerpflichtige für Konsumzwecke verwenden kann, ohne sein Vermögen anzutasten, legt eigentlich die allgemeine Anwendung des Vermögensvergleichs nahe. Die damit verbundene Bewertungsproblematik, die bereits heute bei Finanz- und Sachvermögen besteht, würde jedoch im Fall des Humankapitals besonders deutlich: Da es keinen Marktwert hat, könnte es nur anhand des Ertragswerts zukünftiger Arbeitseinkommen ermittelt werden. Um die damit verbundenen Schwierigkeiten zu umgehen, schlagen die Anhänger einer konsumorientierten Einkommensteuer vor, alle Einkünfte auf der Basis einer Überschussrechnung zu ermitteln, sprich: zu einer Cash-flow-Steuer überzugehen. Habe man sich für diesen Schritt erst einmal entschieden – so die Befürworter einer zinsbereinigten Einkommensteuer – dann könne man ebenso gut diese Variante der konsumorientierten Einkommens- und Gewinnbesteuerung wählen, die mit den gleichen ökonomischen Wirkungen verbunden, aber wesentlich einfacher zu erheben sei.[318]

Insgesamt bleibt festzuhalten, dass die Befürworter einer konsumorientierten Einkommensteuer – wie die Bezeichnung ihrer Konzeption bereits vermuten lässt – das Einkommen als Indikator steuerlicher Leistungsfähigkeit keineswegs ablehnen. Sie sprechen sich jedoch aus den angeführten Gründen gegen den Zeitraum und die Methode aus, in dem beziehungsweise mit der diese Größe im Rahmen der heutigen Einkommensbesteuerung ermittelt wird. Ihrer Ansicht nach könnte eine gerechtere Besteuerung erreicht werden, wenn man zwar „Einkommen als Maßgröße steuerlicher Leistungsfähigkeit beibehält"[319], sich dabei jedoch auf den gesamten Lebens-

---

[316] Vgl. Wenger, E. (1997), S. 123 ff., Knoll, L. (2000), S. 178. Zur Frage der „Gleichmäßigkeit der Besteuerung von Arbeits- und Vermögenseinkünften" siehe auch den gleichnamigen Artikel von Wenger, E. (1983).

[317] Beispiele für die steuerliche Ungleichbehandlung gleicher Tatbestände bei unterschiedlichen Einkunftsermittlungsmethoden finden sich bei Wagner, F.W. (1997), S. 38 ff., Mitschke, J. (1988b), S. 113 ff.

[318] Vgl. Kronberger Kreis (2000), S. 24 ff., Wagner, F.W. (1999a), S. 1523, Wenger, E. (1997), S. 126 ff.

[319] Mitschke, J. (1976), S. 170.

zeitraum des Steuerpflichtigen bezieht und entsprechend „die Besteuerung des Lebenseinkommens in die Besteuerung des periodischen Konsums und die des Vermögens zum Lebensende aufteilt."[320]

Die Notwendigkeit einer progressiven Tarifgestaltung zur Wahrung vertikaler Steuergerechtigkeit ist wissenschaftlich nicht nachzuweisen. Die Vorschläge für eine konsumorientierte Einkommensteuer folgen jedoch den gesellschaftlich üblichen Gerechtigkeits- und Umverteilungsvorstellungen und sehen grundsätzlich eine – direkt oder indirekt, linear oder stufenförmig – progressive Ausgestaltung des Tarifs vor.[321]

Dadurch kann ein grundlegender Kritikpunkt an einer allgemeinen Konsumsteuer von vornherein entkräftet werden: Dieser wird häufig vorgeworfen, sie sei ungerecht und mit verteilungspolitisch unerwünschten Wirkungen verbunden, weil sie Bezieher niedriger Einkommen relativ stärker belaste als Bezieher höherer Einkommen.[322] Hintergrund dieser so genannten regressiven Wirkung ist die Tatsache, dass Bezieher niedriger Einkommen in der Regel eine hohe durchschnittliche Konsumquote haben. Damit ist ihre Konsumsteuerlast höher als bei Steuerpflichtigen mit niedrigerer Konsumquote – wenn man sie auf das Einkommen bezieht. Diese Bezugsgröße macht in einer Konsumsteuer jedoch wenig Sinn, weil ihr ganz offensichtlich der Gedanke zugrunde liegt, die Belastbarkeit der Steuerpflichtigen sei am Einkommen zu messen. Zudem kann die regressive Wirkung bei einer als Subjektsteuer konzipierten, direkten Konsumsteuer durch einen progressiven Steuertarif vermieden werden. Darin liegt ihr wesentlicher Vorteil gegenüber einer indirekten allgemeinen Verbrauchsteuer wie der Umsatzsteuer.[323]

---

[320] Mitschke, J. (1976), S. 170.

[321] Zu der Frage, ob der Tarif einer Konsumsteuer proportional oder progressiv ausgestaltet werden sollte, siehe Pollak, H. (1990), S. 79 ff., Pollak, H. (1991).

[322] Simulationsrechnungen zu den Effizienz- und Verteilungswirkungen, die mit dem Übergang zu einer zinsbereinigten Einkommensbesteuerung verbunden wären, haben Fehr und Wiegard durchgeführt. Je nachdem ob sie die Neugestaltung der Unternehmensbesteuerung mit in die Untersuchung einbezogen haben (1999/2001) oder nicht (1998), kamen sie zu völlig unterschiedlichen Beurteilungen der Verteilungswirkungen: In ersterem Fall wären die Verteilungswirkungen ihrer Ansicht nach bei weitem nicht so negativ anzusehen wie in letzterem. Vgl. Fehr, H., Wiegard, W. (1998), Fehr, H., Wiegard, W. (1999), S. 73 ff., Fehr, H., Wiegard, W. (2001).

[323] Vgl. Goode, R. (1980), S. 56, Pollak, H. (1990), S. 80.

Bei einer direkten Konsumsteuer können den Steuerpflichtigen – ebenso wie bei der Einkommensteuer – persönliche Freibeträge eingeräumt werden. Dabei können neben dem – nach der Zahl der zu versorgenden Familienmitglieder differenzierten – „Konsumexistenzminimum" auch andere persönliche Umstände berücksichtigt werden, welche die steuerliche Leistungsfähigkeit einschränken.[324] Durch entsprechende Abzugsbeträge kann auch dem Vorwurf, eine Konsumsteuer würde „zwangsläufig zu Lasten von Familien"[325] gehen, begegnet werden. Vor diesem Hintergrund sind allerdings die Konzeptionen einer konsumorientierten Einkommens- und Gewinnbesteuerung kritisch zu beurteilen, die neben einer Lohnsteuer eine eigenständige und abschließende allgemeine Betriebssteuer vorsehen. Hier beschränkt sich der Subjektsteuercharakter auf die Lohneinkünfte, bei allen anderen Einkünften wird die individuelle Leistungsfähigkeit des Steuerpflichtigen nicht berücksichtigt – ein Zugeständnis an die Einfachheit der Steuererhebung.

3.2 Entscheidungsneutralität

Als ein wesentliches Argument für eine konsumorientierte Einkommensteuer wird angeführt, sie sei der traditionellen Einkommensteuer im Hinblick auf die ökonomische Effizienz überlegen. Diese Effizienz wird in der Regel mit der Forderung nach einer entscheidungsneutralen Besteuerung gleichgesetzt, bei der die Wirtschaftssubjekte in der Wahl ihrer wirtschaftlichen Aktivitäten durch die Steuern nicht beeinflusst werden.[326] Dabei geht es vor allem darum, die Arbeit-Freizeit-Entscheidung und die Konsum-Spar-Entscheidung der Haushalte sowie die Entscheidungen bezüglich Investitionen, Finanzierung und Rechtsform im Unternehmensbereich nicht zu verzerren.[327]

---

[324] Als besonderer Vorteil der sparbereinigten Einkommensteuer wird dabei angesehen, dass diese Freibeträge auch noch in Phasen des reinen Entsparens – also vor allem im Rentenalter – in Anspruch genommen werden können. Vgl. Rose, M. (1998b), S. 104.

[325] Krause-Junk, G., Müller, R. (1999), S. 547.

[326] Zum Begriff der Steuerneutralität siehe Elschen, R., Hüchtebrock, M. (1983), Schwinger, R. (1992), S. 9 ff. und die dort angegebene Literatur.

[327] Die Neutralität der Besteuerung kann sich auf unzählige unterschiedliche Entscheidungen der Wirtschaftssubjekte beziehen. Siehe dazu ausführlicher Elschen, R., Hüchtebrock, M. (1983), S. 256 ff., Bradford, D.F. (1986), S. 176 ff.

Nach Ansicht vieler Autoren ist Entscheidungsneutralität der Besteuerung geboten, weil zum einen die individuellen Präferenzen in einer freiheitlich organisierten Gesellschaft grundsätzlich zu achten sind[328] und zum anderen der mit der Steuererhebung verbundene Wohlfahrtsverlust so gering wie möglich gehalten werden soll. Mit Hilfe von Steuern werden dem privaten Sektor Ressourcen entzogen, da nur so die Bereitstellung öffentlicher Güter bei gegebenen volkswirtschaftlichen Ressourcen zu gewährleisten ist, ohne dass es zu inflationären Tendenzen kommt. Mit diesem Ressourcenentzug ist zwangsläufig ein Konsumverzicht der Wirtschaftssubjekte und ein entsprechender Nutzenrückgang verbunden. Ein effizientes Steuersystem bringt über diesen „Einkommenseffekt" hinaus keine weiteren Nutzeneinbußen für die Wirtschaftssubjekte mit sich. Mit Ausnahme der Kopfsteuer führen jedoch alle Steuern über veränderte relative Faktor- oder Güterpreise zu Verhaltensänderungen (so genannten „Substitutionseffekten") und sind insofern auch mit zusätzlichen Wohlfahrtseinbußen („Excess Burden") verbunden.[329]

Die Forderung nach einer entscheidungsneutralen Besteuerung wird nicht von allen Autoren getragen. Häufig wird kritisiert, sie basiere auf der unrealistischen Annahme vollkommener Märkte und einer damit verbundenen pareto-optimalen Ausgangssituation. Eine nicht neutrale Besteuerung würde diese optimale Allokation von Faktoren und Gütern stören und wäre ganz eindeutig mit Wohlfahrtseinbußen verbunden. Bei nicht vollkommenen Märkten sei eine neutrale Besteuerung dagegen häufig kontraproduktiv.[330] Doch auch wenn man von Marktstörungen und einer suboptimalen Allokation ausgeht: Solange die (Finanz-)Politiker sich über Richtung und Ausmaß der Fehlallokationen nicht sicher sein können, kann eine Steuer sie mit der gleichen Wahrscheinlichkeit verstärken wie abbauen. Insofern ist auch bei nicht optimaler Ausgangssituation eine neutrale Besteuerung zu vertreten.[331]

Da Steuern unweigerlich mit allokativen Mängeln behaftet sind, bewegt sich die Steuertheorie auf der Suche nach der optimalen Steuer immer im Bereich der

---

[328] Vgl. Rose, M. (1997), S. 18 f.
[329] Vgl. Rosen, H.S. (1999), S. 284 ff.
[330] So beispielsweise Hackmann, J. (1999), S. 101 f. für den Fall unvollkommener Kapitalmärkte. Zweifel an der Eignung der Entscheidungsneutralität als Ziel der Besteuerung äußert zum Beispiel Schneider, D. (1999), S. 2 f. Zur Diskussion um die Neutralität als Leitlinie der Steuerpolitik siehe auch Schwinger, R. (1992), S. 14 ff. und die dort angegebenen Quellen.
[331] Vgl. Elschen, R., Hüchtebrock, M. (1983), S. 254 f.

„second-best-Lösungen". Auch die Diskussion über die vermeintliche effizienzmäßige Überlegenheit der konsumorientierten Einkommensteuer gegenüber der traditionellen Einkommensteuer dreht sich entsprechend nicht um eine absolut, sondern um eine relativ effiziente Besteuerung mit minimalem Excess Burden.

3.2.1 Entscheidungsneutralität im Haushaltsbereich

3.2.1.1 Intertemporale Neutralität[332]

Ein zentraler Kritikpunkt an der traditionellen Einkommensbesteuerung ist die mit der Belastung von Zinseinkünften verbundene steuerliche Diskriminierung des Sparens gegenüber dem sofortigen Konsum. Durch die Besteuerung von Zinseinnahmen wird der relative Preis von heutigem und zukünftigem Konsum zulasten des letzteren verändert. Liegt der Marktzins, der im Marktgleichgewicht der Zeitpräferenzrate der Wirtschaftssubjekte entspricht,[333] zum Beispiel bei 5 Prozent, dann beträgt (in einem Zwei-Perioden-Modell) das Austauschverhältnis zwischen heutigem und zukünftigem Konsum 1 : 1,05. Das Wirtschaftssubjekt kann entweder 1 Euro in der gegenwärtigen Periode konsumieren oder 1,05 Euro in der zukünftigen. Wird nun eine Steuer auf den Zinsertrag erhoben, dann reduziert sich dieses Austauschverhältnis (der relative Preis) zugunsten des heutigen Konsums; bei einem Steuersatz von 50 Prozent auf 1 : 1,025.[334] Auf die niedrigeren Opportunitätskosten des sofortigen Konsums reagieren die Wirtschaftssubjekte tendenziell, indem sie einen geringeren Teil ihres Einkommens sparen. Oder anders ausgedrückt: Die Wirtschaftssubjekte setzen sich gegen eine „rigorose Besteuerung ihrer Zinsen auf legalem Wege dadurch zur Wehr (...), indem sie ihr Geld ausgeben."[335] Diese steuerliche Beeinflussung der

---

[332] Zur modelltheoretischen Analyse dieser Frage siehe beispielsweise Atkinson, A.B., Sandmo, A. (1980), King, M.A. (1980). Beide Untersuchungen kommen zu dem Schluss, dass der Übergang zu einer konsumorientierten Einkommensteuer mit Effizienzargumenten nicht überzeugend begründet werden kann.

[333] Die „subjektive Zeitpräferenzrate" ist der Prozentsatz, um den die Zunahme des Zukunftskonsums den Wert 1 übersteigen muss, damit die Verminderung des heutigen Konsums um eine Einheit genau kompensiert wird, das heißt, dem Wirtschaftssubjekt den gleichen Nutzen bringt. Vgl. Sinn, H.-W. (1985), S. 11.

[334] Die damit verbundene Diskriminierung des Sparens steigt mit zunehmender Spardauer und bei Inflation. Siehe dazu Rose, M. (1994), S. 239 f., Rose, M. (1997), S. 22 f.

[335] Wagner, F.W. (1998), S. 2.

nutzenmaximierenden Entscheidung der Haushalte zwischen heutigem und zukünftigem Konsum stellt einen Verstoß gegen das Postulat der intertemporalen Neutralität dar und führt insofern zu Ineffizienzen.[336]

Wie stark die Haushalte auf diese mit der traditionellen Einkommensteuer verbundene, unbestrittene Veränderung des relativen Preises reagieren, wie groß also der mit der Zinsbesteuerung verbundene Substitutionseffekt ist, hängt wesentlich von der Zinselastizität des Sparens ab, also davon, ob und in welchem Maß die Ersparnisbildung auf Veränderungen des Nettozinses reagiert.[337] Schätzungen über diese Elastizität fallen jedoch so unterschiedlich aus, dass hier keine eindeutigen Aussagen möglich sind.[338]

Die Besteuerung der Zinserträge wirkt sich auch auf die Investitionen aus. Bei einem vollkommenen Kapitalmarkt zeichnet sich eine optimale intertemporale Konsumallokation dadurch aus, dass die Zeitpräferenzrate der Haushalte der Grenzproduktivität des von den Unternehmen eingesetzten Kapitals entspricht. Durch die Besteuerung des Kapitaleinkommens wird zwischen diese beiden Größen ein „Keil" getrieben, so dass der Sparer nicht mehr das volle Entgelt für seinen Konsumverzicht erhält. Dadurch stellt er den Unternehmen weniger Kapital zur Verfügung als nach Lage seiner Präferenzen und der technologischen Investitionsmöglichkeiten wünschenswert wäre.[339] Mit anderen Worten: Die Haushalte finanzieren infolge der Besteuerung alle die Investitionsprojekte nicht mehr, deren Bruttoertrag zwar mit ihrer Zeitpräferenzrate übereinstimmt, deren Nettoertrag aber nicht mehr ausreicht, um sie zu einem Konsumverzicht zu bewegen.

Die Diskriminierung des Sparens und die damit verbundene suboptimale Kapitalbildung werden sowohl durch die zins- als auch durch die sparbereinigte Einkommensteuer vermieden; was sich auch darin widerspiegelt, dass der Gegenwartswert der Steuerzahlung unabhängig vom Zeitpunkt des Konsums ist. Bei der zinsbereinigten Einkommensteuer ist das Wegfallen des „Keils" zwischen Zeitpräferenzrate und

---

[336] Vgl. Rose, M. (1992), S. 9.
[337] Zu weiteren Bestimmungsfaktoren des Substitutionseffektes siehe Peffekoven, R. (1980), S. 433 f.
[338] Vgl. Richter, W.F., Wiegard, W. (1993), S. 353, Sinn, H.-W. (1985), S. 221 ff.
[339] Vgl. Sinn, H.-W. (1984), S. 259, Huber, B. (1991/92), S. 423.

Grenzproduktivität des Kapitals offensichtlich, da sie Zinseinkünfte der Haushalte vollständig steuerfrei lässt. Diese intertemporale Neutralität bleibt auch bei einem progressiven Tarif gewahrt.[340] Da die sparbereinigte Einkommensteuer – wenn auch nur unter den bereits dargestellten restriktiven Annahmen – die gleichen ökonomischen Wirkungen hat wie die zinsbereinigte Einkommensteuer, führt auch sie prinzipiell nicht zu einer Veränderung der Sparneigung.[341]

Intertemporale Neutralität wird jedoch bei spar- und zinsbereinigter Einkommensteuer nur unter bestimmten Annahmen erreicht: Ist die Ersparnisbildung beispielsweise nicht nur auf den zukünftigen Konsum ausgerichtet, sondern mit einem darüber hinausgehenden Nutzen (wie beispielsweise Prestige, Sicherheit) verbunden, dann ist auch eine konsumorientierte Einkommensteuer nicht neutral bezüglich der Konsum-Spar-Entscheidung, sondern verzerrt diese zugunsten der Ersparnisbildung. Und auch ein progressiver Tarif beziehungsweise im Laufe der Zeit veränderte Steuersätze würden die Neutralität stören.[342]

Dass sich mit dem Abbau der steuerlichen Diskriminierung des zukünftigen Konsums auch die gesamtwirtschaftliche Ersparnisbildung erhöht, ist zu bezweifeln. Der Effekt auf das Sparen hängt von vielfältigen Faktoren ab, so dass weder der Umfang noch die Richtung der veränderten Ersparnisbildung eindeutig zu bestimmen sind.[343] So ist es durchaus denkbar, dass der Übergang zu einer konsumorientierten Einkommensteuer mit einem Rückgang der Ersparnisbildung verbunden ist, wenn die Wirtschaftssubjekte ausschließlich sparen, um ein bestimmtes Versorgungsniveau in der Zukunft zu erreichen („Zwecksparen").[344]

---

340 Und unter Umständen auch bei erwarteten Steuertarifänderungen. Vgl. Hackmann, J. (1999), S. 57.

341 Dies wurde bereits in Kapitel 3.1 in einem Rechenbeispiel zur Doppelbesteuerung des Sparens veranschaulicht.

342 Vgl. Folkers, C. (1987), S. 123 f.

343 Zu den Auswirkungen der Besteuerung auf die gesamtwirtschaftliche Ersparnisbildung siehe King, M.A. (1980), S. 12 ff. Zu den Teileffekten, die die Gesamtwirkung auf die Ersparnisbildung in Haushalten und Unternehmen bestimmen („Substitutionseffekt", „Redistributionseffekt", „Dividendeneffekt"), siehe ausführlich Peffekoven, R. (1980), S. 432 ff.

344 Vgl. Peffekoven, R. (1980), S. 433. Beim Übergang von der in Deutschland erhobenen Einkommensteuer mit ihren zahlreichen, unsystematischen steuerlichen Vergünstigungen für die Vermögensbildung zu einer konsumorientierten Einkommensteuer wäre kaum eine Erhöhung der Ersparnisbildung zu erwarten. Zur steuerlichen Ungleichbehandlung unterschiedlicher Formen der Altersvorsorge und den damit verbundenen Verzerrungen siehe Wagner, F.W. (1999a), S. 1521 f.

3.2.1.2 Neutralität bezüglich der Arbeit-Freizeit-Entscheidung

Auch wenn man davon ausgeht, dass eine konsumorientierte Einkommensteuer der traditionellen Einkommensteuer im Hinblick auf die intertemporale Neutralität überlegen ist, so reicht das keineswegs aus, um sie der traditionellen Einkommensteuer unter Effizienzgesichtspunkten generell vorzuziehen. Die Analyse muss auch darüber hinausgehende Verzerrungen berücksichtigen, so beispielsweise die bei beiden Steuern vorhandenen Verzerrungen der Arbeit-Freizeit-Entscheidung. Da auch die konsumorientierte Einkommensteuer die Arbeit (genauer: das Arbeitseinkommen) besteuert (wenn auch im Fall der sparbereinigten Einkommensteuer nicht direkt, sondern erst bei der konsumtiven Verwendung des erzielten Einkommens) und die Freizeit steuerfrei lässt, führt sie – genau wie die umfassende Einkommensteuer – zu einer steuerlichen Diskriminierung der Arbeit.

Allein aus der Tatsache, dass die traditionelle Einkommensteuer ebenfalls Verzerrungen bei der Arbeit-Freizeit-Entscheidung und zusätzlich bei der Konsum-Spar-Entscheidung hervorruft, kann keine effizienzmäßige Überlegenheit der Reformkonzeptionen geschlossen werden: Ausschlaggebend ist nicht die Anzahl, sondern vielmehr das Ausmaß der Ineffizienzen.[345] Geht man davon aus, dass die Bemessungsgrundlage einer konsumorientierten Einkommensteuer prinzipiell kleiner ist als die der traditionellen Einkommensteuer, dann kann ein gleiches Steueraufkommen nur mit höheren Steuersätzen erreicht werden, was unter Effizienzaspekten negativ zu beurteilen ist. Demzufolge stehen dem vermutlichen Effizienzgewinn im Bereich der Konsum-Spar-Entscheidung im Vergleich zur Einkommensteuer stärkere Verzerrungen insbesondere der Arbeit-Freizeit-Entscheidung gegenüber, weil das Arbeitseinkommen einem höheren Steuersatz unterliegt. Nach allgemeiner Auffassung ist der Saldo dieser Teilwirkungen unbestimmt.[346] Wären die Wirkungen des konsumorientierten Steuersystems auf das Sozialprodukt (und damit auch auf die Bemessungsgrundlage der Steuern) allerdings so positiv wie von seinen Verfechtern erhofft, dann könnte das gleiche Steueraufkommen gegebenenfalls mit den gleichen

[345] Vgl. King, M.A. (1980), S. 3 f., Atkinson, A.B., Sandmo, A. (1980), S. 529.
[346] Vgl. Homburg, S. (1997), S. 113.

oder sogar geringeren Steuersätzen – und entsprechend geringeren Verzerrungen – erreicht werden wie bei einer umfassenden Einkommensteuer.[347]

3.2.2 Entscheidungsneutralität im Unternehmensbereich

Auch im Bereich der Unternehmen gibt es eine Vielzahl von Entscheidungen, die durch die Steuererhebung beeinflusst werden können. In der Diskussion um die konsumorientierte Einkommensteuer geht es dabei vor allem um Investitions- und Finanzierungsentscheidungen.[348]

3.2.2.1 Neutralität bezüglich der Investitionsentscheidungen

Investitionsneutralität beziehungsweise „intersektorale Entscheidungsneutralität"[349] der Besteuerung setzt voraus, dass es nicht zu einer Verzerrung der Investitionsentscheidungen bezüglich der Rangfolge einzelner Projekte im Vergleich zur Situation vor Steuern („Laissez-faire-Bedingung") kommt.[350] Cash-flow-Steuern sind in diesem Sinne grundsätzlich neutral, da sie die Kapitalwerte der einzelnen Projekte (anhand derer die Rentabilität einer Investition gemessen werden kann) gleichmäßig reduzieren. Der Grund dafür liegt darin, dass der Staat quasi als stiller Teilhaber fungiert und gleichermaßen an den Investitionsausgaben (über die Sofortabschreibung) und am Investitionsertrag (durch die Steuerzahlung) beteiligt ist.[351] Bei der R-Variante der Cash-flow-Steuer wird der Staat zwar nur bei Sachinvestitionen zum Teilhaber,

---

[347] Vgl. Rose, M. (1992), S.12. Zu den Wohlfahrtseffekten, die mit dem Übergang zu einer durch eine Dividendensteuer ergänzten sparbereinigten Einkommensteuer verbunden wären, siehe Rose, M. (1991c). Er kommt anhand eines auf dem Jahr 1980 basierenden empirischen Modells des allgemeinen Gleichgewichts zu dem Ergebnis, dass „eine konsumorientierte Neuordnung der Einkommens- und Gewinnbesteuerung langfristig zu einer signifikanten Anhebung des Niveaus des durch technischen Fortschritt und Bevölkerungswachstum bestimmten Wachstumspfades führen wird." Ebenda, S. 233.

[348] Zur Neutralität der Unternehmensteuern nach Meade (R+F-Steuer) sowie Kay und King (R-Steuer) siehe Sinn, H.-W. (1984), der ihre Allokationsneutralität im Rahmen eines allgemeinen intertemporalen Gleichgewichtsmodells untersucht, in dem die Unternehmen Investitions-, Finanzierungs- und Beschäftigungsentscheidungen und die Haushalte Konsum-Spar- und Arbeit-Freizeit-Entscheidungen treffen. Er kommt zu dem Ergebnis, dass die beiden Steuern neutral sind.

[349] Rose, M. (1992), S. 9.

[350] Vgl. Schwinger, R. (1992), S. 21, Kronberger Kreis (2000), S. 31, Rose, M. (1992), S. 9.

[351] Vgl. Kronberger Kreis (2000), S. 31, Cansier, D. (1989), S. 51 f., Aaron, H.J., Galper, H. (1985), S. 82 f. Diese Investitionsneutralität kann auch anhand des Konzepts effektiver Grenzsteuersätze nachgewiesen werden. Vgl. Kaiser, M. (1992), S. 22 ff. und S. 99 ff.

die Steuer ist aber auch bezüglich Finanzinvestitionen neutral, da diese steuerlich unberücksichtigt bleiben, so dass auch hier der Kapitalwert vor und nach Steuern identisch ist.[352] Im Gegensatz dazu ist die Investitionsneutralität bei Finanzinvestitionen im Fall der vom Meade-Komitee vorgeschlagenen R+F-Steuer und S-Steuer eingeschränkt: Beide bevorzugen Investitionen in inländische Beteiligungen.[353] Diese Verletzung der Neutralität hängt mit der vom Meade-Komitee vorgesehenen unterschiedlichen steuerlichen Behandlung von in- und ausländischen Beteiligungen zusammen. Ansonsten wären auch die R+F- und die S-Steuer prinzipiell investitionsneutral.[354]

Die Investitionsneutralität der Unternehmensteuern wird auch durch eine ergänzende Haushaltsbesteuerung nicht beeinträchtigt. So sind die Gesamtkonzeptionen von Kay und King, Aaron und Galper und vom Meade-Komitee, die eine R-Steuer, eine R+F-Steuer beziehungsweise eine S-Steuer durch eine sparbereinigte Einkommensteuer auf Haushaltsebene ergänzen, ebenso investitionsneutral wie die Vorschläge von Hall und Rabushka, Bradford („X-Steuer") und McLure und Zodrow, die eine R-Steuer durch eine zinsbereinigte Einkommensbesteuerung der Haushalte ergänzen.[355] Die Investitionsneutralität ist jedoch abhängig von bestimmten Annahmen, so beispielsweise von einem vollkommenen Kapitalmarkt, einem sofortigen Verlustausgleich in Form einer zum Marktzinssatz anzulegenden Steuererstattung beziehungsweise einem aufgezinsten Verlustvortrag, im Zeitverlauf unveränderten Steuersätzen, einer Entscheidung unter Sicherheit und von einer bestimmten – je nach Spielart der Cash-flow-Steuer unterschiedlichen – Finanzstruktur.[356]

Auch eine zinsbereinigte Gewinnsteuer ist investitionsneutral und verändert die Rangfolge von Investitionsprojekten nicht.[357] Durch den Abzug der marktüblichen

---

[352] Vgl. Institute for Fiscal Studies (1978), S. 232.
[353] Vgl. Kaiser, M. (1992), S. 104 ff.
[354] Vgl. Richter, W.F, Wiegard, W. (1991b), S. 454 f.
[355] Vgl. Kaiser, M. (1992), S. 133 ff. Dabei ist die Neutralität nur gewahrt, wenn Haushalts- und Unternehmensteuern völlig getrennt voneinander erhoben werden. Eine Integration der beiden Steuern erübrigt sich damit beziehungsweise würde zu Verzerrungen führen. Vgl. ebenda, S. 154 ff.
[356] Vgl. ebenda, S. 112, S. 115 und S. 180, Cansier, D. (1989), S. 51 f. Zur Abhängigkeit der Neutralität von der Finanzstruktur der Unternehmen siehe ausführlich Boadway, R., Bruce, N., Mintz, J. (1983).
[357] Zur Investitionsneutralität der zinsbereinigten Gewinnsteuer siehe Boadway, R., Bruce, N. (1984), Bond, S.R., Devereux, M.P. (1995).

Eigenkapitalverzinsung bleiben marginale Investitionsprojekte, also Investitionen mit einem auf Basis des Marktzinses[358] ermittelten Kapitalwert von Null, steuerfrei. Alle inframarginalen Investitionen mit größeren Kapitalwerten werden auf der Basis des über die Normalverzinsung hinausgehenden „Übergewinns“ besteuert; eine Änderung der Rangfolge kann dadurch nicht entstehen.[359] Diese Neutralität, die auch bei einer zusätzlichen zinsbereinigten Einkommensbesteuerung der Haushalte gewahrt bleibt[360], kann ebenfalls nur unter bestimmten Bedingungen erreicht werden.[361]

Unabhängig von dieser grundsätzlichen Einschränkung der Aussagekraft der Investitionsneutralität konsumorientierter Steuersysteme könnte sie auch nur dann als Argument für den Ersatz der traditionellen Einkommens- und Gewinnbesteuerung durch ein solches System herangezogen werden, wenn diese nicht investitionsneutral wäre. Eine „strikte Anwendung des Schanz-Haig-Simons-Konzeptes der Kapitaleinkommensbesteuerung“[362] würde die Investitionsentscheidungen (unter Sicherheit) jedoch ebenfalls nicht verzerren. Die konsequente Umsetzung der SHS-Konzeption setzt jedoch unter anderem eine ökonomisch korrekte Abschreibung (Ertragswertabschreibung) voraus, was bekanntlich mit erheblichen praktischen Problemen verbunden ist. Ist die steuerliche Abschreibung beispielsweise größer als die ökonomische (wie es im deutschen Steuersystem meist der Fall ist), dann besteht eine Tendenz zu den Investitionen, bei denen die Abschreibung einen großen Teil der Kapitalkosten ausmacht.[363] Insofern ist die Investitionsneutralität bei der traditionellen Einkommensbesteuerung ebenso wenig realistisch wie bei den unterschiedlichen Varianten der konsumorientierten Einkommensbesteuerung.

---

[358] Da die Zinseinkünfte der Haushalte unbesteuert bleiben, ändert sich der Marktzins nicht. Vgl. Sinn, H.-W. (1985), S. 126.

[359] Vgl. Kronberger Kreis (2000), S. 31 f., Rose, M. (1996a), S. 76, Kaiser, M. (1992), S. 111 ff.

[360] Vgl. Kaiser, M. (1992), S. 138 f. Diese Neutralität bleibt nur bei separaten Haushalts- und Unternehmensteuern erhalten. Ein Integration der beiden Steuern würde auch hier zu Verzerrungen führen. Vgl. ebenda, S. 157.

[361] Bei einem unvollkommenen Kapitalmarkt beispielsweise würde die Fehlallokation des Kapitals durch eine zinsbereinigte Einkommensteuer sogar verstärkt. Vgl. Hackmann, J. (1999), S. 58 ff. und S. 100 ff.

[362] Sinn, H.-W. (1985), S. 125.

[363] Vgl. ebenda, Kaiser, M. (1992), S. 17 f., Wagner, F.W., Schwinger, R. (1991), S. 496, Rose, M. (1992), S. 9 f.

3.2.2.2 Neutralität bezüglich der Risikobereitschaft

Gegen die traditionelle Einkommensteuer – und für eine direkte Konsumsteuer – wird auch angeführt, erstere diskriminiere risikobehaftete Investitionen, weil sie die vor Steuern bestehende Differenz der Erträge zwischen risikoarmen und risikoreichen Investitionen, also die Risikoprämie des Investors, schmälere. Bei einer Ausgabensteuer dagegen würde die Risikoprämie nicht grundsätzlich steuerlich belastet. Der Steuerpflichtige könne eine solche Belastung umgehen, indem er den zusätzlichen Ertrag nicht für Konsumzwecke verwende. Abgesehen davon, dass auf diese Weise in der Regel lediglich ein zeitlicher Aufschub der Steuerlast erreicht werden kann, wird die Risikohemmung auch bei der umfassenden Einkommensteuer deutlich reduziert, wenn sowohl Wertzuwächse als auch -verluste berücksichtigt werden und zudem ein intertemporaler Verlustausgleich vorgenommen wird. Insgesamt ist daher nicht eindeutig festzustellen, ob die sparbereinigte Einkommensteuer tatsächlich risikoneutraler ist als die umfassende.[364]

Dagegen ist die zinsbereinigte Einkommens- beziehungsweise Gewinnbesteuerung in dieser Hinsicht eher kritisch zu beurteilen: Da sie nur diejenigen Gewinne belastet, welche die Normalverzinsung des Eigenkapitals übersteigen, und so die Nettoerträge von Investitionen zulasten risikoreicher Investitionen vermindert, senkt sie deren Attraktivität.[365] Bedenklich ist diese Belastung inframarginaler Gewinne vor allem in wachstumspolitischer Hinsicht, nämlich im Hinblick auf die damit verbundene steuerliche Diskriminierung dynamischer, innovativer Unternehmen („Schumpeter-Unternehmen").[366] Denn der Übergewinn enthält neben dem Unternehmerlohn (sofern dieser nicht als Betriebsausgabe abzugsfähig und gesondert zu versteuern ist) einen durch die Marktsituation verursachten Sondergewinn (Monopol- oder Piongewinn). Dieses Problem ist den Befürwortern einer solchen Steuer durchaus bewusst, weshalb sie vorschlagen, dass „auch der 'pure profit' eher moderat besteuert werden"[367] sollte.

---

[364] Vgl. Peffekoven, R. (1980), S. 437 ff.
[365] Vgl. Hackmann, J. (1999), S. 104 f.
[366] Vgl. Krause-Junk, G. (1999), S. 137, Schmidt, K. (1999), S. 270.
[367] Kronberger Kreis (2000), S. 32.

3.2.2.3 Neutralität bezüglich der Finanzierungsentscheidung

Unter der Annahme sicherer Erwartungen und vollkommener Kapitalmärkte sind für die Unternehmen – bei Abwesenheit von Steuern – alle Finanzierungswege äquivalent. Eine Steuer ist finanzierungsneutral, wenn sie diese Äquivalenz nicht stört, wenn also der Steuerpflichtige durch die Entscheidung zwischen Fremdfinanzierung, Selbstfinanzierung und Beteiligungsfinanzierung keinen Einfluss auf die Steuerhöhe nehmen kann.[368]

Finanzierungsneutralität kann prinzipiell auch im Rahmen einer umfassenden, strikt nach der SHS-Konzeption ausgestalteten Einkommensbesteuerung erreicht werden.[369] Die tatsächlich erhobene Einkommen- und Körperschaftsteuer ist dagegen keineswegs finanzierungsneutral: So ist beispielsweise durch die Abzugsfähigkeit von Fremdkapitalzinsen eine Fremdfinanzierung steuerlich von Vorteil.[370] Außerdem wird durch die nur unvollständige Integration von Körperschaft- und Einkommensteuer keine Gewinnverwendungsneutralität erreicht. Tendenziell besteht eine steuerliche Bevorzugung einbehaltener Gewinne und damit der Selbstfinanzierung, was mit dem Übergang vom Anrechnungsverfahren zum Halbeinkünfteverfahren bewusst noch verstärkt wurde.[371]

Auch bei Cash-flow-Steuern und zinsbereinigten Einkommen- und Gewinnsteuern ist die Finanzierungsneutralität unter bestimmten Voraussetzungen gewahrt.[372] Dass die R-Steuer, die rein finanzielle Transaktionen ganz außer Acht lässt, die Finanzierungsentscheidungen der Unternehmen nicht beeinflusst, ist direkt ersichtlich. Das verändert sich auch nicht, wenn sie neben einer zins- oder sparbereinigten Einkommensbesteuerung der Haushalte erhoben wird.[373] R+F-Steuer und S-Steuer sind

[368] Vgl. Kaiser, M. (1992), S. 116, Rose, M. (1992), S. 10, Sinn, H.-W. (1985), S. 73.

[369] Vgl. Kiesewetter, D. (1999), S. 21 und S. 194, Sinn, H.-W. (1985), S. 125, Swoboda, P. (1991), S. 474.

[370] Vgl. Kaiser, M. (1992), S. 116, Cansier, D. (1989), S. 51.

[371] Vgl. Bundesministerium der Finanzen (2001), S. 12.

[372] So werden vollkommene Kapitalmärkte, konstante Grenzsteuersätze und Sicherheit unterstellt. Vgl. Wagner, F.W., Schwinger, R. (1991), S. 504 ff., Swoboda, P. (1991), S. 473.

[373] Vgl. Cansier, D. (1989), S. 51, Kaiser, M. (1992), S. 118 ff., S. 143 ff. und S. 146 f., Sinn, H.-W. (1985), S. 289. Bei der R-Steuer ist jedoch zu berücksichtigen, dass die Finanzierungsart keine Auswirkungen auf den Gegenwartswert der Steuerzahlungen hat, die zeitliche Verteilung der Gesamtsteuerlast aber durchaus abhängig von der Finanzierungsart ist. Vgl. dazu Swoboda, P. (1991), S. 477 ff.

ebenfalls grundsätzlich finanzierungsneutral, auch wenn sie – wie vom Meade-Komitee vorgeschlagen – eine sparbereinigte Haushaltssteuer ergänzen.[374] Auch eine reine Konsumsteuer wäre finanzierungsneutral.[375]

Die zinsbereinigte Einkommens- und Gewinnbesteuerung lässt im Gegensatz zur heutigen Einkommen- und Körperschaftsteuer nicht nur die Fremdkapitalkosten, sondern auch die Eigenkapitalkosten zum Abzug zu und beeinflusst somit die Finanzierungsentscheidungen der Unternehmen (unter bestimmten Annahmen) nicht.[376] Durch die aus administrativen Gründen vorgesehene Vereinfachung, dass die Betriebe nicht ihre tatsächlichen, sondern lediglich standardisierte Eigenkapitalkosten absetzen können, wird hier jedoch nur eine „tendenzielle Finanzierungsneutralität"[377] erreicht.

3.2.2.4 Neutralität bezüglich der Rechtsformwahl

Schließlich sollte durch die Steuererhebung auch die Wahl zwischen verschiedenen Rechtsformen eines Unternehmens nicht beeinflusst werden. Im traditionellen System mit Einkommen- und Körperschaftsteuer kann diese Rechtsformneutralität jedoch so lange nicht erreicht werden, wie sich die Integration der beiden Steuern auf die ausgeschütteten Gewinne beschränkt. Reinvestierte Gewinne werden dadurch unterschiedlich besteuert, je nachdem ob sie in einer Kapitalgesellschaft oder in einer Personengesellschaft beziehungsweise in einem Einzelunternehmen anfallen.

Ob die konsumorientierte Einkommensbesteuerung rechtsformneutral ist, hängt von der jeweiligen Gesamtkonzeption ab: Im Fall einer reinen Konsumsteuer ohne ergänzende Unternehmensteuer ist diese Neutralität ebenso gewahrt wie bei all den Vorschlägen, die eine als allgemeine Betriebssteuer ausgestaltete Unternehmen-

---

[374] Vgl. Kaiser, M. (1992), S. 120 f. und S. 144, Sinn, H.-W. (1985), S. 290, Swoboda, P. (1991), S. 476 f.

[375] Vgl. Swoboda, P. (1991), S. 475 f.

[376] Vgl. Rose, M. (1992), S. 10, Kaiser, M. (1992), S.125 ff. und S. 148 ff. Jacobs, O.H. (1997) weist nach, dass diese Neutralität nur bei vollkommenem Kapitalmarkt gewahrt ist. Zu einem anderen Ergebnis kommt Kiesewetter, D. (1999), S. 37 ff. Zur Finanzierungsneutralität der zinsbereinigten Einkommensteuer unter Risiko siehe Bond, S.R., Devereux, M.P. (1995).

[377] Rose, M. (1991a), S. 211.

steuer vorsehen. Diese Rechtsformneutralität liegt aber in beiden Fällen nicht im Charakter des konsumorientierten Systems begründet und könnte ebenso gut durch eine gleichermaßen ausgestaltete traditionelle Einkommensbesteuerung erreicht werden. Dabei müsste man jedoch – wie bei den konsumorientierten Vorschlägen auch – eine verminderte Sicherung des Steueraufkommens beziehungsweise den Abbau des Subjektsteuercharakters der Einkommensbesteuerung in Kauf nehmen.

Die Rechtsformneutralität lässt sich bei den Konzeptionen nicht so offensichtlich beurteilen, die neben einer sparbereinigten Einkommensteuer eine eigenständige Gewinnsteuer für Körperschaften vorsehen. Im Fall von Finanzinvestitionen zeigt sich jedoch, dass die Rechtsform der Personengesellschaft oder des Einzelunternehmens steuerlich von Vorteil sein kann: Entscheiden sich diese Unternehmen, die der sparbereinigten Einkommensteuer unterliegen, bei Finanzinvestitionen für eine Anlage auf einem nicht registrierten Konto, dann dürfen sie zwar den Anlagebetrag nicht sofort abschreiben, können aber auch alle daraus entstehenden Erträge steuerfrei vereinnahmen und konsumieren. Dazu zählen neben der Normalverzinsung des eingesetzten Kapitals (die bei der sparbereinigten Einkommensteuer in Form des mit dem Sofortabzug verbundenen Zinsvorteils ebenfalls unbesteuert bleibt) auch darüber hinausgehende Erträge. Bei der R+F-Steuer sowie bei der S-Steuer wären diese Gewinne dagegen bereits auf der Ebene der Körperschaften zu versteuern – entweder bei der Entstehung oder bei der Ausschüttung an die Anteilseigner. Bei der R-Steuer, die finanzwirtschaftliche Transaktionen generell unberücksichtigt lässt, würden mögliche Übergewinne auf der Ebene der Anteilseigner besteuert.[378]

3.2.2.5 Zwischenfazit

Insgesamt bleibt fraglich, ob eine konsumorientierte Einkommens- und Gewinnbesteuerung effizienter wäre als das traditionelle System. Im Hinblick auf die Finanzierungs- und Rechtsformwahl im Unternehmensbereich sowie auf die Arbeit-Freizeit-Entscheidung im Haushaltsbereich sind keine grundlegenden Unterschiede zwi-

---

[378] Vgl. Kaiser, M. (1992), S. 176 f.

schen den beiden Konzeptionen zu erkennen. Auch die vermeintlichen Vorteile des konsumorientierten Systems in Bezug auf intertemporale und intersektorale Neutralität können lediglich in stark vereinfachten Modellen nachgewiesen werden, sind also nur unter äußerst restriktiven Annahmen gegeben.[379]

Schließlich ist der „Kernsatz der Steuerwirkungslehre"[380] zu berücksichtigen, nach dem die Entscheidungsneutralität der Besteuerung wesentlich von den Motiven der Wirtschaftssubjekte abhängt: Nur eine Belastung der Zielgrößen des Handelns vermeidet einen mit der Steuererhebung verbundenen Excess Burden. Orientiert sich also ein Haushalt nicht ausschließlich am Konsum und ein Unternehmer nicht ausschließlich am Cash-flow, so wirken auch auf diese Zielgrößen ausgerichtete Steuern verzerrend, sind also mit einer über das Steueraufkommen hinausgehenden Zusatzlast verbunden. Dass aber menschliches Handeln nicht nur auf Konsum, sondern auch auf andere Größen (wie beispielsweise Arbeitsfreude, Prestige und Sicherheit) ausgerichtet ist, kann kaum bezweifelt werden.

3.3 Praktikabilität

Ein weiterer Maßstab zur Beurteilung von Steuern ist deren Praktikabilität beziehungsweise administrative Effizienz. Danach sollte eine Steuer so ausgestaltet sein, dass ihre Erhebung für alle Beteiligten möglichst transparent und einfach ist und die damit verbundenen volkswirtschaftlichen Kosten – die Verwaltungskosten für den Fiskus und die Entrichtungskosten für den privaten Sektor – auch in der Übergangszeit nicht unangemessen hoch sind.[381] Das setzt unter anderem voraus, dass das Steuersystem wenige Schlupflöcher zur Steuervermeidung oder -hinterziehung bietet und das vom Staat zu errichtende Kontrollsystem mit entsprechend geringem Aufwand verbunden ist. Schließlich ist für die Durchsetzbarkeit von Reformvorhaben

[379] Einen Überblick über Untersuchungen zur Effizienz konsumorientierter Steuern, die bei unterschiedlichen Annahmen zu unterschiedlichen Ergebnissen kommen, geben Zodrow, G.R. (1990), S. 87 ff., Richter, W.F., Wiegard, W. (1993), S. 350 ff. Simulationsrechnungen zum Effizienzgewinn durch eine konsumorientierte Einkommensbesteuerung haben Fehr, H., Wiegard, W. (1999) und (1998) sowie Rose, M. (1991c) durchgeführt. Zur Kritik an den Modellannahmen der Befürworter einer konsumorientierten Einkommensbesteuerung siehe beispielsweise Schneider, D. (1999), S. 8 f., Hackmann, J. (1999), S. 36.

[380] Schneider, D. (1999), S. 4.

[381] Vgl. Bach, S. (1993), S. 107.

unabdinglich, dass sie auf Akzeptanz seitens der Bürger stoßen und unter verfassungsrechtlichen Gesichtspunkten unbedenklich sind.

Während die administrativen Stolpersteine der traditionellen Einkommensteuer hinlänglich bekannt sind, können die Schwierigkeiten, die mit der Erhebung der konsumorientierten Systeme verbunden wären, mangels praktischer Erfahrungen nur grob abgeschätzt werden. Das gleiche gilt auch für die Probleme, die sich aus der Umstellung von der heutigen auf eine konsumorientierte Einkommens- und Gewinnbesteuerung ergeben würden. Daher können an dieser Stelle nur einige der offensichtlichen administrativen Vor- und Nachteile von spar- und zinsbereinigter Einkommensbesteuerung und der sie ergänzenden Unternehmensteuern angeführt werden.

Kritiker der traditionellen Einkommensbesteuerung vertreten im Allgemeinen die Ansicht, diese bringe „schier unendliche praktische Probleme"[382] mit sich und könne überhaupt nicht konsequent und gleichmäßig umgesetzt werden.[383] Der wesentliche Grund für diese Kritik liegt darin, dass die Bemessungsgrundlage der traditionellen Einkommensteuer sich aus der Summe der Konsumausgaben und der Veränderung des Vermögensbestandes während eines Jahres ergibt, gerade die Ermittlung der Vermögensveränderung jedoch mit erheblichen Bewertungsproblemen verbunden ist.[384] Die Befürworter der konsumorientierten Einkommensbesteuerung sind der Meinung, dass Steuerkonzeptionen, die einen sofortigen Abzug von Ersparnissen und Investitionen von der Bemessungsgrundlage vorsehen, genau diese Bewertungsprobleme umgehen.[385]

Eine nicht zur allgemeinen Zufriedenheit zu lösende Schwierigkeit der Einkommensermittlung nach der SHS-Konzeption ist mit den Abschreibungsregelungen verbunden. Steuerlich zulässige Abschreibungen, die über die tatsächliche Abnutzung des Anlagevermögens hinausgehen, bedingen eine Bemessungsgrundlage, die

---

382 Kronberger Kreis (2000), S. 33.

383 Zur praktischen Unmöglichkeit, das Einkommen beziehungsweise den Gewinn im Sinne von Schanz, Haig und Simons exakt zu ermitteln, siehe zum Beispiel Wagner, F.W. (1999b), S. 16 f., Wenger, E. (1999), S. 41 ff.

384 Vgl. McLure, C.E., Zodrow, G.R. (1991), S. 125.

385 Vgl. Kaiser, M. (1992), S. 174, Kronberger Kreis (2000), S. 25.

unterhalb des in der jeweiligen Periode tatsächlich erzielten Einkommens liegt und umgekehrt. Insofern stehen sich die Interessen von Fiskus und Steuerpflichtigen entgegen, auch wenn die Abschreibungsregelungen letztlich nur Auswirkungen auf die zeitliche Verteilung von Steuerzahlungen haben und hohe Abschreibungen insofern „nur" einen Zins- und Liquiditätsvorteil für die Steuerzahler bringen. Da die Abnutzung von Vermögensgegenständen nicht exakt ermittelt werden kann, gibt es über die ökonomisch richtige Höhe der Abschreibungen einen fortwährenden Streit.[386]

Dass diese Auseinandersetzung durch die Sofortabschreibung von Investitionen vermieden wird, ist sicherlich als ein wesentlicher Vorzug der Cash-flow-Steuern anzusehen. Aber auch durch eine zinsbereinigte Einkommensteuer wird die Abschreibungsproblematik entschärft: Höhere Abschreibungen führen dabei zu einem niedrigeren Buchwert des Kapitals und damit zu einem entsprechend geringeren Abzug von standardisierten Eigenkapitalkosten. Bei vollkommenem Kapitalmarkt und im Zeitverlauf unverändertem proportionalem Steuertarif wäre der Gegenwartswert der steuerlich anerkannten Kapitalkosten unabhängig von den steuerlichen Abschreibungsmöglichkeiten.[387]

Anders ausgedrückt: Entspricht der Standardzinssatz dem Kalkulationszinssatz und unterliegt der Steuerpflichtige in jeder Periode demselben Steuersatz, so ist die diskontierte Steuerschuld gleich hoch, egal wie schnell und in welcher Höhe Abschreibungen vorgenommen werden. Ist dagegen der Kalkulationszinssatz größer als die Standardverzinsung, dann bringen schnelle und hohe Abschreibungen einen steuerlichen Vorteil; bei einer höheren Standardverzinsung wird der Steuerpflichtige geringe Abschreibungen vorziehen.[388] Bei im Zeitverlauf sinkendem relevantem Steuersatz wären (bei vollkommenem Kapitalmarkt) schnellere Abschreibungen von Vorteil, bei steigendem Steuersatz langsamere. Insofern wäre auch bei einer zinsbereinigten

---

[386] Vgl. McLure, C.E., Zodrow, G.R. (1991), S. 126.

[387] Vgl. Rose, M. (1996a), S. 76 f. Ein Rechenbeispiel zur Unabhängigkeit der steuerlich anerkannten Kapitalkosten vom Abschreibungsverfahren findet sich bei Rose, M. (1998a), S. 273 f. Siehe auch Huber, B. (1991/92), S. 452 f., Kronberger Kreis (1996), S. 17.

[388] Vgl. Hackmann, J. (1999), S. 108 f.

Einkommensteuer durchaus mit Diskussionen über die „richtige" Abschreibung zu rechnen.[389]

Die im Rahmen einer traditionellen Einkommensteuer notwendige Ermittlung von Vermögensveränderungen ist unter Inflationsbedingungen besonders schwierig: Das Erfassen nominaler Wertzuwächse führt zur Besteuerung von Scheingewinnen, so dass es unter Umständen zu einer realen Substanzbesteuerung kommen kann. Im Rahmen der traditionellen Einkommensbesteuerung denkbare Methoden der Inflationsanpassung wie zum Beispiel inflationsbereinigte Bilanzen wären äußerst aufwendig. Dagegen würde das Inflationsproblem mit dem Übergang zu einer konsumorientierten Einkommensbesteuerung weitgehend gelöst – wie in Kapitel 3.1 bereits dargestellt wurde. In diesem Effekt sah das Meade-Komitee einen der Hauptvorzüge dieser Systeme.[390]

Als Zeichen für die mangelnde Praktikabilität der synthetischen Einkommensteuer ist auch die geringe Durchsetzbarkeit der Zinsbesteuerung anzusehen.[391] Aufgrund gesunkener Transaktionskosten und Wechselkursrisiken führen internationale Unterschiede in der Besteuerung zu schnellen Reaktionen an den Finanzmärkten – vor allem innerhalb der Europäischen Währungsunion.[392] Auf die hohe internationale Kapitalmobilität haben die Steuergesetzgeber dann auch entsprechend reagiert: Eine Besteuerung von Kapitaleinkünften in gleichem Maße wie von anderen Einkommensarten, insbesondere Arbeitseinkommen, wird heute in keinem europäischen Staat durchgesetzt.[393] Eine zinsbereinigte Einkommensteuer würde das Problem der Zinsbesteuerung per se vermeiden. Dabei sollte jedoch nicht vergessen werden,

---

389 Der steuerliche Vorteil (V), also die Differenz des Gegenwartswerts der Gesamtsteuerlast, die sich infolge von Abschreibungen (D) ergibt, lässt sich allgemein wie folgt ermitteln:

$$V = (D_0 \cdot t_0) + (EK_0 \cdot r \cdot t_0) + \sum_{i=1}^{n} \frac{(D_i \cdot t_i) + (EK_i \cdot r \cdot t_i)}{(1+z)^i}$$

Mit r = Standardzinssatz, z = Kalkulationszinssatz, t = Steuersatz und EK = Buchwert Eigenkapital, wobei gilt: $EK_i = EK_{i-1} - D_i$.

390 Vgl. McLure, C.E., Zodrow, G.R. (1991), S. 127 f., Institute for Fiscal Studies (1978), S. 186. Dabei bezieht sich das Meade-Komitee jedoch nur auf die sparbereinigte Einkommensteuer und die Cash-flow-Unternehmensteuern.

391 Vgl. Kronberger Kreis (2000), S. 14 ff.

392 Das lässt sich nicht zuletzt daran festmachen, dass die Erwartungen des Finanzministeriums in das Aufkommen der seit 1993 (wieder) erhobenen Zinsabschlagsteuer bei weitem nicht erfüllt wurden. Vgl. Deutsche Bundesbank (Hrsg.)(1994), S. 45 ff., insbesondere S. 49.

393 Vgl. Kronberger Kreis (2000), S. 20 und S. 33 f., Wagner, F.W. (1999a), S. 1521.

dass dies die Folge der stark vereinfachenden Annahme ist, private Haushalte erzielten grundsätzlich marktübliche Kapitalerträge.[394] Bei der sparbereinigten Einkommensteuer dagegen kann auf ein lückenloses Erfassen aller Zahlungszuflüsse nicht verzichtet werden; die mit der Besteuerung von Zinsen verbundenen Schwierigkeiten würden also unverändert bestehen bleiben.

Im Rahmen der traditionellen Einkommens- und Gewinnbesteuerung wird oft eine Integration von Körperschaftsteuer und Einkommensteuer angestrebt; so beispielsweise in Deutschland mit Hilfe des Anrechnungsverfahrens beziehungsweise des Halbeinkünfteverfahrens. Diese Techniken (insbesondere das Anrechnungsverfahren) sind bekanntlich sehr aufwendig und auch nur partiell, also nur für ausgeschüttete Gewinne, durchzusetzen. Die vorgestellten konsumorientierten Steuersysteme verzichten auf solche Integrationstechniken – und den damit verbundenen administrativen Aufwand. Wie in Kapitel 2 dargestellt wurde, kann eine steuerliche Doppelbelastung ausgeschütteter Gewinne auch so vermieden werden. Das ist jedoch nicht das einzige Ziel einer Integration von Einkommens- und Gewinnbesteuerung. Dadurch soll auch erreicht werden, dass ein möglichst großer Teil des individuellen Einkommens der Subjektsteuer unterliegt, damit bei der Besteuerung persönliche Umstände berücksichtigt werden können. Wie bereits angeführt wurde, geht dieser Subjektsteuercharakter der Einkommensbesteuerung insbesondere bei den Vorschlägen verloren, die eine allgemeine abschließende Betriebssteuer vorsehen. An diesem Punkt offenbart sich der Zielkonflikt zwischen steuerlicher Gerechtigkeit und Einfachheit der Besteuerung.

Während die konsumorientierten Steuersysteme also auf der einen Seite einige – wenn auch bei weitem nicht alle[395] – Klippen der heutigen Einkommensbesteuerung umschiffen würden, wären sie auf der anderen Seite mit neuen, im Vorhinein kaum abzuschätzenden Problemen verbunden. Durch veränderte steuerliche Regelungen

---

394 Bei Roses „Einfachsteuerkonzept", das über marktübliche Verzinsungen hinausgehende Erträge besteuert, würden die mit der Zinsbesteuerung verbundenen Schwierigkeiten bestehen bleiben.

395 So blieben bei beiden Varianten die Schwierigkeiten bestehen, alle Einnahmen beziehungsweise Zahlungszuflüsse (gegebenenfalls einschließlich in Naturalien durchgeführter Transaktionen) zu erfassen. Darüber hinaus sind zum Beispiel in beiden Systemen steuerpflichtige private Konsumausgaben von steuerfreien Betriebsausgaben abzugrenzen und Verkäufe/Käufe zu unangemessen hohen/niedrigen Preisen an/von nahestehende/n Personen oder verbundene/n ausländische/n Unternehmen zu kontrollieren. Vgl. McLure, C.E., Zodrow, G.R. (1991), S. 130.

entstehen zudem neue (und im Fall höherer nominaler Steuersätze auch größere) Anreize und neue Möglichkeiten zur Steuervermeidung und -hinterziehung, so dass der Staat entsprechend neue Kontrollen entwickeln müsste. Da sich viele Steuerumgehungstechniken erst im Zuge der praktischen Erfahrungen mit einer Steuer herausstellen, werden sich im Laufe der Zeit entsprechende Folgeregelungen kaum vermeiden lassen, was die Komplexität der Steuererhebung weiter erhöht.[396]

Bei Ankündigung oder Einführung einer neuen Steuer kommt es zu Anpassungs- und Ausweichreaktionen der steuerpflichtigen Haushalte und Unternehmen. Das Ergebnis dieser Reaktionen sind neue Gleichgewichte und veränderte relative Preise auf den Güter- und Finanzmärkten und damit verbundene „windfall gains" oder „windfall losses" für einzelne Steuerpflichtige.[397] Sowohl die Reaktionen der Steuerpflichtigen als auch die daraus resultierenden Umverteilungswirkungen sind umso größer, je radikaler die Steuerreform ist. Insofern wären die Anpassungen beim Übergang zu einer sparbereinigten Einkommensbesteuerung zweifellos größer als beim Übergang zu der zinsbereinigten Variante, die im Wesentlichen die heutigen Steuerregelungen beibehält. Angesichts der Tatsache, dass die heute erhobene Einkommensteuer bereits viele, unsystematische Elemente einer Konsumorientierung enthält (erwähnt seien hier nur die steuerliche Behandlung von Lebensversicherungen sowie der Sparerfreibetrag oder Sonder- und Sofortabschreibungen)[398], ist jedoch fraglich, ob der Übergang von der derzeit erhobenen Einkommensteuer zu einer konsumorientierten Einkommensteuer mit größeren Problemen verbunden wäre als der Übergang zu einer konsequenten Einkommensbesteuerung nach der SHS-Konzeption.

3.3.1 Zur Praktikabilität der sparbereinigten Einkommensteuer

Während einige Autoren die Einfachheit einer sparbereinigten Einkommensteuer als einen ihrer wesentlichen Vorzüge hervorheben[399], sehen andere die erheblichen

[396] Vgl. McLure, C.E., Zodrow, G.R. (1991), S. 132.
[397] Vgl. Bach, S. (1993), S. 123.
[398] Zu Elementen einer konsumorientierten Einkommensteuer in der heutigen Einkommensbesteuerung siehe Wagner, F.W., Schwinger, R. (1991), S. 497 f.
[399] So zum Beispiel Fisher, H.W., Fisher, I. (1942), S. 34.

administrativen Schwierigkeiten dieser Konzeption als deren „Achillesferse"[400] an. Selbst grundsätzliche Befürworter einer sparbereinigten Einkommensteuer räumen ein, dass der Übergang zu einer solchen Steuer mit einem erhöhten Aufzeichnungs- und Kontrollbedarf für Steuerpflichtige und Steuerverwaltung verbunden wäre.[401] Das hängt in erster Linie damit zusammen, dass ein lückenloser Nachweis aller Spar- und Entsparvorgänge notwendig wäre, um den Jahreskonsum exakt zu bestimmen. Da die Haushalte daran interessiert wären, ihre Nettoersparnisbildung möglichst hoch auszuweisen, wären entsprechende Kontrollen seitens der Steuerbehörden unvermeidbar. Im Fall der so genannten „qualifizierten Konten" wären diese Kontrollen vergleichsweise einfach zu bewerkstelligen. Ein Verstoß gegen das so genannte „Bankgeheimnis" (§ 30a AO) könnte darin kaum gesehen werden, da die Steuerpflichtigen ihre Kontobewegungen letztlich freiwillig offen legen würden.[402]

Neben der Kontrolle der Spar- und Entsparvorgänge stellt im Rahmen der sparbereinigten Einkommensteuer vor allem die steuerliche Behandlung von dauerhaften Konsumgütern erhöhte Anforderungen an Steuerzahler und Steuerbehörden. So müssen die Anschaffungskosten, die Nutzungswerte und eventuelle Verkaufserlöse dauerhafter Konsumgüter von den Steuerpflichtigen aufgezeichnet und von den Steuerbehörden kontrolliert werden. Dadurch dass die Anschaffungskosten auf mehrere Jahre verteilt werden können (Konsumgutlösung) oder die jährlichen Nutzungskosten zu versteuern sind (Investitionsgutlösung), kommt es bei der sparbereinigten Einkommensteuer zu ähnlichen Problemen, wie sie für den Fall der traditionellen Einkommensteuer im Zusammenhang mit den Abschreibungsregelungen bereits diskutiert wurden.[403]

Auch die im Vergleich zur heutigen Einkommensteuer völlig veränderte Besteuerung aufgenommener und vergebener Kredite bringt neue Möglichkeiten der Steuer-

---

[400] So beispielsweise Seidl, C. (1990), S. 441.

[401] So beispielsweise Lodin, S.-O. (1978), S. 115. Zu Erhebungsschwierigkeiten der sparbereinigten Einkommensteuer siehe ausführlich Kaldor, N. (1969), S. 191 ff., Zumstein, P. (1977), S. 334 ff., Seidl, C. (1990), S. 407 ff.

[402] Erhebliche rechtliche und praktische Probleme wären dagegen mit der in manchen Konzeptionen vorgesehenen – und zur exakten Ermittlung der jährlichen Konsumausgaben an sich auch notwendigen – Erfassung der Veränderungen von Bar- und Giralgeldbeständen verbunden, die im Extremfall nur über Hausdurchsuchungen und Leibesvisitationen zu kontrollieren wären. Vgl. Rose, M. (1998a), S. 250, Seidl, C. (1990), S. 433 ff., McLure, C.E., Zodrow, G.R. (1991), S. 134 f.

[403] Vgl. Seidl, C. (1990), S. 422 ff.

arbitrage mit sich, die nur schwer zu kontrollieren wären. Durch die grundsätzlich entgegengesetzten Interessen von Kreditgebern und Kreditnehmern wird der Kontrollbedarf bei Kreditgeschäften zwar etwas entschärft; insbesondere im Fall eines progressiven Steuertarifs gibt es jedoch durchaus interessante Techniken der Steuerminderung: So reduziert die Kreditvergabe eines Steuerpflichtigen mit einem hohen Steuersatz an einen Steuerpflichtigen mit niedrigerem Steuersatz die Gesamtsteuerbelastung.

Sofern das neue Steuersystem im Vorhinein angekündigt wird – was in einem demokratischen System die Regel ist –, werden die Steuerpflichtigen versuchen, den Übergang zu einer sparbereinigten Einkommensteuer durch entsprechende zeitliche Verlagerungen von Transaktionen zu ihrem Vorteil zu nutzen. Steuerlich interessant wäre es zum Beispiel, Ersparnisse erst im neuen System zu bilden, bestehende Ersparnisse dagegen noch im alten System aufzulösen und konsumtiv zu nutzen.[404] Darüber hinaus wäre es für die Steuerpflichtigen von Vorteil, Kredite im alten System aufzunehmen und die damit verbundenen Schuldendienste im neuen System zu leisten. Schließlich würde ein Anreiz bestehen, dauerhafte Konsumgüter noch vor der Reform anzuschaffen und die Bargeldbestände zu maximieren, um diese dann im neuen System steuerfrei konsumtiv verwenden zu können.[405]

Diesen Steuerumgehungstechniken kann durch geeignete Übergangsregelungen begegnet werden. Solche Regelungen, die in erster Linie die steuerliche Behandlung von Altbeständen an Vermögen, Krediten und langlebigen Konsumgütern betreffen, sind zudem notwendig, um steuerliche Doppelbelastungen sowie übermäßige reformbedingte Umverteilungseffekte zu vermeiden. Die zahlreichen diesbezüglichen Vorschläge laufen im Kern darauf hinaus, entweder das alte Besteuerungssystem für eine bestimmte Zeit parallel zum neuen laufen zu lassen, oder aber das neue System konsequent auf Altbestände anzuwenden, indem diese zum Stichtag entsprechend steuerlich belastet (zum Beispiel aufgenommene Kredite) oder entlastet (zum Beispiel Vermögensbestände) werden. Während das Nebeneinander von zwei Steuersystemen über einen langen Zeitraum jedoch die Aufzeichnungspflichten

[404] Vgl. Sarkar, S., Zodrow, G.R. (1993), S. 363 f.
[405] Vgl. Kaldor, N. (1969), S. 220 f.

der Steuerpflichtigen und die Komplexität des Steuersystems erheblich erhöhen würde, wäre die steuerliche Entlastung der Vermögensbestände beim Übergang zu dem neuen System mit erheblichen Einnahmeausfällen beziehungsweise Steuererstattungen verbunden.[406]

3.3.2 Zur Praktikabilität der zinsbereinigten Einkommensteuer

Bei der zinsbereinigten Form der konsumorientierten Einkommensteuer entstünde grundsätzlich ein geringerer Erhebungsaufwand für die Verwaltung als bei der traditionellen Einkommensbesteuerung, da – wie bereits dargestellt wurde – wesentliche administrative Schwierigkeiten dieser Steuer vermieden würden. Darüber hinaus wäre sie auch leichter zu erheben als die sparbereinigte Variante, weil die aufwendige Kontrolle von Spar- und Entsparvorgängen, Krediten und dauerhaften Konsumgütern nicht notwendig wäre.

Die eigentliche administrative Herausforderung einer konsequent zinsbereinigten Einkommens- und Gewinnbesteuerung, die Ergänzung der steuerlich berücksichtigten Kapitalkosten durch die Eigenkapitalverzinsung, ist bei den betrachteten Reformvorschlägen entschärft worden. Das geht bei den privaten Haushalten so weit, dass deren Finanzkapitalerträge pauschal mit den Kapitalkosten gleichgesetzt und entsprechend völlig steuerfrei gestellt werden. Bei einer Zinsbereinigung in Reinform müsste jedoch zum einen der Kapitalbestand der Haushalte, zum anderen der individuelle Kalkulationszinssatz ermittelt werden. Das würde die Steuererhebung wesentlich schwieriger gestalten.[407]

Die Steuer könnte bei einer zinsbereinigten Einkommensteuer vermieden werden, indem steuerpflichtige Arbeitseinkommen in steuerfreie Kapitaleinkommen umge-

---

[406] Zu Übergangsproblemen und -regelungen siehe ausführlich Kaldor, N. (1969), S. 220 ff., Zumstein, P. (1977), S. 411 ff., Institute for Fiscal Studies (1978), S. 187 ff., Lodin, S.-O. (1978), S. 123 ff., Bradford, D.F. (1984), S. 159 ff., Aaron, H.J., Galper, H. (1985), S. 99 ff., Mitschke, J. (1985), S. 200 ff., Sarkar, S., Zodrow, G.R. (1993), S. 359 ff., Bach, S. (1993), S. 122 ff. Kaldors radikale Vorschläge (rückwirkendes Einführen der neuen Regelungen, Währungsreform) können dabei von vornherein als rechtlich bedenklich und zu drastisch abgelehnt werden. Vgl. Kaldor, N. (1969), S. 221.

[407] Vgl. Wissel, H. (1997), S. 250 ff.

wandelt werden. Naheliegend wären Kreditverträge zwischen Arbeitnehmer und Arbeitgeber, in denen überhöhte Zinsen vereinbart werden, die dem Arbeitnehmer anstelle von Lohn oder Gehalt gezahlt werden. Die aus diesem Grund notwendigen Sonderregelungen und Kontrollen von Kreditkonditionen auf Angemessenheit würden die zinsbereinigte Steuer verkomplizieren.[408]

Der Übergang von der heutigen Einkommensteuer zu einer zinsbereinigten Einkommensteuer wäre – zumindest in einer geschlossenen Volkswirtschaft – unproblematisch, da das nationale Steuerrecht weitgehend beibehalten und lediglich durch die grundsätzliche Steuerfreiheit der privaten Finanzkapitalerträge verändert würde.[409] Dabei käme es jedoch auch hier zu reformbedingten „windfall gains" und entsprechenden Umverteilungswirkungen: Durch die plötzliche Steuerfreiheit der Kapitaleinkünfte würden deren Bezieher in den Genuss einer unerwarteten Vermögenserhöhung kommen.

3.3.3 Zur Praktikabilität der Cash-flow-Unternehmensteuern

Als wesentlicher Vorzug von Cash-flow-Steuern wird oft angeführt, sie seien aufgrund ihrer Zahlungsstromorientierung prinzipiell leichter zu erheben als die traditionelle Einkommen- oder Körperschaftsteuer.[410] Welche Spielart dabei mit dem geringsten Aufwand für Steuerzahler und Steuerverwaltung wäre, hängt wesentlich von der Art und der Anzahl der (zu erfassenden und kontrollierenden) steuerlich relevanten Vorgänge ab. Demzufolge liegt die Vermutung nahe, dass die S-Steuer, die nur Beteiligungstransaktionen erfasst, grundsätzlich leichter zu erheben wäre als die R-Steuer, die alle realwirtschaftlichen Transaktionen berücksichtigt. Diese wiederum wäre wohl mit einem geringeren Aufwand verbunden als die R+F-Steuer, für die neben den realwirtschaftlichen auch finanzwirtschaftliche Transaktionen relevant sind.

Diesem grundsätzlichen administrativen Vorteil der Cash-flow-Steuern stehen auch hier neue Spielräume zur steuervermeidenden Sachverhaltsgestaltung gegenüber.

---

[408] Vgl. Hackmann, J. (1999), S. 122.
[409] Vgl. Rose, M. (1998a), S. 253, Wissel, H. (1997), S. 250 ff. und Kapitel 2.2.2.1 dieser Arbeit.
[410] Vgl. Sinn, H.-W. (1984), S. 127 und S. 300.

Um diese Spielräume einzuengen und somit die Staatseinnahmen sowie die Gleichmäßigkeit der Besteuerung zu sichern, sind zusätzliche Vorschriften und Kontrollen unerlässlich. Diese Ergänzungen können jedoch dazu führen, dass Cash-flow-Steuern unter dem Strich nicht mehr einfacher zu erheben sind als die heutige Einkommen- beziehungsweise Körperschaftsteuer.[411]

Außerdem wäre der Übergang von der heutigen Unternehmensbesteuerung zur Cash-flow-Besteuerung mit Übergangsschwierigkeiten verbunden. So müsste beim Übergang zu einer R-Steuer eine angemessene Besteuerung von zum Reformzeitpunkt bereits vorgenommenen Investitionen erreicht werden. Würden Altbestände an Investitionen einfach in das neue System übernommen, so könnten sie nicht weiter abgeschrieben werden, da eine R-Steuer nur Sofortabschreibungen vorsieht. Dadurch wären sie jedoch gegenüber Neuinvestitionen benachteiligt.[412] Das gleiche Problem würde auch beim Übergang zu einer R+F-Steuer auftreten. Eine solche Diskriminierung bestehender Investitionen könnte vermieden werden, indem der Staat zum Übergangszeitpunkt eine vollständige Abschreibung zulässt. Im Folgenden könnten die so entlasteten Altbestände ohne Weiteres mit der Cash-flow-Steuer belastet werden. Diese vermeintlich einfache Regelung wäre in der Übergangsphase mit erheblichen Einnahmeausfällen für den Staat verbunden. Anstelle dieser Entlastungslösung könnte man auch eine weiterhin planmäßige Abschreibung des Kapitalbestandes vorsehen. Das würde jedoch dazu führen, dass im alten System vorgenommene Investitionen nicht vom Übergang zur Cash-flow-Besteuerung profitieren würden. Dadurch würden vor allem Betriebe mit großen Altbeständen benachteiligt; ihre relativen Marktwerte würden entsprechend sinken.[413] Außerdem wäre diese

---

[411] Vgl. Feldhoff, M. (1989), S. 63. So bestünde bei der R-Steuer ein Anreiz, steuerpflichtige realwirtschaftliche Zahlungsüberschüsse in den steuerlich irrelevanten finanzwirtschaftlichen Bereich zu verlagern. Das könnte relativ leicht durch die Kopplung von Kauf- und Kreditgeschäften geschehen, wobei ein günstiger Verkaufspreis mit einer Kreditfinanzierung zu überhöhten Zinsen verbunden würde. Diese Vermeidungstechnik wäre jedoch nur bei Geschäften mit nicht R-Steuerpflichtigen interessant. Vgl. Feldhoff, M. (1989), S. 60, Kaiser, M. (1992), S. 181. Zu Steuervermeidungsmöglichkeiten, die sich im Fall unterschiedlicher Rechnungsjahre der Unternehmen ergeben würden, siehe Institute for Fiscal Studies (1978), S. 240 f.

[412] Vgl. Kaiser, M. (1992), S. 196.

[413] Um dem entgegenzuwirken, würden die Betriebe vor der angekündigten Einführung der R- beziehungsweise R+F-Steuer nur noch in beschleunigt abzuschreibende Wirtschaftsgüter investieren. Sie wären zudem bestrebt, ihren Kapitalbestand vor dem Übergang zu veräußern, um nach der Reform neu zu investieren und so möglichst schnell in den Genuss der Sofortabschreibungen zu kommen. Diese Verhaltensweisen würden zu erheblichen Marktstörungen führen. Vgl. Bach, S. (1993), S. 123 ff.

Lösung mit den Schwierigkeiten verbunden, die durch das Nebeneinander unterschiedlicher Steuersysteme bestehen, in denen gleiche Tatbestände (zum Beispiel die Veräußerung von Wirtschaftsgütern) unterschiedlich behandelt werden.[414]

Auch für bestehende Kreditverträge müsste eine adäquate Regelung gefunden werden. Sonst würde die Tatsache, dass im Rahmen einer R-Steuer Zinsausgaben nicht mehr abzugsfähig sind, Unternehmen mit einem hohen Anteil an Fremdkapital besonders stark belasten. Gleichzeitig würde die plötzliche Steuerfreiheit von Zinseinnahmen bei den Gläubigern zu „windfall gains“ führen. Diese Wirkungen könnte man umgehen, indem bestehende Kredite – sowohl beim Schuldner als auch beim Gläubiger – weiterhin nach dem alten System behandelt würden. Auch das wäre jedoch mit der gleichzeitigen Anwendung unterschiedlicher steuerlicher Regelungen verbunden und würde die Komplexität des Steuersystems erhöhen.[415] Die hohe Belastung in großem Maße fremdfinanzierter Unternehmen würde beim Übergang zu einer Cash-flow-Steuer vom R+F-Typ, bei der ein Abzug von Fremdkapitalzinsen weiterhin möglich wäre, nicht entstehen. Jedoch wäre es dann steuerlich interessant, Kredite im alten System steuerfrei aufzunehmen und im neuen System steuermindernd zu bedienen. Daher wäre auch hier eine gesonderte steuerliche Behandlung bestehender Kredite notwendig.[416]

Eine administrative Schwierigkeit der R+F-Steuer ist die exakte Abgrenzung von Fremd- und Beteiligungsfinanzierung. Gelingt diese nicht, dann bietet die Tatsache, dass die Beteiligungsfinanzierung steuerlich irrelevant ist, Kreditaufnahmen dagegen die Bemessungsgrundlage erhöhen und Schuldendienste sie entsprechend mindern, den Steuerpflichtigen steuerreduzierende Gestaltungsmöglichkeiten.[417] Wie sich im Fall von Gesellschafterfremdkapital bereits heute zeigt, ist eine genaue Differenzierung jedoch kaum zu bewerkstelligen.

Auch eine S-Steuer würde eine eindeutige Zuordnung unterschiedlichster Finanzierungsformen zur Fremd- oder Beteiligungsfinanzierung erforderlich machen. Denn

---

[414] Vgl. Bach, S. (1993), S. 123 ff.
[415] Vgl. Sarkar, S., Zodrow, G.R. (1993), S. 365.
[416] Vgl. Kaiser, M. (1992), S. 196.
[417] Vgl. ebenda, S. 182.

hier bestünde grundsätzlich ein Anreiz, das Kapital (steuermindernd) über Beteiligungen zu erhöhen und beteiligungsfinanzierte Erträge (steuerfrei) als Fremdkapitalzinsen oder Tilgungen getarnt an die Anteilseigner auszuschütten.[418] Zudem könnte die S-Steuer umgangen werden, indem Ausschüttungen an die Teilhaber in Naturalien oder durch Unterpreisverkäufe vorgenommen werden.[419] Schließlich wäre auch die S-Steuer mit besonderen Übergangsproblemen verbunden: So bestünde bei Vorankündigung dieser Steuer der Anreiz, Kapital an die Anteilseigner auszuschütten und es unter den Bedingungen der S-Steuer wieder zu erhöhen. Außerdem wären die Unternehmen daran interessiert, noch vor der Reform Beteiligungen an anderen inländischen Unternehmen zu erwerben, um sie nach Einführung der S-Steuer wieder zu veräußern. Das würde Störungen des Finanzmarktes bedingen.[420]

Von den drei Varianten der Cash-flow-Unternehmensteuer wäre die S-Steuer von der Konzeption her wohl am leichtesten zu erheben; sie würde jedoch – ebenso wie die R-Steuer – einen radikalen Einschnitt bei der Gewinnbesteuerung bewirken. Die R+F-Steuer würde den geringsten Bruch mit dem heutigem System bedeuten und wäre daher mit geringeren Übergangsproblemen verbunden.[421] Insofern ist sie den beiden anderen Konzeptionen unter administrativen Gesichtspunkten vorzuziehen.

3.3.4 Zur Praktikabilität der zinsbereinigten Gewinnsteuer

Wie die zinsbereinigte Einkommensteuer wäre auch die zinsbereinigte Gewinnsteuer vergleichsweise übergangsfreundlich, da die Unternehmen im Wesentlichen bei der zur Zeit üblichen Gewinnermittlung bleiben könnten. Die traditionellen Bemessungsgrundlagen müssten lediglich um die Zinskomponenten verändert werden, wobei die Eigenkapitalverzinsung schrittweise auf das Niveau des Standardzinssatzes angehoben werden könnte.[422] Abgesehen davon, dass die meisten administrativen

---

[418] Vgl. Institute for Fiscal Studies (1978), S. 241.
[419] Vgl. Feldhoff, M. (1989), S. 60 f.
[420] Vgl. Bach, S. (1993), S. 137 f., Kaiser, M. (1992), S. 196.
[421] Diesen Vorteil (kombiniert mit der Tatsache, dass eine R+F-Steuer auch Finanzinstitute belasten würde) hielt seinerzeit auch das Meade-Komitee für so gravierend, dass es die R+F-Steuer – zumindest für eine Übergangszeit – der von ihm eigentlich favorisierten S-Steuer vorzog. Vgl. Institute for Fiscal Studies (1978), S. 244.
[422] Vgl. Kronberger Kreis (2000), S. 32, Rose, M. (1998a), S. 253.

Schwierigkeiten der heutigen Einkommen- beziehungsweise Körperschaftsteuer beibehalten würden, würde die eigentliche konzeptionelle Herausforderung der zinsbereinigten Gewinnsteuer darin liegen, den Standardzinssatz richtig festzulegen: Nur wenn dieser mit dem Kalkulationszinssatz der Unternehmen übereinstimmt, können steuerlich bedingte Verzerrungen von unternehmerischen Entscheidungen vermieden wäre. Eine solche Übereinstimmung könnte aber schon allein wegen der Unterschiede zwischen den Unternehmen nur für einzelne Unternehmen und auch nur per Zufall erreicht werden.

3.3.5 Politische Durchsetzbarkeit und Verfassungskonformität

Die Praktikabilität einer Steuer hängt nicht nur von dem damit verbundenen administrativen Aufwand für Steuerpflichtige und Steuerverwaltung ab, sondern auch – und sicher nicht zuletzt – von ihrer politischen Durchsetzbarkeit. Da die Wähler erfahrungsgemäß eher Veränderungen bestehender Steuern akzeptieren als die Einführung völlig neuer Steuern,[423] würden die zinsbereinigten Varianten der konsumorientierten Einkommens- und Gewinnbesteuerung vermutlich auf eine größere Akzeptanz stoßen als die Cash-flow-Varianten.

Darauf weist auch die immer wieder laut werdende Kritik an der mit der Besteuerung von Zinsen verbundenen Doppelbelastung von Ersparnissen und an der – aufgrund der mangelnden Durchsetzbarkeit der Zinsbesteuerung – ungleichmäßigen und ungerechten Besteuerung des „dummen Steuerehrlichen" hin.[424] Dabei ist zwar davon auszugehen, dass eine Steuer, die private Finanzkapitaleinkünfte steuerfrei lässt, Arbeitseinkommen dagegen – unter Umständen sogar mit einem höheren Satz als zuvor – belastet, auf nicht unerhebliche (verteilungs-)politische Widerstände stoßen würde. Dass solche Widerstände aber durchaus zu überwinden sind, zeigt nicht zuletzt der Übergang zu einer „Dual Income Tax" in den skandinavischen Staaten, deren (Steuer-)Politik immer stark verteilungspolitisch ausgerichtet war: Dort konnte eine steuerliche „Begünstigung" von Kapitalerträgen mit dem Verweis auf daraus

---

[423] Vgl. Müller, M. (1992), S. 41.
[424] Vgl. Kronberger Kreis (2000), S. 14 ff.

entstehende positive Investitions- und Beschäftigungswirkungen durchgesetzt werden.[425]

Aber auch eine sparbereinigte Einkommensbesteuerung könnte von den Bürgern akzeptiert werden, wenn diese langsam an diese Art und Weise der Besteuerung herangeführt würden. Und genau das könnte in absehbarer Zeit der Fall sein: So wird zum einen seit 2002 die private Altersvorsorge gefördert, indem sie grundsätzlich (wenn auch der Höhe nach begrenzt)[426] nachgelagert – und damit sparbereinigt – besteuert wird. Zum anderen könnte das Urteil des Bundesverfassungsgerichts vom Frühjahr 2002[427], in dem die ungleiche Besteuerung von Renten und Pensionen als verfassungswidrig eingestuft wird, zu einer nachgelagerten Besteuerung nicht nur der Beamtenpensionen, sondern auch der Renten aus der Gesetzlichen Rentenversicherung führen. Die von der Finanzwissenschaft – und dort auch von den Verfechtern einer umfassenden Einkommensteuer, wenn auch unter Vorbehalten und mit einer anderen Begründung[428] – sowie von der Politik überwiegend befürwortete Besteuerung der gesetzlichen und der sie ergänzenden privaten Altersvorsorge nach dem nachgelagerten Korrespondenzprinzip wird entsprechend als „trojanisches Pferd der Befürworter einer Konsumsteuer"[429] bezeichnet. Ob diese Besteuerung nun als konsequente Durchsetzung einer am Leistungsfähigkeitsprinzip orientierten umfassenden Einkommensteuer[430] oder als „Ausgangspunkt für die Sparbereinigung der Einkommensteuer"[431] angesehen wird, ist letztlich unerheblich: Die Diskussion über die Neuordnung der Rentenbesteuerung könnte dazu führen, dass die Bürger einem sparbereinigten Steuersystem grundsätzlich offen gegenüberstehen.

Doch das Umsetzen von Steuerreformvorhaben setzt nicht nur die Akzeptanz seitens der Bürger voraus. Ebenfalls wichtig ist, dass die Pläne nicht mit bestehenden Gesetzen, insbesondere mit verfassungsrechtlichen Vorgaben, kollidieren.[432] Im Fall der sparbereinigten Einkommensbesteuerung träte zum administrativen Aufwand,

[425] Vgl. Kronberger Kreis (2000), S. 11.
[426] Vgl. § 10a EStG (Zusätzliche Altersvorsorge).
[427] Vgl. BVerfG (2002).
[428] Vgl. Peffekoven, R. (2000).
[429] Wiegard, W. (2000), S. 8.
[430] Vgl. Peffekoven, R. (2000), S. 4.
[431] Lang, J. (1996), S. 152.
[432] Siehe dazu ausführlich Lang, J. (1991), Birk, D. (1991). Vgl. auch Wissel, H. (1997), S. 252 ff., Kronberger Kreis (2000), S. 14 f., Wagner, F.W. (1999), S. 1522, Kaiser, M. (1992), S. 187 f.

wenn auch nur einmalig, noch die wahrscheinlich notwendige Änderung des Grundgesetzes hinzu: Der in Artikel 106 GG („Verteilung des Steueraufkommens zwischen Bund, Ländern und Gemeinden") aufgeführte Steuerartenkatalog müsste vermutlich erweitert werden, da eine direkte Konsumsteuer keiner der dort aufgezählten Steuerarten zugeordnet werden kann.[433] Die dazu erforderliche Zwei-Drittel-Mehrheit würde auch die politische Durchsetzbarkeit der sparbereinigten Einkommensbesteuerung erschweren.

Bei einer zinsbereinigten Einkommensteuer bestünde ein solcher Änderungsbedarf nicht, sofern sie – was zu vermuten ist – als Einkommensteuer angesehen werden kann.[434] Vor ihrer Einführung müsste jedoch geklärt werden, ob sie mit dem so genannten „Zinssteuerurteil" des Bundesverfassungsgerichts aus dem Jahr 1991 vereinbar wäre.[435] In diesem Urteil hat das Verfassungsgericht zwar eine konsequente Durchsetzung der gesetzlich festgelegten Zinsbesteuerung gefordert, nicht aber eine Zinsbesteuerung an sich. Im Gegenteil: Eine gesetzlich verankerte steuerliche Sonderbehandlung von Kapitaleinkünften – zum Beispiel in Form einer definitiven Abgeltungssteuer – hat das Bundesverfassungsgericht ausdrücklich für zulässig erklärt. Insofern ist zu vermuten, dass eine zinsbereinigte Einkommensteuer verfassungsrechtlich unbedenklich wäre.[436]

Insgesamt ist festzuhalten, dass nicht nur die traditionelle und die konsumorientierte Einkommens- und Gewinnbesteuerung unter administrativen Gesichtspunkten unterschiedlich zu beurteilen sind. Vor allem die Cash-flow-Steuern auf der einen Seite und die zinsbereinigten Einkommen- und Gewinnsteuern auf der anderen Seite sind mit völlig unterschiedlichen administrativen Übergangs- und Erhebungsproblemen behaftet. Während der Übergang zu einer sparbereinigten Einkommensteuer und Cash-flow-Unternehmensteuer eine radikale Reform darstellen würde und entsprechend mit großen Umstellungsschwierigkeiten verbunden wäre, ließe sich die Umstellung auf eine zinsbereinigte Einkommens- und Gewinnbesteuerung vermutlich relativ leicht bewerkstelligen. Da ein zinsbereinigtes System zudem einige admi-

---

[433] Zu diesem Ergebnis kommt zumindest Birk, D. (1991), S. 355 ff.
[434] Siehe dazu Kapitel 6.2.3.1.
[435] Siehe dazu BVerfG (1992).
[436] Vgl. Kronberger Kreis (2000), S. 14 f., Wagner, F.W. (1999a), S. 1522.

nistrative Schwierigkeiten der traditionellen sowie der spar- beziehungsweise investitionsbereinigten Einkommens- und Gewinnbesteuerung umgehen würde, ist es diesen beiden unter Praktikabilitätsaspekten vorzuziehen.

3.4 Zwischenfazit: Traditionelle oder konsumorientierte Einkommensteuer in der geschlossenen Volkswirtschaft?

Die bisherigen Ausführungen haben gezeigt, dass die Kriterien, die zur Beurteilung eines Steuersystems in einer geschlossenen Volkswirtschaft üblicherweise herangezogen werden, kein eindeutiges Votum für (oder gegen) den Ersatz des Leitbildes einer traditionellen Einkommens- und Gewinnbesteuerung durch das einer konsumorientierten Einkommens- und Gewinnbesteuerung zulassen. Weder im Hinblick auf die steuerliche Gerechtigkeit noch auf die ökonomische Effizienz hat das konsumorientierte System deutliche Vor- oder Nachteile gegenüber der traditionellen Idee der Einkommensbesteuerung. Auch eine Entscheidung für eine der beiden Grundvarianten der konsumorientierten Einkommensteuer ist auf der Basis dieser Kriterien nicht möglich, da beide hinsichtlich ihrer ökonomischen Wirkungen grundsätzlich äquivalent sind.

Daher bleiben letztlich nur die Kriterien der fiskalischen Ergiebigkeit und der Praktikabilität, um sich zwischen der spar- und der zinsbereinigten Einkommensbesteuerung zu entscheiden. Unter diesen Gesichtspunkten wäre die zinsbereinigte Variante wohl vorzuziehen. Da diese auch der traditionellen Einkommensteuer in administrativer Hinsicht überlegen ist, gibt es durchaus Gründe dafür, die heutige Einkommensteuer durch eine zinsbereinigte Einkommensteuer zu ersetzen. Doch insbesondere die Praktikabilität einer Steuer kann nicht abschließend beurteilt werden, wenn internationale Aspekte unberücksichtigt bleiben. So muss unter anderem geprüft werden, wie sich ein solches System in die internationale Steuerordnung einfügen würde und ob der Übergang zu einer konsumorientierten Einkommensteuer den internationalen Kooperations- und Koordinationsbedarf erhöhen würde. „Sicherheit für die Konsumbesteuerung gibt es also vorerst nicht."[437]

---

[437] Schmidt, K. (1999), S. 268.

4 Einkommens- und Gewinnbesteuerung in einer offenen Volkswirtschaft: Grundlegende Prinzipien, Anforderungen, Probleme

Die Integration der Weltwirtschaft nimmt zu. Im Laufe der letzten Jahrzehnte war ein im Vergleich zu innerwirtschaftlichen Transaktionen überproportionaler Anstieg internationaler wirtschaftlicher Transaktionen zu verzeichnen: Dazu zählen neben dem Export und Import von Gütern und Dienstleistungen, ausländischen Direktinvestitionen in Form von Betriebstätten und Beteiligungen an ausländischen Personen- und Kapitalgesellschaften insbesondere die erheblich wachsenden grenzüberschreitenden Finanzmarkttransaktionen (Portfolioinvestitionen).[438] Die Produktionsfaktoren Arbeit und Kapital werden zunehmend auch außerhalb des Heimatlandes ihrer Anbieter eingesetzt. Ursache dieser mit dem Schlagwort „Globalisierung“[439] belegten Entwicklung ist der immer weiter abnehmende Transaktionsaufwand: Infolge des technischen Fortschritts sinken nicht nur die Transport-, Wege- und Informationskosten; auch die Geschwindigkeit, mit der insbesondere weltweite Finanzmarkttransaktionen vorgenommen werden können, hat stark zugenommen. Innerhalb der Europäischen Währungsunion hat darüber hinaus der Wegfall der Wechselkursrisiken die Kosten grenzüberschreitender Transaktionen erheblich reduziert.[440]

Eine umfassende Beurteilung konsumorientierter Einkommensteuersysteme kann sich deshalb nicht auf eine geschlossene Volkswirtschaft beschränken, sondern muss auch die Besteuerung grenzüberschreitender Transaktionen berücksichtigen. Dabei lässt es sich nicht vermeiden, zunächst die Prinzipien der Besteuerung internationaler Einkommen und Gewinne, die Anforderungen an diese Besteuerung und die Probleme, die bei der Besteuerung internationaler Einkommen und Gewinne entstehen, ausführlich zu behandeln. Diese Grundlagen der Besteuerung internationaler Einkommen sind in der ökonomischen und insbesondere in der finanzwissenschaftlichen Literatur bislang nicht in einem Maße behandelt worden, dass sie hier als bekannt vorausgesetzt werden könnten.

---

[438] Siehe dazu Siebert, H. (2000), S. 6, UNCTAD (Hrsg.)(2000), S. 46 f. und S. 246 f., Deutsche Bundesbank (Hrsg.)(1999), S. 60 ff.
[439] Siehe dazu Windisch, R. (1999), S. 127 ff. und die dort angegebene Literatur.
[440] Vgl. Krause-Junk, G. (1999), S. 124.

4.1 Grundlegende Prinzipien der Besteuerung internationaler Einkommen und Gewinne

Eine unmittelbare Folge der wachsenden grenzüberschreitenden Mobilität sind zunehmende internationale Faktoreinkommen. Während grenzüberschreitende Güterströme nach Maßgabe der weltweit eingeführten GATT(WTO)-Regelungen prinzipiell auf der Basis des Bestimmungslandprinzips[441] besteuert werden, gibt es bislang keine vergleichbare internationale Vereinbarung über die Besteuerung zwischenstaatlicher Einkommensströme. In der Praxis haben sich jedoch auch hier grundlegende Prinzipien herausgebildet.[442]

4.1.1 Das Souveränitätsprinzip

Grundlage der Besteuerung – auch internationaler Tatbestände – ist die Souveränität der Staaten: Danach ist jeder Staat berechtigt, in seinem Hoheitsgebiet Steueransprüche nach Person und Tatbestand autonom festzulegen und durchzusetzen.[443] Eingeschränkt wird die Steuerhoheit der einzelnen Staaten durch die völkerrechtliche Norm, dass im jeweiligen Staat ein tatsächlicher Anknüpfungstatbestand für die Besteuerung bestehen muss. Im Bereich der direkten Steuern kommen dafür grundsätzlich das Steuerobjekt und das Steuersubjekt in Frage. Grenzt ein Staat seinen Besteuerungsanspruch anhand des Steuergegenstandes ab, dann kann er entweder den weltweiten Steuergegenstand erfassen (Universal- oder Globalprinzip) oder lediglich den inländischen Teil des Steuergegenstandes (Territorialprinzip).[444] Orientiert der Staat sich dagegen an der Person des Steuerpflichtigen, dann unterscheidet man zwischen dem Wohnsitzlandprinzip, bei dem die Steuerpflicht durch den Wohnsitz oder gewöhnlichen Aufenthalt (bei Unternehmen: Sitz oder Geschäftsleitung)

---

[441] Beim Bestimmungslandprinzip werden die Güter nur mit der Steuer des Bestimmungslandes (also des Landes, in dem das Gut konsumiert oder investiert wird) belastet. Vgl. Peffekoven, R. (1978), S. 124.

[442] Vgl. Zimmermann, H., Henke, K.-D. (2001), S. 201, Weichenrieder, A.J. (1999), S. 76, Sato, M., Bird, R.M. (1975), S. 395 ff.

[443] Vgl. Rose, G. (2000), S. 25, Bühler, O. (1964), S. 130. Zum staatlichen Souveränitätsbegriff siehe ausführlich Overwiening, B. (1996), S. 3 ff. und die dort angeführte Literatur.

[444] In den Steuergesetzen finden sich diese beiden Prinzipien in der unbeschränkten Steuerpflicht einerseits und der beschränkten Steuerpflicht andererseits wieder. Vgl. zum Beispiel § 1 EStG.

verursacht wird, und dem Nationalitätsprinzip, bei dem die Steuerpflicht an der Staatsangehörigkeit des Steuersubjekts anknüpft.[445] Im Folgenden werden die beiden grundlegenden Kombinationen dieser objektiven und subjektiven Anknüpfungspunkte dargestellt.

4.1.2 Das Quellenlandprinzip

Bei dem so genannten Quellenlandprinzip (QLP) wird die Besteuerung natürlicher und juristischer Personen in dem Land vorgenommen, in dem das Einkommen entsteht. Die Steuer knüpft dabei an einem objektiven Tatbestand – nämlich an der Ertragsquelle – an. Da die Steuerpflicht sich dabei ausschließlich auf das im betreffenden Land erzielte Einkommen bezieht und im Ausland erzieltes Einkommen bei der Besteuerung unberücksichtigt bleibt, wird das Quellenlandprinzip mit dem Territorialprinzip gleichgesetzt.[446] Eine nach diesem Prinzip erhobene Steuer hat grundsätzlich Objektsteuercharakter, das heißt, die persönlichen Umstände des Einkommensbeziehers sind für die Besteuerung unerheblich.[447] Wird das Quellenlandprinzip umgesetzt, dann fließt das aus internationalen Faktoreinkommen entstehende Steueraufkommen ausschließlich dem Land zu, welches den entsprechenden Produktionsfaktor importiert hat.[448]

4.1.3 Das Wohnsitzlandprinzip

Für eine Besteuerung nach dem so genannten Wohnsitzlandprinzip (WLP) ist es unerheblich, in welchem Land das Einkommen entsteht. Maßgeblich für die Festsetzung der Steuerpflicht ist nicht die Ertragsquelle, sondern vielmehr die Person des Einkommensbeziehers als subjektiver Anknüpfungstatbestand. Insofern kann eine

---

[445] Vgl. Rose, G. (2000), S. 25 f., Overwiening, B. (1996), S. 36 ff., Debatin, H. (1983), S. 272 ff.

[446] Eine Besteuerung nach dem Universalprinzip und damit auch von Steuerobjekten, die sich außerhalb des Hoheitsgebietes des betreffenden Staates befinden, würde gegen völkerrechtliche Normen verstoßen, da bei diesen kein Anknüpfungstatbestand im besteuernden Staat besteht.

[447] Vgl. Wissenschaftlicher Beirat beim BMF (1999), S. 57, Peffekoven, R. (1982), S. 241.

[448] Vgl. Peffekoven, R. (1983), S. 245. Zur Diskussion, ob das Steueraufkommen aus internationalen Faktoreinkommen eher dem Quellenland oder dem Wohnsitzland zufließen sollte, siehe Kapitel 4.2.1.2.

nach dem Wohnsitzlandprinzip erhobene Einkommensteuer im Fall natürlicher Personen die individuelle Leistungsfähigkeit des Steuersubjekts berücksichtigen. Da zu diesem Zweck das gesamte Welteinkommen eines Steuerpflichtigen zusammengefasst und der im Wohnsitzland geltenden Steuer unterworfen wird, ist das Wohnsitzlandprinzip mit dem Universal- oder auch Welteinkommensprinzip gleichzusetzen.[449] Im Fall juristischer Personen wird das Welteinkommen in dem Land besteuert, in dem die Körperschaft ihren Sitz hat oder in dem sich die Geschäftsleitung befindet. Daher ist hier auch vom Sitzprinzip die Rede.[450]

In der finanzwissenschaftlichen Literatur finden sich zwei unterschiedliche Abgrenzungen des Wohnsitzlandprinzips: Während eine engere Definition unterstellt, dass überhaupt keine Besteuerung im Quellenland vorgenommen wird und das Steueraufkommen somit ausschließlich dem Wohnsitzland zufällt,[451] lässt eine weitere Definition die Verteilung des Steueraufkommens außer Acht. Hier wird nur auf die Behandlung der Steuerpflichtigen abgestellt, bei der jeder Steuerpflichtige mit identischem Gesamteinkommen prinzipiell die gleiche Steuerschuld zu tragen hat, gleichgültig ob er dieses Einkommen im In- oder Ausland erzielt hat.[452]

4.2 Anforderungen an die Besteuerung internationaler Einkommen und Gewinne[453]

Die zunehmende Verflechtung der Volkswirtschaften ist auch mit neuen Anforderungen an die nationale Steuerpolitik verbunden. Steuerpolitische Entscheidungen eines Landes haben (fast) immer auch Auswirkungen auf andere Länder – so beispielsweise auf deren Ausstattung mit Gütern und Produktionsfaktoren, aber auch

---

[449] Vgl. Peffekoven, R. (1982), S. 242, Debatin, H. (1983), S. 275. Geht man davon aus, dass ein Steuerpflichtiger seinen steuerlich relevanten Wohnsitz nur in einem Land hat (oder zumindest nicht in jedem Land, in dem er Einkommen erzielt), dann würde eine Verknüpfung von Wohnsitzland- und Territorialprinzip zur teilweisen Steuerfreiheit des Welteinkommens führen. Nur das Einkommen, das im Wohnsitzland des Steuerpflichtigen entsteht, wäre dann zu versteuern.

[450] Vgl. Wissenschaftlicher Beirat beim BMF (1999), S. 35, Peffekoven, R. (1982), S. 242.

[451] So beispielsweise Peffekoven, R. (1978), S. 128 f. Dieses Prinzip der Besteuerung internationaler Einkommen befürworten vor allem Länder mit Nettokapitalexporten. Vgl. Peffekoven, R. (1982), S. 248.

[452] So zum Beispiel der Wissenschaftliche Beirat beim BMF (1999), S. 33 ff.

[453] Die Ausführungen in diesem Kapitel beziehen sich in erster Linie auf die traditionelle Einkommensbesteuerung. Konsumorientierte Einkommensteuern werden hier nur am Rande, in Kapitel 6 ausführlich behandelt.

auf deren Steueraufkommen. Das muss bei der Entscheidung über eine grundlegende Umgestaltung des Steuersystems ebenso beachtet werden wie die Tatsache, dass die nationale Besteuerung infolge zunehmend international mobiler Bemessungsgrundlagen immer schwieriger durchzusetzen ist.

Die auf eine geschlossene Volkswirtschaft bezogene Diskussion über Gerechtigkeit, Effizienz und Praktikabilität einer konsumorientierten Einkommens- und Gewinnbesteuerung, wie sie in Kapitel 3 nachgezeichnet wurde, ist insofern nicht hinreichend für eine abschließende Beurteilung eines solchen Steuersystems. Zwar sind die dort herangezogenen Kriterien bei Betrachtung der internationalen Zusammenhänge nach wie vor relevant, sie müssen jedoch in einigen Punkten erweitert und ergänzt werden.[454]

4.2.1 Fiskalischer Aspekt

Das vorrangige Ziel der Besteuerung, auf möglichst gerechte Weise Einnahmen für die Staatskasse zu erzielen, gewinnt bei internationaler Betrachtung eine zusätzliche Dimension: So muss nicht nur darauf geachtet werden, dass die Steuerpflichtigen gleichmäßig belastet werden (Gerechtigkeit zwischen Personen); bei internationalen Besteuerungstatbeständen geht es nicht zuletzt auch darum, die damit verbundenen Gesamtsteuereinnahmen möglichst gerecht auf die beteiligten Länder zu verteilen (Gerechtigkeit zwischen Nationen).

4.2.1.1 Gerechtigkeit zwischen Personen

In modernen Steuersystemen soll steuerliche Gerechtigkeit im Allgemeinen dadurch erreicht werden, dass die Steuerlast nach Maßgabe der individuellen steuerlichen Leistungsfähigkeit auf die Wirtschaftssubjekte verteilt wird. Gemäß diesem Leistungsfähigkeitsprinzip und der Forderung nach horizontaler Gerechtigkeit der Besteuerung sind Personen mit gleicher steuerlicher Leistungsfähigkeit auch in glei-

---

[454] Vgl. Musgrave, P.B. (1991), S. 539, Sato, M., Bird, R.M. (1975), S. 407.

chem Maße steuerlich zu belasten.[455] Sieht man den Indikator steuerlicher Leistungsfähigkeit in dem nach der Reinvermögenszugangstheorie abgegrenzten Einkommen, dann setzt eine horizontal gerechte Besteuerung in einer geschlossenen Volkswirtschaft voraus, dass Steuerpflichtige mit gleichem Gesamteinkommen die gleiche Steuerschuld zu tragen haben.[456]

Für eine offene Volkswirtschaft lässt sich die Forderung nach horizontaler Gerechtigkeit nicht so einfach konkretisieren. Zunächst muss geklärt werden, wessen steuerliche Leistungsfähigkeit überhaupt zu vergleichen ist: Neben der Möglichkeit, Personen mit identischem Wohnsitzland (oder identischer Nationalität) in gleicher Weise zu besteuern, kann steuerliche Gleichbehandlung sich auch auf Personen beziehen, die ihr Einkommen in demselben Land erwirtschaften. Darüber hinaus ist fraglich, welche Einkommen bei der Ermittlung der steuerlichen Leistungsfähigkeit berücksichtigt werden sollen: Hier kann entweder nur das im jeweiligen Land erzielte Einkommen oder das gesamte Welteinkommen herangezogen werden. Denkbar wäre auch, das inländische Einkommen lediglich um das ins Inland transferierte ausländische Einkommen zu ergänzen.[457] Schließlich muss festgelegt werden, ob bei gleicher steuerlicher Leistungsfähigkeit der im Inland zu zahlende Steuerbetrag identisch sein sollte (nationale Sichtweise) oder ob horizontale Gerechtigkeit auch erreicht werden kann, indem der Gesamtbetrag aus inländischer und ausländischer Steuerschuld übereinstimmt (internationale Sichtweise).[458]

Bei der Besteuerung internationaler Einkommen ist zudem sicherzustellen, dass das Progressionsprinzip durchgesetzt werden kann – sofern das aus Gründen vertikaler steuerlicher Gerechtigkeit politisch gewünscht ist. Das Progressionsprinzip lässt sich zweifellos dann durchsetzen, wenn man die Steuerpflichtigen auf der Basis ihres Welteinkommens – also gemäß Wohnsitzlandprinzip – belastet.[459] Bezieht man aber die steuerliche Gleichbehandlung auf das jeweils in einem Land erzielte Einkommen, dann ist die Anwendung eines progressiven Tarifs nur auf das inländische Einkommen durchaus konsequent.

---

[455] Siehe dazu Kapitel 3.1.
[456] Wobei ansonsten gleiche Lebensumstände unterstellt werden.
[457] Vgl. Vogel, K. (1994), S. 374.
[458] Vgl. Musgrave, R.A., Musgrave, P.B. (1972), S. 68 f.
[459] Vgl. Peffekoven, R. (1982), S. 247.

Eine unter Gerechtigkeitsaspekten „richtige" Ausgestaltung der Besteuerung internationaler Einkommen ist also nicht offensichtlich und in der finanzwissenschaftlichen wie in der juristischen Literatur entsprechend umstritten. So widerspricht beispielsweise Klaus Vogel der Ansicht von Peggy Musgrave, es sei ungerecht, Inländer mit Auslandseinkünften niedriger zu besteuern als Inländer mit ebenso hohen inländischen Einkünften.[460] Vogels Begründung, ausländische Einkünfte würden oft unter „wesentlich anderen Bedingungen"[461] erwirtschaftet und stellten daher eine geringere steuerliche Leistungsfähigkeit dar, ist jedoch abzulehnen: Wird steuerliche Leistungsfähigkeit an der Höhe des Einkommens gemessen, dann ist es unerheblich, unter welchen Bedingungen dieses Einkommen erzielt wurde. Auch bei der Besteuerung inländischer Einkünfte wird prinzipiell nicht nach den Umständen der Einkommenserzielung, also beispielsweise nach dem „Arbeitsleid", differenziert.

Wie in Kapitel 3.1 bereits ausgeführt wurde, gibt es keinen objektiven, wissenschaftlich zu begründenden Maßstab für steuerliche Gerechtigkeit. Auch den unterschiedlichen Aussagen darüber, was als gerechte Besteuerung internationaler Sachverhalte anzusehen ist, liegt immer ein Werturteil zugrunde. Ausschlaggebend für die Besteuerung internationaler Einkommen kann damit eigentlich nur sein, was in einer Gesellschaft als gerechte Besteuerung angesehen und von den Steuerpflichtigen auch akzeptiert wird. Einer Person ist es aber vermutlich relativ gleichgültig, ob eine andere Person mit gleicher Nationalität aber völlig anderem Wohnsitzland auf das gleiche Welteinkommen genauso viel Steuer zahlt wie sie selbst oder nicht. Sie wird die eigene Steuerlast viel eher mit einem Nachbarn vergleichen, der ein Welteinkommen in gleicher Höhe bezieht. Insofern ist aus Gründen der individuellen Gerechtigkeit das Wohnsitzlandprinzip zu befürworten.[462]

Gleichzeitig kann eine gleichmäßige, nichtdiskriminierende und damit gerechte Besteuerung nur bedeuten, dass die im Inland erzielten Einkünfte ausländischer Personen genauso besteuert werden wie Einkünfte von Inländern. Inländische und ausländische Steuerzahler sollten daher im Quellenland mit demselben Steuertarif be-

---

[460] Vgl. Vogel, K. (1994), S. 374.
[461] Ebenda.
[462] Dabei ist es gleichgültig, ob das Wohnsitzlandprinzip in der engeren oder in der weiteren Definition durchgesetzt wird.

lastet werden.[463] Im Fall von Subjektsteuern, die die individuelle Leistungsfähigkeit des Steuerpflichtigen über persönliche Freibeträge berücksichtigen und (indirekt oder direkt) progressiv ausgestaltet sind, treten dabei jedoch praktische Schwierigkeiten auf: Die persönlichen Umstände eines ausländischen Einkommensbeziehers lassen sich im Inland nur schwer feststellen. Daher kann sich die gleichmäßige Behandlung im Quellenland nur auf die Höhe von objektiven Quellensteuern beziehen.

Die bisherigen Überlegungen zur individuell gerechten Besteuerung internationaler Einkommen müssen modifiziert werden, wenn die steuerliche Leistungsfähigkeit nicht auf der Basis des nach der Reinvermögenszugangstheorie abgegrenzten Einkommens, sondern anhand des zins- oder sparbereinigten Einkommens ermittelt werden soll.

Im Fall einer zinsbereinigten Einkommensteuer ist steuerliche Gleichbehandlung gegeben, wenn ein Steuerpflichtiger, der sein zinsbereinigtes Gesamteinkommen nur im Wohnsitzland erzielt, genauso viel zinsbereinigte Einkommensteuer zahlt wie derjenige, der ein gleich hohes zinsbereinigtes Gesamteinkommen zum Teil im Inland und zum Teil im Ausland erzielt. Aus Sicht des Quellenlandes müssen auch Finanzkapitaleinkünfte von Ausländern steuerfrei gestellt werden, um diese nicht gegenüber Inländern, deren Finanzkapitaleinkünfte von einer zinsbereinigten Einkommensteuer grundsätzlich nicht erfasst werden, zu diskriminieren.

Auch bei einer sparbereinigten Einkommensteuer muss die Forderung nach steuerlicher Gerechtigkeit entsprechend angepasst werden: Zwei Personen mit identischem Wohnsitzland und gleich hohen jährlichen Konsumausgaben sollten auch den gleichen Betrag an sparbereinigter Einkommensteuer zahlen, gleichgültig an welchem Ort sie die relevanten Einnahmen (wie Faktoreinkünfte, Ersparnisauflösungen, Kredite, Geschenke und Erbschaften) erzielt beziehungsweise konsumtive und nicht konsumtive Ausgaben getätigt haben. Eine Gleichbehandlung von In- und Ausländern kann erreicht werden, indem das inländische sparbereinigte Einkommen bei beiden gleich besteuert wird.

---

[463] Vgl. Pesmatzoglou, H. (1996), S. 32.

Da sowohl die zins- als auch die sparbereinigte Einkommensteuer als Subjektsteuern konzipiert sind, die die persönlichen Umstände der Steuerpflichtigen berücksichtigen, sollten beide prinzipiell nach dem Wohnsitzlandprinzip erhoben werden. Im Quellenland wären die individuellen Lebensumstände der Steuerpflichtigen nur schwer festzustellen.

Bei alledem ist zu beachten, dass die Argumentation, die sich auf die jährlichen Bemessungsgrundlagen der beiden Spielarten der konsumorientierten Einkommensteuer bezieht, in den Fällen unpassend ist, in denen der Lebenskonsum beziehungsweise das Lebenseinkommen als Maß steuerlicher Leistungsfähigkeit angesehen wird.[464] Denn dann müsste eine horizontal gerechte Besteuerung vorsehen, dass Steuerpflichtige mit gleichem Lebenskonsum beziehungsweise Lebenseinkommen in gleichem Maße belastet werden. Unter diesem Aspekt wäre aber der Wohnsitz nicht mehr der geeignete Anknüpfungspunkt für die Steuerpflicht: Würde sich die steuerliche Gerechtigkeit auf Steuerpflichtige mit gleichem Wohnsitzland beziehen, dann wäre eine Gleichbehandlung nur zu erreichen, wenn die Steuerpflichtigen ihren Wohnsitz während des gesamten Lebens nicht in ein anderes Land verlagern würden. Eine Bedingung, die angesichts zunehmender internationaler Mobilität kaum – beziehungsweise nur bei weltweit identischen und auf Dauer unveränderten Steuersystemen – zu erfüllen ist. Ein besserer Anknüpfungspunkt wäre daher die Nationalität, wobei die Steuerpflichtigen die jährlichen Steuern auf ihr spar- oder zinsbereinigtes Welteinkommen in dem Land zahlen müssten, dessen Staatsbürger sie sind. Behalten sie über die gesamte Lebensdauer eine Nationalität bei, dann kann auf diese Weise eine Gleichbehandlung auf Basis des Lebenseinkommens erreicht werden.[465] Es ist jedoch äußerst fraglich, ob die Steuerpflichtigen selbst eine auf die gesamte Lebensdauer ausgerichtete steuerliche Gleichbehandlung als gerecht empfinden würden. Deshalb wird im Folgenden unterstellt, dass die steuerliche Leistungsfähigkeit sich auch bei der zins- und sparbereinigten Einkommensteuer anhand der jährlichen Bemessungsgrundlagen bemisst.

---

[464] Siehe dazu Kapitel 3.1.

[465] Das gilt – wie in Kapitel 3.1 bereits ausgeführt wurde – nur unter der Voraussetzung eines proportionalen, im Zeitverlauf unveränderten Steuertarifs.

4.2.1.2 Gerechtigkeit zwischen Nationen

Da das Erzielen von Einnahmen das vorrangige Ziel der Besteuerung ist, hat jedes an einer internationalen Transaktion beteiligte Land ein grundsätzliches Interesse daran, das dadurch entstehende Faktoreinkommen zu besteuern. Dabei kollidieren die fiskalischen Interessen der Länder: Besteuert das Land, in dem das Einkommen entsteht – also das Quellenland –, dieses im Extremfall vollständig und mit einem Steuersatz von 100 Prozent, so bleibt dem Wohnsitzland keine Basis für eine Besteuerung. Dagegen wirkt sich die Besteuerung im Wohnsitzland nicht automatisch auf das Quellenland aus, es sei denn, der Steuerpflichtige muss Mittel aus dem Quellenland abziehen, um seiner Steuerpflicht nachkommen zu können.[466] Insofern wird die Verteilung des Steueraufkommens zwischen den Staaten wesentlich durch die Besteuerung im Quellenland bestimmt. Aus diesem Grund konzentrieren sich die unterschiedlichen Ansätze, das Steueraufkommen möglichst gerecht auf die beteiligten Länder zu verteilen, in erster Linie auf die angemessene Besteuerung des internationalen Faktoreinkommens im Quellenland.

4.2.1.2.1 Steuerverteilung und Äquivalenzprinzip

Würden Einkommensteuern nach dem Äquivalenzprinzip[467] erhoben, so wäre auch die Verteilung des Steueraufkommens auf die beteiligten Staaten entsprechend vorzunehmen. Die Wirtschaftssubjekte müssten dann Steuern in dem Staat zahlen, dessen Leistungen sie beanspruchen. Genauer: Die Steuer, die der Bezieher eines internationalen Einkommens in den einzelnen Ländern zu entrichten hätte, wäre entweder entsprechend dem Nutzen, den die Leistungen des jeweiligen Landes ihm bringen (Nutzenäquivalenz), oder entsprechend den Kosten, die er in diesem Land verursacht (Kostenäquivalenz), zu verteilen.[468]

---

[466] Vgl. Vogel, K. (1991a), S. 65.

[467] Bei der Besteuerung nach dem Äquivalenzprinzip werden Steuern als staatliche Einnahmen angesehen, die durch eine staatliche Leistung für den Steuerpflichtigen gerechtfertigt sind. Vgl. Haller, H. (1964), S. 12.

[468] Vgl. Musgrave, R.A., Musgrave, P.B. (1972), S. 70 f., Sato, M., Bird, R.M. (1975), S. 422, Mieszkowski, P. (1969), S. 100.

Ein Vorschlag von Georg von Schanz aus dem Jahre 1892 basiert auf solchen äquivalenztheoretischen Überlegungen. Seiner Ansicht nach ergibt sich das Besteuerungsrecht eines Staates nach der „wirtschaftlichen Zugehörigkeit" des Steuerpflichtigen: Derjenige, der Vorteile aus einer Wirtschaftsgemeinschaft zieht, soll in dieser Wirtschaftsgemeinschaft auch entsprechend Steuern abführen. Die wirtschaftliche Zugehörigkeit aber – so Schanz – liege „in intensiverer Weise (bei) derjenigen Gemeinschaft, in der die Einkommensquelle liegt, wo der Erwerb sich vollzieht".[469] Aus diesem Grund hält er es für angemessen, das nach den Bestimmungen des Wohnsitzlandes ermittelte Einkommensteueraufkommen so aufzuteilen, dass dem Quellenstaat drei Viertel, dem Wohnsitzstaat ein Viertel des Steuerbetrages zukommen.[470] Dieser Vorschlag konnte sich nicht durchsetzen. Geblieben ist lediglich der von Schanz geprägte Begriff der „wirtschaftlichen Zugehörigkeit", der jedoch so unbestimmt ist, dass er in unterschiedlichster Weise ausgelegt und zur Begründung teilweise gegensätzlicher Ansätze verwendet wurde. So kamen beispielsweise Gutachter des Völkerbundes 1923 mit Bezug auf das Schlagwort der „Wirtschaftszugehörigkeit" zu dem Schluss, nur der Wohnsitzstaat sei zur Erhebung einer Einkommensteuer berechtigt.[471] Dieser Ansatz ist jedoch aus gutem Grund nicht weiter verfolgt worden: Er ist ökonomisch nicht zu rechtfertigen und politisch nicht durchsetzbar.

Einen ebenfalls extremen, genau entgegengesetzten Ansatz verfolgt Klaus Vogel, der sich aus nutzentheoretischen Erwägungen für eine ausschließliche Besteuerung internationaler Einkommen im Quellenland ausspricht. Seiner Ansicht nach „fällt ins Gewicht, daß der im Ausland tätige Investor die Arbeitskräfte, die natürlichen Gegebenheiten, die Infrastrukturleistungen, die Rechtsordnung und den Markt des Quellenstaats nutzt. (...) Dagegen trägt der Wohnsitz zur Erzielung der Auslandseinkünfte praktisch nichts bei."[472] Dem ist aus unterschiedlichen Gründen zu widersprechen:

---

[469] Schanz, G.v. (1892), S. 375.

[470] Vgl. ebenda. Im Fall des Konsums dagegen sieht Schanz eine enge Verbindung zur Person des Konsumenten und damit zum Wohnsitzland: „Bei den Konsumsteuern erhält allerdings nur das Gemeinwesen die Steuer, welches den Konsumenten hat, nicht aber auch dasjenige, welchem der Konsument nur durch Grundbesitz oder Gewerbebetrieb oder Kapitalanlage wirtschaftlich zugehört". Schanz, G.v. (1892), S. 431.

[471] Dabei sahen sie aus Gerechtigkeitsgründen durchaus Bedarf für eine Aufteilung des Steueraufkommens auf Quellen- und Wohnsitzland, hielten ein solches Verfahren aber für nicht praktikabel. Vgl. Vogel, K. (1991), S. 56 f., Musgrave, R.A., Musgrave, P.B. (1972), S. 65.

[472] Vogel, K. (1991a), S. 64.

Zunächst ist die Behauptung, das Wohnsitzland leiste grundsätzlich keinen Beitrag zur Erzielung ausländischer Einkünfte, nicht zutreffend. Entstehen diese Einkünfte beispielsweise durch den Einsatz von Know-how, welches unter Inanspruchnahme staatlicher (zum Beispiel Bildungs-) Leistungen des Wohnsitzlandes geschaffen wurde, dann lässt sich ein Besteuerungsrecht des Wohnsitzlandes nicht leugnen. Darüber hinaus trägt das Wohnsitzland durch sein Freizeit- und Erholungsangebot zur Regenerierung und Erhaltung der Arbeitskraft bei, mit der ausländisches Einkommen erzielt wird.

Die Feststellung Vogels, eine Besteuerung ausländischer Kapitalerträge im Wohnsitzland sei unter äquivalenztheoretischen Gesichtspunkten eigentlich nicht zu rechtfertigen,[473] ist dagegen durchaus nachvollziehbar. Dass das Wohnsitzland einen Anspruch darauf habe, ausländische Kapitalerträge zu besteuern, weil das diesen Erträgen zugrunde liegende Kapital in diesem Land geschaffen wurde,[474] ist bei flüchtiger Betrachtung zwar einleuchtend. Im Rahmen einer Einkommensteuer, welche die steuerliche Belastung von Zinsen ausdrücklich als eine Abgabe auf neu entstandenes Einkommen sieht,[475] müsste sich das Besteuerungsrecht des Wohnsitzlandes jedoch auf das ursprüngliche Kapital beziehungsweise auf das Einkommen, mit dem dieses Kapital gebildet wurde, beschränken. Gleiches gilt für eine zinsbereinigte Einkommensbesteuerung, bei der die Zinsen (nach Ansicht der Vertreter einer solchen Steuer) im Wohnsitzland bereits im Voraus steuerlich belastet wurden. Im Fall einer sparbereinigten Einkommensteuer, bei der Ersparnisse und Kapital aus unversteuertem Einkommen gebildet werden, lässt sich dagegen ein steuerlicher Anspruch des Wohnsitzlandes auf die Kapitalerträge durchaus rechtfertigen – sofern sie konsumtiv verwendet werden.

4.2.1.2.2 Steuerverteilung und Leistungsfähigkeitsprinzip

Nicht zuletzt aufgrund der Schwierigkeiten, den mit öffentlichen Leistungen verbundenen Nutzen zu ermitteln beziehungsweise die dadurch verursachten Kosten zu

[473] Vgl. Vogel, K. (1991a), S. 65 f.
[474] Vgl. Wissenschaftlicher Beirat beim BMF (1999), S. 58.
[475] Vgl. dazu die Ausführungen in Kapitel 3.1.

quantifizieren und den einzelnen Steuersubjekten zuzurechnen, werden Steuern (und somit auch Steuern auf internationale Faktoreinkommen) in der Regel nicht mit dem Äquivalenzprinzip gerechtfertigt.[476] Vielmehr wird die Besteuerung im Allgemeinen auf der Basis des Leistungsfähigkeitsprinzips durchgeführt. Danach sind Steuern Zwangsabgaben, die gerade kein spezifisches Entgelt für staatliche Leistungen darstellen. Stattdessen soll jeder gemäß seiner persönlichen Leistungsfähigkeit zur Finanzierung der Staatsausgaben herangezogen werden.[477]

Die Umsetzung dieses Prinzips auf die Gerechtigkeit zwischen Nationen ist jedoch äußerst schwierig: Selbst wenn man mit Blick auf die individuelle Gerechtigkeit dafür plädiert, das gesamte Welteinkommen eines Steuerpflichtigen dem Einkommensteuertarif des Wohnsitzlandes zu unterwerfen, muss das nicht zwangsläufig bedeuten, dass der auf diese Weise errechnete Steuerbetrag auch vollständig dem Wohnsitzland zusteht.[478] Dafür spricht sicherlich, dass die Verbindung der Person, deren individuelle steuerliche Leistungsfähigkeit als Grundlage für die Besteuerung herangezogen wird, zum Wohnsitzland am stärksten ist. Dagegen spricht aber die Tatsache, dass eine solche Aufteilung als ungerecht empfunden würde und gegen den Willen des Quellenlandes auch nicht durchzusetzen wäre.

Stattdessen bietet es sich an, das Steueraufkommen nach Maßgabe des Beitrages des jeweiligen Landes zur individuellen Leistungsfähigkeit des Steuerpflichtigen zu verteilen. Dieser Ansatz würde aber nicht nur zu ähnlichen (wenn nicht gleichen) Ergebnissen führen wie die nutzentheoretischen Überlegungen, er wäre auch mit den gleichen Schwierigkeiten verbunden. So wäre der Anteil, den Wohnsitz- und Quellenstaat an der Einkommensentstehung haben, kaum exakt zu bestimmen und zudem von Einkunftsart zu Einkunftsart unterschiedlich. Wie sollte beispielsweise die Steuer auf Einkünfte aus unselbständiger Tätigkeit aufgeteilt werden, wenn der Steuerpflichtige in Land A ausgebildet wurde, in Land B lebt und seine Arbeitskraft regeneriert und in Land C beruflich tätig ist? Und wem sollte das Steueraufkommen zufallen, wenn ein Unternehmer aus Land A eine Betriebstätte in Land B gründet, wo er die Infrastruktur von Land B ebenso nutzt wie das Know-how von Mitarbeitern, die

[476] Zu den Anwendungsmöglichkeiten des Äquivalenzprinzips siehe Haller, H. (1964), S. 15 ff.
[477] Vgl. ebenda, S. 14 f., S. 39 ff.
[478] Das entspricht dem Wohnsitzlandprinzip im weiteren Sinne.

in Land C ausgebildet wurden, und seinen Umsatz durch Verkauf an Personen tätigt, die ihre Kaufkraft in Land D erwirtschaftet haben?

Überträgt man den Ansatz auf die konsumorientierte Einkommensbesteuerung, so muss berücksichtigt werden, ob die individuelle Leistungsfähigkeit der Steuerpflichtigen in den jährlichen Konsumausgaben (sparbereinigte Einkommensteuer) oder im zinsbereinigten Einkommen (zinsbereinigte Einkommensteuer) gesehen wird. Gilt der Jahreskonsum als Indikator steuerlicher Leistungsfähigkeit, dann müsste der Beitrag des jeweiligen Landes zu den jährlichen Konsumausgaben berücksichtigt werden. Wegen der indirekten Ermittlung des konsumierten Einkommens müsste dabei zwischen dem Anteil am Entstehen des konsumierbaren Einkommens und dem Anteil an der Ersparnisbildung (beziehungsweise der Investition) differenziert werden.

Wie bereits dargestellt wurde, haben Quellenland und Wohnsitzland zweifellos einen Anteil an der Einkommensentstehung. Schwieriger wird die Klärung des Anspruchs der beiden Länder auf das Steueraufkommen dadurch, dass letztlich nur der Anteil am tatsächlich konsumierten Einkommen berücksichtigt werden darf. Ein Extremfall macht klar, wo die Schwierigkeiten liegen: So muss sichergestellt werden, dass ein Steuerpflichtiger, der sein gesamtes Einkommen im Ausland erwirtschaftet und vollständig im Inland spart, also im Sinne einer Konsumsteuer nicht steuerlich leistungsfähig ist, weder im Quellenland noch im Wohnsitzland Steuern abführen muss. Schwierig wird das insbesondere dann, wenn im Quellenland keine sparbereinigte, sondern eine umfassende Einkommensteuer erhoben wird und das Quellenland gemäß Territorialprinzip auch Anspruch auf das inländische Einkommen von Ausländern erhebt.[479]

Im Fall der zinsbereinigten Einkommensteuer wirft die zwischenstaatliche Gerechtigkeit im Prinzip die gleichen Probleme auf wie bei der umfassenden Einkommensteuer – allerdings reduziert um die Schwierigkeiten, die mit einer angemessenen Verteilung der Steuern auf Kapitalerträge verbunden sind. Aber auch das gilt – zumindest

[479] Siehe dazu ausführlich Kapitel 6.1.1.

im Unternehmensbereich – nur insoweit wie diese nicht die Standardverzinsung des eingesetzten Kapitals überschreiten.[480]

4.2.1.2.3 Inter-nation equity und national gain

Nach Meinung von Peggy und Richard Musgrave greift Gerechtigkeit zwischen Nationen („inter-nation equity")[481], die sich ausschließlich auf die Verteilung des mit internationalen Transaktionen verbundenen Steueraufkommens bezieht, zu kurz. Sie vertreten die Ansicht, der gesamte Ressourcentransfer zwischen den beteiligten Ländern und die damit verbundenen Gewinne und Verluste für die jeweiligen Volkswirtschaften müssten berücksichtigt werden.[482] Erzielt eine Person mit Wohnsitz in Land A beispielsweise ein Kapitaleinkommen in Land B, dann entsteht durch den Ressourcenzufluss ein „national gain" für Land A. Eine Besteuerung durch das Quellenland reduziert auf der einen Seite den Einkommenstransfer und damit den national gain des Wohnsitzlandes, führt aber auf der anderen Seite zu einem entsprechenden national gain des Quellenlandes. Das Besteuerungsrecht des Quellenlandes liegt darin begründet, dass ihm zugestanden wird, „die Vorteile aus dem Austausch von Produktionsfaktoren mit dem Wohnsitzland zu teilen."[483]

Abgesehen davon, dass dieser Ansatz offensichtlich unterstellt, das im Ausland erzielte Einkommen würde in das Wohnsitzland transferiert, also repatriiert: Das Ausmaß des Besteuerungsanspruchs des Quellenlandes bleibt auch hier unklar. Zudem muss eine gerechte Verteilung des national gain auf die beteiligten Länder auch berücksichtigen, dass der national gain des Landes A um den Verlust zu mindern ist, der ihm durch die – infolge des abgeflossenen Kapitals – geringere Arbeitsproduktivität entsteht. Außerdem hat auch das Land B Vorteile durch den Kapitalimport, die über ein möglicherweise zu erzielendes Steueraufkommen hinausgehen: Zwar sinkt seine Kapitalproduktivität, aber die Arbeitsproduktivität steigt. Infolgedessen steigen

---

[480] Siehe dazu ausführlich Kapitel 6.2.1.
[481] Vgl. den gleichnamigen Artikel von Musgrave, R.A., Musgrave, P.B. (1972).
[482] „Inter-nation equity deals with the allocation of national gain and loss". Musgrave, R.A., Musgrave, P.B. (1972), S. 68.
[483] Pesmatzoglou, H. (1996), S. 30.

die Löhne und/oder die Beschäftigung.[484] Das Problem, die richtige Anspruchshöhe festzulegen, wird verschärft durch die Tatsache, dass eigentlich auch intangible Nutzen (wie zum Beispiel der Import von Know-how) und Kosten (wie zum Beispiel die erhöhte Kontrolle des inländischen Wirtschaftsgeschehens durch das Ausland), die dem Quellenland durch die Kapitalimporte entstehen, in die Ermittlung mit einbezogen werden müssten. Und auch auf Seiten des Kapitalexportlandes entstehen solche intangiblen Nutzen und Kosten.

4.2.1.2.4 Steuerverteilung und nichtfiskalische Ziele

Eine über Gerechtigkeitsaspekte hinausgehende Aufteilung des Steueraufkommens auf das Quellen- und das Wohnsitzland ergibt sich, wenn man nichtfiskalische Ziele der Besteuerung berücksichtigt. So besteht zweifelsohne ein Anspruch des Quellenlandes, externe Kosten, die beispielsweise durch die inländische Betriebstätte eines ausländischen Unternehmens verursacht werden, durch das Erheben von Steuern zu internalisieren.[485] Das Einkommen, welches nicht in direktem Zusammenhang mit den externen Kosten (wie beispielsweise Umweltbelastungen) steht, ist aber nicht die geeignete Bemessungsgrundlage dafür.

Bei der Besteuerung internationaler Faktoreinkommen könnten auch Umverteilungsgesichtspunkte eine Rolle spielen:[486] Arme Länder könnten dann eine relativ hohe, reiche Länder dagegen eine eher niedrige Steuer auf die im Inland erwirtschafteten Einkünfte von Ausländern erheben. Dabei müssten die Steuersätze invers mit dem im jeweiligen Land erzielten Wohlstand variieren: Je höher der – am Pro-Kopf-Einkommen zu messende – Wohlstand, desto geringer wäre dann der relevante Steuersatz. Zusätzlich könnte nach dem Wohlstandsgefälle zwischen Quellen- und Wohnsitzland differenziert werden: Bei einem gegebenen Pro-Kopf-Einkommen des

---

[484] Vgl. Musgrave, R.A., Musgrave, P.B. (1972), S. 72 f.
[485] Vgl. Pesmatzoglou, H. (1996), S. 32.
[486] Auch dieser Vorschlag geht auf Richard und Peggy Musgrave zurück. Vgl. Musgrave, R.A., Musgrave, P.B. (1972), S. 74.

Quellenlandes wäre der Steuersatz umso höher, je größer das Pro-Kopf-Einkommen im Wohnsitzland wäre.

4.2.1.2.5 Steuerverteilung auf der Basis bilateraler Vereinbarungen

Die bisherigen Ausführungen zur zwischenstaatlichen Gerechtigkeit machen deutlich, dass sowohl das Wohnsitzland als auch das Quellenland prinzipiell einen Anspruch darauf hat, internationales Faktoreinkommen zu besteuern, beziehungsweise an den damit verbundenen Steuereinnahmen beteiligt zu werden. Insofern sind sowohl das Quellenlandprinzip als auch das Wohnsitzlandprinzip in Reinform aus Gründen der Gerechtigkeit zwischen Nationen abzulehnen.[487]

Ausschlaggebend für die Verteilung des Gesamtsteueraufkommens ist die Höhe der direkt an der Quelle erhobenen Steuer. Da es jedoch für eine „angemessene" Quellenbesteuerung keine objektiv richtigen Maßstäbe gibt, ist diese im Zuge bilateraler Vereinbarungen festzulegen. Dabei ist es sicherlich „eine vernünftige Vorstellung von Gerechtigkeit zwischen Nationen, wenn solche Steuern (gemeint sind objektorientierte Quellensteuern, d.V.) wechselseitig mit gleichen Steuersätzen erhoben werden".[488] Mit Blick auf die Überlegungen zu Äquivalenz und Leistungsfähigkeit kann der Quellensteuersatz von Einkunftsart zu Einkunftsart variieren, je nachdem wie stark die Leistungen des jeweiligen Landes in Anspruch genommen werden beziehungsweise wie groß dessen Anteil an der erreichten Leistungsfähigkeit des Steuerpflichtigen ist.[489]

Zudem ist es zweifellos „eine einsichtige Vorstellung von der Gerechtigkeit zwischen Nationen"[490], das inländische Einkommen von Ausländern mit dem gleichen Steuer-

---

487 Denkbar wäre, dass das Wohnsitzland selbst das Einkommen nicht besteuert, jedoch einen Teil der im Quellenland erhobenen Steuer weitergeleitet bekommt. Siehe dazu das geplante Clearing-Verfahren bei der Zinsbesteuerung in der Europäischen Union (Kapitel 5.1). Der umgekehrte Fall – dass also das Wohnsitzland die von ihm erhobene Steuer auf internationale Faktoreinkommen teilweise an das Quellenland zurückleitet – ist aus Praktikabilitätsgründen (Stichwort: Steuerhinterziehung) eher abzulehnen.

488 Musgrave, P.B. (1991), S. 539.

489 Dieser Ansatz findet sich im Doppelbesteuerungsmusterabkommen der OECD sowie in den deutschen Doppelbesteuerungsabkommen wieder. Siehe dazu ausführlich Kapitel 5.2.

490 Musgrave, R.A., Musgrave, P.B., Kullmer, L. (1978), S. 247.

satz zu belasten wie das der Inländer.[491] Diese Forderung geht Hand in Hand mit dem Nichtdiskriminierungsgebot im Bereich der steuerlichen Gerechtigkeit zwischen Personen. Mit dem Ansatz wechselseitig identischer Quellensteuersätze ist sie indes nur dann zu vereinbaren, wenn in beiden Ländern grundsätzlich die gleichen (Quellen-) Steuersätze erhoben werden.

4.2.2 Allokationsaspekte

4.2.2.1 Internationale Entscheidungsneutralität

Durch die zunehmende internationale Verflechtung der Volkswirtschaften verändern sich auch die Rahmenbedingungen für eine entscheidungsneutrale Besteuerung,[492] weil neue Möglichkeiten entstehen, der Besteuerung auszuweichen. So gilt beispielsweise eine Kopfsteuer in einer geschlossenen Volkswirtschaft unter allokativen Gesichtspunkten als optimale Steuer. Berücksichtigt man aber die grenzüberschreitende Mobilität der Bürger, so wäre die alleinige Erhebung einer Kopfsteuer durchaus mit allokativen Verzerrungen in Form von Wohnsitzwechseln verbunden.[493]

Überträgt man die Forderung nach einer neutralen Besteuerung auf eine offene Volkswirtschaft, so bedeutet das, dass auch außenwirtschaftlich relevante Entscheidungen von Haushalten und Unternehmen nicht durch die Steuererhebung beeinflusst werden sollten.[494] Im Einzelnen geht es dabei um Entscheidungen über das Ausmaß und die Richtung grenzüberschreitender Handelsströme, den Ort der Inves-

---

491 An anderer Stelle weisen Richard und Peggy Musgrave nach, dass die Quellensteuer für Ausländer nicht genauso hoch sein muss wie für Inländer, um das Kriterium der „inter-nation equity" zu erfüllen. Das führen sie darauf zurück, dass die Höhe des jeweiligen „national gain" wesentlich von der Anfangsausstattung der betrachteten Länder abhängt: Ist das Kapitalimportland beispielsweise kapitalarm, aber reich am Faktor Arbeit, dann fällt der „national gain" des Kapitalexportlandes hoch aus. Daher besteht nach Ansicht der beiden Autoren ein Anspruch des Kapitalimportlandes, eine als Objektsteuer ausgestaltete Zusatzsteuer („rental charge" oder „royalty") auf Kapitalerträge zu erheben. Vgl. Musgrave, R.A., Musgrave, P.B. (1972), S. 72 ff. Durch das Konstrukt einer Zusatzsteuer könnte allerdings der damit verbundenen Diskriminierung ausländischer Investoren durch deren (insgesamt) höhere steuerliche Belastung nur formal begegnet werden. Vgl. Peffekoven, R. (1982), S. 246

492 Siehe dazu Kapitel 3.2.

493 Vgl. Wellisch, D. (1995), S. 2. Da eine Kopfsteuer mit der Person des Besteuerten verbunden ist, kann sie nur nach dem Wohnsitzprinzip (alternativ: Nationalitätsprinzip) erhoben werden.

494 Vgl. Krause-Junk, G. (1999), S. 129 und S. 135.

tition und des Arbeitseinsatzes, den Ort der Ersparnisbildung und des Konsums sowie die Wahl des Wohnsitzes beziehungsweise des Unternehmensstandortes.

Das Wohnsitzlandprinzip führt in dem Maße zu Allokationsverzerrungen, wie es Auswirkungen auf die Wahl des Wohnsitzes hat: Sinken die Steuersätze in einem Land, dann kommt es tendenziell zu Zuwanderungen und zu einem entsprechenden Anstieg des Arbeitsangebotes.[495] Da die grenzüberschreitende Mobilität der Arbeitskräfte aber vergleichsweise niedrig ist – die Höhe der Einkommensteuersätze spielt wohl nur bei Spitzenverdienern eine Rolle[496] – ist diese Verzerrung jedoch von eher geringer Relevanz. Im Unternehmensbereich hat die Höhe der Steuersätze (auf einbehaltene Gewinne) bei einer Besteuerung nach dem Sitzlandprinzip dagegen stärkere Auswirkungen auf die Standortwahl.

Im Vordergrund der Diskussion über eine neutrale Besteuerung internationaler Einkommen steht im Allgemeinen das Ziel, das äußerst mobile Kapital steuerlich so zu belasten, dass Richtung und Stärke des grenzüberschreitenden Kapitalflusses dadurch nicht verändert werden.[497] Diese Zielsetzung konkretisiert sich in der Forderung nach Kapitalimport- und Kapitalexportneutralität der Besteuerung.

Kapitalexportneutralität ist erreicht, wenn aus Sicht des kapitalexportierenden Landes im Ausland erzielte Kapitaleinkünfte genauso stark besteuert werden wie inländische und es somit keine steuerlichen Anreize oder Hemmnisse für den Export von Kapital gibt. Im Ergebnis führt die Kapitalexportneutralität der Besteuerung unter der Annahme eines vollkommenen Weltkapitalmarktes dazu, dass die Brutto- und Nettoerträge (also die Erträge vor und nach Steuern) von Kapitalanlagen im In- und Ausland übereinstimmen: Da den Steuerpflichtigen bewusst ist, dass die Erträge ausländischer Investitionen der gleichen Steuerbelastung unterliegen wie die inländischer Investitionen, investieren sie nur dann im Ausland, wenn die dort zu erwirt-

---

495 Bei ausreichend großer internationaler Mobilität der Arbeitskräfte steigt das Arbeitsangebot so lange bis das Lohnniveau entsprechend gefallen ist und die Nettolöhne genau so hoch sind wie im Ausland. Vgl. Sinn, H.-W. (1997a), S. 680.

496 Zwar ist es zweifellos richtig, dass die grenzüberschreitende Mobilität von Arbeitskräften nicht nur am oberen Ende der Einkommensskala, sondern auch an deren unterem Ende besonders hoch ist. Vgl. Sinn, H.-W. (1995), S. 240 f. Für Gastarbeiter und Wirtschaftsflüchtlinge spielt aber die Einkommensbesteuerung im Vergleich zu anderen Faktoren, wie dem allgemeinen Lebensstandard, vermutlich eine nur untergeordnete Rolle.

497 Vgl. Schwinger, R. (1992), S. 232, Musgrave, P.B. (1991), S. 542.

schaftende Bruttorendite die inländische übersteigt. Durch den Marktprozess kommt es daher zu einer weltweiten Angleichung der Bruttorenditen auf dem Niveau des einheitlichen Weltmarktzinses. Auf diese Weise wird eine optimale internationale Allokation des Weltkapitalbestandes sowie ein maximales Weltsozialprodukt – und damit eine als „world efficiency" bezeichnete Produktionseffizienz – erreicht.[498]

Kapitalimportneutralität setzt voraus, dass aus Sicht des Kapitalimportlandes im Inland erzielte Kapitaleinkommen in gleichem Maße besteuert werden, unabhängig davon, ob sie mit heimischem oder importiertem Kapital erwirtschaftet wurden. Diese Forderung bezieht sich nicht nur auf die im Quellenland erhobene Steuer, sondern auf die endgültige steuerliche Belastung des Einkommens, die sich aus dem Nebeneinander von Quellenland- und Wohnsitzlandbesteuerung ergibt. Für ein Unternehmen sollte es also zum Beispiel in steuerlicher Hinsicht gleichgültig sein, ob es mit Kapital aus dem Inland, dem Ausland A oder dem Ausland B expandiert.[499]

Unter der Annahme eines vollkommenen Kapitalmarktes führt eine kapitalimportneutrale Besteuerung zu einer weltweiten Angleichung der Nettorenditen: Die Wirtschaftssubjekte legen ihr Geld so lange in dem Land an, in dem sie die höhere Nettorendite erzielen können, bis der Marktprozess eine Angleichung der Nettorenditen bewirkt hat. Durch Kapitalimportneutralität wird in der Regel lediglich eine suboptimale Allokation des Weltkapitalbestandes erreicht: Der Kapitaleinsatz ist in dem Land mit dem höheren Steuersatz (und der höheren Bruttorendite) zu gering, in dem Land mit dem niedrigeren Steuersatz (und der niedrigeren Bruttorendite) dagegen zu hoch. Dadurch fällt das Weltsozialprodukt geringer aus als bei einer kapitalexportneutralen Besteuerung.[500] Statt Produktionseffizienz wird durch Kapitalimportneutralität jedoch Konsumeffizienz, also eine „optimale intertemporale Aufteilung der

---

[498] Vgl. Sato, M., Bird, R.M. (1975), S. 406 ff., Peffekoven, R. (1982), S. 244, Wissenschaftlicher Beirat beim BMF (1999), S. 59 ff., Weichenrieder, A.J. (1999), S. 76 ff. Die Forderung nach einem effizienten Einsatz der Produktionsfaktoren könnte auch aus Sicht der einzelnen Nationen gestellt werden („national efficiency"). Diese nationale Effizienz – also eine Maximierung des nationalen Wohlstandes – wäre gewahrt, wenn die Bruttoerträge im Inland mit den Nettoerträgen ausländischer Anlagen übereinstimmen würden. Vgl. Sato, M., Bird, R.M. (1975), S. 407, Hornbach, H. (1987), S. 184, Windisch, R. (1999), S. 154 ff.

[499] Vgl. Sato, M., Bird, R.M. (1975), S. 411, Peffekoven, R. (1982), S. 244.

[500] Vgl. Weichenrieder, A.J. (1999), S. 77 ff., Frenkel, J.A., Razin, A., Sadka, E. (1991), S. 28 ff.

Konsummöglichkeiten"[501], erreicht: Dadurch dass alle Sparer mit dem gleichen Nettozins rechnen, wird die Konsum-Spar-Entscheidung international nicht verzerrt. Das setzt jedoch neben vollkommenen Kapitalmärkten einen proportionalen Steuertarif voraus, da die Steuerpflichtigen ansonsten mit ihren individuellen Steuersätzen kalkulieren und es dann weder national noch international zu einer Angleichung der Nettozinsen kommen kann.[502]

Kapitalexportneutralität und Kapitalimportneutralität sind nur dann gleichzeitig zu erfüllen, wenn die Steuersysteme von kapitalexportierendem und kapitalimportierendem Land vollkommen identisch sind.[503] Das bedeutet, dass beide Länder ihre Steuern nur nach dem Wohnsitzlandprinzip oder nur nach dem Quellenlandprinzip erheben und Kapitalerträge dem gleichen effektiven Steuersatz unterworfen werden.[504] Eine solche Konstellation ist in der Realität kaum anzutreffen, so dass man sich bei der Ausgestaltung einer internationalen Steuerordnung für Kapitalimport- oder Kapitalexportneutralität und damit für eines der beiden Besteuerungsprinzipien entscheiden muss. Denn in dem allgemein zu unterstellenden Fall, dass die in den beteiligten Ländern erhobenen Steuern nicht vollständig harmonisiert sind, kann mit dem Quellenlandprinzip Allokationsneutralität nur in Form der Kapitalimportneutralität, mit dem Wohnsitzlandprinzip nur in Form der Kapitalexportneutralität erreicht werden.[505]

In der volkswirtschaftlichen Literatur wird in der Regel der Kapitalexportneutralität der Vorzug vor der Kapitalimportneutralität gegeben, weil mit ihr Produktionseffizienz im Sinne der „world efficiency" erreicht werden kann.[506] Der Wohlfahrtsverlust, der sich durch den gleichzeitigen Verstoß gegen die Konsumeffizienz ergibt, wird als vergleichsweise gering eingestuft, da sein Ausmaß von der relativ niedrigen Zins-

[501] Weichenrieder, A.J. (1999), S. 78. Diese optimale Aufteilung zeichnet sich dadurch aus, dass sich die intertemporalen Grenzraten der Substitution der in- und ausländischen Haushalte angleichen. Vgl. ebenda, S. 79.
[502] Vgl. Wissenschaftlicher Beirat beim BMF (1999), S. 60, Weichenrieder, A.J. (1999), S. 78 ff.
[503] Vgl. Sato, M., Bird, R.M. (1975), S. 408.
[504] Vgl. Nowotny, E. (1999), S. 404.
[505] Vgl. Peffekoven, R. (1982), S. 248.
[506] Vgl. Sato, M., Bird, R.M. (1975), S. 408, Gandenberger, O. (o.J.), S. 4 f., Weichenrieder, A.J. (1999), S. 80. Eine Ausnahme bildet zum Beispiel Gandenberger, der – nicht zuletzt wegen der Schwierigkeiten, Kapitalexportneutralität für einbehaltene Gewinne von Körperschaften zu erreichen – zu dem Schluss kommt, dass zumindest für Direktinvestitionen "eine Behandlung (...) nach den Regeln steuerlicher Kapitalimportneutralität anzustreben ist". Gandenberger, O. (o.J.), S. 32.

elastizität des Sparens abhängt. Daher kann der Wohlfahrtsverlust minimiert werden, wenn Kapitalexportneutralität gewahrt ist.[506]

Aus einzelwirtschaftlicher Sicht wird dagegen der Kapitalimportneutralität größere Bedeutung beigemessen. Diese auch als „the businessman's view"[507] bezeichnete Sichtweise wird damit begründet, dass bei unterschiedlicher steuerlicher Belastung in- und ausländischen Kapitals im Kapitalimportland gegen die Wettbewerbsneutralität verstoßen werde. Unternehmen mit Sitz in einem Hochsteuerland hätten entsprechende Wettbewerbsnachteile, wenn sie in einem Niedrigsteuerland investieren und dabei einer höheren Steuerbelastung unterliegen würden als heimische Unternehmen.[508] Diese vermeintliche Benachteiligung stellt jedoch keine Wettbewerbsverzerrung im volkswirtschaftlichen Sinne dar, weil die höhere steuerliche Belastung geringere Opportunitätskosten bewirkt: Der Investor müsste auch Erträge aus alternativen Kapitalanlagen entsprechend hoch versteuern.[509] Wenn also der inländische Steuersatz höher ist als der ausländische, dann hat das inländische Unternehmen für Investitionen im Ausland eine niedrigere Renditeanforderung als die dort heimische Konkurrenz. Von einem Wettbewerbsnachteil kann daher keine Rede sein. Im Gegenteil: Würden die ausländischen Erträge der inländischen Unternehmen genauso niedrig besteuert, wie die der im Ausland ansässigen Konkurrenz, dann hätten sie – aufgrund des niedrigeren Kalkulationszinsfußes – auf dem ausländischen Markt sogar einen „unfairen" Wettbewerbsvorteil.[510] Zutreffend ist dagegen die Feststellung, dass den Unternehmen durch die höhere steuerliche Belastung weniger Liquidität für eine selbstfinanzierte Expansion zur Verfügung steht.[511]

Die bisherigen Ausführungen zur entscheidungsneutralen Besteuerung in offenen Volkswirtschaften können ohne weiteres auf die zinsbereinigte Einkommens- und Gewinnbesteuerung übertragen werden. In Bezug auf die sparbereinigte Einkom-

---

[506] Vgl. Weichenrieder, A.J. (1999), S. 80.
[507] Gandenberger, O. (o.J.), S. 6.
[508] Vgl. Sato, M., Bird, R.M. (1975), S. 410 f.
[509] Vgl. Wissenschaftlicher Beirat beim BMF (1999), S. 59 f.
[510] Das setzt voraus, dass Portfolioinvestitionen – wie es heute üblich ist – nach dem Wohnsitzlandprinzip besteuert werden. Vgl. Weichenrieder, A.J. (1999), S. 82 und Kapitel 5 dieser Arbeit.
[511] Vgl. Wissenschaftlicher Beirat beim BMF (1999), S. 60. Dem wird im bestehenden deutschen internationalen Steuerrecht zumindest teilweise entgegengewirkt, indem einbehaltene Gewinne ausländischer Tochtergesellschaften (Kapitalgesellschaften) inländischer Unternehmen, in der Regel ausschließlich der Besteuerung im Ausland unterliegen. Vgl. Kapitel 5.

mensteuer und die Cash-flow-Unternehmensteuern reicht eine entsprechende Besteuerung der Kapitalerträge jedoch nicht aus, um Kapitalexport- beziehungsweise Kapitalimportneutralität zu gewährleisten. Darüber hinaus muss auch eine adäquate Besteuerung der Ersparnisse und Investitionen sowie der Kredite gesichert sein, durch die Richtung und Ausmaß grenzüberschreitender Kapitalströme nicht beeinflusst werden.[513]

Dem Kriterium der Entscheidungsneutralität bezüglich grenzüberschreitender Transaktionen wird – in der Finanzwissenschaft ebenso wie in der Finanzpolitik – unterschiedliche Bedeutung beigemessen. Das schlägt sich besonders deutlich in der Diskussion um „Steuerharmonisierung versus Steuerwettbewerb" nieder, die vor allem innerhalb der Europäischen Union geführt wird. Die Befürworter einer internationalen Steuerharmonisierung plädieren dafür, die nationalen Steuersysteme und die internationale Steuerordnung so auszugestalten, dass sie die grenzüberschreitenden Entscheidungen von Haushalten und Unternehmen in keiner Weise beeinflussen. Die Anhänger des Steuerwettbewerbs legen dagegen großen Wert auf die Souveränität der Staaten und deren damit verbundenes Recht, Investoren und Arbeitskräfte sowie Sparer und Konsumenten auch über eine entsprechend attraktive Ausgestaltung des Steuersystems anzuziehen.

4.2.2.2 Wahrung nationaler Steuerhoheit

Souveräne Staaten wollen ihr Steuersystem auch bei zunehmender internationaler Verflechtung der Wirtschaft einsetzen können, um ihre fiskalischen und wirtschaftspolitischen Ziele zu verfolgen.[514] Die fortschreitende Integration der Weltwirtschaft schränkt die Steuerhoheit der einzelnen Staaten jedoch erheblich ein. Das ist schon allein darauf zurückzuführen, dass sich den Steuerpflichtigen mit grenzüberschreitenden Transaktionen neue Möglichkeiten bieten, der inländischen Besteuerung

---

[513] Siehe dazu ausführlicher Kapitel 6.

[514] Vgl. Peffekoven, R. (1982), S. 245, Sato, M., Bird, R.M. (1975), S. 407. Dieses Bestreben äußert sich im Zuge der Europäischen Integration darin, dass innerhalb der EU Maßnahmen zur Harmonisierung der Steuersysteme grundsätzlich einstimmig beschlossen werden müssen (Art. 93 und 94 EG-Vertrag). Damit können die Mitgliedstaaten ihre fiskalischen Geschicke - im Sinne des im Maastrichter Vertrag festgeschriebenen Subsidiaritätsprinzips - letztlich selbst bestimmen.

auszuweichen: Will ein Land die Steuer auf die Einkünfte mobiler Produktionsfaktoren erhöhen, so muss es damit rechnen, dass diese in andere Länder abwandern – mit negativen Folgen für die eigene Volkswirtschaft und die eigene Staatskasse.

Gleichzeitig haben souveräne Staaten die Möglichkeit, ihr Steuersystem gezielt so auszugestalten, dass sie grenzüberschreitende Transaktionen im eigenen Interesse beeinflussen können. So kommt es insbesondere zu einem Wettbewerb um das international mobile Kapital: um Direktinvestitionen in Form von Betriebstätten oder Tochterunternehmen sowie um Portfolioinvestitionen. Dabei ist der vermehrte Kapitalzufluss insbesondere in Form von Direktinvestitionen deswegen so interessant, weil man sich erhofft, auf diese Weise auch Know-how und vor allem Arbeitsplätze zu „importieren".[514] Wie das Beispiel Luxemburg zeigt, kann aber auch der Import von Finanzkapital gerade für ein kleines Land von Vorteil sein: Er setzt keine besonderen Infrastrukturmaßnahmen voraus und schafft – zumindest im Bereich der Finanzinstitute – durchaus auch Arbeitsplätze.[515]

Auf der einen Seite geht es also aus nationaler Sicht – vor allem: aus wachstums- und beschäftigungspolitischen Gründen – vorrangig um möglichst hohe Nettokapitalimporte. Auf der anderen Seite sind aber vor allem große Unternehmen häufig darauf angewiesen, weltweit tätig zu sein, neue Absatzmärkte zu erschließen und somit auch Produktionsstätten im Ausland aufzubauen. Eine steuerliche Behinderung des dazu notwendigen Kapitalexports könnte zu erheblichen Wettbewerbsnachteilen beispielsweise bei den Unternehmen führen, die hohe Forschungs- und Entwicklungskosten nur auf dem Weltmarkt amortisieren können.[516]

Darüber hinaus wird es im internationalen Standortwettbewerb immer wichtiger, qualifizierte Arbeitskräfte, die in zunehmendem Maße international mobil sind, für sich gewinnen zu können. Dabei ist die Besteuerung von Arbeitseinkommen – insbesondere die Höhe des Spitzensteuersatzes – von Bedeutung. Die steuerliche Belastung von Führungskräften spielt zudem auch bei der Entscheidung über den Standort von

---

[514] Vgl. Wissenschaftlicher Beirat beim BMF (1999), S. 16, Sinn, H.-W. (1997a), S. 676.
[515] Vgl. Hackmann, J. (1999), S. 89.
[516] Vgl. Schreiber, U. (1996), S. 96.

Konzernzentralen, Forschungs- und Koordinationszentren (und damit für grenzüberschreitende Kapitalflüsse) eine Rolle.[518]

Senkt ein Land seine Steuersätze auf Kapitaleinkommen in der Absicht, ausländisches Kapital anzulocken, dann können die Steuerpflichtigen auf zweierlei Weise auf diese Maßnahme reagieren: Zum einen kann es zu einer Verlagerung von Kapital in das Niedrigsteuerland und einer entsprechenden Kapitalflucht aus Hochsteuerländern kommen.[519] Zum anderen können insbesondere internationale Konzerne lediglich ihre Bemessungsgrundlage in das Niedrigsteuerland verlagern. Das kann beispielsweise erreicht werden, indem interne Verrechnungspreise oder die Finanzstruktur zwischen Mutter- und Tochtergesellschaft so ausgestaltet werden, dass die Betriebsausgaben im Hochsteuerland und die Betriebseinnahmen im Niedrigsteuerland anfallen.[520] Aus betriebswirtschaftlicher Sicht ist eine solche Gewinnverlagerung zweifellos konsequent, weil der Konzern so die in der Regel gute Infrastruktur im Hochsteuerland mit der geringen steuerlichen Belastung des Niedrigsteuerlandes verbinden kann. Auf das Steueraufkommen des Hochsteuerlandes hat dieses Vorgehen eindeutig negative Auswirkungen. Dennoch besteht von seiner Seite kein uneingeschränktes Interesse daran, der Gewinnverlagerung entgegenzuwirken. Schließlich kann auf diese Weise Schlimmeres – nämlich der zusätzliche Export von Produktionsfaktoren und Arbeitsplätzen – vermieden werden.[521]

Ein über die Einkommensbesteuerung ausgetragener Wettbewerb um mobile Produktionsfaktoren ist nur möglich, wenn das jeweilige Quellenland auch die endgültige steuerliche Belastung dieses Einkommens bestimmen kann, wenn also das Quellenlandprinzip gilt. Dagegen nimmt eine Besteuerung nach dem Wohnsitzlandprinzip dem Quellenland die Möglichkeit, mit Hilfe von Steuern nichtfiskalische Ziele zu erreichen. Ein konsequent durchgesetztes Wohnsitzlandprinzip, bei dem ausschließlich das Steuersystem des Wohnsitzlandes die steuerliche Belastung der Steuer-

---

[518] Vgl. Jackstein, C.-D. (1997), S. 199.

[519] Dabei wird unter den Bedingungen eines vollkommenen Kapitalmarktes so lange Kapital aus dem Ausland angezogen bis die Bruttorenditen im Niedrigsteuerland infolge des größeren Kapitalangebotes gesunken sind und die Nettorenditen – die durch die Steuersenkung zunächst höher waren als in anderen Ländern – sich wieder an das internationale Niveau angeglichen haben. Vgl. Sinn, H.-W. (1997a), S. 676.

[520] Zur Frage der internationalen Steuerminderung durch Gewinnverlagerung siehe Kapitel 4.4.2.

[521] Sinn unterscheidet daher zwischen bloßer „Steuerflucht" durch Verlagerung der Bemessungsgrundlage und tatsächlicher „Kapitalflucht". Vgl. Sinn, H.-W. (1997a), S. 679 f.

pflichtigen bestimmt, macht die Steuerpflichtigen „geradezu immun gegenüber steuerpolitischen Maßnahmen des Quellenlandes".[522] Insbesondere für die Länder, in denen der überwiegende Teil der Unternehmen in ausländischer Hand ist (also vor allem für Entwicklungsländer), wäre „ein erheblicher Teil der wirtschaftlichen Aktivitäten auf eigenem Boden (...) fremdbestimmt".[523] Darüber hinaus würde dem Quellenland bei einer engen Definition des Wohnsitzlandprinzips auch die Möglichkeit der Einnahmenerzielung versperrt. Das Wohnsitzland hingegen kann eine nach dem Wohnsitzlandprinzip erhobene Steuer sowohl für fiskalische als auch für wirtschaftspolitische Zwecke einsetzen, so zum Beispiel zur Umverteilung der Markteinkommen durch eine progressive Steuer. Zudem hat es die Möglichkeit, Kapitalexporte zu unterbinden, indem ausländische Kapitaleinkünfte höher besteuert werden als inländische, also vorsätzlich gegen die Kapitalexportneutralität verstoßen wird. Aber auch die Steuerhoheit des Wohnsitzlandes hat Grenzen: Wird die Steuerschraube zu fest angezogen, dann kann es zu vermehrten Wohnsitz- beziehungsweise Sitzverlagerungen kommen.

Ob der skizzierte internationale Steuerwettbewerb um Steuereinnahmen und mobile Produktionsfaktoren wünschenswert ist, wird in der politischen und finanzwissenschaftlichen Debatte sehr unterschiedlich beurteilt.[524] Insbesondere Vertreter der Public Choice-Theorie schätzen die Wirkungen des Steuerwettbewerbs eher positiv ein: Ihrer Ansicht nach kann er den tendenziell steuererhöhenden Bestrebungen von Politikern, Bürokraten und Interessenverbänden heilsam entgegenwirken und so den Leviathan-Staat im Sinne von Brennan und Buchanan zähmen.[525] Dem entgegen steht die Befürchtung, es könne zu „ruinösem Steuerwettbewerb" oder „Steuer-Dumping" kommen, bei dem die Staaten ihre Steuern auf mobile Produktionsfaktoren in einem „race-to-the-bottom" wechselseitig so stark senken, dass die staatlichen Leistungen erheblich zurückgeführt und/oder die Steuern auf vergleichsweise immobile Faktoren – vor allem auf Arbeit – erheblich erhöht werden müssen. Was aus Sicht eines Landes als „beggar-my-neighbour-policy" durchaus sinnvoll sei, könne

[522] Gandenberger, O. (o.J.), S. 28.
[523] Ebenda, S. 28. Gandenberger bezeichnet diesen Zusammenhang als „kolonialistischen Aspekt" des Wohnsitzlandprinzips.
[524] Weitgehende Einigkeit besteht dagegen in dem Bestreben, „unfaire" Praktiken des internationalen Steuerwettbewerbs zu unterbinden.
[525] Vgl. Windisch, R. (1999), S. 170, Pitlik, H. (1998), S. 177 ff., Brennan, G., Buchanan, J.M. (1980).

letztlich zu einem unerwünschten und für alle beteiligten Staaten nachteiligen Steuersenkungswettlauf führen. Schließlich – so die Gegner des internationalen Steuerwettbewerbs – könne der Wettbewerb zwischen Staaten schon allein deswegen nicht funktionieren, weil Staatsaufgaben ja gerade in den Bereichen wahrgenommen würden, in denen der wettbewerbliche Marktprozess versage. Der Versuch, den Markt in Form des Steuerwettbewerbs sozusagen „durch die Hintertür" wieder einzuführen, sei daher von vornherein zum Scheitern verurteilt.[526] Die Diskussion über die Wünschbarkeit und die Auswirkungen des internationalen Steuerwettbewerbs soll in dieser Arbeit nicht weitergeführt werden. Stattdessen wird untersucht, wie sich eine konsumorientierte Einkommens- und Gewinnbesteuerung unter den Bedingungen des Steuerwettbewerbs einerseits und der Steuerharmonisierung andererseits ausnehmen würde und ob solche Steuern nach dem Quellenlandprinzip oder dem Wohnsitzlandprinzip erhoben werden sollten.[527]

4.2.3 Praktikabilität

In einer offenen Volkswirtschaft gewinnt auch die Forderung nach einer administrativ effizienten Besteuerung[528] neue Aspekte hinzu. Eine besondere Rolle spielt hier der internationale Koordinations- und Kooperationsbedarf: Sowohl beim Wohnsitzlandprinzip als auch beim Quellenlandprinzip ist eine Abstimmung beziehungsweise Zusammenarbeit der beteiligten Länder bei der Besteuerung internationaler Einkommen notwendig, um die Steuerfreiheit oder die mehrfache Besteuerung internationaler Einkommen zu vermeiden.

So müssen in einem ersten Schritt die grundsätzlichen „Spielregeln"[529] der Steuererhebung festgelegt und aufeinander abgestimmt werden: Im Fall des Wohnsitzlandprinzips ist beispielsweise zu klären, welchem Land der „Wohnsitz" eines Steuer-

---

[526] Zu diesen beiden konträren Grundpositionen, die Sinn als „These von der Effizienz des Systemwettbewerbs" beziehungsweise „Selektionsthese" bezeichnet, siehe Sinn, H.-W. (1995), S. 241 sowie ausführlicher Feld, L.P. (2000), Sörensen, P.B. (2000), Windisch, R. (1999), Pitlik, H. (1998), Tanzi, V. (1998), Huber, B. (1997), Sinn, H.-W. (1997a) und (1997b) und die dort jeweils angegebene Literatur.

[527] Siehe dazu Kapitel 6.

[528] Vgl. Kapitel 3.3.

[529] McLure spricht hier von „cooperation in establishing the rules of the game". McLure, C.E. (1992), S. 150.

pflichtigen zugeordnet wird, welches Land also das Recht hat, dessen gesamtes Welteinkommen zu besteuern. Muss der Steuerpflichtige Staatsbürger des betreffenden Landes sein? Oder reicht ein bestehender Wohnsitz oder die physische Anwesenheit über eine festgelegte Zeitdauer? Wie ist der für die Besteuerung von Unternehmen relevante Standort zu definieren? Ist der Sitz des Unternehmens gemäß Handelsregister ausschlaggebend oder der Sitz des Managements?[530] Da das gesamte Welteinkommen einmal – und nur einmal – besteuert werden soll, müssen die Begriffe „Wohnsitz"[531] und „Sitz" so definiert werden, dass ein Steuersubjekt seinen steuerlich relevanten Sitz grundsätzlich an genau einem Ort hat.[532]

Will man internationale Einkünfte nach dem Quellenlandprinzip besteuern, dann bedarf es einer exakten Definition des Begriffs „Einkommensquelle" beziehungsweise einer eindeutigen Zuordnung von Einkünften zu einer Quelle und damit zu einem Land. Da Einkommen durch den Einsatz von Produktionsfaktoren – also von Boden, Arbeit, Kapital – entsteht, ist die Einkommensquelle grundsätzlich in dem Land zu vermuten, in dem der jeweilige Faktor eingesetzt wird. Bei immobilen Faktoren wie Grundstücken und Gebäuden ist das Quellenland entsprechend leicht zu bestimmen; die Steuer fließt dem Land zu, in dem sich die jeweilige Immobilie befindet (Belegenheitsprinzip).[533] Aber auch im Fall von Arbeitseinkünften kann die Quelle und folglich das Besteuerungsrecht relativ eindeutig einem Land zugeordnet werden: Die Steuer fließt dem Land zu, in dem die Arbeitskraft tätig ist (Tätigkeitsprinzip).[534]

Deutlich schwieriger ist dagegen die Festlegung des Quellenlandes von Kapitaleinkünften. Dabei wird die Quelle von Zinsen und Dividenden generell dem Land zugewiesen, in dem der Sitz des Schuldners beziehungsweise der Gesellschaft liegt

---

[530] Vgl. Peffekoven, R. (1982), S. 242.

[531] Im internationalen Steuerrecht ist von „Ansässigkeit" die Rede, so beispielsweise in Artikel 4 OECD-MA. Im nationalen Außensteuerrecht wird die Besteuerung des Welteinkommens natürlicher Personen nach dem „gewöhnlichen Aufenthalt" des Steuerpflichtigen zugeordnet. Vgl. § 1 Abs. 1 EStG, § 9 AO und Rose, G. (2000), S. 29.

[532] Diese Abgrenzung ist ein Gegenstand bilateraler Doppelbesteuerungsabkommen. Siehe dazu Kapitel 4.4.1 und 5.2.

[533] Das Belegenheitsprinzip für unbewegliches Vermögen ist wie das Tätigkeitsprinzip für Arbeitseinkünfte, das Betriebstättenprinzip für Unternehmenseinkünfte, das Tantiemeprinzip für Aufsichtsratsvergütungen, das Kassenprinzip für Vergütungen aus öffentlichen Kassen und das Quellenprinzip für sonstige Einkünfte eine Unterform des Quellenlandprinzips. Vgl. Rose, G. (2000), S. 27.

[534] Zuordnungsprobleme können jedoch beispielsweise bei Telearbeit auftreten. Zudem lässt sich zweifellos darüber diskutieren, ob die Quelle von Arbeitseinkünften nicht auch in dem Land liegt, in dem die Arbeitskraft ausgebildet wurde. Siehe dazu die Ausführungen in Kapitel 4.2.1.2.

(Quellenprinzip).[535] Die Quelle der Gewinne international tätiger Unternehmen lässt sich nicht so eindeutig bestimmen. Stellt beispielsweise ein Unternehmen ein Gut in Land A her und exportiert es in Land B, dann ist fraglich, welches Land nun als Quellenland des aus dieser Transaktion entstandenen Gewinns bezeichnet werden kann. Land A, weil das Gut hier produziert wurde? Oder Land B, weil erst durch den Verkauf des Gutes Gewinn entstanden ist? Ist der Ort des Kaufvertrages, der Ort der Besitzübertragung oder der Zahlungsort relevant für die Definition der Einkommensquelle?[536] Als Hilfskonstrukt wird hier die Institution einer so genannten Betriebstätte herangezogen: Die Quellenbesteuerung kann in dem Land vorgenommen werden, in dem ein Unternehmen eine Betriebstätte, also eine „feste Geschäftseinrichtung oder Anlage, die der Tätigkeit eines Unternehmens dient"[537], unterhält (Betriebstättenprinzip). Konkretisiert wird diese allgemeine Definition sowohl im nationalen Außensteuerrecht (zum Beispiel in § 12 AO) als auch in internationalen Besteuerungsabkommen (zum Beispiel in Art. 5 OECD-MA).[538]

Auch wenn es gelingt, den Begriff der „Einkommensquelle" eindeutig abzugrenzen, wirft das Quellenlandprinzip einen weiteren internationalen Koordinationsbedarf auf. Insbesondere im Fall international verflochtener Unternehmen beziehungsweise Konzerne muss eindeutig festgelegt werden, wie der Gesamtgewinn auf die einzelnen Betriebstätten zu verteilen ist. Ansonsten haben die Unternehmen einen steuerlichen Anreiz, Gewinne zum Beispiel durch eine entsprechende Ausgestaltung interner Verrechnungspreise vor allem in den Betriebstätten anfallen zu lassen, die in einem Niedrigsteuerland angesiedelt sind.[539]

Dieser Verlagerung der Bemessungsgrundlage – die bei internationalen Konzernen mit rechtlich selbständigen Tochtergesellschaften in unterschiedlichen Ländern auch beim Wohnsitzlandprinzip auftritt – kann durch eine Harmonisierung der Ge-

[535] Vgl. Art. 11 Abs. 5 und Art. 10 Abs. 1 OECD-MA, Rose, G. (2000), S. 27.
[536] Vgl. Sato, M., Bird, R.M. (1975), S. 396.
[537] § 12 Satz 1 AO.
[538] Diese Abgrenzungen sind jedoch nicht einheitlich und unterliegen zudem einem ständigen Erneuerungs- und Ergänzungsbedarf: So muss insbesondere für Internettransaktionen geklärt werden, in welchem Land die steuerlich relevante Betriebstätte und damit ein Anknüpfungspunkt für die Quellenbesteuerung liegt. Nahe liegend wäre hier das Land, in dem der Internet-Server angesiedelt ist. Siehe hierzu ausführlich Volckens, H. (2001), S. 53 ff.
[539] Vgl. Schreiber, U. (1998), S. 63. Zum Thema Steuerminderung und Verrechnungspreise siehe ausführlicher Kapitel 4.4.2.

winnsteuersätze entgegengewirkt werden. Eine solche Maßnahme wäre jedoch mit einem großen administrativen und vor allem politischen Aufwand verbunden. In Verbindung mit einer einheitlichen Bemessungsgrundlage und einem einheitlichen Erhebungsverfahren würden identische Steuersätze auch den internationalen Steuerwettbewerb um mobile Produktionsfaktoren außer Kraft setzen.[540] Da die Steuersubjekte selbst weniger mobil sind als ihre Einkunftsquellen, insbesondere als Kapital, ist der Steuerwettbewerb beim Quellenlandprinzip wirksamer und der Harmonisierungsbedarf gegebenenfalls größer als beim Wohnsitzlandprinzip.

Koordinationsbedarf bei der Besteuerung internationaler Einkommen ergibt sich auch durch die internationale Gepflogenheit, das Quellenlandprinzip und das Wohnsitzlandprinzip gleichzeitig anzuwenden. Um der daraus resultierenden Doppelbesteuerung internationaler Faktoreinkommen entgegenzuwirken, bedarf es der Doppelbesteuerungsabkommen, die in der Regel erst nach jahrelangen Verhandlungen zwischen den betreffenden Staaten abgeschlossen werden können.[541]

Neben dem einmaligen Koordinationsbedarf, der mit der Abstimmung der „Spielregeln" der Steuererhebung verbunden ist, bringt die Besteuerung internationaler Einkommen auch einen laufenden Kooperationsbedarf zwischen den Staaten mit sich.[542] Das gilt insbesondere für den Fall, dass die Besteuerung nach dem Wohnsitzlandprinzip vorgenommen wird und der Fiskus des Wohnsitzlandes auch ausländische Sachverhalte berücksichtigen muss. Die praktischen Schwierigkeiten, die damit verbunden sind, zum Beispiel das im Ausland erzielte Einkommen zu erfassen, bringen neue Steuerhinterziehungsmöglichkeiten mit sich. Im Fall des reinen Wohnsitzlandprinzips, bei dem die Einkünfte im Quellenland völlig steuerfrei bleiben, besteht insbesondere der Anreiz, Finanzkapital zu exportieren, dem heimischen Fiskus die ausländischen Kapitalerträge jedoch nicht zu melden und so deren absolute Steuerfreiheit zu erreichen.[543] Um dieser Steuerhinterziehungsmöglichkeit und den damit verbundenen Nachteilen für das Wohnsitzland entgegenwirken zu können, ist dieses auf die Mitarbeit des Quellenlandes angewiesen: Letzteres müsste

---

540 Vgl. Wissenschaftlicher Beirat beim BMF (1999), S. 73 f.
541 Siehe dazu ausführlich Kapitel 5.2.2.1.
542 McLure spricht dabei von „day-to-day cooperation in tax administration". McLure, C.E. (1992), S. 150.
543 Vgl. Schuster, H. (1999), S. 24.

der Steuerverwaltung des Wohnsitzlandes die für eine umfassende Besteuerung des Welteinkommens notwendigen Informationen übermitteln. Diese Notwendigkeit laufender zwischenstaatlicher Kooperation ist ein wesentliches Argument gegen eine Besteuerung internationaler Einkommen nach dem Wohnsitzlandprinzip. Die Diskussion um Kontrollmitteilungen zwischen den EU-Mitgliedstaaten zur lückenlosen Besteuerung von Zinseinkünften macht allzu deutlich, dass eine internationale Zusammenarbeit mit einem administrativen Aufwand verbunden ist, den einzelne Staaten nicht zu leisten bereit sind: Das kann rechtliche (Bankgeheimnis) oder technische Gründe haben, es dient aber meist der Wahrung nationaler Interessen im Steuerwettbewerb.[544]

Als weiteres Argument gegen das Wohnsitzlandprinzip wird angeführt, es lasse sich praktisch überhaupt nicht durchsetzen: So wäre eine Besteuerung von einbehaltenen Unternehmensgewinnen nach dem Wohnsitzlandprinzip nur möglich, wenn diese eindeutig den einzelnen Anteilseignern zugerechnet werden könnten, also eine so genannte „Teilhabersteuer" durchgesetzt würde. Wird eine solche Zurechnung nicht vorgenommen, dann unterliegen Unternehmensgewinne erst dann der Besteuerung des Wohnsitzlandes, wenn sie – oft mit einer erheblichen zeitlichen Verzögerung („deferral") – ausgeschüttet und repatriiert werden. Eine Teilhabersteuer wäre jedoch mit einem erheblichen zwischenstaatlichen Informationsbedarf verbunden und kaum praktikabel. Nicht zuletzt deswegen wurde sie wohl bislang in keinem nationalen Steuersystem umgesetzt.[545]

In dem im Vergleich zum Wohnsitzlandprinzip geringen internationalen Bedarf an „day-to-day-cooperation"[546] liegt zweifellos ein „faszinierender Vorteil des Quellenprinzips"[547]: Der Fiskus muss sich nicht um Auslandssachverhalte kümmern, es bestehen weniger Hinterziehungsmöglichkeiten, so dass der Kontrollaufwand der Steuerverwaltung gering und ein Informationsaustausch zwischen den Staaten nicht notwendig ist.[548]

---

[544] Vgl. McLure, C.E. (1992), S. 151.
[545] Vgl. Schreiber, U. (1998), S. 76, Wissenschaftlicher Beirat beim BMF (1999), S. 36, Gandenberger, O. (o.J.), S. 25 ff.
[546] McLure, C.E. (1992), S. 150.
[547] Wissenschaftlicher Beirat beim BMF (1999), S. 57.
[548] Vgl. ebenda.

Die Entscheidung für oder gegen eine grundlegende Reform des Einkommensteuersystems, wie es der Übergang zu einer konsumorientierten Einkommens- und Gewinnbesteuerung darstellen würde, muss nicht zuletzt auch den damit verbundenen internationalen Koordinations- und Kooperationsbedarf berücksichtigen. Die administrative Unabhängigkeit eines Staates – und damit ein minimaler Bedarf an zwischenstaatlicher Zusammenarbeit bei der Steuererhebung – kann sogar durchaus als eigenständiges Steuerreformziel angesehen werden.[549] In diesem Sinne muss geklärt werden, inwieweit ein konsumorientiertes System der Einkommens- und Gewinnbesteuerung mit den derzeitigen internationalen „Spielregeln" der Besteuerung harmonieren würde. Insbesondere gilt es zu prüfen, ob das bestehende Geflecht bilateraler Doppelbesteuerungsabkommen verändert werden müsste; denn das wäre mit einem administrativen und zeitlichen Aufwand verbunden, der in der Nutzen-Kosten-Analyse eines solchen Steuerreformvorhabens nicht unbeachtet bleiben dürfte.[550] Abgesehen von den möglichen Übergangsschwierigkeiten ist zu fragen, ob der laufende internationale Kooperationsbedarf durch ein solches, im Alleingang oder international eingeführtes, Steuersystem grundsätzlich erhöht würde.

Im Fall eines nationalen Alleingangs bei der Reform wäre zudem fraglich, ob eine konsumorientierte Einkommen- und Körperschaftsteuer bei den Partnerländern überhaupt auf Akzeptanz – und entsprechend auf Kooperationsbereitschaft – stoßen würde. Ist das nicht der Fall, zum Beispiel weil die neuen steuerlichen Regelungen im „Widerspruch zu international akzeptierten Spielregeln stehen, die etwa durch das Völkerrecht oder die von der OECD entwickelten Konventionen"[551] oder durch Europäisches Recht und Verhaltenskodizes vorgegeben sind, und werten die anderen Staaten ein solches Vorgehen als steuerpolitische Offensive, dann besteht die Gefahr unerwünschter Gegenmaßnahmen.[552]

---

[549] Vgl. McLure, C.E. (1992), S. 150.
[550] Siehe dazu ausführlich Kapitel 6.
[551] Wissenschaftlicher Beirat beim BMF (1999), S. 90.
[552] Vgl. ebenda, S. 90 und S. 103 ff.

4.3 Zwischenfazit

Wie die bisherigen Ausführungen deutlich gemacht haben und wie in Tabelle 5 noch einmal zusammenfassend dargestellt wird, lassen die diskutierten Kriterien eine eindeutig „richtige“ Wahl zwischen dem Quellenlandprinzip und dem Wohnsitzlandprinzip zur Besteuerung internationaler Einkommen nicht zu.

Tabelle 5: Beurteilung von Quellenlandprinzip und Wohnsitzlandprinzip zur Besteuerung internationaler Faktoreinkommen

	Quellenlandprinzip	**Wohnsitzlandprinzip** (im engeren Sinne)
Gerechtigkeit zwischen Personen	Leistungsfähigkeitsprinzip/ Progressionsprinzip: nein Nichtdiskriminierung: ja	Leistungsfähigkeitsprinzip/ Progressionsprinzip: ja Nichtdiskriminierung: nein
Gerechtigkeit zwischen Nationen	Steueraufkommen nur im Quellenland (Kapitalimportland)	Steueraufkommen nur im Wohnsitzland (Kapitalexportland)
Allokations-neutralität	Kapitalimportneutralität: ja Kapitalexportneutralität: nur bei Harmonisierung	Kapitalexportneutralität: ja Kapitalimportneutralität: nur bei Harmonisierung
Nationale Steuerhoheit	Nur für Quellenland gewahrt	Nur für Wohnsitzland gewahrt
Praktikabilität	Ggf. Harmonisierungsbedarf Kein laufender internationaler Kooperationsbedarf	Kein Harmonisierungsbedarf Laufender internationaler Kooperationsbedarf (Kontrollmitteilungen) Nur für ausgeschüttete Gewinne praktikabel

Insofern setzt eine Entscheidung für eines der beiden Systeme voraus, dass sowohl unter den einzelnen Kriterien als auch innerhalb der Kriterien eine Rangfolge gebildet wird. So muss beispielsweise geklärt werden, ob der Gerechtigkeit zwischen Personen oder der Praktikabilität eine größere Bedeutung zukommt. Darüber hinaus ist zum Beispiel zu entscheiden, ob eine Besteuerung nach der individuellen Leistungsfähigkeit Vorrang haben soll vor einer nichtdiskriminierenden Besteuerung. Zieht man die Gerechtigkeit zwischen Personen der Praktikabilität und das Leistungsfähigkeitsprinzip dem Nichtdiskriminierungsgebot vor, dann ist das Wohnsitzlandprinzip eindeutig das „bessere“ Verfahren zur Besteuerung internationaler Faktoreinkommen. Eine solche Rangfolge kann jedoch niemals objektiv richtig sein; damit ist auch die Entscheidung für das Wohnsitzlandprinzip oder das Quellenlandprinzip immer das Ergebnis von Werturteilen und politischen Willensbildungsprozessen.

4.4 Grundprobleme der Besteuerung internationaler Faktoreinkommen

Dadurch dass souveräne Staaten Steueransprüche an inländische Steuersubjekte und auf inländische Steuerobjekte erheben können und tatsächlich auch erheben, besteht zwischen den einzelnen Staaten ein grundsätzlicher Abstimmungsbedarf. Mangelnde Abgrenzung der Steuerhoheiten kann zum einen dazu führen, dass internationale Einkommen im Quellenland und im Wohnsitzland besteuert werden, also einer höheren Steuerbelastung unterliegen als nationale Einkommen. Zum anderen können internationale Einkommen ganz oder teilweise steuerfrei bleiben und damit geringer belastet werden als inländische Einkommen.

4.4.1 Internationale Doppelbesteuerung

4.4.1.1 Der Begriff der internationalen Doppelbesteuerung

Eine exakte, rechtlich verbindliche Definition des Begriffs „internationale Doppelbesteuerung“ gibt es nicht. Sie ist angesichts der Tatsache, dass es weder im Völkerrecht, noch im internationalen Steuerrecht, noch im EU-Recht ein Verbot internationaler Doppelbesteuerung gibt, letztlich auch nicht notwendig.[553] Grundsätzlich kann man jedoch zwischen einer (engeren) juristischen und einer (weiteren) ökonomischen Abgrenzung internationaler Doppelbesteuerung unterscheiden.[554]

Von einer internationalen Doppelbesteuerung im juristischen Sinne spricht man dann, wenn

- eine gleichartige Steuer
- von zwei (oder mehr) souveränen Staaten
- bei ein und demselben Steuersubjekt
- auf ein und dasselbe Steuerobjekt
- im identischen Zeitraum

erhoben wird.[555]

Aus ökonomischer Sicht ist diese Abgrenzung jedoch nicht weit genug gefasst. Sie lässt alle Fälle außer Acht, in denen zwar das gleiche Steuerobjekt in der gleichen Periode von zwei Staaten mit einer ähnlichen Steuer belastet wird, die Steuer aber bei unterschiedlichen Steuersubjekten erhoben wird. Investiert also eine inländische Kapitalgesellschaft im Ausland, wobei sie dort eine Tochtergesellschaft gründet, und werden die daraus resultierenden Erträge zunächst bei der ausländischen Tochtergesellschaft und bei Ausschüttung nochmals bei der inländischen Muttergesellschaft besteuert, dann liegt im juristischen Sinne keine Doppelbesteuerung vor. Dennoch verschlechtert diese Mehrfachbelastung die Nettorendite der betrachteten Investition im Vergleich zu einer anderen Investition mit gleicher Bruttorendite, die von der Muttergesellschaft direkt getätigt wird. Daher wird im Sinne der ökonomischen Definition auch dann von internationaler Doppelbesteuerung gesprochen, wenn keine Subjektidentität vorliegt; es reicht aus, wenn die betroffenen Steuersubjekte eine wirtschaftliche Einheit bilden, wie es insbesondere bei international verbundenen Unternehmen der Fall ist.[556]

---

[553] Vgl. Schaumburg, H. (1998), S. 8, Overwiening, B. (1995), S. 50.
[554] Zu weiteren Konzeptionen internationaler Doppelbesteuerung siehe Debatin, H. (1983), S. 280 ff.
[555] „International juridical double taxation can be generally defined as the imposition of comparable taxes in two (or more) States on the same taxpayer in respect of the same subject matter and for identical periods." OECD (1996), S. 7. Vgl. Rose, G. (2000), S. 48, Höfer, J. (1997), S. 805.
[556] Vgl. Rose, G. (2000), S. 48 f., Debatin, H. (1983), S. 281.

4.4.1.2 Ursachen und Auswirkungen internationaler Doppelbesteuerung

Zu einer internationalen Doppelbesteuerung kommt es dann, wenn die Steueransprüche von souveränen Staaten kollidieren. Solche Überschneidungen können prinzipiell entstehen, wenn die Begriffe „Einkommensquelle" beziehungsweise „Wohnsitz" oder „Sitz" nicht eindeutig definiert und international abgestimmt sind und somit zwei Staaten eine Einkommensbesteuerung nach dem Quellenlandprinzip beziehungsweise dem Wohnsitzlandprinzip vornehmen.[557]

Der weitaus häufigere Fall der Kollision resultiert aber aus dem international üblichen Nebeneinander von Quellenland- und Wohnsitzlandbesteuerung: Auf der Basis des Souveränitätsprinzips besteuern viele Staaten das gesamte Welteinkommen ihrer Bürger nach dem Wohnsitzlandprinzip, gehen aber gleichzeitig nach dem Quellenlandprinzip vor, indem sie fiskalischen Anspruch auf im Inland entstehendes Einkommen erheben, das Ausländern zufließt.[558] So unterscheidet auch das deutsche Einkommensteuerrecht (§ 1 EStG) zwischen unbeschränkt Steuerpflichtigen, die mit ihrem gesamten Welteinkommen der Besteuerung unterliegen, und beschränkt Steuerpflichtigen, die nur mit bestimmten inländischen Einkommen in Deutschland steuerpflichtig sind.[559] Ohne weitere, ausgleichende Maßnahmen führt ein solches Vorgehen zu einer Doppelbesteuerung grenzüberschreitender Einkommen: Dann muss ein Steuersubjekt, das im Inland seinen Wohnsitz hat und im Ausland Einkünfte erzielt, diese Einkünfte zweimal – nämlich im Ausland (Quellenland) und im Inland (Wohnsitzland) – versteuern.[560]

In fiskalischer Hinsicht ist diese Doppelbesteuerung (zunächst) von Vorteil für die beteiligten Staaten: Sowohl das Quellenland als auch das Wohnsitzland erzielen ein positives Steueraufkommen aus der internationalen Transaktion – ein Tatbestand, der mit dem Kriterium der Gerechtigkeit zwischen Nationen zweifellos im Einklang steht.

---

[557] Vgl. Rose, G. (2000), S. 50, Debatin, H. (1983), S. 279.
[558] Vgl. Sato, M., Bird, R.M. (1975), S. 398.
[559] Siehe dazu Kapitel 5.3.1.
[560] Vgl. Debatin, H. (1983), S. 278, Rose, G. (2000), S. 50.

Im Hinblick auf die Gerechtigkeit zwischen Personen ist die internationale Doppelbesteuerung jedoch abzulehnen: Zwei Wirtschaftssubjekte mit identischer steuerlicher Leistungsfähigkeit – also mit gleichem Welteinkommen und auch ansonsten gleichen Lebensumständen – und identischem Wohnsitzland werden dadurch unterschiedlich stark besteuert, je nachdem wo sie ihr Einkommen erwirtschaftet haben. Person A, die ihre Einkünfte im Ausland erzielt und damit sowohl im Quellenland als auch im Wohnsitzland besteuert wird, hat eine höhere Gesamtsteuerlast zu tragen als Person B, die ihr Einkommen ausschließlich im Inland erzielt und folglich auch nur im Inland eine Steuer entrichten muss. Damit wird eindeutig gegen die horizontale Gerechtigkeit verstoßen,[561] wenngleich das Nichtdiskriminierungsgebot innerhalb der einzelnen Länder durchaus gewahrt sein kann.

Die mit der Doppelbesteuerung einhergehende steuerliche Diskriminierung von Auslandseinkünften gegenüber inländischen Einkünften ist auch aus Effizienzgesichtspunkten abzulehnen, weil sie sowohl einen Verstoß gegen die Kapitalexportneutralität als auch gegen die Kapitalimportneutralität darstellt. Dadurch wird die grenzüberschreitende Mobilität von Produktionsfaktoren eingeschränkt; die internationale Arbeitsteilung wird behindert und gesamtwirtschaftlich vorteilhafte Auslandsinvestitionen werden nicht vorgenommen. Die damit verbundenen Wachstumseinbußen haben wiederum negative Auswirkungen auf die steuerlichen Bemessungsgrundlagen und damit auch auf das Steueraufkommen in den beteiligten Ländern. Daher haben diese ein grundsätzliches Interesse daran, internationale Doppelbesteuerung zu vermeiden.[562]

4.4.1.3 Maßnahmen zur Vermeidung internationaler Doppelbesteuerung

Zur Vermeidung internationaler Doppelbesteuerung kommen zwei grundlegende Maßnahmen beziehungsweise Verfahren zum Tragen, die die einzelnen Länder ent-

[561] Dabei lässt sich aus der Tatsache, dass das Leistungsfähigkeitsprinzip in Deutschland Verfassungsrang hat, ein Gebot der Vermeidung internationaler Doppelbesteuerung schließen. Vgl. Schaumburg, H. (1998), S. 8 und Kapitel 3.1 dieser Arbeit.
[562] Vgl. Rose, G. (2000), S. 51.

weder eigenständig in ihrem nationalen Außensteuerrecht verankern (unilaterale Maßnahmen) oder in Abstimmung mit anderen Ländern (bilaterale Doppelbesteuerungsabkommen) anwenden: das Freistellungsverfahren (exemption method) und das Anrechnungsverfahren (credit method). Daneben gibt es unterschiedliche Formen der Begrenzung der Quellenstaatsbesteuerung auf der einen Seite und der Wohnsitzlandbesteuerung auf der anderen Seite, die lediglich eine Milderung der Doppelbesteuerung erreichen: Dazu zählt beispielsweise das Abzugsverfahren (deduction method).

4.4.1.3.1 Freistellungsverfahren (exemption method)

Beim Freistellungsverfahren wird eine Doppelbesteuerung grenzüberschreitender Einkünfte vermieden, indem eines der beteiligten Länder vollständig auf deren Besteuerung verzichtet. Dabei werden in der Regel im Ausland erzielte Einkünfte durch das Wohnsitzland steuerfrei gestellt, so dass die im Quellenland erhobene Steuer die abschließende steuerliche Belastung des internationalen Einkommens darstellt.[563] In diesem Fall der „vollständigen Freistellung"[564], bei der die ausländischen Einkünfte für den heimischen Fiskus quasi nicht existent sind, ist für den Steuerpflichtigen ausschließlich die Steuer des Landes relevant, in dem sein Einkommen entstanden ist. Aus seiner Sicht ist das Quellenlandprinzip verwirklicht.[565]

Eine vollständige Berücksichtigung der im Gesamteinkommen zum Ausdruck kommenden steuerlichen Leistungsfähigkeit und deren progressive Besteuerung ist bei diesem Verfahren, das eine Abkehr vom Welteinkommensprinzip bedeutet, nicht möglich. Im Hinblick auf die horizontale und vertikale Gerechtigkeit zwischen Personen ist die Freistellung im Wohnsitzland also kritisch zu beurteilen. Dagegen kann das Nichtdiskriminierungsgebot, also die steuerliche Gleichbehandlung von In- und Ausländern im Quellenland, bei diesem Verfahren ohne weiteres befolgt werden.

---

[563] Vgl. Peffekoven, R. (1984), S. 139, Sato, M., Bird, R.M. (1975), S. 400. Das bedeutet, dass auch im Ausland erzielte „negative Ergebnisse", also Verluste und Verschuldungen, unberücksichtigt bleiben. Vgl. Debatin, H. (1983), S. 301.

[564] Rose, G. (2000), S. 57.

[565] Vgl. Peffekoven, R. (1982), S. 242.

Der Verstoß gegen die individuelle steuerliche Gerechtigkeit kann – wenn auch nur teilweise – durch die so genannte „Freistellung mit Progressionsvorbehalt"[566] abgebaut werden: Die im Ausland erzielten Kapitalerträge werden zunächst in die Bemessungsgrundlage der inländischen Steuer mit einbezogen, um den individuellen Steuersatz des Steuerpflichtigen zu ermitteln. Der sich daraus ergebende Durchschnittssteuersatz wird jedoch nicht auf die gesamten Einkünfte, sondern lediglich auf das im Inland erzielte Einkommen erhoben. Dadurch erhöht sich tendenziell die Gesamtsteuerlast des Steuerpflichtigen; der Progressionsvorbehalt kann aber auch durchaus von Vorteil für ihn sein, nämlich dann, wenn er im Ausland Verluste erzielt und sein individueller Durchschnittssteuersatz dadurch sinkt.[567]

Die vollständige Freistellung durch das Wohnsitzland führt dazu, dass ausschließlich das Quellenland einen fiskalischen Nutzen aus internationalen Faktoreinkünften zieht. Eine Tatsache, die aus Gründen der zwischenstaatlichen Gerechtigkeit grundsätzlich abzulehnen ist. Im Fall der Freistellung mit Progressionsvorbehalt dagegen steigen auch im Wohnsitzland die Steuereinnahmen, weil die inländische Bemessungsgrundlage einem höheren Steuersatz unterliegt. Das gilt allerdings nur dann, wenn die Bürger positive ausländische Einkünfte beziehen.

Im Hinblick auf die Neutralität der Besteuerung ist die Freistellung durch das Wohnsitzland genauso zu beurteilen wie das Quellenlandprinzip an sich. Solange die Steuern im Quellenland und im Wohnsitzland nicht vollständig harmonisiert sind, kann mit diesem Verfahren keine Kapitalexportneutralität erreicht werden, weil in- und ausländische Investitionserträge unterschiedlich besteuert werden.[568] Kapitalimportneutralität ist mit der Freistellung dagegen zu erreichen, wobei jedoch im Fall des Progressionsvorbehalts Einschränkungen zu machen sind: Zwar werden aus Sicht des Kapitalimportlandes die Einkünfte aus in- und ausländischem Kapital gleich besteuert, die Kapitaleinkünfte von Ausländern bedingen aber eine höhere steuerliche Belastung ihrer sonstigen, heimischen Einkünfte.

---

[566] Rose, G. (2000), S. 57. Siehe dazu beispielsweise § 32b EStG. Formal: $T_{WL} = t_{WL}(Y_{WL}+Y_{QL}) \cdot Y_{WL}$, mit T_{WL} = Steuerschuld im Wohnsitzland; t_{WL} = Durchschnittssteuersatz im Wohnsitzland als Funktion des Gesamteinkommens; Y_{WL} = Bemessungsgrundlage im Wohnsitzland; Y_{QL} = Bemessungsgrundlage im Quellenland.

[567] Vgl. Debatin, H. (1983), S. 301 f., Peffekoven, R. (1982), S. 247, Wissenschaftlicher Beirat beim BMF (1999), S. 18, Rose, G. (2000), S. 58 f.

[568] Vgl. Sato, M., Bird, R.M. (1975), S. 409.

Auch unter dem Gesichtspunkt der Steuerhoheit, also der Möglichkeit, die Steuererhebung für nichtfiskalische Ziele einzusetzen, ist die Freistellung im Wohnsitzland mit dem Quellenlandprinzip identisch. Das Quellenland kann seine Besteuerung bei diesem Verfahren gezielt im internationalen Standortwettbewerb einsetzen und dazu vergleichsweise niedrige Steuersätze anwenden. So sind beispielsweise bei Direktinvestitionen die nach dem Quellenlandprinzip erhobenen Steuern durchaus relevant für die Investitionsentscheidung. Gründet ein Investor im betreffenden Land eine Betriebstätte oder eine Tochtergesellschaft, unterliegt er zunächst der dort erhobenen Steuer. Bei Gewinnausschüttungen könnte zusätzlich die Steuer im Wohnsitzland greifen und eine relativ günstige Quellenlandsteuer kompensieren. Bei einer Freistellung bleibt der Standortvorteil „niedriger Steuersatz" für das Ausland erhalten.[569] Gleichzeitig macht sich der Wohnsitzstaat durch die Freistellung ausländischer Einkünfte verwundbar, weil er ausländischen Steueroffensiven nicht entgegenwirken kann und einer Abwanderung von Produktionsfaktoren und Steuerbemessungsgrundlagen letztlich tatenlos zusehen muss.[570]

Wie bereits dargestellt wurde, ist das Quellenlandprinzip – und folglich auch die Freistellung auf Seiten des Wohnsitzlandes – sehr praktikabel, weil ausländische Sachverhalte bei der Besteuerung im Wohnsitzland keine Rolle spielen. Dieser Vorteil entfällt jedoch im Fall der Freistellung mit Progressionsvorbehalt: Hier müssen ausländische Einkünfte möglichst lückenlos erfasst werden.

Eine andere Variante der Freistellungsmethode ist verwirklicht, wenn das Quellenland die Einkünfte steuerfrei stellt und das internationale Faktoreinkommen damit ausschließlich der Besteuerung des Wohnsitzlandes unterliegt.[571] Diese seltenere Form der Freistellung ist das innerhalb der EU übliche Verfahren zur Besteuerung der Zinseinkünfte von Ausländern.[572] Dass das gesamte Steueraufkommen folglich dem Wohnsitzland zufließt, wird im Allgemeinen als noch weniger gerecht angesehen als die einseitige Steuerverteilung auf das Quellenland. Denn letzterem wird

---

[569] Vgl. Sinn, H.-W. (1997a), S. 676.
[570] Vgl. Wissenschaftlicher Beirat beim BMF (1999), S. 73.
[571] Vgl. SVR (1998), S. 190.
[572] Vgl. Wagner, F.W. (1999a), S. 1527.

grundsätzlich ein höherer Anspruch auf die Bemessungsgrundlage zugestanden als dem Wohnsitzland.[573]

Die Freistellung durch das Quellenland ist nicht nur im Hinblick auf die Steuerverteilung, sondern auch aus Sicht des Steuerzahlers mit einer Besteuerung nach dem Wohnsitzlandprinzip gleichzusetzen. Das gesamte Welteinkommen eines Steuerpflichtigen wird in seinem Wohnsitzland besteuert; eine Berücksichtigung von Leistungsfähigkeits- und Progressionsprinzip ist somit möglich. Dagegen ist die Gleichbehandlung in- und ausländischer Investoren im Kapitalimportland (Nichtdiskriminierungsgebot) kaum durchzusetzen. Dies wäre nur zu erreichen, wenn das Quellenland auch auf eine Besteuerung der Kapitalerträge von Gebietsansässigen verzichten würde, was allein aus fiskalischen Gründen nicht der Fall sein wird.

Internationale Entscheidungsneutralität kann bei der Freistellung inländischer Einkünfte, die Ausländern zufließen, nur in Form der Kapitalexportneutralität durchgesetzt werden.

Prinzipiell ist es bei der Freistellung durch das Quellenland nur dem Wohnsitzland möglich, die Besteuerung zum Erreichen seiner nichtfiskalischen Ziele einzusetzen. Da hier ausschließlich das Steuersystem des Wohnsitzlandes die steuerliche Belastung der Steuerpflichtigen bestimmt, sind diese „geradezu immun gegenüber steuerpolitischen Maßnahmen des Quellenlandes"[574]. Die Kapitalflucht aus Deutschland nach Luxemburg macht deutlich, dass eine Freistellung im Quellenland de facto aber auch (und gerade) für dieses von Vorteil sein kann: Wenn die Steuer im Wohnsitzland relativ leicht hinterzogen werden kann, stellt die somit endgültige Nichtbesteuerung einen erheblichen Standortvorteil für das Quellenland dar. Damit wird ein Hauptproblem der Freistellung im Quellenland offensichtlich: Das Verfahren ist in der praktischen Umsetzung schwierig, weil der Kontrollaufwand für den heimischen Fiskus sehr groß und eine lückenlose Besteuerung ausländischer Faktoreinkommen ohne Kontrollmitteilungen des Quellenlandes nicht zu bewerkstelligen ist. Folglich

573 Siehe dazu Kapitel 4.2.1.2.
574 Gandenberger, O. (o.J.), S. 28.

wäre die ausschließliche Besteuerung im Wohnsitzland mit einem erheblichen Bedarf an ständiger internationaler Kooperation verbunden.

4.4.1.3.2 Anrechnungsverfahren (credit method)[575]

Das Anrechnungsverfahren vermeidet die Doppelbesteuerung internationaler Faktoreinkommen dadurch, dass ausländische Einkünfte bei der Ermittlung der Bemessungsgrundlage der inländischen Steuer zwar mit einbezogen werden, die auf der Basis des gesamten Einkommens errechnete Steuerschuld aber um bereits im Ausland gezahlte gleichartige Steuern vermindert wird.[576] Je nachdem, ob nur ausländische Steuern angerechnet werden, die der Steuerpflichtige selbst im Ausland zahlen musste, oder auch solche, die im Ausland von rechtlich selbständigen Untereinheiten (also zum Beispiel von einer Tochtergesellschaft) des inländischen Steuersubjektes gezahlt wurden, ist von einer direkten oder einer indirekten Anrechnung die Rede. Während die direkte Anrechnung lediglich die Doppelbesteuerung im juristischen Sinne vermeidet, wirkt die indirekte Anrechnung auch einer Doppelbelastung im ökonomischen Sinne entgegen.[577]

Daneben unterscheidet man zwischen der vollen Anrechnung, bei der die ausländische Steuer unbegrenzt auf die inländische Steuerschuld angerechnet wird, der begrenzten Anrechnung, bei der die ausländische Steuer nur bis zu Höchstbeträgen angerechnet wird, und der fiktiven Anrechnung, bei der – zum Beispiel aus entwicklungspolitischen Gründen – Steuern angerechnet werden, die im Quellenland überhaupt nicht gezahlt wurden.[578] Bei der vollen Anrechnung mindern im Ausland gezahlte Steuerbeträge die inländische Steuerschuld in entsprechender Höhe.[579] Je

---

[575] Das Anrechnungsverfahren geht auf die Doppelbesteuerungsabkommen Großbritanniens zurück, die zu Beginn des 20. Jahrhunderts geschlossen wurden. Vgl. Bühler, O. (1964), S. 193 f.

[576] Vgl. Rose, G. (2000), S. 69 ff., Peffekoven, R. (1984), S. 139, Sato, M., Bird, R.M. (1975), S. 400. Die beispielsweise in Art. 23B OECD-MA, in § 34c Abs. 1 EStG sowie in § 26 Abs. 1 KStG verankerte Beschränkung der Anrechnung auf gleichartige Steuern könnte bei einem einseitigen Übergang zu einer konsumorientierten Einkommensteuer zu Schwierigkeiten führen.

[577] Vgl. Rose, G. (2000), S. 59 ff., Sato, M., Bird, R.M. (1975), S. 401 f. Das direkte Anrechnungsverfahren ist beispielsweise in § 26 Abs. 1 und 6 KStG verankert.

[578] Vgl. Rose, G. (2000), S. 59 ff.

[579] Formal: $T_{WL} = t_{WL} \cdot (Y_{WL}+Y_{QL}) - t_{QL} \cdot Y_{WL}$. Mit $t_{WL} = t_{WL}(Y_{WL}+Y_{QL})$. Zur Symbolik siehe Fußnote 565.

nachdem, wie stark die inländische Steuerbelastung von der ausländischen abweicht, kann es bei diesem Verfahren dazu kommen, dass der heimische Fiskus dem Steuerpflichtigen die ausländische Steuer teilweise oder sogar ganz erstattet. Das daraus resultierende negative Steueraufkommen im Wohnsitzland ist mit einem Transfer der inländischen Staatskasse an die ausländische Staatskasse gleichzusetzen, den der Steuerpflichtige lediglich „weiterleitet".

Da dies ganz offensichtlich den fiskalischen Interessen des Wohnsitzlandes widerspricht, wird die Anrechnung in der Regel der Höhe nach begrenzt, so dass es nicht zur Erstattung von im Ausland gezahlten Steuern kommt. Dabei wird die ausländische Steuer nur bis zu einem gesetzlich festgelegten Höchstbetrag angerechnet, der meist der inländischen Steuerbelastung entspricht, die auf die ausländische Bemessungsgrundlage entfallen würde.[580] Die Anrechnung der im Ausland gezahlten Steuern kann sich auf die im Ausland gezahlten Steuern insgesamt beziehen („overall-limitation"), sie kann aber auch länderweise („per-country-limitation") oder je nach Einkunftsart („per-object-limitation") begrenzt sein.[581]

Aus Sicht des Steuerzahlers ist die unbegrenzte Anrechnung mit dem Wohnsitzlandprinzip gleichzusetzen, denn seine endgültige Steuerschuld ergibt sich nach Maßgabe der Besteuerung im Wohnsitzland. Das unbegrenzte Anrechnungsverfahren hat außerdem den Vorteil, dass mit dem Welteinkommen die gesamte steuerliche Leistungsfähigkeit erfasst und progressiv besteuert werden kann.[582] Auf diese Weise kann steuerliche Gerechtigkeit zwischen den einzelnen Steuersubjekten hergestellt werden. Dagegen bewirkt die begrenzte Anrechnung, dass die steuerliche Belastung ausländischer Einkünfte mindestens auf das Steuerniveau des Wohnsitzlandes angehoben wird.[583] Daher können Personen mit ausländischen Einkünften durchaus höher besteuert werden als Personen mit gleich hohen inländischen Ein-

---

[580] Diese Begrenzung findet sich zum Beispiel in Art. 23 B OECD-MA, in § 34c Abs. 1 EStG sowie in § 26 Abs. 1 KStG wieder. Formal: $AB_{max} = t_{WL} \cdot Y_{QL}$. Mit AB_{max} = maximaler Anrechnungsbetrag und $t_{WL} = t_{WL}(Y_{WL}+Y_{QL})$. Zur weiteren Symbolik siehe Fußnote 565.

[581] Vgl. SVR (1998), S. 190, Debatin, H. (1983), S. 287, Sato, M., Bird, R.M. (1975), S. 400 ff. Das deutsche Steuerrecht sieht in § 68a EStDV eine „per-country-limitation" vor.

[582] Vgl. Peffekoven, R. (1982), S. 242 f. und S. 247.

[583] Vgl. Debatin, H. (1983), S. 286.

künften, wenn die Steuerlast im Quellenland die im Wohnsitzland übersteigt. Dies kommt einem Verstoß gegen die horizontale steuerliche Gerechtigkeit gleich.[584]

Mit dem Anrechnungsverfahren kann prinzipiell auch steuerliche Gerechtigkeit zwischen den beteiligten Ländern geschaffen werden, in dem Sinne, dass beide an dem aus der internationalen Transaktion resultierenden Steueraufkommen beteiligt werden. Die genaue Aufteilung des Gesamtsteueraufkommens auf das Quellen- und das Wohnsitzland hängt dabei davon ab, wie groß die Steuerunterschiede zwischen den beiden Ländern sind. Ist die Quellensteuer beispielsweise genauso hoch wie die Besteuerung im Wohnsitzland, dann fließt das gesamte Steueraufkommen aus den internationalen Einkünften ausschließlich dem Quellenland zu. Liegt die steuerliche Belastung im Quellenland über der des Wohnsitzlandes, dann erzielt das Quellenland – bei unbegrenzter Anrechnung – sogar ein Steueraufkommen zu Lasten des Fiskus im Wohnsitzland.

Eine Anrechnung ausländischer Steuern führt also zu einem Einkommenstransfer zwischen in- und ausländischem Fiskus (und damit auch zwischen den beiden Volkswirtschaften) und geht zu Lasten der kapitalexportierenden Länder.[585] Je höher die Quellensteuer ist, umso höher ist der so genannte „Steuerexport durch Offset"[586], von dem die Rede ist, wenn „das Steueraufkommen einer Region (Land, Staat etc.) die Steuerleistung übersteigt."[587] Ein solcher Export von Steuerlasten ist immer mit einem Einkommensgewinn für das steuerexportierende Land (hier: das Quellenland) und einem Einkommensverlust für das steuerimportierende Land (hier: das Wohnsitzland) verbunden.[588] Wie sich dieser nationale Verlust auf den Fiskus des anrechnenden Wohnsitzlandes einerseits und den Steuerzahler andererseits aufteilt, hängt

---

[584] Dieses Problem würde bei einer „overall-limitation" reduziert, da eine relativ hohe Quellensteuer in einem Land durch niedrigere Quellensteuern in anderen Ländern ausgeglichen werden könnte. Vgl. Sato, M., Bird, R.M. (1975), S. 401 f.

[585] Vgl. Mieszkowski, P. (1969), S. 101. Wobei hier lediglich der Ressourcentransfer in Form von Steuerbeträgen berücksichtigt wird. Eine umfassende Betrachtung der zwischenstaatlichen Gerechtigkeit müsste dagegen den gesamten Ressourcentransfer zwischen den betreffenden Staaten mit einbeziehen. Vgl. Musgrave, R.A., Musgrave, P.B. (1972) und Kapitel 4.2.1.2.3 dieser Arbeit.

[586] Peffekoven, R. (1975), S. 17.

[587] Ebenda, S. 4.

[588] Vgl. ebenda, S. 10.

davon ab, ob die ausländische Steuer vollständig oder nur begrenzt angerechnet wird.[589]

Das kann an folgendem Beispiel verdeutlicht werden: Betrachtet wird eine Person, die in Land A ansässig ist und in Land B Einkünfte in Höhe von 200 Euro erwirtschaftet. Dieses Einkommen wird (als Bestandteil eines größeren Gesamteinkommens) im Wohnsitzland mit einem Durchschnittsteuersatz von 25 Prozent belastet, so dass der maximale Anrechnungsbetrag für die ausländische Steuer bei 50 Euro liegt. Erhebt das Quellenland ebenfalls eine Steuer von 25 Prozent, dann können die im Land B abgeführten 50 Euro im Wohnsitzland vollständig angerechnet werden. Damit erzielt das Land A ein Steueraufkommen von 0 Euro aus den ausländischen Einkünften und das Land B ein Steueraufkommen von 50 Euro. Das uneingeschränkte Anrechnungsverfahren führt dazu, dass der nationale Einkommensverlust in Höhe von 50 Euro vollständig zu Lasten des Fiskus im Wohnsitzland geht. Erhebt Land B dagegen eine Quellensteuer in Höhe von 40 Prozent, dann kommt es zu einem Anrechnungsüberhang: Land B erhält ein Steueraufkommen von 80 Euro, Land A rechnet aber nur 50 Euro an und nimmt auch in diesem Fall 0 Euro an Steuern ein. Die restlichen 30 Euro hat der Investor zu tragen. Durch die Beschränkung der Anrechnung stellt sich das Quellenland fiskalisch also nicht schlechter: Auch ohne volle Anrechnung findet ein Steuerexport vom Quellenland zum Wohnsitzland in Höhe von 80 Euro statt, der sich jedoch auf den Fiskus und den Steuerpflichtigen aufteilt.

Durch das Anrechnungsverfahren wird in gewisser Weise die steuerliche Souveränität sowohl des Quellenlandes als auch des Wohnsitzlandes eingeschränkt. So wird das Steueraufkommen im Wohnsitzland maßgeblich durch die Höhe der im Ausland erhobenen Quellensteuer bestimmt.[590] Gleichzeitig werden Staaten, die das Anrechnungsverfahren ausüben, sich nicht über zu niedrige Quellensteuersätze und einen

[589] Vgl. Sato, M., Bird, R. M. (1975), S. 422.
[590] Vgl. ebenda, S. 421. Um dieser fiskalischen Abhängigkeit des Wohnsitzlandes entgegenzuwirken, sind die Quellensteuersätze in Doppelbesteuerungsabkommen für einige Einkunftsarten (Dividenden, Zinsen) der Höhe nach begrenzt. Siehe zum Beispiel Art. 10 Abs. 2 und Art. 11 Abs. 2 OECD-MA. Dabei kann die jeweilige Höhe der Quellensteuersätze vom relativen Entwicklungsstand der beteiligten Länder abhängig gemacht werden, so dass zum Beispiel Industrieländer Entwicklungsländern einen höheren Quellensteuersatz zugestehen. Vgl. Mieszkowski, P. (1969), S. 107.

damit verbundenen „unfairen Wettbewerb“ anderer Staaten beschweren, da sie die Steuerbelastung immer auf das inländische Niveau hinaufschleusen können. Damit sind sie grundsätzlich an einer niedrigen Quellenbesteuerung interessiert.[591] Im Gegensatz dazu hat das Quellensteuerland ein prinzipielles Interesse an möglichst hohen (also gerade noch keinen Anrechnungsüberhang verursachenden) Quellensteuersätzen, da es ohnehin keine Möglichkeit hat, steuerliche Anreize für Kapitalimporte zu setzen: Eine geringere Quellensteuer würde lediglich zu einer geringeren Anrechnung im Wohnsitzland führen und nichts an der steuerlichen Gesamtbelastung der Kapitaleinkünfte ändern. Insofern wäre eine Steuersenkung nicht mit einem Standortvorteil, sondern vielmehr mit einem fiskalischen Nachteil für das Quellenland verbunden.[592]

Die Neutralisierung steuerpolitischer Maßnahmen im Quellenland durch das Anrechnungsverfahren kann vermieden werden, indem das Wohnsitzland auch bei niedriger oder fehlender Besteuerung durch das Quellenland eine – über die tatsächlich gezahlte Steuer hinausgehende – Quellensteuer anrechnet (fiktive Steueranrechnung).[593] So sehen viele deutsche Doppelbesteuerungsabkommen mit Entwicklungsländern vor, dass bei bestimmten ausländischen Einkünften (vor allem bei Zinsen, Dividenden und Lizenzgebühren) eine fiktive Steuer angerechnet wird, deren Höhe im betreffenden Abkommen festgelegt ist.[594] Auf diese Weise wird die steuerliche Subventionierung von Kapitalanlagen in Entwicklungsländern nicht unwirksam gemacht.[595] Der damit verbundene Verstoß gegen die Kapitalexportneutralität (Erträge aus im Ausland angelegtem Kapital werden in der Regel niedriger besteuert als Erträge aus inländischem Kapital) wird hier nicht nur in Kauf genommen; er ist aus entwicklungspolitischen Gründen sogar beabsichtigt. Gleichzeitig stellt die

---

[591] Vgl. Wissenschaftlicher Beirat beim BMF (1999), S. 30. Das lässt vermuten, dass eine zinsbereinigte Einkommensbesteuerung im Quellenland bei den Partnerländern nicht auf Widerstand stoßen würde – es sei denn, sie gehen davon aus, dass die Steuer im Wohnsitzland hinterzogen wird und somit beispielsweise private Zinseinkünfte vollständig steuerfrei bleiben. Siehe dazu Kapitel 6.2.

[592] Vgl. ebenda, S. 71. Dabei wird unterstellt, dass kein Anrechnungsüberhang besteht. Ein reduzierter Anrechnungsüberhang geht grundsätzlich mit einer Verbesserung der steuerlichen Standortbedingungen einher.

[593] Siehe beispielsweise den inzwischen aufgehobenen § 26 Abs. 3 KStG.

[594] Die fiktive Steueranrechnung ist üblicherweise in Art. 23 Abs. 1 c) und d) der Doppelbesteuerungsabkommen geregelt, so zum Beispiel im Doppelbesteuerungsabkommen Deutschland-Elfenbeinküste und im Doppelbesteuerungsabkommen Deutschland-Indien.

[595] Vgl. Peffekoven, R. (1982), S. 245, Bühler, O. (1964), S. 195.

fiktive Anrechnung aber auch einen Verstoß gegen die individuelle steuerliche Gerechtigkeit dar.[596]

Im Hinblick auf die internationale Entscheidungsneutralität ist das Anrechnungsverfahren – soweit es unbegrenzt ist – mit dem Wohnsitzlandprinzip gleichzusetzen: Kapitalimportneutralität ist bei dieser Methode nicht gewahrt, da aus der Sicht des Kapitalimportlandes inländische Kapitalerträge von Ausländern aller Wahrscheinlichkeit nach nicht der gleichen endgültigen Besteuerung unterliegen wie die von Inländern. Eine unbegrenzte Anrechenbarkeit ausländischer Quellensteuern auf die im Wohnsitzland erhobene Steuer ist aber mit Kapitalexportneutralität verbunden; Inländer werden mit ihrem weltweiten Einkommen besteuert, unabhängig davon, ob dieses Einkommen aus in- oder ausländischen Quellen fließt.[597] Es gibt daher weder steuerliche Anreize noch Hindernisse für eine Investition im Ausland: Ist die ausländische Quellensteuer geringer als die inländische Einkommensteuer, so wird dieser Vorteil kompensiert, sobald das Welteinkommen im Inland besteuert wird und eben nur eine entsprechend geringe Quellensteuer angerechnet wird. Ist die ausländische Steuer dagegen höher als die inländische, müsste es konsequenterweise zu Steuererstattungen kommen, so dass letztlich wieder das inländische Steuerniveau erreicht wird. Mit einer begrenzten Anrechnung ausländischer Steuern im Wohnsitzland ist dagegen weder Kapitalimportneutralität noch Kapitalexportneutralität zu erreichen:[598] Sobald die ausländische Steuerbelastung die inländische übersteigt, werden ausländische Kapitalerträge stärker besteuert als inländische, so dass inländische Investitionen steuerlich attraktiver sind.

Unter Praktikabilitätsgesichtspunkten ist das Anrechnungsverfahren dem Freistellungsverfahren (genauer: der Freistellung durch das Wohnsitzland) unterlegen, weil grundsätzlich auch ausländische Tatbestände zu berücksichtigen sind. Seitens der Steuerpflichtigen besteht auch hier ein steuerlicher Anreiz zur Nichtdeklaration ausländischer Einkünfte: Im Regelfall liegt die im Quellenland abgeführte Steuer unter

---

[596] Zur Beurteilung der – auch als „tax sparing" bezeichneten – fiktiven Anrechnung siehe Peffekoven, R. (1983), S. 806 ff. und ausführlich Thien, E.J. (1975).

[597] Vgl. Sato, M., Bird, R.M. (1975), S. 408 f.

[598] Vgl. Peffekoven, R. (1982), S. 248.

dem Steuerniveau des Wohnsitzlandes, liegt sie darüber, kann üblicherweise nicht mit Erstattungen des heimischen Fiskus gerechnet werden.

4.4.1.3.3 Abzugsverfahren (deduction method)

Durch das Abzugsverfahren, bei dem die im Quellenland gezahlte Steuer von der Bemessungsgrundlage der im Wohnsitzland zu zahlenden Steuer abgezogen wird, kann die Doppelbesteuerung internationaler Faktoreinkommen grundsätzlich nicht beseitigt, sondern lediglich reduziert werden.[599]

Dabei bietet sich das Abzugsverfahren auch für solche Steuern an, die nicht der inländischen Steuer entsprechen und – wegen des im internationalen Steuerrecht üblichen „Gleichartigkeitsgebots" – nicht auf diese angerechnet werden können. Beim Abzugsverfahren werden die ausländischen Steuern als „Kostenfaktor der Wirtschaftsbetätigung im Ausland"[600] angesehen und folglich von der inländischen Bemessungsgrundlage abgezogen – eine Vorgehensweise, die im Rahmen einer am Nettoprinzip orientierten Einkommensteuer durchaus systemkonform ist.[601]

Interpretiert man die im Ausland gezahlten Steuern also als Einkunftserzielungskosten, die keine steuerliche Leistungsfähigkeit des Einkommensbeziehers darstellen, dann wird mit dem Abzugsverfahren die horizontale steuerliche Gerechtigkeit gewahrt. Denn dann tragen zwei Personen mit gleicher steuerlicher Leistungsfähigkeit die gleiche inländische Steuerlast, gleichgültig ob sie diese Leistungsfähigkeit im Ausland oder im Inland erzielt haben.[602] Da es darüber hinaus das Durchsetzen des

---

599 Vgl. SVR (1998), S. 190, Sato, M., Bird, R.M. (1975), S. 402. Formal: $T_{WL} = t_{WL}(Y_{WL} - t_{QL} \cdot Y_{QL}) \cdot (Y_{WL} - t_{QL} \cdot Y_{QL})$; zur Symbolik siehe Fußnote 565. Eine lediglich reduzierte internationale Doppelbesteuerung wird auch mit dem so genannten „Pauschalierungsverfahren" erreicht, bei dem der heimische Fiskus die ausländische Bemessungsgrundlage nur mit einem niedrigen Pauschalsteuersatz belastet oder den auf diese Bemessungsgrundlage entfallenden Steuerbetrag pauschal reduziert. Vgl. Rose, G. (2000), S. 62.

600 Pesmatzoglou, H. (1996), S. 33.

601 Das Abzugsverfahren wäre insofern auch für den Fall eines einseitigen Übergangs zu einer konsumorientierten Einkommensteuer denkbar.

602 Vgl. Musgrave, R.A., Musgrave, P.B. (1972), S. 69. Damit werden zwei Personen, die den gleichen Beitrag zum Nettosozialprodukt leisten, in gleichem Maße steuerlich belastet. Vgl. Pesmatzoglou, H. (1996), S. 33 f.

Progressionsprinzips ermöglicht, ist das Abzugsverfahren auch im Hinblick auf die vertikale Gerechtigkeit positiv zu beurteilen.

Verlässt man allerdings die rein nationale Sichtweise, die sich ausschließlich auf die inländische Steuerlast konzentriert, dann ergibt sich ein völlig anderes Bild: Personen, die ihr Einkommen teilweise im Ausland erzielen, haben eine höhere Gesamtsteuerlast zu tragen als Personen, die ein gleich hohes Welteinkommen ausschließlich im Wohnsitzland erwirtschaften. Bei dieser internationalen Sichtweise verstößt das Abzugsverfahren also ganz eindeutig gegen das Gebot steuerlicher Gerechtigkeit zwischen Personen.

Auch mit dem Abzugsverfahren kann Gerechtigkeit zwischen Nationen in dem Sinne erreicht werden, dass sowohl das Wohnsitzland als auch das Quellenland an dem Steueraufkommen, das aus grenzüberschreitenden Transaktionen resultiert, beteiligt sind. Die Verteilung auf die beiden Länder hängt dabei – ebenso wie beim Anrechnungsverfahren – von der steuerlichen Belastung des internationalen Einkommens im Quellenland ab. Und ebenso wie beim Anrechnungsverfahren kommt es hier zu einem „Steuerexport durch Offset", wobei der nationale Einkommensverlust des Wohnsitzlandes wegen der zum Teil erhaltenen Doppelbesteuerung nicht nur zu Lasten des Fiskus geht, sondern auch vom Steuerpflichtigen selbst zu tragen ist.[603]

Mit diesem Steuerexport dehnt das Quellenland seine Steuerhoheit de facto auf das Wohnsitzland aus; die steuerliche Souveränität des Wohnsitzlandes wird entsprechend eingeschränkt.[604] Im Gegensatz zum (unbegrenzten) Anrechnungsverfahren hat das Quellenland beim Abzugsverfahren aber kein uneingeschränktes Interesse daran, den Quellensteuersatz zu erhöhen: Höhere Quellensteuersätze werden im Wohnsitzland grundsätzlich nicht vollständig ausgeglichen, sie erhöhen folglich die Gesamtbelastung der im Inland erwirtschafteten und an Ausländer fließenden Einkommen; inländische Investitionen werden somit für Ausländer steuerlich unattraktiver. Gleichzeitig kann eine geringere steuerliche Belastung im Quellenland durch

[603] Vgl. Peffekoven, R. (1982), S. 245, Peffekoven, R. (1975), S. 18 f., Sato, M., Bird, R. M. (1975), S. 422.
[604] Vgl. Peffekoven, R. (1975), S. 9 f.

das Abzugsverfahren im Wohnsitzland lediglich nach Maßgabe des dortigen Steuersatzes kompensiert werden. Eine vollständige Neutralisierung steuerpolitischer Maßnahmen im Quellenland würde also nur erreicht, wenn das Wohnsitzland das Gesamteinkommen mit einem Steuersatz von 100 Prozent besteuern würde.[605]

Da beim Abzugsverfahren die steuerliche Belastung im Ausland erzielter Kapitalerträge höher ist als die inländischer Einkommen, wird hier stets die ausländische Kapitalanlage gegenüber der inländischen diskriminiert. Kapitalexportneutralität ist somit nicht gewährleistet.[606] Das Abzugsverfahren verstößt darüber hinaus auch gegen die Kapitalimportneutralität, weil aus der Sicht des Kapitalimportlandes die Kapitalerträge unterschiedlich stark besteuert werden, je nachdem in welchem Land der Kapitaleigner ansässig ist.[607] Folglich kann über das Abzugsverfahren eine effiziente Besteuerung im Sinne der „world efficiency", bei der sich die Erträge von in- und ausländischen Investitionen brutto wie netto (also vor und nach Steuern) entsprechen, nicht erreicht werden.

Das Abzugsverfahren lässt sich aber auch mit Blick auf die Effizienz der Besteuerung befürworten, wenn man – wie bei der Forderung nach steuerlicher Gerechtigkeit zwischen Personen – eine rein nationale Perspektive wählt: Will ein Land seinen nationalen Wohlstand maximieren, dann wird es – auch mit Hilfe steuerpolitischer Maßnahmen – versuchen, die Summe aus inländischem Bruttoeinkommen und ausländischem Nettoeinkommen so weit wie möglich zu erhöhen.[608] Der nationale Wohlstand hat sein Maximum erreicht, wenn die Nettorendite ausländischer Investitionen der Bruttorendite inländischer Investitionen entspricht. Folglich muss eine in diesem Sinne neutrale Besteuerung, also eine Besteuerung, die „national efficiency" gewährleistet, diese beiden Renditen in gleicher Weise kürzen. Das wird durch die Abzugsmethode erreicht.[609]

---

[605] Wenn der Steuersatz im Wohnsitzland bei 100 Prozent liegen würde, wäre mit dem Abzugsverfahren ein vollständiger Abbau der Doppelbesteuerung zu erreichen. Vgl. Peffekoven, R. (1982), S. 243.
[606] Vgl. Sato, M., Bird, R. M. (1975), S. 409.
[607] Vgl. ebenda, S. 411.
[608] Die im Ausland geleistete Steuerzahlung ist für das Wohnsitzland „verloren".
[609] Vgl. Windisch, R. (1999), S. 154 ff., Sato, M., Bird, R.M. (1975), S. 417 ff.

Das Abzugsverfahren ist technisch relativ einfach durchzuführen. Da es jedoch auf eine Besteuerung des Welteinkommens abzielt, sind ausländische Sachverhalte zu erfassen. Eine Nichtdeklaration ausländischer Einkünfte ist für die Steuerpflichtigen auch hier von Vorteil, so dass eine lückenlose Besteuerung des Welteinkommens vermutlich nur bei entsprechender internationaler Koordination, zum Beispiel in Form von Kontrollmitteilungen, erreicht werden kann.

4.4.1.3.4 Zwischenfazit

Was sich bereits bei den beiden grundlegenden Prinzipien der Besteuerung internationaler Einkommen gezeigt hat, wird auch bei den verschiedenen Verfahren zur Vermeidung beziehungsweise Reduzierung der internationalen Doppelbesteuerung deutlich: Eine Beurteilung anhand der in Kapitel 4.2 dargestellten Kriterien (Gerechtigkeit zwischen Personen, Gerechtigkeit zwischen Nationen, Allokationsneutralität, Nationale Steuerhoheit, Praktikabilität) lässt eine eindeutige Entscheidung zugunsten eines der drei Verfahren nicht zu (siehe dazu Tabelle 6). Um sich für ein Verfahren aussprechen zu können, bedarf es einer – politisch festzulegenden – Rangfolge unter den Kriterien.

Tabelle 6: Beurteilung unterschiedlicher Verfahren zur Vermeidung beziehungsweise Reduzierung von internationaler Doppelbesteuerung

	Freistellungs-verfahren	**Anrechnungs-verfahren**	**Abzugs-Verfahren**
Gerechtigkeit zwischen Personen	Leistungsfähigkeitsprinzip: nur bei Freistellung im Quellenland Progressionsprinzip: nur bei Freistellung im Quellenland oder bei Progressionsvorbehalt Nichtdiskriminierung: nur bei Freistellung im Wohnsitzland	Leistungsfähigkeitsprinzip: nur bei voller Anrechnung Progressionsprinzip: ja Nichtdiskriminierung: ja	Leistungsfähigkeitsprinzip: nur aus nationaler Sicht Progressionsprinzip: ja Nichtdiskriminierung: ja
Gerechtigkeit zwischen Nationen	Aufkommen nur im nicht freistellenden Land	Aufkommen im Quellen- und Wohnsitzland; Aufteilung abhängig von Besteuerung im Quellenland bzw. Begrenzung der Anrechnung	Aufkommen im Quellen- und Wohnsitzland; Aufteilung abhängig von Besteuerung im Quellenland
Allokations-neutralität	Kapitalexportneutralität: nur bei Freistellung im Quellenland Kapitalimportneutralität: nur bei Freistellung im Wohnsitzland (ohne Progressionsvorbehalt)	Kapitalexportneutralität: nur bei voller Anrechnung Kapitalimportneutralität: nein	Kapitalexportneutralität: nein Kapitalimportneutralität: nein „national effiency“: ja
Nationale Steuerhoheit	Nur für nicht freistellendes Land	Für Quellenland und für Wohnsitzland eingeschränkt	Für Quellenland und für Wohnsitzland eingeschränkt
Praktikabi-lität	Koordinationsbedarf (Kontrollmitteilungen) bei Freistellung im Quellenland und bei Progressionsvorbehalt Ggf. Harmonisierungsbedarf bei Freistellung im Wohnsitzland	Koordinationsbedarf (Kontrollmitteilungen)	Koordinationsbedarf (Kontrollmitteilungen)

4.4.1.4 Unilaterale Maßnahmen versus bilaterale Abkommen zur Vermeidung internationaler Doppelbesteuerung

Bereits bei der Ausgestaltung ihrer nationalen Steuerordnungen können Staaten darauf achten, dass grenzüberschreitende Faktoreinkommen nicht zweifach besteuert werden.[610] Dies kann beispielsweise durch die unilaterale Freistellung ausländischer Einkünfte von Inländern im Wohnsitzland beziehungsweise inländischer Einkünfte von Ausländern im Quellenland erreicht werden. Auch die unbeschränkte Anrechnung im Ausland entrichteter Quellensteuern durch das Wohnsitzland vermeidet eine Doppelbesteuerung, ohne dass es einer internationalen Koordination bedarf.

Dabei wird es im Allgemeinen als Sache des Wohnsitzlandes angesehen, die Besteuerung im Quellenstaat auszugleichen, da die internationale Doppelbesteuerung grundsätzlich durch die Ausdehnung der Wohnsitzstaatsbesteuerung über die Grenzen des Wohnsitzlandes hinaus ausgelöst wird.[611] Dessen unilaterale Maßnahmen können jedoch kaum zu einer – im Sinne der in Kapitel 4.2 diskutierten Kriterien – optimalen Besteuerung internationaler Einkommen führen: So ist das Wohnsitzland auf die Kooperation des Quellenlandes angewiesen, um eine aus Gerechtigkeitsgründen gebotene umfassende Besteuerung des Welteinkommens der Steuerpflichtigen durchsetzen zu können. Darüber hinaus es in seiner Einnahmenerzielung erheblich eingeschränkt, wenn es lediglich auf die bereits vorgenommene Quellenbesteuerung reagieren kann. Und auch unter allokativen Gesichtspunkten ist eine internationale Abstimmung und Zusammenarbeit bei der Besteuerung grenzüberschreitender Faktoreinkommen von Vorteil. Zwar ist Kapitalexportneutralität prinzipiell auch durch unilaterale Maßnahmen zu erreichen, Kapitalimportneutralität dagegen kaum, da das Kapitalimportland die jeweilige Besteuerung in den verschiedenen Wohnsitzländern ausgleichen müsste – beispielsweise durch nach Wohnsitzland des Kapitaleigners differenzierte Quellensteuersätze oder gegebenenfalls durch Anrechnung der im Wohnsitzland zu zahlenden Steuer durch das Quellenland.[612]

---

[610] Vgl. Debatin, H. (1983), S. 282 f.
[611] Vgl. ebenda, S. 283.
[612] Vgl. Peffekoven, R. (1982), S. 244.

Aus all diesen Gründen sind zur systematischen Vermeidung internationaler Doppelbesteuerung „völkerrechtliche Vertragsvereinbarungen unverzichtbar."[613] In der Praxis überwiegen dabei bilaterale Abkommen.[614] Sie versuchen, die Steueransprüche der beteiligten Staaten aufeinander abzustimmen, voneinander abzugrenzen und durchzusetzen, um eine Doppelbesteuerung internationaler Faktoreinkommen ebenso zu vermeiden wie ihre völlige Steuerfreiheit.[615] Entsprechend haben die meisten Industriestaaten so genannte Doppelbesteuerungsabkommen mit ihren wichtigsten Handels- und Investitionspartnern abgeschlossen. Die Bereitschaft zu solchen Abkommen und zu der damit einhergehenden Einschränkung steuerlicher Souveränität ist wohl zum einen darauf zurückzuführen, dass diese Beschränkung beide Seiten betrifft und die Industriestaaten durchaus an einer unbehinderten internationalen Mobilität der Produktionsfaktoren interessiert sind.[616] Zum anderen soll auf diese Weise eine angemessene Verteilung der Steuerbemessungsgrundlage auf die beteiligten Staaten erreicht werden.[617]

Solange das weltweite Netz bilateraler Doppelbesteuerungsabkommen jedoch noch nicht vollständig ist, kann auf unilaterale Maßnahmen zur Vermeidung internationaler Doppelbesteuerung nicht verzichtet werden. Diese greifen darüber hinaus auch in den Fällen, in denen das entsprechende Doppelbesteuerungsabkommen eine Doppelbesteuerung nur unvollständig vermeidet.[618] Außerdem haben sie den Vorteil, dass sie „im Gesetzgebungsprozeß leichter zu handhaben sind, da kein zweiter Staat unmittelbar einzubeziehen ist."[619]

Zu beachten ist bei alledem, dass das Problem der Doppelbesteuerung nicht mehr im Mittelpunkt der Diskussionen über die Besteuerung grenzüberschreitender Faktoreinkommen steht. Heute geht es zunehmend darum, die Steuerfreiheit bezie-

---

[613] Debatin, H. (1983), S. 289.
[614] Multilaterale Abkommen zur Besteuerung internationaler Einkommen gibt es bislang so gut wie nicht. Eine Ausnahme bildet zum Beispiel das „Übereinkommen über die Beseitigung der Doppelbesteuerung im Fall von Gewinnberichtigungen zwischen verbundenen Unternehmen" zwischen den Mitgliedstaaten der EU. Vgl. Rose, G. (2000), S. 64 und Kapitel 5.1 dieser Arbeit.
[615] Vgl. SVR (1998), S. 189.
[616] Anders sehen die Beweggründe für Doppelbesteuerungsabkommen zwischen Industrie- und Entwicklungsländern aus. Vgl. Sato, M., Bird, R. M. (1975), S. 403.
[617] Vgl. ebenda, S. 404.
[618] Vgl. Schaumburg, H. (1998), S. 619.
[619] Jacobs, O.H. (Hrsg.)(1999), S. 34.

hungsweise die Minderbesteuerung internationaler Faktoreinkommen zu verhindern: „The issue of double taxation has (...) become less pressing. Instead there has been a growing concern that income from international activity may be undertaxed, as increasing capital mobility reduces the incentive for source countries and the ability of residence countries to tax mobile activities."[620]

4.4.2 Internationale Minderbesteuerung

4.4.2.1 Der Begriff der internationalen Minderbesteuerung

In der Literatur findet sich keine einheitliche Definition der „internationalen Minderbesteuerung", die auch als internationale Steuerflucht, Steuerumgehung oder Steuervermeidung bezeichnet wird.[621] Das ist nicht zuletzt darauf zurückzuführen, dass ein allgemeines völkerrechtliches Verbot internationaler Minderbesteuerung ebenso wenig besteht wie ein Verbot internationaler Doppelbesteuerung.[622] Eine (zu) enge Abgrenzung des Begriffs zielt ausschließlich auf die internationale Steuerhinterziehung ab, bei der eine verminderte Steuerlast durch illegale Steuergestaltungen beziehungsweise durch die illegale Nichtangabe steuerlich relevanter Tatbestände erreicht wird. Die „unangemessene Ausnutzung des internationalen Steuergefälles"[623], also von Unterschieden in den Steuertarifen oder in den Steuerbemessungsgrundlagen, kann aber auch auf legale Art und Weise erreicht werden.[624]

Daher bietet sich eine weiter gefasste Begriffsabgrenzung an: Diese sieht internationale Minderbesteuerung als „unangemessene und wettbewerbsverzerrende Steuervorteile, die ihre Ursache gleichermaßen in den unterschiedlichen Steuerordnungen der Staaten haben können wie auch in grenzüberschreitenden Verlagerungsmaßnahmen der Steuerpflichtigen, die mithin allgemein systembedingt oder speziell gestaltungsbedingt sind."[625] Dabei ist es gleichgültig, ob die Steuervorteile die Folge

---

[620] Sörensen, P.B. (2000), S. 432.
[621] Vgl. Burmester, G. (1997), S. 56. Zur Abgrenzung des Begriffs „internationale Steuerflucht" siehe Mössner, J.M. (1983), S. 820 ff.
[622] Vgl. Jacobs, O.H. (Hrsg.)(1999), S. 6.
[623] Rose, G. (2000), S. 82.
[624] Vgl. Wissenschaftlicher Beirat beim BMF (1999), S. 26 ff.
[625] Burmester, G. (1997), S. 56.

missbräuchlicher Ausnutzung von Besteuerungsunterschieden sind oder durch die mangelhafte Abstimmung der Steuersysteme der beteiligten Länder verursacht werden.[626]

4.4.2.2 Ursachen und Auswirkungen internationaler Minderbesteuerung

Während die Doppelbesteuerung internationaler Faktoreinkommen die logische Konsequenz sich überlagernder Ansprüche der beteiligten Staaten ist, „kommt es zu internationaler Minderbesteuerung nur ausnahmsweise und aufgrund von Regelungsdefiziten."[627] Nach ihren Ursachen lässt sich die internationale Steuerminderung in zwei grundlegende Formen unterscheiden: die systembedingte und die gestaltungsbedingte internationale Steuerminderung.[628]

Systembedingte internationale Steuerminderung entsteht durch nicht hinreichend aufeinander abgestimmte steuerliche Regelungen und unterschiedliche Beurteilungen grenzüberschreitender Sachverhalte in den beteiligten Ländern. Sie kann zum einen durch so genannte „steuerrechtliche Qualifikationskonflikte" hervorgerufen werden: Grenzen Quellenland und Wohnsitzland das Steuersubjekt beziehungsweise das Steuerobjekt unterschiedlich ab, dann kann es nicht nur zu Doppelbesteuerungen, sondern eben auch zu Minderbesteuerungen internationaler Einkünfte kommen.[629] Zum anderen können so genannte „internationale Quantifizierungskonflikte" zur Steuerminderung führen. Solche Konflikte treten auf, wenn Quellenland- und Wohnsitzland die zu versteuernden Einkünfte auf unterschiedliche Art und Weise ermitteln und abgrenzen. Von besonderer Relevanz ist dieses Problem bei international tätigen Unternehmen, deren Gesamtgewinn zu Steuerzwecken auf das

---

[626] Vgl. Jacobs, O.H. (Hrsg.)(1999), S. 6.
[627] Burmester, G. (1997), S. 55.
[628] Vgl. ebenda, S. 58 ff.
[629] Das ist zum Beispiel dann der Fall, wenn das Wohnsitzland A auf die Besteuerung von Einkünften aus Gewerbebetrieb verzichtet, die seine Bürger durch eine Betriebstätte im Ausland B erzielen. Dabei qualifiziert es auch die Einkünfte von Freiberuflern mit mehr als zehn Angestellten als gewerbliche Einkünfte. Das Quellenland B betrachtet dagegen Einkünfte von Freiberuflern grundsätzlich nicht als gewerbliche Einkünfte und verzichtet dementsprechend ebenfalls auf eine Besteuerung des Freiberuflers, der im Land B eine Betriebstätte mit zwölf Angestellten unterhält, weil es Einkünfte aus freiberuflicher Tätigkeit von Ausländern grundsätzlich freistellt. Damit bleiben die betrachteten Einkünfte vollständig steuerfrei. Vgl. Burmester, G. (1997), S. 59 f., Rose, G. (2000), S. 52 f.

Stammhaus und die einzelnen, in unterschiedlichen Ländern angesiedelten Betriebstätten verteilt werden muss. Grenzen die beteiligten Staaten das gesamte Unternehmensergebnis auf unterschiedliche Weise ab, dann kann es zu internationalen Besteuerungslücken – also zu internationaler Minderbesteuerung – ebenso kommen wie zu internationaler Doppelbesteuerung.[630]

Im Gegensatz zu der systembedingten Steuerminderung ist die gestaltungsbedingte internationale Steuerminderung auf individuelle Handlungen und Gestaltungsmaßnahmen der Steuerpflichtigen zurückzuführen. Zu diesen, allgemein als „Steuerflucht"[631] bezeichneten, Maßnahmen zählt die Wohnsitz- beziehungsweise Standortverlegung in Niedrigsteuerländer für den Fall, dass die Einkünfte nach dem Wohnsitzlandprinzip besteuert werden. Eine solche Verlagerung kann allerdings nur dann mit einem „unangemessenen" Steuervorteil verbunden sein, wenn sie aus rein steuerlichen Gründen vorgenommen wird und nicht mit einer entsprechenden Verlagerung der wirtschaftlichen Interessen einhergeht.[632] Häufiger, weil in der Regel mit einem geringeren Aufwand verbunden, sind jedoch die Fälle, in denen lediglich die Bemessungsgrundlage verlagert wird.[633]

Dass steuerpflichtige Einkünfte in erster Linie in einem Niedrigsteuerland anfallen, kann auf ganz unterschiedliche Art und Weise erreicht werden: Ein bekanntes Beispiel ist die Gewinnverlagerung in internationalen Konzernen mit in unterschiedlichen Ländern angesiedelten Tochtergesellschaften, die rechtlich selbständig sind, jedoch eine wirtschaftliche Einheit bilden. Solche international verflochtenen Unternehmen haben zum Beispiel die Möglichkeit, die Preise für konzerninterne Lieferungen und Leistungen (so genannte Verrechnungs- oder Transferpreise) derart zu gestalten, dass in Hochsteuerländern möglichst hohe Kosten (und damit niedrige Gewinne) und in Niedrigsteuerländern möglichst hohe Einnahmen (und damit hohe Gewinne) anfallen. Auf diese Weise kann die Gesamtsteuerlast des Konzerns reduziert werden, ohne dass sich sein Gesamtergebnis (vor Steuer) verändert.[634] Eine

---

[630] Vgl. Schaumburg, H. (1998), S. 770 f., Burmester, G. (1997), S. 63 f.
[631] So beispielsweise Jacobs, O.H. (Hrsg.)(1999), S. 101.
[632] Vgl. ebenda, S. 6.
[633] Dabei ist zu beachten, dass für die Verlagerung von Bemessungsgrundlagen die nominellen Steuersätze in dem jeweiligen Land ausschlaggebend sind. Vgl. Weichenrieder, A.J. (1999), S. 95.
[634] Vgl. ebenda, S. 95 ff., Feld, L.P. (2000), S. 69 ff.

solche konzerninterne Gewinnverlagerung kann auch durch eine entsprechende Gestaltung der Finanzierungsstruktur erreicht werden: Erhält eine Tochtergesellschaft mit Sitz in einem Hochsteuerland eine nur geringe Eigenkapitalausstattung, zum Ausgleich aber ein hohes Gesellschafterdarlehen der Muttergesellschaft mit Sitz im Niedrigsteuerland, so kann die Tochtergesellschaft hohe Betriebsausgaben in Form der daraus resultierenden Zinsen geltend machen, die im Sitzland der Muttergesellschaft als Betriebseinnahmen einem nur geringen Steuersatz unterworfen werden.[635]

Allein um solche Gewinnverlagerungen nutzen zu können, werden nicht selten rechtlich selbständige Kapitalgesellschaften in Niedrigsteuerländern gegründet, die keine eigenen wirtschaftlichen Aufgaben erfüllen, sondern lediglich ihre weltweit erzielten Gewinne thesaurieren. Durch ihre rechtliche Selbständigkeit sind die einbehaltenen Gewinne dieser so genannten Basisgesellschaften (auch: „Briefkastenfirmen") gegenüber der Besteuerung des Landes, in dem die Anteilseigner ansässig sind, abgeschirmt. Der dortige Fiskus kann die Gewinne solcher Gesellschaften erst dann besteuern, wenn sie an inländische Anteilseigner ausgeschüttet werden. Solche Gesellschaften werden gelegentlich auch in Drittländern gegründet, die günstige Doppelbesteuerungsabkommen mit dem Quellenland der Einkünfte einerseits und dem Wohnsitz- beziehungsweise Sitzland des Einkommensempfängers andererseits abgeschlossen haben. Dabei kann es steuerlich von Vorteil sein, Gewinne zeitweise in diese Zwischengesellschaften zu transferieren und so die günstige Abkommenskonstellation zu nutzen.[636]

Von anderer Qualität, weil eindeutig illegal, sind die Formen internationaler Steuerhinterziehung, bei denen die Steuerpflichtigen die abkommensrechtlich geregelte Freistellung bestimmter Einkunftsarten im Quellenland nutzen, um diese durch Nichtdeklaration im Wohnsitzland völlig steuerfrei zu vereinnahmen.[637] In Deutschland wird diese Art der internationalen Minderbesteuerung vor allem im Zusammenhang mit in Luxemburg erzielten Zinsen diskutiert.

---

[635] Vgl. Weichenrieder, A.J. (1999), S. 97 f., Wissenschaftlicher Beirat beim BMF (1999), S. 16.

[636] Vgl. Rose, G. (2000), S. 89 ff., Wissenschaftlicher Beirat beim BMF (1999), S. 25, Burmester, G. (1997), S. 69 ff. Die Abschirmwirkung gilt nach Maßgabe einiger Doppelbesteuerungsabkommen auch für unselbständige Basiseinheiten, also für Betriebstätten. Vgl. Burmester, G. (1997), S. 72.

[637] Vgl. Wagner, F.W. (1999a), S. 1527.

Diese (und weitere) Maßnahmen führen dazu, dass die in Kapitel 4.2 dargestellten Anforderungen an die Besteuerung internationaler Faktoren nicht erfüllt sind. So verstößt die internationale Minderbesteuerung gegen die individuelle steuerliche Gerechtigkeit, wenn eine Person geringer besteuert wird als eine andere mit gleichem Welteinkommen, nur weil sie ihr Einkommen im Ausland erzielt. Auch in fiskalischer Hinsicht führt die Minderbesteuerung allein schon deswegen zu unerwünschten Ergebnissen, weil die Gesamtsteuerlast der Steuerpflichtigen eben „unangemessen" niedrig ausfällt. Dabei bringt eine Verlagerung von Wohnsitzen, Standorten und Bemessungsgrundlagen ganz offensichtlich fiskalische Nachteile für das Hochsteuerland und Vorteile für das Niedrigsteuerland. Besteuerungslücken, die aus internationalen Qualifizierungs- oder Quantifizierungskonflikten entstehen, führen bei beiden Fisci zu Steuermindereinnahmen. Die internationale Steuerhinterziehung, wie sie insbesondere bei privaten Zinseinkünften zu beobachten ist, ist nur im Wohnsitzland mit Steuerausfällen verbunden – die Steuerfreiheit im Quellenland ist vom dortigen Gesetzgeber gewollt. Darüber hinaus verstößt die internationale Steuerminderung gegen das Gebot der Entscheidungsneutralität, indem sie grenzüberschreitende Aktivitäten gegenüber inländischen bevorzugt. Dadurch fließen Ressourcen auch dann in ausländische Investitionen, wenn diese eine geringere Vor-Steuer-Rendite aufweisen als vergleichbare inländische Investitionen.

4.4.2.3 Maßnahmen zur Vermeidung internationaler Minderbesteuerung

Um internationale Minderbesteuerung zu vermeiden, werden unterschiedlichste unilaterale oder bilaterale Maßnahmen ergriffen. Da diese ebenso vielseitig sind wie die Ursachen internationaler Minderbesteuerung, können an dieser Stelle nur die wichtigsten Regelungen berücksichtigt werden.[638] Prinzipiell werden gegen Formen der systembedingten Minderbesteuerung abkommensrechtliche Regelungen getroffen, durch die die steuerrechtlichen Bestimmungen der an einer internationalen Transaktion beteiligten Länder besser koordiniert werden. Dagegen werden unilate-

[638] Für eine detailliertere Darstellung siehe Burmester, G. (1997), S. 57 ff., Rose, G. (2000), S. 81 ff., Jacobs, O.H. (Hrsg.)(1999), S. 101 ff.

rale Maßnahmen in erster Linie zur Vermeidung gestaltungsbedingter Minderbesteuerung eingesetzt.[639]

Die ersten zwischenstaatlichen Steuerabkommen, die in der Mitte des 19. Jahrhunderts zwischen Frankreich, Belgien und Luxemburg geschlossen wurden, waren ausschließlich darauf ausgerichtet, die internationale Minderbesteuerung zu bekämpfen.[640] Und noch heute dienen Doppelbesteuerungsabkommen auch dazu, diesem Phänomen zu begegnen. Durch eine aufeinander abgestimmte Abgrenzung von Steuerobjekt und Steuersubjekt, wie sie beispielsweise die „Gewinnberichtigungsnormen für verbundene Unternehmen"[641] oder die „Betriebstättenabgrenzungsnormen"[642] vorsehen, sollen Besteuerungslücken geschlossen werden. Darüber hinaus enthalten insbesondere die US-amerikanischen Doppelbesteuerungsabkommen so genannte „treaty-shopping"-Klauseln, die eine missbräuchliche Inanspruchnahme von Doppelbesteuerungsabkommen mit Hilfe von Zwischengesellschaften verhindern sollen.[643] Zunehmend werden auch so genannte „switch-over"-Klauseln in den Doppelbesteuerungsabkommen verankert. Sie sehen vor, dass das Wohnsitzland im Fall einer drohenden Nicht- oder Minderbesteuerung vom Freistellungs- zum Anrechnungsverfahren übergehen kann.[644]

Unilaterale Maßnahmen zur Vermeidung der gestaltungsbedingten Steuerminderung sind vor allem darauf ausgerichtet, den nationalen Steuerzugriff zu präzisieren und zu erweitern. Dazu zählt beispielsweise das Aufheben der Abschirmwirkung ausländischer Kapitalgesellschaften durch die so genannte „Zugriffsbesteuerung" oder „Hinzurechnungsbesteuerung", wenn das Einschalten einer Basis- oder Zwischengesellschaft als rechtsmissbräuchlich eingestuft wird.[645] Eine solche Hinzurechnungsbesteuerung, bei der – unter bestimmten Voraussetzungen – auch einbehaltene Gewinne ausländischer Kapitalgesellschaften den steuerpflichtigen Inländern

[639] Vgl. Burmester, G. (1997), S. 57 f.
[640] Vgl. Bühler, O. (1964), S. 169.
[641] Siehe dazu zum Beispiel Art. 9 OECD-MA.
[642] Siehe dazu zum Beispiel Art. 7 Abs. 2 OECD-MA.
[643] Siehe dazu beispielsweise Art. 28 des Doppelbesteuerungsabkommens Deutschland-USA.
[644] Siehe dazu beispielsweise die im Schlussprotokoll zum Doppelbesteuerungsabkommen Deutschland-Österreich vorgenommene Ergänzung zu Artikel 15.
[645] Vgl. Rose, G. (2000), S. 89 ff.

zugerechnet und als fiktive Einkünfte aus Kapitalvermögen besteuert werden, sieht auch das deutsche Außensteuergesetz (§§ 7 bis 14 AStG) vor.[646]

Werden die Gewinne durch die Anwendung unangemessener unternehmensinterner Verrechnungspreise (also durch Preise, die unter nicht verbundenen Unternehmen nicht üblich wären) verlagert, sind Gewinnkorrekturen durch den Fiskus möglich.[647] Auch das deutsche Außensteuergesetz sieht in § 1 eine entsprechende Gewinnberichtigung vor, wenn die Vereinbarungen, die zwischen den Einheiten eines international verflochtenen Unternehmens vorgenommen werden, einem Fremdvergleich nicht standhalten. Daneben existieren Vorschriften zur Vermeidung internationaler Gewinnverlagerungen durch Unterkapitalisierungen sowie entsprechende Prüfungen der Angemessenheit von Kapitalausstattungen von Tochtergesellschaften.[648]

Als Maßnahmen gegen internationale Steuerhinterziehung dienen die zwischenstaatliche Amtshilfe[649], eine erweiterte Aufklärungspflicht der Steuerpflichtigen[650] sowie spezielle Straf- und Bußgeldvorschriften[651]. Eine wichtige Voraussetzung zur lückenlosen Besteuerung internationaler Zinseinkünfte wären Mitteilungen der Banken über an Ausländer fließende Zinszahlungen an die jeweiligen Steuerbehörden des Wohnsitzlandes. Wie die Diskussion innerhalb der Europäischen Union zeigt, scheitern solche Kontrollmitteilungen bislang jedoch an dem in vielen Ländern bestehenden „Bankgeheimnis".[652]

---

646 Eine Hinzurechnungsbesteuerung kann beispielsweise dann vorgenommen werden, wenn der betreffende unbeschränkt Steuerpflichtige allein oder gemeinsam mit anderen unbeschränkt Steuerpflichtigen mehr als 50 Prozent der Gesellschaftsanteile hält (§ 7 AStG). Zudem muss die ausländische Gesellschaft so genannte „Zwischeneinkünfte" beziehen, also Einkünfte, die einer niedrigen Besteuerung unterliegen und nicht in dem Katalog der aktiven Einkünfte (§ 8 Abs. 1 und 2 AStG) enthalten sind. Eine „niedrige Besteuerung" ist dann gegeben, wenn die Einkünfte einer Ertragssteuerbelastung von weniger als 25 Prozent unterliegen (§ 8 Abs. 3 AStG). Zur Ermittlung und Besteuerung des Hinzurechnungsbetrages siehe § 10 AStG.

647 Vgl. Burmester, G. (1997), S. 74 ff. Im Doppelbesteuerungsrecht sind entsprechende Gewinnkorrekturen auf der Basis des „dealing-at-arm's-length"-Prinzips vorgesehen. Vgl. Rose, G. (2000), S. 82 und Kapitel 5.2.2.2 dieser Arbeit.

648 Vgl. Burmester, G. (1997), S. 76 f.

649 Siehe dazu zum Beispiel die entsprechende EU-Richtlinie über die gegenseitige Amtshilfe aus dem Jahr 1977. Vgl. Kapitel 5.1.2 dieser Arbeit.

650 Vgl. Schaumburg, H. (1998), S. 1286 ff. So will der deutsche Steuergesetzgeber mit Hilfe unterschiedlicher Maßnahmen die internationale Minderbesteuerung vermeiden, die dadurch entsteht, dass ausländische Sachverhalte den deutschen Steuerbehörden nicht, oder nicht in ausreichendem Maße bekannt sind. Hier dehnt der Fiskus die Anzeige-, Aufklärungs- und Meldepflichtigen der Steuerpflichtigen aus. Entsprechende Regelungen finden sich in der Abgabenordnung (zum Beispiel § 138 AO) sowie im Außensteuergesetz (zum Beispiel §§ 16, 17 AStG).

651 Siehe dazu zum Beispiel AO, Achter Teil.

652 Siehe dazu Kapitel 6.1.2.

5 Das deutsche internationale Steuerrecht

Die dargestellten Schwierigkeiten bei der Besteuerung internationaler Faktoreinkommen und vor allem die unterschiedlichen Methoden, diese zu umgehen, finden ihren Niederschlag im so genannten „internationalen Steuerrecht". Dessen Hauptziel ist es, die Steueransprüche souveräner Staaten systematisch voneinander abzugrenzen und dadurch die internationale Doppelbesteuerung ebenso zu vermeiden wie die internationale Minderbesteuerung. Darüber hinaus zielen die Regelungen des internationalen Steuerrechts darauf ab, die Nichtdiskriminierung von ausländischen Steuerpflichtigen sicherzustellen.[653]

Was genau unter dem Begriff „internationales Steuerrecht" zu verstehen ist, wird unterschiedlich beurteilt. Dabei reicht das Spektrum der Definitionen von einer sehr engen Abgrenzung, die nur Normen völkerrechtlicher Natur einbezieht, bis zu einer sehr weiten Abgrenzung, nach der das internationale Steuerrecht alle völkerrechtlichen, internationalen, supranationalen und nationalen „Rechtsvorschriften umfasst, die sich auf Auslandssachverhalte, insbesondere grenzüberschreitende Sachverhalte beziehen".[654] Ausgehend von der völkerrechtlichen Norm der staatlichen Souveränität konzentrieren sich die folgenden Ausführungen auf das deutsche internationale Steuerrecht im weiteren Sinne: Dieses umfasst das europäische Steuerrecht, die bilateralen Doppelbesteuerungsabkommen sowie das deutsche Außensteuerrecht.[655]

5.1 Das europäische Steuerrecht

Rechtsnormen, die von zwischenstaatlichen Organisationen erlassen und auch ohne Transformation in nationales Recht wirksam werden, sind als supranationales Recht zu bezeichnen. Dieses Recht basiert auf Verträgen zwischen mehreren souveränen Staaten und einer damit verbundenen Hoheitsübertragung auf eine übergeordnete

---

653 Vgl. Bühler, O. (1964), S. 166 ff.
654 Schaumburg, H. (1998), S. 3. Vgl. Bühler, O. (1964), S. 1 ff.
655 Vgl. Overwiening, B. (1995), S. 34.

Institution.[656] Für Deutschland relevantes supranationales Steuerrecht sind die entsprechenden Regelungen der Europäischen Union, einer „Rechtsgemeinschaft mit eigenständiger Rechtsordnung, die neben die nationalen Rechtsordnungen tritt."[657] Dabei geht das EU-Recht dem nationalen Recht der Mitgliedstaaten vor.[658]

5.1.1 Primäres und sekundäres Gemeinschaftsrecht

Unter dem primären Gemeinschaftsrecht ist das Vertragsrecht der EU zu verstehen, das aus multilateralen Verträgen besteht, die zwischen den Mitgliedstaaten geschlossen wurden.[659] Die beiden am 7. Februar 1992 geschlossenen Verträge, die das aktuelle primäre Gemeinschaftsrecht bilden, sind der Vertrag über die Europäische Union (EUV) und der Vertrag zur Gründung der Europäischen Gemeinschaft (EGV)[660], beide in der Fassung vom 2. Oktober 1997 (Vertrag von Amsterdam)[661].

Für direkte Steuern, um die es sich bei einer konsumorientierten Einkommen- und Gewinnsteuer ja handeln würde, wurden in diesem primären Recht keine speziellen Vorschriften erlassen. Einfluss auf die Steuersysteme der Mitgliedstaaten haben jedoch allgemeine Normen des EG-Vertrages, insbesondere die dem Binnenmarkt zugrunde liegenden, vertraglich verankerten Grundfreiheiten und das Diskriminierungsverbot.[662] Zu den vier Grundfreiheiten zählen der freie Warenverkehr (Art. 23-31 EGV), der freie Personenverkehr mit den Unterformen der Freizügigkeit der Arbeitskräfte (Art. 39-42 EGV) und der Niederlassungsfreiheit für Selbständige (Art. 43-48 EGV), der freie Dienstleistungsverkehr (Art. 49-55 EGV) sowie der freie Kapital- und Zahlungsverkehr (Art. 67-73 EGV). Von besonderer Relevanz für den Be-

---

656 Vgl. Overwiening, B. (1995),, S. 126, Schaumburg, H. (1998), S. 21.
657 Jacobs, O.H. (Hrsg.)(1999), S. 112.
658 Siehe dazu das Urteil des EuGH vom 15.7.1964. Vgl. Overwiening, B. (1995), S. 127, Zeitler, F.-C. (1993), S. 951.
659 Vgl. Klapdor, R. (2000), S. 18.
660 Der EGV basiert auf dem früheren EWG-Vertrag vom 25. März 1957, geändert durch die Einheitliche Europäische Akte vom 28. Februar 1986 sowie durch den Vertrag von Maastricht aus dem Jahr 1992.
661 Vertrag von Amsterdam zur Änderung des Vertrags über die Europäische Union, der Verträge zur Gründung der Europäischen Gemeinschaften sowie einiger damit zusammenhängender Rechtsakte vom 2. Oktober 1997.
662 Vgl. Klapdor, R. (2000), S. 18. Zu den Regelungen des EG-Vertrages, die die indirekten Steuern betreffen, siehe Art. 90–93 EGV.

reich der direkten Steuern sind dabei die Freiheit von Kapital- und Zahlungsverkehr sowie die Freizügigkeit der Arbeitskräfte und die Niederlassungsfreiheit für Unternehmer. Eine Reform der direkten Besteuerung, die diese Grundfreiheiten einschränken würde, würde die Funktionsfähigkeit des Binnenmarktes einschränken und damit zwangsläufig gegen EU-Normen verstoßen.

Der EG-Vertrag verbietet zudem jegliche Diskriminierung natürlicher oder juristischer Personen aufgrund ihrer Staatsangehörigkeit (Art. 12, 39 Abs. 2, 43 und 48 EGV). Das schließt auch die so genannte versteckte Diskriminierung mit ein, bei der benachteiligende Regelungen zwar nicht direkt von der Staatsangehörigkeit abhängig sind, die betreffenden Tatbestände aber nur oder überwiegend von ausländischen Staatsangehörigen erfüllt werden.[663] Die EU-Mitgliedstaaten müssen folglich eine offene oder versteckte Diskriminierung ausländischer Staatsangehöriger durch ihre nationalen Steuergesetze vermeiden. Auch das wäre bei einer konsumorientierten Reform der Einkommens- und Gewinnbesteuerung zu beachten.

Die Auslegung des primären Gemeinschaftsrechts sowie ihre Anwendung auf Fragen der direkten Steuern werden durch den Europäischen Gerichtshof (EuGH) vorgenommen.[664] Stellt der Gerichtshof einen Verstoß nationaler Steuervorschriften gegen die Bestimmungen des EG-Vertrages fest, so sind die entsprechenden Steuervorschriften – wegen des Anwendungsvorrangs des Europäischen Rechts – aufzuheben.[665]

Das sekundäre Gemeinschaftsrecht bilden Rechtsakte, die von den Organen der Europäischen Union – vor allem vom Rat und der Kommission – geschaffen wurden. Von besonderer Bedeutung sind dabei Verordnungen und Richtlinien:[666] Beide werden auf Initiative der Kommission nach obligatorischer Anhörung des Parlaments vom Rat erlassen. Verordnungen sind unmittelbar geltendes Recht der Gemein-

---

663 Vgl. Schaumburg, H. (1998), S. 85.
664 „Der Gerichtshof sichert die Wahrung des Rechts bei der Auslegung und Anwendung dieses Vertrages." (Art. 220 EGV)
665 Zum genauen Verfahrensablauf siehe Jacobs, O.H. (Hrsg.)(1999), S. 114 f. Zur Auslegung des Gemeinschaftsrechts siehe Schaumburg, H. (1998), S. 43 ff.
666 „Zur Erfüllung ihrer Aufgaben und nach Maßgabe dieses Vertrages erlassen das Europäische Parlament und der Rat gemeinsam, der Rat und die Kommission Verordnungen, Richtlinien und Entscheidungen, sprechen Empfehlungen aus oder geben Stellungnahmen ab." (Art. 249 EGV)

schaft und in allen ihren Teilen für jeden Mitgliedstaat verbindlich, ohne dass sie in nationales Recht transformiert werden müssen. Dagegen sind Richtlinien für die Mitgliedstaaten nur hinsichtlich der Zielsetzung verbindlich; Form und Mittel der Zielerreichung sind ihnen freigestellt. Richtlinien müssen von den Mitgliedstaaten innerhalb festgelegter Fristen in nationales Recht umgesetzt werden.[667]

Während die Bedeutung des primären Gemeinschaftsrechts für die direkten Steuern wesentlich von der Auslegung durch den EuGH abhängig ist,[668] findet mit Hilfe des sekundären Gemeinschaftsrechts eine konkrete EU-Steuerpolitik statt: Als Hauptinstrument der Steuerharmonisierung innerhalb der EU dienen Richtlinien.[669] Die innergemeinschaftliche Steuerpolitik soll nach Ansicht der Kommission in Zukunft verstärkt auch über rechtlich nicht verbindliche Vereinbarungen zwischen den Mitgliedsländern („soft legislation") beeinflusst werden. Ein Beispiel hierfür ist der 1997 vereinbarte Verhaltenskodex für die Unternehmensbesteuerung, der mit dem Instrument des politischen Drucks unter den Mitgliedstaaten („peer pressure") gegen unfaire Steuerpraktiken vorgehen soll.[670]

5.1.2 Harmonisierung direkter Steuern in der EU

Der EG-Vertrag enthält kein unmittelbares Harmonisierungsgebot für direkte Steuern wie er es in Artikel 93 für die indirekten Steuern vorsieht.[671] Für den Fall, dass nationale Vorschriften das Funktionieren des Binnenmarktes unmittelbar beeinträchtigen,

---

667 Vgl. Art. 249 EGV, Jacobs, O.H. (Hrsg.)(1999), S. 113 f., Schaumburg, H. (1998), S. 41 f. Dabei haben sie als nationales Recht keinen Vorrang gegenüber gleichartigen innerstaatlichen Rechtsnormen. Vgl. Schaumburg, H. (1998), S. 29 ff.

668 Zur Einflussnahme des EuGH auf die Besteuerung in den EU-Mitgliedstaaten siehe Klapdor, R. (2000), S. 22 ff.

669 Vgl. Klapdor, R. (2000), S. 18, Schaumburg, H. (1998), S. 42. Verordnungen spielen dagegen derzeit eine sehr untergeordnete (für direkte Steuern: keine) Rolle in der Steuerpolitik.

670 KOM (2001) 260 endg., S. 26.

671 Artikel 93 EGV lautet: „Der Rat erläßt auf Vorschlag der Kommission und nach Anhörung des Europäischen Parlaments und des Wirtschafts- und Sozialausschusses einstimmig die Bestimmungen zur Harmonisierung der Rechtsvorschriften über die Umsatzsteuern, die Verbrauchsabgaben und sonstige indirekte Steuern, soweit diese Harmonisierung für die Errichtung und das Funktionieren des Binnenmarktes innerhalb der in Artikel 14 gesetzten Frist notwendig ist."

wird jedoch aus Art. 94 EGV ein Harmonisierungsgebot auch für direkte Steuern hergeleitet.[672]

Die Harmonisierungsbemühungen der Europäischen Union im Bereich der direkten Steuern konzentrierten sich von jeher auf die Unternehmens- und Kapitalertragsbesteuerung. Das ist zum einen auf die Zielsetzung der EU zurückzuführen, die Allokation des international mobilen Kapitals steuerlich nicht zu beeinflussen und vor allem die grenzüberschreitende Tätigkeit von Unternehmen nicht zu behindern.[673] Zum anderen haben diese Bemühungen fiskalische Gründe: Mit einer Harmonisierung der Besteuerung soll die Flucht mobiler Bemessungsgrundlagen in Niedrigsteuerländer vermieden werden.[674] Im Hinblick auf diese Harmonisierungsbestrebungen der EU lassen sich drei grundlegende Phasen unterscheiden:[675]

In einer ersten Phase (bis 1990) strebte die Kommission eine vollständige Harmonisierung der nationalen Steuersysteme an. Dabei ging es in erster Linie um die Angleichung der Körperschaftsteuersysteme und -bemessungsgrundlagen sowie um eine Vereinheitlichung der bilateralen Doppelbesteuerungsabkommen. Die Bemühungen scheiterten jedoch an den fiskalischen Interessengegensätzen der Mitgliedstaaten und der (in den Artikeln 93, 94 und 175 des EG-Vertrages verankerten) Regelung, dass Rechtsangleichungsmaßnahmen auf dem Gebiet der Steuern vom Rat einstimmig beschlossen werden müssen. Dieses Einstimmigkeitsgebot behält auch der noch nicht ratifizierte Vertrag von Nizza bei.[676]

Die zweite steuerpolitische Phase der EU (1990-1996) war durch eine starke Betonung des Subsidiaritätsprinzips gekennzeichnet, das 1992 im Rahmen der Maas-

---

672 Vgl. Overwiening, B. (1996), S. 126. Artikel 94 EGV lautet: „Der Rat erläßt einstimmig auf Vorschlag der Kommission und nach Anhörung des Europäischen Parlaments und des Wirtschafts- und Sozialausschusses Richtlinien für die Angleichung derjenigen Rechts- und Verwaltungsvorschriften der Mitgliedstaaten, die sich unmittelbar auf die Errichtung oder das Funktionieren des Gemeinsamen Marktes auswirken."

673 Vgl. Pesmatzoglou, H. (1996), S. 51.

674 KOM (2001) 260 endg., S. 10.

675 Vgl. Klapdor, R. (2000), S. 19.

676 Vgl. Vertrag von Nizza zur Änderung des Vertrags über die Europäische Union, der Verträge zur Gründung der Europäischen Gemeinschaften sowie einiger damit zusammenhängender Rechtsakte vom 26. Februar 2001.

trichter Vertragsreform in den EG-Vertrag aufgenommen wurde.[677] Besonders deutlich wurde die veränderte Haltung der Kommission in ihrer Stellungnahme zum so genannten „Ruding-Report", dem Endbericht eines von der Kommission beauftragten unabhängigen Gremiums von Steuerexperten unter dem Vorsitz des früheren niederländischen Finanzministers Ruding. Dieses Gremium untersuchte die wichtigsten Regelungen zur Unternehmensbesteuerung in den EU-Mitgliedstaaten und kam zu dem Ergebnis, dass die Unterschiede in den Steuersystemen zu erheblichen Verzerrungen der Unternehmensentscheidungen führen. Die daraus resultierenden Vorschläge, die direkten Steuern in der EU bis zum Jahr 1999 schrittweise zu harmonisieren, nahm die Kommission zurückhaltend auf. Sie vertrat – unter Berufung auf das Subsidiaritätsprinzip – die Ansicht, die Harmonisierungsbestrebungen sollten sich auf Maßnahmen beschränken, die für das reibungslose Funktionieren des Binnenmarktes zwingend erforderlich seien.[678] In der zweiten Phase (genauer: im Jahre 1990) wurde vom Rat der Finanzminister (ECOFIN) das so genannte „Dreier-Paket" verabschiedet, zu dem neben der Schiedsverfahrenkonvention die Mutter-Tochter-Richtlinie und die Fusionsrichtlinie gehören:

Die so genannte „Fusionsrichtlinie"[679] sichert die steuerneutrale Durchführung grenzüberschreitender Unternehmensumstrukturierungen durch Fusionen, Unternehmensspaltungen, die Einbringung von Unternehmensanteilen oder den Anteilstausch, indem Kapitalgesellschaften der steuerfreie grenzüberschreitende Transfer stiller Reserven innerhalb der EU ermöglicht wird.[680] Dahinter steht die Absicht, die Wettbewerbsfähigkeit von EU-Unternehmen am Weltmarkt durch die mit Umstrukturierungen verbundenen Effizienzgewinne zu erhalten. Vor allem aber sollte mit dieser Richtlinie die Diskriminierung grenzüberschreitender Unternehmenszusammen-

---

[677] „In den Bereichen, die nicht in ihre ausschließliche Zuständigkeit fallen, wird die Gemeinschaft nach dem Subsidiaritätsprinzip nur tätig, sofern und soweit die Ziele der in Betracht gezogenen Maßnahmen auf Ebene der Mitgliedstaaten nicht ausreichend erreicht werden können und daher wegen ihres Umfangs oder ihrer Wirkung besser auf Gemeinschaftsebene erreicht werden können." (Art. 5 EGV)

[678] Vgl. Klapdor, R. (2000), S. 20, Pesmatzoglou, H. (1996), S. 68 ff. Zum Ruding-Report siehe Commission of the European Communities (1992). Zur Kommentierung des Ruding-Reports durch die Kommission am 26.6.1992 siehe KOM (1992) 1118 endg.

[679] Genauer: Die Richtlinie des Rates vom 23. Juli 1990 über das gemeinsame Steuersystem für Fusionen, Spaltungen, die Einbringung von Unternehmensteilen und den Austausch von Anteilen, die Gesellschaften verschiedener Mitgliedstaaten betreffen (90/434/EWG). Vgl. Jacobs, O.H. (Hrsg.) (1999), S. 154 ff.

[680] Diese Regelung stellt keine endgültige Steuerfreistellung dar, sondern lediglich einen Aufschub der Besteuerung bis zum Zeitpunkt der Realisierung der entsprechenden Wertzuwächse.

schlüsse abgebaut werden, denn in den meisten Mitgliedstaaten mussten schon damals stille Reserven, die durch Fusionen auf nationaler Ebene aufgedeckt wurden, nicht besteuert werden. Diese Ungleichbehandlung nationaler und internationaler Umstrukturierungen kam einem Verstoß gegen die im EG-Vertrag verankerte Niederlassungsfreiheit gleich und stand dem Gedanken des Binnenmarktes entgegen.[681]

Die so genannte „Mutter-Tochter-Richtlinie"[682] zielt auf die Beseitigung der internationalen Doppelbesteuerung konzerninterner Dividendenzahlungen ab.[683] Vermieden wird die Doppelbesteuerung durch die Freistellung oder die (begrenzte) Anrechnung im Sitzstaat der Muttergesellschaft. Der Sitzstaat der Tochtergesellschaft darf den Gewinn nach den jeweiligen Regeln ermitteln und besteuern, aber keine zusätzliche Quellensteuer auf ausgeschüttete Gewinne erheben. Voraussetzung für dieses so genannte „Schachtelprivileg" ist ein maßgebendes Beteiligungsverhältnis, bei dem die Muttergesellschaft mindestens 25 Prozent der Anteile der Tochtergesellschaft hält. Den einzelnen Staaten ist es jedoch freigestellt, diese Grenze zu senken.[684]

Die so genannte „Schiedsverfahrenkonvention"[685] verpflichtet die Mitgliedsländer, Doppelbesteuerungen, die sich durch nicht abgestimmte Gewinnberichtigungen zwischen verbundenen Unternehmen mit Sitz in unterschiedlichen Mitgliedsländern ergeben[686], zu vermeiden. Kommt es aufgrund entgegenstehender fiskalischer Interessen zwischen den zuständigen Behörden binnen einer Frist von zwei Jahren zu kei-

---

[681] Vgl. Schaumburg, H. (1998), S. 53 ff., Pesmatzoglou, H. (1996), S. 53 ff.

[682] Genauer: Richtlinie des Rates vom 23. Juli 1990 über das gemeinsame Steuersystem der Mutter- und Tochtergesellschaften verschiedener Mitgliedstaaten (90/435/EWG). Vgl. Jacobs, O.H. (Hrsg.) (1999), S. 149 ff. Die Mutter-Tochter-Richtlinie wird auch als Konzernrichtlinie bezeichnet. So zum Beispiel Pesmatzoglou, H. (1996), S. 61.

[683] Dabei geht es um die Doppelbesteuerung im wirtschaftlichen Sinne, weil es sich um Gewinnausschüttungen zwischen rechtlich selbständigen Körperschaften (also unterschiedlichen Steuersubjekten) handelt, die in unterschiedlichen Mitgliedstaaten ansässig sind. Im Extremfall könnten die ausgeschütteten Gewinne dreifacher Besteuerung unterliegen: der Gewinnsteuer im Sitzland der Tochtergesellschaft, einer Quellensteuer auf ausgeschüttete Gewinne und der Gewinnsteuer im Sitzland der Muttergesellschaft.

[684] Vgl. Schaumburg, H. (1998), S. 56 ff., Pesmatzoglou, H. (1996), S. 61 ff., Overwiening, B. (1996), S. 127 f.

[685] Genauer: Übereinkommen über die Beseitigung der Doppelbesteuerung im Falle von Gewinnberichtigungen zwischen verbundenen Unternehmen (90/436/EWG).

[686] Korrigieren die Steuerbehörden eines Landes zum Beispiel Verrechnungspreise nach dem „dealing-at-arm's-length"-Prinzip so, dass der Gewinn des betreffenden Unternehmens steigt, dann muss sichergestellt sein, dass der Fiskus des anderen Landes den Gewinn des dortigen Unternehmens entsprechend nach unten korrigiert. Ansonsten würde die Differenz zwischen dem korrigierten und dem unkorrigierten Gewinn zweifach besteuert.

ner entsprechenden Verständigung, dann wird ein Schlichtungsverfahren ausgelöst.[687]

In der im Jahre 1996 angelaufenen dritten Phase der Harmonisierungsbestrebungen in der EU wird der Wettbewerb der unterschiedlichen Steuersysteme in den EU-Ländern grundsätzlich akzeptiert: „Unter der Voraussetzung, dass sie die Gemeinschaftsvorschriften einhalten, steht es den Mitgliedstaaten frei, ihre Steuersysteme so zu gestalten, wie es ihren Vorstellungen am besten entspricht".[688] Eine steuerpolitische Koordination und Kooperation zwischen den einzelnen Mitgliedstaaten wird jedoch in dem Maße angestrebt, wie sie zur Bekämpfung „schädlichen" beziehungsweise „unfairen" Steuerwettbewerbs notwendig ist.[689] Das gemeinsame Vorgehen gegen diese unerwünschte Form des Steuerwettbewerbs soll der „Verwirklichung bestimmter Ziele des Abbaus der noch bestehenden Verzerrungen auf dem Binnenmarkt, der Vermeidung erheblicher Einbußen beim Steueraufkommen oder der beschäftigungsfreundlicheren Gestaltung der Steuerstrukturen"[690] dienen. Mit dieser Zielsetzung wurde Anfang Dezember 1997 im ECOFIN-Rat ein Mindestpaket steuerpolitischer Koordinierungsmaßnahmen verabschiedet, das die Unternehmensbesteuerung, die Besteuerung von Zinserträgen und die Problematik der Quellensteuer bei grenzüberschreitenden Zinsen und Lizenzgebühren zwischen Unternehmen umfasst: das „Maßnahmenpaket zur Bekämpfung des schädlichen Steuerwettbewerbs in der Europäischen Union".[691]

Der „Vorschlag für eine Richtlinie des Rates über eine gemeinsame Steuerregelung für Zahlungen von Zinsen und Lizenzgebühren zwischen verbundenen Unternehmen verschiedener Mitgliedstaaten"[692] vom 6.3.1998 zielt in Ergänzung zu der Mutter-

---

[687] Da die Schiedsverfahrenkonvention keine Richtlinie, sondern ein multilateraler völkerrechtlicher Vertrag ist, konnte sie erst nach Ratifizierung durch sämtliche Vertragsstaaten zum 1.1.1995 (zunächst auf fünf Jahre befristet) in Kraft treten. Inzwischen wurde sie um weitere fünf Jahre verlängert. Vgl. Schaumburg, H. (1998), S. 59, S. 816 ff., Pesmatzoglou, H. (1996), S. 65 ff., Overwiening, B. (1996), S. 129, Protokoll zur Änderung des Übereinkommens vom 23. Juli 1990 über die Beseitigung der Doppelbesteuerung im Fall von Gewinnberichtigungen zwischen verbundenen Unternehmen (1999/C202/01).

[688] KOM (2001) 260 endg., S. 9 f.

[689] Vgl. Klapdor, R. (2000), S. 21.

[690] Schlussfolgerungen des Rates „Wirtschafts- und Finanzfragen" vom 1. Dezember 1997 zur Steuerpolitik (98/C2/01), S. 1.

[691] Ebenda.

[692] Vgl. KOM (1998) 67 endg.

Tochter-Richtlinie darauf ab, die internationale Doppelbesteuerung auch im Fall von Zinsen und Lizenzgebühren zu vermeiden. Dazu soll die Besteuerung dieser Einkünfte, sofern sie zwischen verbundenen Unternehmen mit Sitz in verschiedenen Mitgliedstaaten gezahlt werden, im Quellenland entfallen.[693] Der Richtlinienentwurf bezieht sich nur auf Kapitalgesellschaften, wobei als verbundenes Unternehmen sowohl Tochtergesellschaften als auch Betriebstätten zählen. Wie bei der Mutter-Tochter-Richtlinie bleibt es den Mitgliedstaaten überlassen, die in der Richtlinie festgelegte Mindestbeteiligung von 25 Prozent zu reduzieren.[694]

Der Verhaltenskodex für die Unternehmensbesteuerung bezieht sich auf steuerliche Maßnahmen, „die gemessen an den üblicherweise in dem betreffenden Mitgliedstaat geltenden Besteuerungsniveaus eine deutlich niedrigere Effektivbesteuerung, einschließlich einer Nullbesteuerung bewirken“[695], und damit „potentiell schädlich“[696] sind. Ob die Maßnahmen tatsächlich als schädlich einzustufen sind, hängt unter anderem davon ab, ob

- die steuerlichen Vorteile ausschließlich Gebietsfremden oder für Transaktionen mit Gebietsfremden gewährt werden,
- die steuerlichen Vorteile so von der inländischen Wirtschaft isoliert sind, dass sie keine Auswirkungen auf die innerstaatliche Steuerbasis haben,
- die steuerlichen Vorteile auch dann gewährt werden, wenn keine tatsächliche Wirtschaftstätigkeit oder substantielle wirtschaftliche Präsenz in dem jeweiligen Mitgliedstaat vorhanden ist,
- die Gewinnermittlung bei Aktivitäten multinationaler Unternehmen sich an international (insbesondere von der OECD) anerkannten Grundsätzen orientiert oder nicht,
- die steuerlichen Maßnahmen transparent sind und konsequent und nachvollziehbar vollzogen werden.[697]

693 Diese Regelung ist bereits Bestandteil vieler Doppelbesteuerungsabkommen. Die Richtlinie würde das noch lückenhafte Netz von Doppelbesteuerungsabkommen zwischen den EU-Mitgliedstaaten ergänzen.
694 Vgl. Jacobs, O.H. (Hrsg.)(1999), S. 165 f.
695 Entschließung des Rates und der im Rat vereinigten Vertreter der Regierungen der Mitgliedstaaten vom 1. Dezember 1997 über einen Verhaltenskodex für die Unternehmensbesteuerung, S. 2.
696 Ebenda.
697 Vgl. ebenda, S. 3. Diese Abgrenzung „schädlichen Steuerwettbewerbs“ weist große Parallelitäten zu den zeitgleich von der OECD entwickelten Kriterien zur Identifizierung von „harmful tax competition“ auf. Vgl. OECD (1998), S. 26 ff.

Auf der Basis dieses Kodexes verpflichten sich die Mitgliedstaaten, die dort angeführten Kriterien für „schädlichen Steuerwettbewerb" bei zukünftigen steuerlichen Regelungen zu berücksichtigen und bereits bestehende Steuervorschriften und -praktiken gegebenenfalls zu ändern.[698] Dabei ist zu beachten, dass der Verhaltenskodex für die Mitgliedstaaten der EU lediglich politisch und nicht rechtlich verbindlich ist. Das ist nicht zuletzt darauf zurückzuführen, dass der Begriff des „unfairen" beziehungsweise „schädlichen" Steuerwettbewerbs sehr umstritten und eine justitiable Definition kaum möglich ist.[699]

Gleichzeitig setzte der Rat die so genannte „Arbeitsgruppe Verhaltenskodex" ein, die alle steuerlichen Regelungen in den Mitgliedstaaten, die unter die Vorschriften des Verhaltenskodex fallen könnten, auflisten sollte.[700] Im November 1999 hat die Arbeitsgruppe unter der Leitung der britischen Staatssekretärin Primarolo eine Liste mit insgesamt 66 als unfair anzusehenden steuerlichen Vergünstigungen vorgelegt.[701]

Außerdem veranlasste der Rat eine strengere Anwendung des im EG-Vertrag verankerten Verbots staatlicher Beihilfen. Er hielt fest, dass ein Teil der unter den Kodex fallenden steuerlichen Maßnahmen in den Geltungsbereich der die staatlichen Beihilfen betreffenden Artikel 87 ff. des EG-Vertrages fallen könnte, dass also steuerliche Vergünstigungen für bestimmte Unternehmensgruppen den Wettbewerb verzerren und daher mit dem Binnenmarkt nicht vereinbar sind.[702]

Schließlich forderte der Rat die Kommission auf, einen Richtlinienentwurf für eine einheitliche Zinsbesteuerung in der EU vorzulegen. Hintergrund dieser Aufforderung

---

[698] Vgl. Entschließung des Rates und der im Rat vereinigten Vertreter der Regierungen der Mitgliedstaaten vom 1. Dezember 1997 über einen Verhaltenskodex für die Unternehmensbesteuerung, S. 4.

[699] Vgl. Mutén, L. (2001), S. 17.

[700] Vgl. Entschließung des Rates und der im Rat vereinigten Vertreter der Regierungen der Mitgliedstaaten vom 1. Dezember 1997 über einen Verhaltenskodex für die Unternehmensbesteuerung, S. 4 f.

[701] Vgl. Mutén, L. (2001), S. 16 und Bericht der Gruppe „Verhaltenskodex" (Unternehmensbesteuerung) an den Rat „Wirtschaft und Finanzen" vom 29. November 1999.

[702] Vgl. Entschließung des Rates und der im Rat vereinigten Vertreter der Regierungen der Mitgliedstaaten vom 1. Dezember 1997 über einen Verhaltenskodex für die Unternehmensbesteuerung, S. 5. Mit der Prüfung einiger wichtiger Steuervergünstigungen der Mitgliedstaaten unter Beihilfegesichtspunkten versucht die Kommission, den bislang noch auf Eis liegenden Verhaltenskodex zu umgehen. Vgl. o.V. (2000d), S. 19.

war die Tatsache, dass viele EU-Staaten (so beispielsweise Luxemburg und Österreich, aber auch Deutschland) die Zinseinkünfte von Ausländern nicht besteuern, also keine Quellensteuer erheben, und deshalb (wechselseitig) Steueroasen für die Bürger anderer Länder darstellen. Das ist darauf zurückzuführen, dass Zinsen zwar prinzipiell nach dem Wohnsitzlandprinzip besteuert werden, im Wohnsitzland aber häufig nicht deklariert werden und daher – wegen mangelnder Kontrollmöglichkeiten des Wohnsitzlandes – in vielen Fällen völlig steuerfrei bleiben. Diese Steuerfreiheit verstößt gegen die steuerliche Gerechtigkeit zwischen Personen und führt in den Wohnsitzländern zu entsprechenden Einnahmenverlusten. Darüber hinaus kommt es zu einem Verstoß gegen die Kapitalexportneutralität, wobei jedoch zu beachten ist, dass es hier zunächst nur um den steuerlich bedingten Export von Finanzkapital geht. Vor allem im Fall kleiner Länder (wie zum Beispiel Luxemburg) wird dieses jedoch nicht in dem Land selbst investiert und kann insofern durchaus in die effizienteste Verwendung fließen. Daher muss die Existenz von Steueroasen nicht zwangsläufig zu einer Verzerrung der Weltallokation des Realkapitals führen.[703]

Der Aufforderung des Rates kam die Kommission im Juni 1998 mit dem „Vorschlag für eine Richtlinie des Rates zur Gewährleistung eines Minimums an effektiver Besteuerung von Zinserträgen innerhalb der Gemeinschaft"[704] nach. Um der Steuerflucht innerhalb der EU entgegenzuwirken, entwickelte sie das so genannte „Koexistenzmodell", wonach die Mitgliedstaaten entweder den Finanzbehörden des Wohnsitzlandes des jeweiligen Zinsempfängers die für eine Besteuerung erforderlichen Informationen weitergeben (Kontrollmitteilungen) oder eine Quellensteuer in Höhe von mindestens 20 Prozent auf Zinserträge Nichtansässiger erheben.[705] Dahinter stand die Absicht, dem Wohnsitzland eine lückenlose Besteuerung des Welteinkommens seiner Steuerpflichtigen zu ermöglichen, wobei die im Ausland gezahlte Quellensteuer gegebenenfalls angerechnet werden sollte. Unterstellt man jedoch, dass eine lückenlose Besteuerung ausländischer Zinseinkünfte ohne Kontrollmitteilungen des Quellenstaates nicht durchsetzbar ist, dann wäre das Koexistenzmodell mit steuerlichen Wettbewerbsvorteilen für diejenigen Länder verbunden, die eine

[703] Vgl. Tanzi, V. (1995), S. 137.
[704] Vgl. KOM (1998) 295 endg.
[705] Die Kontrollmitteilungen sollten Angaben über die Höhe und den Zeitpunkt der Zinszahlung sowie die Identität und den Wohnsitz des Empfängers enthalten. Vgl. KOM (1998) 295 endg., Artikel 7 und 8.

Quellensteuer erheben. Das wäre zumindest insoweit der Fall, wie der Quellensteuersatz unterhalb des jeweiligen individuellen Steuersatzes liegen würde, was bei einem Mindestsatz von 20 Prozent sicher nicht selten eintreten würde. Da vermutlich immer mehr Mitgliedstaaten irgendwann zur Quellenbesteuerung übergehen würden, würde aus dem ursprünglich geplanten Nebeneinander von Quellenlandprinzip und Wohnsitzlandprinzip irgendwann ein reines Quellenlandprinzip werden – mit allen Vor- und Nachteilen.[706] Das Koexistenz-Modell hätte, wie alle steuerpolitischen Maßnahmen der EU, einstimmig verabschiedet werden müssen, scheiterte aber am Widerstand Großbritanniens gegen die Besteuerung von Eurobonds.[707]

Im Juni 2000 einigten sich die Finanzminister der EU-Staaten im portugiesischen Santa Maria de Feira stattdessen auf ein System von Kontrollmitteilungen – und damit auf den Übergang zu einem reinen Wohnsitzlandprinzip. Der daraufhin im Juli 2001 von der Kommission vorgelegte „Vorschlag für eine Richtlinie des Rates zur Gewährleistung einer effektiven Besteuerung von Zinserträgen innerhalb der Gemeinschaft"[708] soll bis Ende 2002 verabschiedet werden und 2003 in Kraft treten. Er sieht vor, dass sich alle Mitgliedstaaten sieben Jahre nach Inkrafttreten an einem Austausch von Informationen über Zinszahlungen beteiligen, die natürlichen Personen mit Wohnsitz in einem anderen Mitgliedstaat zufließen. In der Zwischenzeit soll es einer begrenzten Zahl von Ländern (Österreich, Belgien, Luxemburg) gestattet werden, eine Quellensteuer auf an EU-Ausländer fließende Zinsen in Höhe von mindestens 15 Prozent (ab 2007: 20 Prozent) anstelle von Kontrollmitteilungen zu erheben, wobei sie 75 Prozent des Quellensteueraufkommens an das Wohnsitzland transferieren müssen.

Das zu vereinbarende System von Kontrollmitteilungen greift auf die „Richtlinie über die gegenseitige Amtshilfe im Bereich der direkten Steuern"[709] zurück, geht aber über diese hinaus. Nach der Richtlinie aus dem Jahr 1977 erteilen die Finanzbehörden im Einzelfall schon heute Auskünfte über die Festsetzung direkter Steuern, wenn die Finanzbehörde eines anderen EU-Mitgliedstaates darum bittet. Die Gren-

[706] Siehe dazu Kapitel 4.
[707] Fleißig, E. (2000), S. 137 ff., Schratzenstaller, M., Wehner, H. (2000), S. 682 f.
[708] Vgl. KOM (2001) 400 endg.
[709] Genauer: Richtlinie des Rates vom 19. Dezember 1977 über die gegenseitige Amtshilfe zwischen den zuständigen Behörden der Mitgliedstaaten im Bereich der direkten Steuern (77/799/EWG).

zen dieses Auskunftsaustauschs liegen jedoch dort, wo die Auskunft gebende Behörde die entsprechenden Informationen auch für eigene Zwecke nicht ermitteln kann, weil dem zum Beispiel das jeweilige „Bankgeheimnis" entgegensteht.[710] Diese Beschränkungen des Informationsaustauschs sehen die jetzt geplanten Kontrollmitteilungen nicht vor. Zudem werden sie automatisch und nicht erst auf konkrete Anfrage der jeweiligen Steuerbehörden weitergeleitet.

Der neue Richtlinienentwurf kann aus unterschiedlichen Gründen nicht als Durchbruch bei der nunmehr Jahrzehnte währenden Diskussion über die Harmonisierung der Zinsbesteuerung in der EU bezeichnet werden: So stimmte Luxemburg dem Modell nur unter dem Vorbehalt zu, dass eine Kapital- beziehungsweise Steuerflucht in Drittländer vermieden wird, indem die wichtigsten Ausweichländer (also vor allem die Schweiz, Monaco, Liechtenstein, die Kanal- und Karibikinseln, San Marino und Andorra, aber auch die USA) sich ebenfalls zum Austausch von Kontrollmitteilungen verpflichten. Das droht jedoch an den Bankgeheimnissen einzelner Länder zu scheitern, die zumindest für Ausländer gelockert werden müssten. So hat die Schweiz bereits klar gemacht, dass sie eine solche Lockerung ihres Bankgeheimnisses ablehne und auch über das Jahr 2010 hinaus lediglich bereit sei, eine Quellensteuer für Nichtansässige zu erheben. Und die Regierung Österreichs, dessen Bankgeheimnis in der Verfassung verankert ist, muss erst einmal die notwendige Zwei-Drittel-Mehrheit im Parlament erreichen, um eine entsprechende Verfassungsänderung durchsetzen zu können. Damit ist die Wahrscheinlichkeit, dass die Vereinbarung von Feira tatsächlich rechtskräftig wird, gering.[711] Da die Richtlinie über die effektive Besteuerung von Zinserträgen, der Verhaltenskodex und die Richtlinie über die Besteuerung der Zahlung von Zinsen und Lizenzen zwischen verbundenen Unternehmen nur als Paket verabschiedet werden können, liegen somit auch die letzten beiden vorerst auf Eis.[712]

Mit ihrer im Herbst 2001 vorgelegten Studie zur Unternehmensbesteuerung tritt die EU-Kommission offensichtlich in eine neue Phase der Harmonisierungsbestrebun-

---

[710] Vgl. Overwiening, B. (1996), S. 127, Fleißig, E. (2000), S. 133 f., Pesmatzoglou, H. (1996), S. 51.
[711] Vgl. o.V. (2001), S. 5, o.V. (2000b), S. 17. Zum Bankgeheimnis Österreichs siehe Fleißig, E. (2000), S. 43 ff.
[712] Vgl. o.V. (2000d), S. 19.

gen auf dem Gebiet der Besteuerung ein. In dieser Studie kritisiert sie, dass die Ausdehnung der Aktivität von Unternehmen in andere EU-Staaten immer noch mit erheblichen steuerlichen Problemen verbunden sei. Die geltenden Regelungen für die Unternehmensbesteuerung hinderten die Unternehmen daran, „die Vorteile des Binnenmarktes im vollen Umfang zu nutzen."[713] Die Kommission diskutiert unterschiedliche Lösungsansätze, mit denen eine effiziente und reibungslose grenzüberschreitende Unternehmenstätigkeit ermöglicht würde, ihre Sympathien liegen jedoch bei einer einheitlichen (konsolidierten) Körperschaftsteuer-Bemessungsgrundlage für multinationale Unternehmen.[714] Würde sich dieser Reformvorschlag durchsetzen – womit aller Erfahrung nach in absehbarer Zeit nicht zu rechnen ist – könnte das entweder der Durchbruch oder das Aus für eine konsumorientierte Unternehmensbesteuerung innerhalb der Europäischen Union sein.

Insgesamt ist festzuhalten, dass eine konsumorientierte Einkommens- und Gewinnbesteuerung – in einem EU-Staat oder in allen EU-Staaten – vermutlich dann mit dem Europäischen Steuerrecht vereinbar wäre, wenn die vier Grundfreiheiten sowie das Diskriminierungsverbot berücksichtigt würden. Darüber hinaus müsste geprüft werden, inwieweit ein solches Steuersystem mit den für den Bereich der direkten Steuern relevanten Richtlinien – also mit der Mutter-Tochter-Richtlinie, der Fusionsrichtlinie und gegebenenfalls der Richtlinie zur Zinsbesteuerung – konform wäre. Schließlich wäre es für die politische Akzeptanz einer konsumorientierten Unternehmensteuerreform unerlässlich, dass der Europäische Verhaltenskodex für die Unternehmensbesteuerung berücksichtigt würde.

[713] KOM (2001) 582 endg., S. 3.

[714] Vgl. Krause-Junk, G. (2002), S. 4. Eine Diskussion der vier verschiedenen Vorschläge der Kommission findet sich auch bei Weichenrieder, A.J. (2002) und Radulescu, D.M. (2002).

5.2 Doppelbesteuerungsabkommen

5.2.1 Begriff und Ziele

Abkommen zur Vermeidung der Doppelbesteuerung, kurz: Doppelbesteuerungsabkommen, sind völkerrechtliche Verträge, die üblicherweise zwischen zwei Staaten abgeschlossen werden.[715] Mit diesen bilateralen Abkommen verfolgen die Vertragsstaaten vorrangig das Ziel, über ein System gegenseitiger Steuerverzichte die juristische und zum Teil auch die wirtschaftliche[716] Doppelbesteuerung internationaler Transaktionen zu vermeiden oder zumindest zu mildern. Dabei beziehen sich die Abkommen überwiegend auf Steuern vom Einkommen und Vermögen, zum Teil aber auch auf Nachlass-, Erbschaft- und Schenkungsteuern;[717] jüngere Abkommen umfassen beide Steuergruppen.[718]

Doppelbesteuerungsabkommen dienen aber auch anderen Zwecken: Sie wirken der internationalen Steuervermeidung beziehungsweise Steuerverkürzung entgegen,[719] stellen die Gleichbehandlung von Steuerpflichtigen mit unterschiedlicher Staatsangehörigkeit sicher und grenzen die Steueransprüche der an einem internationalen Einkommen beteiligten Staaten so voneinander ab, dass sowohl das Quellenland als auch das Wohnsitzland möglichst gerecht am Steuerobjekt beteiligt werden.[720] Das Doppelbesteuerungsabkommen selbst begründet dabei jedoch keinen Besteue-

---

[715] Multilaterale Doppelbesteuerungsabkommen spielen in der internationalen Praxis so gut wie keine Rolle. Eine Ausnahme stellt „The Nordic Convention on Income and Capital“ dar, die 1983 zwischen Dänemark, Finnland, Island, Norwegen und Schweden geschlossen wurde. Vgl. OECD (1996), S. 16. Auch die zwischen den EU-Mitgliedstaaten vereinbarte Schiedsverfahrenkonvention kann als multilaterales Doppelbesteuerungsabkommen bezeichnet werden.

[716] Siehe Art. 9 OECD-MA.

[717] Vgl. Rose, G. (2000), S. 68. Die Abkommen im Bereich der Nachlass-, Erbschaft- und Schenkungsteuern bleiben im Folgenden unberücksichtigt.

[718] So beispielsweise das im Jahr 1995 abgeschlossene „Abkommen zwischen der Bundesrepublik Deutschland und dem Königreich Dänemark zur Vermeidung der Doppelbesteuerung bei den Steuern vom Einkommen und Vermögen sowie bei den Nachlaß-, Erbschaft- und Schenkungsteuern und zur Beistandsleistung in Steuersachen (Deutsch-dänisches Steuerabkommen)“.

[719] Diese erweiterte Zielsetzung schlägt sich in den Titeln einiger Doppelbesteuerungsabkommen nieder, so etwa beim „Abkommen zwischen der Bundesrepublik Deutschland und der Italienischen Republik zur Vermeidung der Doppelbesteuerung auf dem Gebiet der Steuern vom Einkommen und vom Vermögen und zur Verhinderung der Steuerverkürzung“ vom 18. Oktober 1989 und beim „Abkommen zwischen der Bundesrepublik Deutschland und der Französischen Republik zur Vermeidung der Doppelbesteuerungen und über gegenseitige Amts- und Rechtshilfe auf dem Gebiete der Steuern vom Einkommen und vom Vermögen sowie der Gewerbesteuern und der Grundsteuern“ vom 21. Juli 1959.

[720] Vgl. Schaumburg, H. (1998), S. 770 f., OECD (1996), S. 45, Sato, M., Bird, R.M. (1975), S. 404.

rungsanspruch.[721] Im Gegenteil: Es schränkt die jeweiligen nationalen Steueransprüche sowohl im Rahmen der Quellenlandbesteuerung als auch im Rahmen der Wohnsitzlandbesteuerung ein. Damit verzichten die Vertragsstaaten im gegenseitigen Einvernehmen ganz oder teilweise auf ihnen zustehendes Steueraufkommen, um den internationalen Wirtschaftsverkehr nicht durch Doppelbesteuerung zu behindern.[722]

Für die Besteuerung grenzüberschreitender Faktoreinkommen existiert ein weltweites, wenn auch nach wie vor lückenhaftes, System bilateraler Doppelbesteuerungsabkommen, das grundsätzlich auf den von der OECD entwickelten Musterabkommen basiert. Die über 70 Doppelbesteuerungsabkommen, die Deutschland für den Bereich der Einkommen- und Vermögensteuern abgeschlossen hat,[723] stimmen zwar in keinem Fall völlig mit diesen Musterabkommen überein. Dennoch werden die Regelungen des „OECD-Musterabkommens 2000 zur Vermeidung der Doppelbesteuerung auf dem Gebiet der Steuern vom Einkommen und Vermögen" in dieser Arbeit zur Klärung der Frage, inwieweit eine konsumorientierte Einkommens- und Gewinnbesteuerung mit den bestehenden Doppelbesteuerungsabkommen vereinbar wäre, als Bezug gewählt. Das bietet sich nicht zuletzt deshalb an, weil auch die einzelnen Abkommen Deutschlands in ihren Regelungen nicht identisch sind. Zudem hat das im Folgenden näher dargestellte OECD-Musterabkommen für alle Industrieländer Vorbildcharakter.[724]

---

[721] Vgl. Debatin, H. (1983), S. 296 f. Wenn also in einem solchen Vertrag geregelt ist, dass das Quellenland auf Zinsen eine Steuer von bis zu zehn Prozent erheben darf, das nationale Steuerrecht eine solche Steuer aber nicht vorsieht (weil zum Beispiel eine zinsbereinigte Einkommensteuer erhoben wird), dann ist eine steuerliche Belastung der Zinsen, die an Ausländer fließen, nicht zulässig.

[722] Daher werden die Doppelbesteuerungsabkommen auch als ein „auf Gegenseitigkeit gegründetes System von Steuerberechtigungsverzichten" bezeichnet. Debatin, H. (1983), S. 296. In obigem Beispiel (Fußnote 720) dürfte das Quellenland keine Quellensteuer in Höhe von 15 Prozent erheben, selbst wenn das in seinen nationalen Steuergesetzen so geregelt wäre. Ihre Hauptfunktion, Schranken für die nationale Besteuerung zu bilden, können Doppelbesteuerungsabkommen nur erfüllen, weil sie zwar in nationales Recht transformiert werden, als „lex specialis" aber grundsätzlich Vorrang vor diesem haben. Vgl. Art. 59 Abs. 2 GG, § 2 AO, Rose, G. (2000), S. 22 f., Zeitler, F.-C. (1993), S. 951. Dagegen wird die Wirkung von Doppelbesteuerungsabkommen zwischen EU-Mitgliedstaaten durch das EU-Recht beschränkt. Vgl. Zeitler, F.-C. (1993), S. 951 f.

[723] Vgl. „Übersicht betr. Stand der Doppelbesteuerungsabkommen und der Doppelbesteuerungsverhandlungen am 1. Januar 2001".

[724] Auch das eigene Vertragsmuster, auf dem die Abkommensverhandlungen der USA beruhen, knüpft an dem OECD-Musterabkommen an. Vgl. Jacobs, O.H. (Hrsg.)(1999), S. 68.

5.2.2 Das OECD-Musterabkommen

Das erste von der OECD entwickelte Musterabkommen zur Vermeidung der internationalen Doppelbesteuerung („Draft Double Taxation Convention on Income and Capital") stammt aus dem Jahr 1963 und geht auf Vorarbeiten des Völkerbundes aus den Jahren 1928, 1943 (Musterabkommen von Mexiko) und 1947 (Musterabkommen von London) zurück. Auf der Basis zwischenzeitlich gesammelter Erfahrungen, steuersystematischer Veränderungen und wirtschaftlicher Entwicklungen wurde 1977 eine überarbeitete Neuauflage des OECD-Musterabkommens (OECD-MA) sowie des beigefügten Kommentars geschaffen. Seit 1992 werden sowohl das Musterabkommen an sich als auch der Kommentar laufend angepasst, zuletzt im Jahr 2000.[725]

Auslöser für die Musterabkommen war der Wunsch vieler OECD-Staaten, die steuerliche Situation von international tätigen Steuerpflichtigen eindeutig zu klären und zu standardisieren, indem man einheitliche Lösungen für identische Doppelbesteuerungsfälle entwickelt und festschreibt.[726] Dieses Anliegen stößt jedoch dort an Grenzen, wo die spezifischen Vorteile bilateraler Doppelbesteuerungsabkommen gegenüber unilateralen oder multilateralen Maßnahmen liegen: Sie wirken nicht global gegenüber sämtlichen Partnerländern, sondern können die jeweiligen wirtschaftlichen Besonderheiten und die individuellen Interessen einzelner Vertragspartner berücksichtigen. Daraus erklärt sich auch die bereits angesprochene Tatsache, dass keines der deutschen Doppelbesteuerungsabkommen völlig den Musterabkommen der OECD entspricht.[727]

5.2.2.1 Der Aufbau des OECD-Musterabkommens

Das Musterabkommen der OECD ist in sieben Abschnitte gegliedert. In Abschnitt I („Geltungsbereich des Abkommens") ist der persönliche und sachliche Geltungsbereich des Abkommens geregelt: Das Abkommen gilt für Personen, die in einem oder

---

[725] Vgl. Wassermeyer, F. (2001), S. 2 f., OECD (1996), S. 7 ff., Debatin, H. (1983), S. 291 f.
[726] Vgl. OECD (1996), S. 7.
[727] Vgl. Jacobs, O.H. (Hrsg.)(1999), S. 67 f.

in beiden Vertragsstaaten ansässig sind.[728] Es bezieht sich auf Steuern vom Einkommen und Vermögen, wobei es unerheblich ist, ob diese im Veranlagungsverfahren oder im Quellenabzug, vom Zentralstaat selbst oder einer seiner Gebietskörperschaften erhoben werden.[729] Zu den Steuern vom Einkommen und Vermögen zählen dabei alle Steuern, die „vom Gesamteinkommen, vom Gesamtvermögen oder von Teilen des Einkommens oder Vermögens erhoben werden".[730] Die in den konkreten Doppelbesteuerungsabkommen vorgenommene Einzelaufzählung nationaler Steuern ist dabei nicht als abschließend anzusehen: „Steuern gleicher oder im Wesentlichen ähnlicher Art, die nach der Unterzeichnung des Abkommens neben den bestehenden Steuern oder an deren Stelle erhoben werden"[731], schließt das Abkommen ebenfalls mit ein. Damit wird durch das Doppelbesteuerungsabkommen auch die zukünftige Besteuerung der Vertragsstaaten eingeschränkt.[732] Eine solche „Ausdehnungsklausel"[733], die eine Anpassung des Geltungsbereichs an eventuelle Veränderungen der nationalen Steuersysteme ermöglicht, sehen auch die von Deutschland abgeschlossenen Abkommen vor. Insoweit wäre es grundsätzlich denkbar, dass die derzeitigen Doppelbesteuerungsabkommen auch den Übergang zu einem konsumorientierten System der Einkommens- und Gewinnbesteuerung abdecken würden.

In Abschnitt II („Begriffsbestimmungen") werden die zentralen, im Musterabkommen verwendeten Begriffe definiert. Hier geht es zunächst um allgemeine Begriffsbestimmungen wie „Person", „Gesellschaft", „Unternehmen" und „Staatsangehörigkeit",[734] vor allem aber um den Begriff der „ansässigen Person"[735] und der „Betriebstätte". Mit diesen vereinbarten Definitionen soll nicht zuletzt verhindert werden, dass es schon durch unterschiedliche Begriffsabgrenzungen, also durch so genannte Qualifikationskonflikte[736], zu Doppel- oder Minderbesteuerungen kommt.

---

[728] Vgl. Art. 1 OECD-MA.
[729] Vgl. Art. 2 Abs. 1 OECD-MA.
[730] Art. 2 Abs. 2 OECD-MA.
[731] Art. 2 Abs. 4 OECD-MA.
[732] Vgl. Debatin, H. (1983), S. 296.
[733] Vgl. Schaumburg, H. (1998), S. 861.
[734] Siehe dazu Art. 3 OECD-MA. Eine Kommentierung der allgemeinen Begriffsdefinitionen findet sich bei OECD (1996), S. 55 ff.
[735] Vgl. Debatin, H. (1983), S. 297.
[736] Vgl. Schaumburg, H. (1998), S. 801.

Die Abschnitte III („Besteuerung des Einkommens") und IV („Besteuerung des Vermögens") des OECD-Musterabkommens umfassen einen der beiden wesentlichen Regelungsbereiche von Doppelbesteuerungsabkommen: die nach Einkunfts- und Vermögensarten differenzierte Begrenzung der Besteuerung im Quellenland.[737]

Abschnitt V hat mit den „Methoden zur Vermeidung der Doppelbesteuerung" den zweiten wesentlichen Regelungsbereich des Musterabkommens zum Gegenstand: die Begrenzung der steuerlichen Belastung im Wohnsitzland für den Fall, dass die Besteuerung im Quellenland vollständig oder beschränkt aufrechterhalten wurde und eine Doppelbesteuerung vermieden werden soll.[738]

Abschnitt VI umfasst „Besondere Bestimmungen" wie die „Gleichbehandlung", „Verständigungsverfahren" und den „Informationsaustausch".[739] Das Gebot der steuerlichen Gleichbehandlung untersagt den Vertragsstaaten, Steuerpflichtige aufgrund ihrer Staatsangehörigkeit zu diskriminieren.[740] Da sich dieses Diskriminierungsverbot aber nur auf Steuerpflichtige mit unterschiedlicher Staatsangehörigkeit, aber ansonsten „gleichen Verhältnissen"[741] bezieht, steht es einer steuerlichen Ungleichbehandlung ansässiger und nichtansässiger Steuerpflichtiger nicht entgegen.[742] Dagegen darf ein Staat aus Wettbewerbsgründen Betriebstätten, die ein Unternehmen des anderen Vertragsstaates auf seinem Gebiet unterhält, nicht schlechter stellen als eigene.[743] Gleiches gilt für Unternehmen im Vertragsstaat, deren Kapital ganz oder teilweise von im anderen Staat Ansässigen gehalten oder kontrolliert wird.[744]

Um eine korrekte Anwendung der Doppelbesteuerungsabkommen zu sichern, sieht das Musterabkommen ein so genanntes „Verständigungsverfahren" vor, welches

---

737 Siehe dazu ausführlich Kapitel 5.2.2.2.

738 Siehe dazu ausführlich Kapitel 5.2.2.3.

739 Vgl. Art. 24, 25 und 26 OECD-MA. Darüber hinaus ist im Abschnitt VI auch die steuerliche Behandlung von Diplomaten und Konsularbeamten sowie die Ausdehnung des räumlichen Geltungsbereichs geregelt. Vgl. Art. 27 und 28 OECD-MA.

740 Vgl. Art. 24 Abs. 1 OECD-MA, OECD (1996), S. 214 ff, Schaumburg, H. (1998), S. 99 ff. Dabei gilt das Diskriminierungsverbot grundsätzlich für alle Steuern, auch wenn sie ansonsten nicht Gegenstand des Abkommens sind. Vgl. Art. 24 Abs. 6 OECD-MA.

741 Art. 24 Abs. 1 OECD-MA. Ein Merkmal zur Bestimmung „gleicher Verhältnisse" ist die Ansässigkeit.

742 Vgl. Schaumburg, H. (1998), S. 101, OECD (1996), S. 215 f.

743 Vgl. Art. 24 Abs. 3 OECD-MA, Schaumburg, H. (1998), S. 103 ff., OECD (1996), S. 217 ff.

744 Vgl. Art. 24 Abs. 5 OECD-MA, Schaumburg, H. (1998), S. 106.

neben die jeweiligen nationalen Rechtsmittel tritt. Auf Initiative einer Person, die sich nicht dem Abkommen entsprechend besteuert fühlt, bemühen sich die zuständigen Behörden des Wohnsitzstaates (gegebenenfalls aber auch des Quellenstaates) um eine befriedigende Lösung des Falls.[745] Da das Verständigungsverfahren meist auch „zur Lösung im Abkommen nicht geregelter Doppelbesteuerungsfälle bereitgestellt“[746] wird, würde es nach dem Übergang zu einer konsumorientierten Einkommens- und Gewinnbesteuerung in einem oder in beiden Vertragsstaaten möglicherweise häufiger in Anspruch genommen.

Schließlich sieht das Musterabkommen einen Informationsaustausch zwischen den zuständigen Behörden der Vertragsstaaten vor, um die Durchführung des Doppelbesteuerungsabkommens ebenso zu sichern wie die des jeweiligen innerstaatlichen Steuerrechts.[747] Genau wie bei der EU-Richtlinie über die gegenseitige Amtshilfe[748] geht der Informationsaustausch aber nur so weit, wie er nicht den Gesetzen oder der Verwaltungspraxis des jeweiligen Vertragsstaates zuwiderläuft.[749]

In den „Schlussbestimmungen“ in Abschnitt VII des OECD-Musterabkommens geht es um das Inkrafttreten und die mögliche Kündigung des Abkommens. Ein Doppelbesteuerungsabkommen wird in einem mehrphasigen Verfahren abgeschlossen, das sich in der Regel über mehrere Jahre hinzieht.[750] Es tritt mit dem Austausch der Ratifikationsurkunden in Kraft, wobei der genaue Zeitpunkt in den einzelnen Abkommen geregelt ist. Ein Doppelbesteuerungsabkommen bleibt in Kraft bis es von einem Vertragsstaat gekündigt wird. Jeder Vertragsstaat kann das Abkommen nach einem vertraglich festgelegten Zeitraum unter Einhaltung einer bestimmten Frist auf diplomatischem Weg kündigen.[751]

---

[745] Vgl. Art. 25 OECD-MA.
[746] Debatin, H. (1983), S. 295.
[747] Diese „große Auskunftklausel“ beschränkt sich bei den konkreten Doppelbesteuerungsabkommen auf die zwischen OECD-Staaten abgeschlossenen Abkommen. Ansonsten wird eine „kleine Auskunftklausel“ vereinbart, die sich nur auf die Durchsetzung des jeweiligen Abkommens bezieht, nicht aber auf das nationale Steuerrecht der Vertragsstaaten. Vgl. Debatin, H. (1983), S. 295.
[748] Siehe dazu Kapitel 5.1.2.
[749] Vgl. Art. 26 OECD-MA.
[750] Siehe dazu ausführlich Schaumburg, H. (1998), S. 761 ff.
[751] Vgl. Art. 29 Abs. 2 und Art. 30 OECD-MA.

5.2.2.2 Die Begrenzung der Besteuerung im Quellenland

Grundsätzlich unterscheidet das Musterabkommen zwischen unbeschränkter Aufrechterhaltung der Quellenbesteuerung, nach dem Anknüpfungsmoment oder dem Steuersatz beschränkter Quellenbesteuerung und vollständiger Aufhebung der Quellenbesteuerung.[752] Dabei ist das Ausmaß der vereinbarten Quellenbesteuerung von Einkunftsart zu Einkunftsart[753] verschieden, je nachdem „wie intensiv die Beziehung zwischen Einkunftserzielung und Volkswirtschaft des jeweiligen Quellenstaates ist."[754] Hier finden sich die in Kapitel 4.2.1.2 angestellten Überlegungen zur „Gerechtigkeit zwischen Nationen" wieder.

Bei Einkünften aus – privatem oder unternehmerischem – unbeweglichem Vermögen, wie beispielsweise Mieten und Pachten oder Veräußerungsgewinnen, hat das Land, in dem das Vermögen belegen ist, ein uneingeschränktes Besteuerungsrecht.[755] Diese Besteuerung nach dem so genannten Belegenheitsprinzip ist unter dem Aspekt der Gerechtigkeit zwischen Nationen damit zu rechtfertigen, dass hier zweifellos eine besonders enge wirtschaftliche Beziehung zwischen der Einkommensquelle und dem Quellen- beziehungsweise Belegenheitsland besteht.[756] Gleiches gilt für die Besteuerung von Einkünften aus dem Öffentlichen Dienst, die nach dem so genannten Kassenstaatsprinzip grundsätzlich im Quellenland besteuert werden.[757] Hier ist der Anteil des Quellenstaates an den erzielten Einkünften unverkennbar groß.

Für eine andere Gruppe von Einkünften ist die Quellenbesteuerung in der Art und Weise beschränkt, dass sie von der Erfüllung bestimmter Voraussetzungen (An-

---

752 Vgl. OECD (1996), S. 11, Debatin, H. (1983), S. 293.
753 Im Folgenden werden nur die wesentlichen Einkunftsarten behandelt. Die abkommensrechtliche Behandlung von Einkünften und Vermögen im Bereich See- oder Binnenschiffe und Luftfahrzeuge (Art. 8, Art. 13 Abs. 3, Art. 22 Abs. 3) wird damit ebenso außer Acht gelassen wie die Besteuerung von Sportlern, Künstlern, Aufsichtsrats- und Verwaltungsratsmitgliedern.
754 Jacobs, O.H. (Hrsg.)(1999), S. 68.
755 Vgl. Art. 6 und Art. 13 Abs. 1 OECD-MA. Dabei wird der Ausdruck „unbewegliches Vermögen" jeweils entsprechend den nationalen Regelungen im Quellenland definiert. Vgl. Art. 6 Abs. 2 OECD-MA.
756 Vgl. OECD (1996), S. 80.
757 Vgl. Schaumburg, H. (1998), S. 1011 f., Art. 19 Abs. 1a und Abs. 2a OECD-MA. Zu Ausnahmen siehe Art. 19 Abs. 1b und Abs. 2b OECD-MA.

knüpfungsmomente) abhängig ist.[758] So gilt für die Besteuerung von Unternehmensgewinnen das so genannte Betriebstättenprinzip: Ein Land darf gewerbliche Einkünfte nichtansässiger Unternehmen nur dann besteuern, wenn diese in dem betreffenden Land eine Betriebstätte im Sinne des Art. 5 OECD-MA unterhalten.[759] Ohne eine solche Betriebstätte – so die international akzeptierte Ansicht – nimmt ein ausländisches Unternehmen nicht in einem Maße am Wirtschaftsleben des betreffenden Staates teil, das eine Quellenbesteuerung rechtfertigen würde.[760]

Unterhält das Unternehmen in dem betrachteten Land eine Betriebstätte, so darf dieses den Gewinn nur so weit besteuern, wie er dieser Betriebstätte zuzurechnen ist.[761] Dabei ist eine eindeutige Zurechnung auch notwendig, um sowohl eine Doppelbesteuerung als auch eine Minderbesteuerung des entsprechenden Gewinns zu vermeiden.[762] Die im Musterabkommen dafür prinzipiell vorgesehene direkte Methode der Gewinnzurechnung basiert auf dem „dealing-at-arm's-length-Prinzip", das auch als „Prinzip fiktiver wirtschaftlicher Selbständigkeit"[763] bezeichnet wird: Danach werden einer Betriebstätte „die Gewinne zugerechnet, die sie hätte erzielen können, wenn sie eine gleiche oder ähnliche Geschäftstätigkeit unter gleichen oder ähnlichen Bedingungen als selbständiges Unternehmen ausgeübt hätte und im Verkehr mit dem Unternehmen, dessen Betriebstätte sie ist, völlig unabhängig gewesen wäre."[764] Das setzt voraus, dass für unternehmensinterne Lieferungen und Leistungen marktübliche Verrechnungspreise ermittelt und Aufwendungen[765] des Gesamtunternehmens verursachergerecht auf die einzelnen Betriebstätten verteilt werden kön-

---

758 Vgl. Jacobs, O.H. (Hrsg.)(1999), S. 69.
759 Vgl. Art. 7 OECD-MA. Das gilt auch für Gewinne aus der Veräußerung betrieblichen Vermögens. Vgl. Art. 13 Abs. 2 OECD-MA.
760 Vgl. OECD (1996), S. 83.
761 Vgl. Schaumburg, H. (1998), S. 878.
762 Vgl. Art. 7 Abs. 1 Satz 2 OECD-MA, OECD (1996), S. 82.
763 Rose, G. (2000), S. 77. Diese Gewinnabgrenzungsnorm findet sich in Art. 9 OECD-MA (verbundene Unternehmen) wieder. Alternativ räumt das OECD-Musterabkommen den Vertragsstaaten, in denen diese Methode üblich ist, auch das Recht ein, die Zurechnung von Gewinnen auf die einzelnen Betriebstätten indirekt vorzunehmen: Ausgangspunkt hierfür ist der Gesamtgewinn (oder der Gesamtverlust) des Unternehmens, der nach einem geeigneten Schlüssel auf die Betriebstätten zu verteilen ist. Vgl. Art. 7 Abs. 4 OECD-MA, Rose, G. (2000), S. 76 f., OECD (1996), S. 95 ff. Ein geeigneter Verteilungsschlüssel würde den jeweiligen Beitrag der Betriebstätten zum Gesamtgewinn widerspiegeln. Üblich sind jedoch stark vereinfachte Schlüssel wie zum Beispiel die Größe der Umsätze, das eingesetzte Kapital oder die Zahl der Beschäftigten. Vgl. Rose, G. (2000), S. 76.
764 Vgl. Art. 7 Abs. 2 OECD-MA.
765 Art. 7 Abs. 3 OECD-MA legt fest, dass bei der Ermittlung des Betriebstättenergebnisses alle „für diese Betriebstätte entstandenen Aufwendungen (...) zum Abzug zugelassen werden, gleichgültig ob sie in dem Staat, in dem die Betriebstätte liegt, oder anderswo entstanden sind."

nen, was in der Praxis kaum möglich beziehungsweise von den Steuerbehörden kaum zu überprüfen ist. Eine solche exakte Ermittlung der Ergebnisse einzelner Betriebstätten liegt aus betriebswirtschaftlichen Gründen zwar durchaus im Interesse der Unternehmen. Aus steuerlichen Gründen haben die Unternehmen aber auch ein Gestaltungsinteresse, genauer: ein Interesse an der Verlagerung von Bemessungsgrundlagen in Niedrigsteuerländer. Ein weiterer Nachteil der direkten Methode ist die Tatsache, dass eine Betriebstätte mit positivem Ergebnis Steuern zahlen muss, auch wenn das gesamte Unternehmen einen Verlust erwirtschaftet hat.[766]

Einkünfte aus unselbständiger Arbeit[767] werden nach dem Arbeitsortprinzip besteuert. Die Quellenbesteuerung beschränkt sich also auf die Fälle, in denen die Arbeit tatsächlich im betreffenden Land ausgeübt wird. Zusätzlich wird das Besteuerungsrecht des Quellenlandes in den Fällen aufgehoben, in denen die betreffende Person sich innerhalb von zwölf Monaten nicht länger als 183 Tage im Quellenland aufhält.[768]

Eine weitere Gruppe von Einkünften kann im Quellenland nur mit einem der Höhe nach begrenzten Steuersatz belastet werden. So dürfen Dividenden im Quellenland nur mit maximal 15 Prozent des Bruttobetrages besteuert werden.[769] Im Fall so genannter Schachtelbeteiligungen, bei denen der Empfänger der Dividendenzahlung eine Kapitalgesellschaft ist, die unmittelbar mindestens 25 Prozent des Kapitals der zahlenden Gesellschaft hält, beträgt der Höchstsatz nur fünf Prozent. Auf diese Weise soll die wirtschaftliche Doppelbesteuerung von Gewinnen international ver-

---

766 Vgl. Rose, G. (2000), S. 78 f., OECD (1996), S. 85 ff.

767 Dazu zählen nicht Aufsichtsrats- und Verwaltungsratsvergütungen, Ruhegehälter, Zahlungen aus öffentlichen Kassen sowie Zahlungen, die ein Student, Praktikant oder Lehrling aus Staatsquellen erhält. Diese werden in den Artikeln 16, 18, 19 und 20 OECD-MA gesondert geregelt.

768 Vgl. Art. 15 OECD-MA. In den deutschen Doppelbesteuerungsabkommen mit den Nachbarstaaten Frankreich, Belgien, Österreich und der Schweiz gilt die so genannte „Grenzgängerregelung", nach der das Besteuerungsrecht bei Einkünften von Personen, die im Grenzgebiet eines Vertragsstaates arbeiten, ausschließlich dem Wohnsitzland zugewiesen wird. Vgl. Jacobs, O.H. (Hrsg.)(1999), S. 85.

769 Eine Ausnahme hiervon stellt der so genannte „Betriebstättenvorbehalt" dar. Gehören die betreffenden Beteiligungen zu einer Betriebstätte, die das die Dividenden empfangende Unternehmen im Quellenland unterhält, so hat das Quellenland das Recht, von der Bruttobesteuerung der Dividenden mit einem Höchstsatz zu einer der Höhe nach unbegrenzten Besteuerung der Nettodividenden überzugehen. Vgl. Art. 10 Abs. 4 OECD-MA, Schaumburg, H. (1998), S. 941 f.

flochtener Konzerne zumindest gemildert werden.[770] Der tatsächlich anzuwendende Steuersatz und die Beteiligungsgrenze sind in bilateralen Verhandlungen zwischen den Vertragsstaaten abzustimmen.[771] Zinsen dürfen im Quellenland mit einem Steuersatz von höchstens zehn Prozent des Bruttobetrages belegt werden, wobei die Vertragsstaaten die tatsächlichen Steuersätze auch hier in ihren bilateralen Verhandlungen festlegen sollen.[772] Abkommen zwischen Industrieländern verzichten üblicherweise ganz auf eine Quellenbesteuerung von Zinseinkünften.

Die Begrenzung des Steuersatzes wird mit Blick auf die „Gerechtigkeit zwischen Nationen" begründet: Sie besteht „für solche Einkünfte, die ihrer Natur nach aus Leistungsaustauschbeziehungen stammen, die keine nachhaltige Verankerung mit der Wirtschaft des Quellenstaates mit sich bringen".[773] Der Ansicht, dem Quellenstaat müsse eigentlich ein vorrangiger Zugriff auf die Dividendeneinkünfte eingeräumt werden, „weil er am Investitionsort durch die Erbringung öffentlicher Leistungen die Erzielung von Dividendeneinkünften überhaupt erst ermöglicht"[774], muss widersprochen werden: Dem Quellenstaat steht bereits das Recht zu, die Gewinne des betreffenden Unternehmens zu besteuern, bevor sie ausgeschüttet werden.[775]

Schließlich ist zu berücksichtigen, dass die Bemessungsgrundlage für die Quellenbesteuerung sowohl bei Dividenden als auch bei Zinsen der Bruttobetrag ist, das heißt, etwaige Einkunftserzielungskosten bleiben unberücksichtigt. Auch das macht eine Begrenzung des Steuersatzes notwendig: Nimmt zum Beispiel ein Unternehmen im Inland einen Kredit in Höhe von 10.000 Euro auf, den es mit 4 Prozent verzinsen muss, und leiht es den gesamten Betrag zu einem Zinssatz von 5 Prozent an eine ausländische Konzerngesellschaft, dann kann ein hoher Quellensteuersatz dazu führen, dass dieses Geschäft mit einem Nach-Steuer-Verlust verbunden ist. Bei

[770] Vgl. Schaumburg, H. (1998), S. 940.
[771] Vgl. Art. 10 Abs. 2 OECD-MA. Dabei berühren die konkreten Bestimmungen in den Doppelbesteuerungsabkommen Deutschlands die günstigere Behandlung der Dividenden aufgrund der Mutter-Tochter-Richtlinie der EU nicht. Das hängt schon allein damit zusammen, dass das EU-Recht Vorrang vor den Doppelbesteuerungsabkommen zwischen EU-Mitgliedstaaten hat. Vgl. Zeitler, F.-C. (1993), S. 951. Der Vorrang der EU-Richtlinie wird in neuere Abkommen zwischen EU-Mitgliedstaaten explizit aufgenommen. Siehe zum Beispiel die entsprechende Vereinbarung in Art. 10 Abs. 3 des Deutsch-dänischen Steuerabkommens aus dem Jahr 1995. Vgl. Fußnote 717.
[772] Vgl. Art. 11 Abs. 2 und 5 OECD-MA.
[773] Jacobs, O.H. (Hrsg.)(1999), S. 70.
[774] Schaumburg, H. (1998), S. 939.
[775] Vgl. OECD (1996), S. 113.

einer Quellensteuer in Höhe von 25 Prozent würde beispielsweise ein Verlust in Höhe von 25 Euro entstehen, weil dem Vor-Steuer-Gewinn von 100 Euro (0,05 · 10.000 Euro – 0,04 · 10.000 Euro) eine Steuerlast von 125 Euro (0,25 · 0,05 · 10.000 Euro) gegenüberstünde.[776]

Eine letzte Gruppe von Einkünften zeichnet sich dadurch aus, dass die Quellenbesteuerung vollständig aufgehoben wird. Das liegt an der nur schwachen oder überhaupt nicht vorhandenen Anknüpfung des Einkommensbezugs an die Wirtschaft des Quellenstaates, wie sie das OECD-Musterabkommen bei Lizenzgebühren[777], Ruhegehältern[778] und Veräußerungsgewinnen aus beweglichem, nicht einer Betriebstätte angehörigem Vermögen[779] unterstellt.[780] Zu dieser letzten Gruppe zählen auch „Andere Einkünfte", die im Rahmen des Musterabkommens nicht ausdrücklich einer unbeschränkten oder beschränkten Quellenbesteuerung unterliegen. In dieser „Auffangklausel" kommt die im OECD-Musterabkommen vorgenommene starke Gewichtung des Wohnsitzlandprinzips zum Ausdruck.[781]

5.2.2.3 Die Begrenzung der Besteuerung im Wohnsitzland

Wie die ausländischen Einkünfte im Wohnsitzland besteuert werden, hängt davon ab, ob und in welcher Weise die Besteuerung im Quellenland beschränkt wurde:[782]

776 In Anlehnung an Jacobs, O.H. (Hrsg.)(1999), S. 70.

777 Vgl. Art. 12 OECD-MA. In den konkreten Doppelbesteuerungsabkommen unterliegen Lizenzgebühren dagegen meist einer dem Steuersatz nach begrenzten Quellenbesteuerung.

778 Vgl. Art. 18 OECD-MA.

779 Vgl. Art. 13 Abs. 4 OECD-MA.

780 Vgl. Jacobs, O.H. (Hrsg.)(1999), S. 71 und S. 75.

781 Vgl. ebenda, S. 71, Debatin, H. (1983), S. 292. Die Betonung des Wohnsitzlandprinzips und die starke wechselseitige Beschränkung der Quellenbesteuerung sind mit einem gleichmäßig verteilten Steuerverzicht der Vertragsstaaten verbunden, wenn der Wirtschaftsverkehr zwischen ihnen einigermaßen ausgeglichen ist. Das ist bei Abkommen zwischen Industrieländern – von denen das OECD-Musterabkommen ausgeht – auch grundsätzlich der Fall. Bei Doppelbesteuerungsabkommen zwischen Industrie- und Entwicklungsländern sieht das jedoch anders aus: Da Entwicklungsländer typischerweise Nettokapitalimporteure sind, würde ein gegenseitiger Verzicht auf die Quellenbesteuerung deren Möglichkeit, Steuereinnahmen zu erzielen, erheblich beeinträchtigen. Diesen Tatbestand berücksichtigt das von den Vereinten Nationen entwickelte Musterabkommen zur Vermeidung der Doppelbesteuerung (UN-Musterabkommen) aus dem Jahr 1980. Dieses basiert zwar ebenfalls auf dem OECD-Musterabkommen, ist über weite Strecken sogar mit diesem identisch, zeichnet sich jedoch durch eine insgesamt stärkere Anerkennung des Quellenbesteuerungsrechts aus. Vgl. Jacobs, O.H. (Hrsg.)(1999), S. 72, Nimmermann, P. (1999), S. 196, Debatin, H. (1983), S. 292.

782 Vgl. Jacobs, O.H. (Hrsg.)(1999), S. 75 f.

Sind die ausländischen Einkünfte im Quellenland steuerfrei gestellt, dann können die Steuerbehörden des Wohnsitzlandes sie ohne weiteres gemäß ihrem nationalen Steuerrecht besteuern, ohne eine Doppelbesteuerung zu bewirken. Dabei ist es unerheblich, ob die Steuerfreiheit im Quellenland auf eine generelle Aufhebung der Quellenlandbesteuerung zurückzuführen ist oder auf fehlende Anknüpfungsmerkmale. In diesem Fall ist das Wohnsitzlandprinzip im engeren Sinne realisiert – mit allen (in Kapitel 4.3 zusammengefassten) Vor- und Nachteilen.

Wurden die ausländischen Einkünfte dagegen bereits im Quellenland besteuert, dann muss das Wohnsitzland Maßnahmen ergreifen, um eine Doppelbesteuerung zu vermeiden. Auch hier ist es gleichgültig, ob die Quellenbesteuerung der Höhe nach begrenzt war oder nicht.

Als „Methoden zur Vermeidung der Doppelbesteuerung" sieht das Musterabkommen in Abschnitt V die Freistellungsmethode, gegebenenfalls mit Progressionsvorbehalt[783], und die begrenzte Anrechnungsmethode[784] vor. Dabei ist zu beachten, dass die Methode zur Vermeidung der Doppelbesteuerung in den konkreten Abkommen „nicht stets in bilateraler Gegenseitigkeit verankert"[785] ist: Die jeweiligen Vertragsstaaten können bei der gleichen Einkunftsart unterschiedliche Methoden wählen, so dass der eine Staat die ausländische Steuer möglicherweise anrechnet, während der andere die entsprechenden Einkünfte freistellt.[786]

Für welche der beiden Methoden das jeweilige Wohnsitzland sich entscheidet, hängt davon ab, welcher der in Kapitel 4 entwickelten Anforderungen an die Besteuerung internationaler Einkommen es den Vorzug gibt: Räumt es zum Beispiel der Kapitalimportneutralität und der Nichtdiskriminierung einen höheren Stellenwert ein als der

---

783 Im Musterabkommen wird dieses Verfahren als „Befreiungsmethode" bezeichnet. Vgl. Art. 23 A OECD-MA. Zum Progressionsvorbehalt, bei dem die ausländischen Einkünfte nur bei der Ermittlung des individuellen Steuersatzes berücksichtigt werden, siehe Art. 23 A Abs. 3 OECD-MA.

784 Vgl. Art. 23 B OECD-MA. Die begrenzte Anrechnungsmethode beschränkt die anrechenbare ausländische Steuer auf die Höhe der entsprechenden inländischen Steuer. Siehe dazu ausführlicher Kapitel 4.4.1.3.2.

785 Schaumburg, H. (1998), S. 1035.

786 Vgl. Wissenschaftlicher Beirat beim BMF (1999), S. 50. Das führt in den konkreten Abkommen dazu, dass der Artikel "Vermeidung der Doppelbesteuerung" meist sehr lang und in zwei Abschnitte gegliedert ist: Der erste Absatz hält die Methoden fest, die der eine Vertragsstaat zur Vermeidung der Doppelbesteuerung ergreift, der zweite Absatz regelt die entsprechenden Methoden des anderen Vertragsstaates.

Kapitalexportneutralität und der individuellen steuerlichen Gerechtigkeit, dann wird es – wie es in europäischen Abkommen in der Anfangszeit die Regel war – das Freistellungsverfahren bevorzugen.[787] Dadurch werden die internationalen Einkommen nach dem Quellenlandprinzip besteuert. Im umgekehrten Fall ist das Anrechnungsverfahren zu bevorzugen, was einer Besteuerung nach dem Wohnsitzlandprinzip im weiteren Sinne gleichkommt.[788] Dies ist bei anglo-amerikanischen Abkommen von Anfang an üblich gewesen.[789]

Das begrenzte Anrechnungsverfahren findet sich in den deutschen Doppelbesteuerungsabkommen in den Fällen, in denen die Besteuerung im Quellenland der Höhe nach begrenzt ist, also bei Dividenden, Zinsen und gegebenenfalls bei Lizenzgebühren. Hier wird Wert auf die Kapitalexportneutralität der Besteuerung gelegt.[790] Eine Freistellung ausländischer Einkünfte (unter Progressionsvorbehalt) sehen die deutschen Abkommen dagegen dort vor, wo aus Wettbewerbsgründen eine kapitalimportneutrale Besteuerung gewünscht ist, wo sich also „the business men´s view" durchgesetzt hat: bei der Besteuerung von Unternehmensgewinnen. Auch Einkünfte aus unselbständiger Tätigkeit bleiben im Wohnsitzland steuerfrei, sofern sie bereits im Quellenland besteuert werden.[791]

Die Freistellung ausländischer Einkünfte von der Besteuerung im Wohnsitzland birgt grundsätzlich die Gefahr einer internationalen, nicht nur „fiskalisch unerwünschten Doppelnichtbesteuerung"[792]. Um dem entgegenzuwirken, sehen vor allem jüngere Doppelbesteuerungsabkommen so genannte Vorbehaltsklauseln vor: Die Gewährung der Freistellungsmethode wird zum Beispiel davon abhängig gemacht, dass die ausländischen Einkünfte einer Betriebstätte oder Gesellschaft (fast) ausschließlich aus bestimmten aktiven Tätigkeiten stammen, die im Quellenland ausgeübt werden (Aktivitätsklauseln). Dazu zählen beispielsweise die Herstellung und der Verkauf von Gütern, Waren und Dienstleistungen sowie Bank- und Versicherungsgeschäfte. Auf diese Weise soll insbesondere verhindert werden, dass eine Betriebstätte oder

---

787 Zur Beurteilung des Quellenlandprinzips siehe Kapitel 4, insbesondere Kapitel 4.3.
788 Zur Beurteilung des Anrechnungsverfahrens siehe Kapitel 4.4.1.3.2 sowie Kapitel 4.4.1.3.4.
789 Vgl. Debatin, H. (1983), S. 300 f.
790 Vgl. Höfer, J. (1997), S. 810.
791 Vgl. ebenda, Jacobs, O.H. (Hrsg.)(1999), S. 76.
792 Höfer, J. (1997), S. 812.

Tochtergesellschaft ausschließlich zum Zweck der Steuerminderung in einem niedrig besteuernden Quellenland unterhalten wird (Stichwort: Briefkastenfirmen).[793] Daneben sehen immer mehr Abkommen subject-to-tax-Klauseln vor: Die ausländischen Einkünfte werden nur dann im Inland freigestellt, wenn sie im Quellenland auch tatsächlich besteuert wurden.[794] Einige Doppelbesteuerungsabkommen enthalten auch so genannte Rückfallklauseln, nach denen die Beschränkung der Quellenlandbesteuerung davon abhängig gemacht wird, dass tatsächlich eine Besteuerung im Wohnsitzland vorgenommen wird.[795] Außerdem ist in den Abkommen immer häufiger eine Übergangsklausel (switch-over-Klausel) verankert. Danach kann das Wohnsitzland von der Freistellungs- zur Anrechnungsmethode übergehen, wenn ein Verständigungsverfahren zur Vermeidung einer drohenden Nicht- oder Minderbesteuerung erfolglos geblieben ist.[796]

Unabhängig davon, ob im Wohnsitzland das Freistellungsverfahren vorgesehen ist oder nicht, enthalten Doppelbesteuerungsabkommen unterschiedliche Regelungen zur Vermeidung internationaler Minderbesteuerung, von denen hier nur die wesentlichen angeführt werden sollen. Dazu zählen die Gewinnberichtigungsnormen für verbundene Unternehmen[797] sowie die Gewinnabgrenzungsnormen im Fall von Betriebstätten[798], die eine steuermindernde Gewinnverlagerung in Niedrigsteuerländer vermeiden sollen. Darüber hinaus finden sich insbesondere in US-amerikanischen, zunehmend aber auch in deutschen Abkommen so genannte „treaty-shopping-Klauseln“, die einer missbräuchlichen Inanspruchnahme des Abkommensrechts entgegenwirken. Ein solcher Missbrauch liegt dann vor, wenn nichtabkommensberechtigte Personen durch das Zwischenschalten von abkommensberechtigten Personen abkommensrechtliche Steuervorteile erzielen wollen. Um solche Gestaltungsmöglichkeiten zu unterbinden, gilt zum Beispiel die Begrenzung der Steuersätze im Quellenland bei Dividenden und Zinsen nur dann, wenn die im anderen Vertragsstaat ansässige Person auch tatsächlich der Nutzungsberechtigte ist.[799]

---

[793] Vgl. Höfer, J. (1997), S. 813, Schaumburg, H. (1998), S. 1034.
[794] Vgl. Höfer, J. (1997), S. 813.
[795] Vgl. Schaumburg, H. (1998), S. 954.
[796] Vgl. Höfer, J. (1997), S. 813.
[797] Vgl. Art. 9 OECD-MA. Siehe dazu ausführlich Schaumburg, H. (1998), S. 917 ff.
[798] Vgl. Art. 7 Abs. 2 OECD-MA.
[799] Vgl. Art. 10 Abs. 2, Art. 11 Abs. 2 OECD-MA, Jacobs, O.H. (Hrsg.)(1999), S. 103, Schaumburg, H. (1998), S. 953 f. und S. 967.

Formen internationaler Steuerminderung, denen nicht durch abkommensrechtliche Regelungen begegnet wird, können auch durch entsprechende unilaterale Maßnahmen verhindert werden.[800]

5.2.3 Zwischenfazit

Im Fall eines einseitigen oder auch bilateralen Übergangs zu einer konsumorientierten Einkommens- und Gewinnbesteuerung würde sich die Frage stellen, inwieweit bestehende Doppelbesteuerungsabkommen noch anwendbar wären beziehungsweise noch zu den ursprünglich beabsichtigten Ergebnissen führen würden.

Prinzipiell ist davon auszugehen, dass die derzeitigen Abkommen bei einer grundlegenden Reform des Steuersystems zumindest in Teilen geändert oder ergänzt werden müssten.[801] Entsprechende Revisionsverhandlungen könnten im Ergebnis zu einem Revisionsprotokoll, einem Zusatzprotokoll oder auch zum Abschluss eines Revisionsabkommens führen – je nachdem ob das bestehende Abkommen partiell angepasst, ergänzt oder insgesamt geändert werden müsste.[802] Dabei ist es sicherlich nicht unrealistisch, für entsprechende Neuverhandlungen der bestehenden Doppelbesteuerungsabkommen Deutschlands einen Zeitraum von etwa zehn Jahren zu veranschlagen.[803] Die jeweils bestehenden Abkommen würden für die Dauer von Revisionsverhandlungen grundsätzlich beibehalten.[804]

Einer der beiden Vertragsstaaten könnte sich auch zu einer Kündigung des Doppelbesteuerungsabkommens veranlasst sehen, wenn dessen weitere Anwendung unter den veränderten Bedingungen für ihn von fiskalischem oder wirtschaftlichem Nachteil wäre. Das wäre insbesondere für den Fall eines einseitigen Übergangs des anderen Vertragstaates zu einer konsumorientierten Einkommen- und Gewinnsteuer zu vermuten. Eine solche Kündigung würde bewirken, dass beide Staaten auf nationale Maßnahmen zur Vermeidung der Doppelbesteuerung internationaler Faktoreinkom-

---

[800] Vgl. Jacobs, O.H. (Hrsg.)(1999), S. 104.
[801] Mit dieser Frage beschäftigt sich Kapitel 6 ausführlich.
[802] Vgl. Schaumburg, H. (1998), S. 765 f.
[803] Vgl. Wissenschaftlicher Beirat beim BMF (1999), S. 49.
[804] Vgl. Schaumburg, H. (1998), S. 765.

men zurückfallen würden. Das könnte auf der einen Seite zu fiskalischen Einbußen führen, wenn beispielsweise das Quellenland zu einer ausgedehnteren Quellenbesteuerung übergehen und das Wohnsitzland diese anrechnen würde.[805] Auf der anderen Seite könnten aber auch die Steuerpflichtigen zusätzlich belastet werden, falls die Steuerbehörden zu einer solchen Anrechnung nicht oder nur eingeschränkt bereit wären. Insgesamt ginge also der Verteilungskampf zwischen Quellen- und Wohnsitzland und Steuerpflichtigen in eine neue Runde.

5.3 Das deutsche Außensteuerrecht

Unter nationalem Außensteuerrecht versteht man alle nationalen Steuerrechtssetzungen, die grenzüberschreitende Sachverhalte betreffen.[806] Zu den wesentlichen Regelungen des deutschen Außensteuerrechts zählen neben dem Außensteuergesetz (AStG), welches ausschließlich zum Außensteuerrecht zählende Normen enthält, die Vorschriften über die unbeschränkte und die beschränkte Steuerpflicht[807] sowie über die Besteuerung positiver und negativer ausländischer Einkünfte. Diese Vorschriften sind im Einkommensteuergesetz (EStG) sowie im Körperschaftsteuergesetz (KStG) verankert.[808]

5.3.1 Beschränkte und unbeschränkte Steuerpflicht

Sowohl das Einkommensteuergesetz als auch das Körperschaftsteuergesetz unterscheiden zwischen unbeschränkt und beschränkt Steuerpflichtigen. Unbeschränkt steuerpflichtig sind natürliche Personen, die ihren Wohnsitz oder ständigen Aufenthalt in Deutschland haben (§ 1 Abs. 1 EStG), sowie juristische Personen, die ihre

---

[805] Vgl. Wissenschaftlicher Beirat beim BMF (1999), S. 50.

[806] Vgl. Pumbo, M. (1995), S. 8.

[807] Der insbesondere für das Diplomatische Korps relevante Sonderfall der „erweiterten unbeschränkten Steuerpflicht" (§ 1 Abs. 2 EStG) bleibt im Weiteren ebenso unberücksichtigt wie die „fiktive unbeschränkte Steuerpflicht von EU- und EWR-Familienangehörigen" (§ 1a EStG) und die „erweiterte beschränkte Steuerpflicht" (§§ 2, 5 AStG).

[808] Vgl. Rose, G. (2000), S. 22. Die entsprechenden Regelungen des Erbschaft- und Schenkungsteuergesetzes werden hier nicht berücksichtigt.

Geschäftsleitung oder ihren Sitz im Inland haben (§ 1 Abs. 1 KStG).[809] Unbeschränkt Steuerpflichtige unterliegen mit ihrem gesamten Welteinkommen der deutschen Einkommen- beziehungsweise Körperschaftsteuer.

Dagegen werden beschränkt Steuerpflichtige nur auf der Basis ihres in Deutschland erwirtschafteten Einkommens besteuert. Beschränkt steuerpflichtig sind natürliche und juristische Personen, die keinen Wohnsitz oder gewöhnlichen Aufenthalt beziehungsweise keinen Sitz oder keine Geschäftsleitung in Deutschland haben, aber inländische Einkünfte im Sinne des § 49 EStG beziehen (§ 1 Abs. 4 EStG, § 2 KStG). Zu den in § 49 EStG aufgeführten beschränkt steuerpflichtigen Einkünften zählen vor allem Einkünfte

- aus einer im Inland betriebenen Land- oder Forstwirtschaft,
- aus Gewerbebetrieb, für die im Inland eine Betriebstätte unterhalten wird oder ein ständiger Vertreter bestellt ist,
- aus selbständiger und nichtselbständiger Arbeit, die im Inland ausgeübt oder verwertet wird oder wurde,
- die aufgrund eines bestehenden oder früheren Dienstverhältnisses aus inländischen öffentlichen Kassen gewährt werden,
- aus der Vermietung oder Verpachtung von inländischem unbeweglichem Vermögen,
- aus der Veräußerung eines Anteils an einer inländischen Kapitalgesellschaft, an der der Veräußerer eine Beteiligung von mindestens einem Prozent hält

sowie Dividenden aus inländischen Kapitalgesellschaften. Zinsen unterliegen nur dann der beschränkten Steuerpflicht, wenn sie zum Beispiel durch inländische Grundstücke gesichert sind (§ 49 Abs. 1 Nr. 5c EStG).

Spezielle Vorschriften für beschränkt Steuerpflichtige hinsichtlich Einkünfteermittlung, Verlustberücksichtigung, Sonderausgabenabzug, Tarif und Steuerabzug (§§ 50 und 50a EStG) machen den Objektsteuercharakter der im Rahmen der be-

[809] Auf Antrag können auch solche Personen als unbeschränkt steuerpflichtig behandelt werden, deren Welteinkommen zu mindestens 90 Prozent der deutschen Einkommensteuer unterliegt beziehungsweise deren nicht der deutschen Einkommensteuer unterliegende Einkünfte nicht mehr als 6.136 Euro pro Kalenderjahr betragen (§ 1 Abs. 3 EStG). Das trifft in der Regel auf Grenzgänger zu, die auf diese Weise die Vorteile einer Subjektsteuer (persönliche Frei- und Abzugsbeträge) nutzen können.

schränkten Steuerpflicht erhobenen Einkommensteuer deutlich: Persönliche Umstände werden nicht berücksichtigt, so dass beispielsweise außergewöhnliche Belastungen sowie Kinder- und Betreuungsfreibeträge nicht geltend gemacht werden können und auch der Splittingtarif nicht zur Anwendung kommt. Zudem sind im Quellenabzugsverfahren erhobene Steuern durch den Steuerabzug grundsätzlich abgegolten, das heißt, sie werden nach dem Bruttoprinzip erhoben.[810]

Es ist zu vermuten, dass auch im Rahmen einer konsumorientierten Einkommens- und Gewinnbesteuerung zwischen einer unbeschränkten Steuerpflicht Ansässiger und einer beschränkten Steuerpflicht nicht Ansässiger unterschieden würde. Wie die konkrete Ausgestaltung der unbeschränkten beziehungsweise der beschränkten Steuerpflicht in einem solchen Steuersystem aussehen könnte, wird in Kapitel 6.1.1 ausführlich diskutiert.

5.3.2 Nationale Maßnahmen zur Vermeidung internationaler Doppelbesteuerung und internationaler Minderbesteuerung

Ein zentrales Ziel des deutschen internationalen Steuerrechts ist es, gegen die internationale Doppelbesteuerung (im juristischen Sinn) vorzugehen. Wie in Kapitel 4.4.1.4 bereits dargestellt wurde, haben unilaterale Maßnahmen den Nachteil, dass die damit verbundenen Einnahmeverluste einseitig zu Lasten des diese Maßnahmen ergreifenden Staates gehen: Das gilt sowohl für die Freistellung inländischer Einkünfte, die an Ausländer fließen, als auch für die Freistellung ausländischer Einkünfte, die an Inländer fließen. Auch die Anrechnung ausländischer Steuern mindert ausschließlich das Steueraufkommen des anrechnenden Staates, wobei dieser nicht einmal – wie im Fall der Doppelbesteuerungsabkommen – Einfluss auf die Höhe der anzurechnenden Quellenlandsteuer nehmen kann.

Zweites zentrales Ziel des deutschen Außensteuerrechts ist es, gegen eine Minderbesteuerung zu Lasten des heimischen Steueraufkommens vorzugehen. Da es eine Vielzahl von Maßnahmen gibt, um eine Minderbesteuerung zu erreichen, gibt es

---

[810] Vgl. Schaumburg, H. (1998), S. 164 ff.

auch eine Vielzahl von Möglichkeiten für die nationalen Steuerbehörden, diesen Maßnahmen entgegenzusteuern.[811] Die daraus resultierende „kasuistische" Bekämpfung der Steuerminderung, die grundsätzlich eine Präzisierung und Erweiterung des Steuerzugriffs des deutschen Fiskus vorsieht, ist größtenteils im „Gesetz über die Besteuerung bei Auslandsbeziehungen" (Außensteuergesetz) verankert.[812] Das Außensteuergesetz (AStG) konzentriert sich dabei auf die Fälle, in denen durch internationale Verflechtungen beziehungsweise Gewinnverlagerungen (Erster Teil AStG), Wohnsitzverlagerungen (Zweiter und Dritter Teil AStG) und Beteiligungen an ausländischen Zwischengesellschaften (Vierter Teil AStG) eine steuerlich motivierte Verlagerung der Bemessungsgrundlage in niedrig besteuernde Länder erreicht wird.

Als wesentlicher Vorteil nationaler Maßnahmen gegen die internationale Doppel- und Minderbesteuerung ist die Tatsache anzusehen, dass sie im Gesetzgebungsverfahren einfacher zu handhaben sind als internationale Abkommen, weil eben kein zweiter Staat mit einbezogen werden muss.[813] Aus diesem Grund wäre ein Änderungsbedarf, der sich hier infolge eines Übergangs zu einer konsumorientierten Einkommens- und Gewinnbesteuerung ergeben würde, bei weitem nicht so kritisch zu beurteilen wie ein möglicher Änderungsbedarf bei den bestehenden Doppelbesteuerungsabkommen: Einkommen- und Körperschaftsteuergesetz müssten ohnehin verändert werden und auch eine gegebenenfalls notwendige Anpassung des Außensteuergesetzes wäre weit weniger aufwendig als eine Neuverhandlung aller bilateralen Abkommen. Sofern das Reformvorhaben an sich mit den notwendigen politischen Mehrheiten durchgesetzt werden könnte, bestünde vermutlich auch kein Widerstand gegen eine entsprechende Anpassung unilateraler Maßnahmen zur Vermeidung der Doppel- oder Minderbesteuerung. Da die Regelungen des nationalen Außensteuerrechts also nicht als grundsätzliches Hindernis für eine konsumorientierte Steuerreform anzusehen sind, kann hier auf ihre nähere Beschreibung verzichtet werden, zumal auf wesentliche Regelungen bereits in Kapitel 4 hingewiesen wurde.[814]

---

[811] Siehe dazu Kapitel 4.4.2.2 und 4.4.2.3.
[812] Vgl. Rose, G. (2000), S. 81, Jacobs, O.H. (Hrsg.)(1999), S. 101.
[813] Vgl. Jacobs, O.H. (Hrsg.)(1999), S. 34 f.
[814] Eine detaillierte Darstellung des deutschen Außensteuerrechts findet sich bei Rose, G. (2000).

6 Konsumorientierte Einkommensbesteuerung und internationale Steuerordnung

Eine umfassende Beurteilung eines konsumorientierten Einkommensteuersystems muss berücksichtigen, wie sich ein solches Steuersystem in die bestehende internationale Steuerordnung einfügen würde. Dabei geht es vor allem darum, ob die Einführung einer konsumorientierten Einkommensteuer eine Neuverhandlung der bestehenden Doppelbesteuerungsabkommen notwendig machen würde. Zudem stellt sich die Frage, inwieweit eine konsumorientierte Einkommens- und Gewinnbesteuerung mit dem in Kapitel 5.1 dargestellten europäischen Steuerrecht vereinbar wäre.

Insbesondere die sparbereinigte Variante wird hinsichtlich ihrer Kompatibilität mit der internationalen Steuerordnung im Allgemeinen kritisch beurteilt – auch von Befürwortern einer konsumorientierten Einkommensbesteuerung: Da ist von der „Unverträglichkeit der Sparbereinigung mit der international geltenden Praxis zur Vermeidung von Doppelbesteuerungen“[815] die Rede und davon, dass der Übergang zu einer sparbereinigten Einkommens- und Gewinnbesteuerung „bei Berücksichtigung außenwirtschaftlicher Verflechtungen erhebliche Probleme mit sich bringt, die nicht so ohne weiteres zu lösen sind“[816]. Vor allem für den Fall einer Einführung der sparbereinigten Einkommensteuer im nationalen Alleingang werden „ernsthafte Beeinträchtigungen der Besteuerungsneutralität“[817] sowie „eine Verletzung des personellen Gerechtigkeitsziels“[818] befürchtet. Daher sei die Einführung „einer sparbereinigten Einkommensteuer im nationalen Alleingang (...) praktisch unmöglich“[819]. Im Gegensatz dazu wird die internationale Verträglichkeit der zinsbereinigten Variante betont.[820] Ob dieser grundsätzliche Unterschied zwischen den beiden Spielarten der konsumorientierten Einkommensteuer tatsächlich besteht, die zinsbereinigte Ein-

---

815 Vgl. Rose, M. (1998a), S. 250.
816 Musgrave, P.B. (1991), S. 566.
817 Ebenda.
818 Ebenda.
819 Scheer, C. (1998), S. 185.
820 So zum Beispiel bei Rose, M. (1996a), S. 85 f.

kommensteuer der sparbereinigten Einkommensteuer also auch mit Blick auf die internationale Steuerordnung vorzuziehen ist,[821] wird im Folgenden untersucht.

6.1 Sparbereinigte Einkommensteuer und internationale Steuerordnung

6.1.1 Wohnsitzlandprinzip und Quellenlandprinzip bei der sparbereinigten Einkommensteuer

Wird die sparbereinigte Einkommensteuer in einer offenen Volkswirtschaft erhoben, so ist zunächst zu klären, ob sie nach dem Universal- beziehungsweise Wohnsitzlandprinzip oder dem Territorial- beziehungsweise Quellenlandprinzip[822] erhoben werden soll und wie diese beiden Prinzipien bei einer solchen Steuer umzusetzen wären.

6.1.1.1 Das Wohnsitzlandprinzip bei der sparbereinigten Einkommensteuer

Da die sparbereinigte Einkommensteuer als Subjektsteuer konzipiert ist, sollte sie nach dem Universal- oder Wohnsitzlandprinzip erhoben werden. Konsequent wäre eine Besteuerung der weltweiten Konsumausgaben in dem Sinne, dass das weltweit erzielte Einkommen um die weltweite Nettoersparnisbildung reduziert wird.[823] Auf diese Weise würden Personen mit gleichem Wohnsitzland und gleicher individueller steuerlicher Leistungsfähigkeit in gleichem Maße steuerlich belastet, die Gerechtigkeit zwischen Personen wäre gewahrt.[824] Da der Ort der Einnahmenerzielung, des

---

[821] Wie in Kapitel 3.4 zusammenfassend festgehalten wurde, ist die zinsbereinigte Einkommensteuer der sparbereinigten Variante bei Betrachtung einer geschlossenen Volkswirtschaft vor allem aus Praktikabilitätsgründen überlegen.

[822] Zur grundsätzlichen Übereinstimmung von Wohnsitzland- und Universalprinzip sowie von Quellenland- und Territorialprinzip siehe Kapitel 4.1.2 und 4.1.3.

[823] Geschenke, Erbschaften, Kredite und langlebige Konsumgüter, die ebenfalls berücksichtigt werden müssten, werden hier vernachlässigt.

[824] Wie in Kapitel 4.2.1.1 ausgeführt wurde, ist diese Vorgehensweise bei den Konzeptionen einer sparbereinigten Einkommensteuer, die auf eine Belastung des Lebenskonsums beziehungsweise Lebenseinkommens abzielen, nicht zwingend.

Sparens und des Konsums keine Auswirkungen auf die Steuerhöhe hätte, wäre das System – von der Wahl des Wohnortes abgesehen[825] – auch entscheidungsneutral.

Einer solchen Umsetzung des Universalprinzips stehen jedoch praktische Gründe entgegen: Der heimische Fiskus müsste die ausländischen Ersparnisse kontrollieren. Nur so wäre sicherzustellen, dass ins Ausland fließende Einkommensteile nur dann freigestellt werden, wenn sie dort auch tatsächlich gespart werden, und dass im Ausland aufgelöste Ersparnisse in die Bemessungsgrundlage einfließen. Die damit verbundenen erheblichen Kontrollschwierigkeiten und Steuerhinterziehungsmöglichkeiten könnten nur reduziert oder vermieden werden, wenn im Ausland eine – im Wohnsitzland anrechenbare – Quellensteuer erhoben würde oder grenzüberschreitende Kontrollmitteilungen durchgesetzt würden. Dabei ist jedoch zu beachten, dass die Steuerbehörden des Wohnsitzlandes die ausländischen Sparerträge anhand des Sparbetrages abschätzen und gegebenenfalls pauschal besteuern könnten. Eine Auflösung der ausländischen Sparbeträge am Fiskus des Wohnsitzlandes vorbei würde dann dazu führen, dass der Steuerpflichtige dauerhaft dieser Pauschalbesteuerung unterworfen würde. Insoweit reduzieren sich die Steuerhinterziehungsmöglichkeiten deutlich.

Das Kontrollproblem könnte man umgehen, indem ins Ausland fließende Einkommensteile grundsätzlich besteuert werden. Um sie nicht gegenüber inländischen Ersparnissen zu diskriminieren, sollten ausländische Ersparnisse einschließlich ihrer Erträge in der Folge steuerlich unberücksichtigt bleiben; ausländische Ersparnisse würden damit zinsbereinigt besteuert.[826] Das hätte zur Folge, dass Steuerpflichtige für eine ausländische Kapitalanlage einen höheren Geldbetrag aufbringen müssten als für eine inländische, weil der Staat als „Mitinvestor" entfällt. Damit würden inländische Anlagen – trotz theoretischer Äquivalenz von zins- und sparbereinigter Besteuerung – den ausländischen vermutlich vorgezogen.[827]

---

[825] Siehe dazu ausführlicher Kapitel 6.1.3.4.

[826] Ein solches Verfahren schlägt beispielsweise der Kronberger Kreis vor. Vgl. Kronberger Kreis (1986), S. 28. Mitschke nimmt die ausländischen Ersparnisse von der Steuerfreistellung vollständig aus, so dass die ausländische Ersparnisbildung diskriminiert und die Konsum-Spar-Entscheidung bei ausländischen Ersparnissen verzerrt wird. Mitschke hält diesen Systembruch für akzeptabel, zumal er nur für einen sehr kleinen Kreis von Steuerpflichtigen praktische Bedeutung habe. Vgl. Mitschke, J. (1985), S. 191 f.

[827] Vgl. Institute for Fiscal Studies (1978), S. 458.

Bei unbeschränkt Steuerpflichtigen könnte die weltweite Bemessungsgrundlage (BMG_{WLP}) also erfasst werden, indem das weltweit erzielte Einkommen (Y_{Welt}), bei dem jedoch ausländische Kapitalerträge und Veräußerungserlöse ($Kapitalerträge_{Quellenland}$) nicht berücksichtigt werden, um die im Wohnsitzland gebildeten Nettoersparnisse ($S_{Wohnsitzland}$) reduziert wird.[828] Damit würde die Bemessungsgrundlage nach dem Universalprinzip wie folgt ermittelt:

(1) $$BMG_{WLP} = Y_{Welt} - Kapitalerträge_{Quellenland} - S_{Wohnsitzland}$$

Konsequenter, aber administrativ aufwendig, wäre eine Ausdehnung der sparbereinigten Besteuerung auch auf ausländische Kapitalanlagen.

(2) $$BMG_{WLP} = Y_{Welt} - S_{Welt}$$

6.1.1.2 Das Quellenlandprinzip bei der sparbereinigten Einkommensteuer

Auch in einem konsumorientierten System der Einkommensbesteuerung werden es sich die einzelnen Staaten aus fiskalischen Gründen nicht nehmen lassen, nicht Ansässige auf der Basis inländischer Steuergegenstände zu besteuern. Analog zur beschränkten Steuerpflicht im Rahmen der traditionellen Einkommensteuer müsste die steuerliche Belastung von nicht Ansässigen in einem sparbereinigten Einkommensteuersystem an deren inländischen Konsumausgaben anknüpfen.

Da diese Ausgaben indirekt ermittelt werden, ist zunächst zu klären, welche Einnahmen berücksichtigt werden sollen. Zweifellos wäre das im Inland erzielte Einkommen in die Bemessungsgrundlage einzubeziehen. Weil aber auch aus dem Ausland transferiertes Einkommen oder Vermögen im Inland konsumiert werden kann, müsste dieses ebenfalls erfasst werden. Zudem wäre zu klären, inwiefern die steuerliche Belastung aufgenommener Kredite, erhaltener Kredittilgungen, empfangener Geschenke und Erbschaften sowie die Nutzung langlebiger Konsumgüter dem Quel-

---

[828] Die Betrachtung findet in einem Zwei-Länder-Modell statt, bei dem eindeutig von Wohnsitzland und Quellenland gesprochen werden kann.

lenland zugestanden werden soll. Bei Geschenken und Erbschaften könnten die Regelungen bestehender Doppelbesteuerungsabkommen auf diesem Gebiet übernommen werden.[829] Für Kredite und langlebige Konsumgüter müssten neue bilaterale Vereinbarungen getroffen werden.

Daneben stellt sich die Frage, welche Formen der Einkommensverwendung steuermindernd wirken. Um die inländischen Konsumausgaben exakt zu erfassen, müssten alle Arten der Einkommensverwendung, die nicht für inländische Konsumzwecke genutzt werden, von der Bemessungsgrundlage abgezogen werden. Dazu zählen neben inländischen auch ausländische Ersparnisse.[830] Aber auch Einkommens- und Vermögensteile, die zu Konsumzwecken ins Ausland transferiert werden, können nicht im Quellenland konsumiert werden. Folglich müsste die Bemessungsgrundlage einer nach dem Territorialprinzip erhobenen sparbereinigten Einkommensteuer ermittelt werden, indem von allen inländischen und ins Inland transferierten Einnahmen alle im Inland gesparten oder ins Ausland transferierten Einkommensteile abgezogen werden.

Eine solche exakte Erfassung inländischer Konsumausgaben würde sich in der Praxis jedoch kaum durchsetzen lassen. Die Erfassung des ins Inland transferierten Einkommens oder Vermögens würde erhebliche praktische Probleme mit sich bringen. Wollte man diesen Ansatz konsequent verfolgen, so müssten selbst ins Inland gebrachte Bargeldbestände oder veräußerbare Vermögensgegenstände berücksichtigt werden, um zum Beispiel auch den inländischen Konsum von Touristen belasten zu können. Die inländischen Konsumausgaben von Ausländern sollten daher nur auf der Basis der im Inland erzielten Einkünfte besteuert werden, das heißt die beschränkte Steuerpflicht sollte – wie im Rahmen der traditionellen Einkommensteuer – am Tatbestand inländischer Einkünfte anknüpfen.[831] Das würde die praktische

---

[829] Das gilt jedoch nur für erhaltene Geschenke und Erbschaften. Bei einigen Konzeptionen, so beispielsweise bei Mitschke, sind Geschenke und Erbschaften aber auch beim Geber zu versteuern. In einer offenen Volkswirtschaft könnte die von Mitschke akzeptierte Doppelbesteuerung ohne Gegenmaßnahmen also im Extremfall zu einer Vierfachbesteuerung führen. Daher müssten zumindest für die steuerliche Belastung des Schenkenden beziehungsweise Erblassers neue Regelungen zur Vermeidung einer internationalen Doppelbesteuerung gefunden werden.

[830] Hier müssten weitere steuerfreie Ausgaben wie gegebenenfalls Geschenke und Nachlässe, Schuldendienste und Ausgaben für langlebige Konsumgüter berücksichtigt werden.

[831] Aus diesem Grund ist es vertretbar, hier weiterhin von „Quellenland" zu sprechen. Im Zusammenhang mit einer Konsumsteuer ist der Begriff eigentlich nicht passend.

Durchsetzbarkeit des Steueranspruchs des Quellenlandes vereinfachen. Denkbar wäre, dass auch im Rahmen einer sparbereinigten Einkommensteuer eine Quellensteuer auf im Inland erzielte Einkünfte von Ausländern erhoben wird, die aber angerechnet oder erstattet wird, wenn die Einkünfte im Quellenland auf qualifizierten Konten gespart, in inländische Unternehmen investiert oder ins Ausland transferiert werden (Variante 1).

Praktische Probleme wären mit der Steuerfreistellung von Auslandstransfers verbunden. Wäre der Nachweis solcher Transfers zum Beispiel über Bankbelege noch relativ leicht möglich, so bestünde doch die Möglichkeit, die Quellenlandsteuer zu umgehen, indem Einkommensteile erst ins Ausland und dann wieder zurück überwiesen werden. Gegen die Freistellung von ins Wohnsitzland transferierten und dort gesparten beziehungsweise investierten Einkommens- und Vermögensteilen sprechen auch fiskalische Gründe: Indem er nichtkonsumierte Einkommensteile von der Besteuerung freistellt beteiligt sich der Fiskus an den Investitionen. Da das Quellenland aber die Erträge von Kapitalanlagen im Wohnsitzland nicht besteuern kann, hat es auch kein Interesse, diese Kapitalanlagen steuerlich zu subventionieren. Zudem bringen ausländische Investitionen keine (direkten) Beschäftigungs- und Wachstumseffekte für das Inland, so dass das Quellenland auch keine wirtschaftspolitischen Motive für eine Freistellung im Ausland getätigter Kapitalanlagen hat.

Wenn die beschränkte Steuerpflicht an der Einkunftserzielung im Inland anknüpft, stellt sich die Frage, wie die inländische Ersparnisbildung von Ausländern behandelt wird, wenn diese keine inländischen Einkünfte erzielen, also nicht beschränkt steuerpflichtig sind. Naheliegend wäre es, diese Ersparnisse – ebenso wie den Konsum von ins Inland gebrachten finanziellen Mitteln – steuerlich nicht zu berücksichtigen. Durch die späteren Kapitalerträge würde die betreffende Person aber beschränkt steuerpflichtig, so dass die Erträge besteuert würden. Die damit verbundene Diskriminierung nicht Ansässiger könnte nur vermieden werden, indem die ins Inland gebrachten und dort gesparten Beträge nach der zinsbereinigten Methode besteuert werden. Um die Abgrenzungsprobleme zu vermeiden, die entstehen würden, wenn man Ersparnisse, die aus inländischen Einkünften gebildet werden, von denen unterscheiden will, die aus ausländischen Einkünften gebildet werden, sollte jedoch eine einheitliche Lösung gefunden werden. Konsequent wäre eine sparbereinigte Besteuerung: Die aus ausländischen Einkünften gebildeten Investitionen und Ersparnisse würden dabei jedoch nicht zu einer Steuererstattung in der Investitionsbeziehungsweise Sparperiode führen, sondern zu einer verzinslichen Steuergutschrift.

Auch Mitschke sieht in der inländischen Einkommenserzielung den wesentlichen Anknüpfungspunkt für eine Besteuerung durch das Quellenland. Er plädiert aber dafür, das Territorialprinzip bei der sparbereinigten Einkommensteuer so auszulegen, dass der gesamte Konsum, der – im Inland oder Ausland – mit im Quellenland erzielten Einkünften finanziert wird, besteuert wird. Das bedeutet, dass Einkommens- und Vermögensteile, die ins Ausland fließen, nur dann steuerfrei gestellt werden, wenn sie dort gespart werden (Variante 2).[832] Der Vorschlag Mitschkes ist in fiskalischer Hinsicht für das Quellenland vorteilhafter, hat aber nach wie vor den Nachteil, dass ausländische Ersparnisse kontrolliert werden müssten. Bei Ersparnisbildung müsste der Nachweis durch die Steuerpflichtigen selbst erbracht werden. Schwieriger wäre die Erfassung der späteren Ersparniserträge und -auflösungen. Hier bestünde zudem kein territorialer Anknüpfungspunkt für die Besteuerung nicht Ansässiger, so dass eine Steuer auf die ausländischen Erträge und aufgelösten Ersparnisse gegen völkerrechtliche Normen verstoßen würde.[833] Folglich hätte das Quellenland kein Interesse daran, ausländische Ersparnisse steuerfrei zu stellen.

Eine weitere Möglichkeit, das Territorialprinzip bei einer sparbereinigten Einkommensteuer umzusetzen, wäre, beschränkt Steuerpflichtige auf der Basis ihrer inländischen Einkünfte zu besteuern und nur im Inland gebildete Ersparnisse steuerfrei zu lassen, Transfers ins Wohnsitzland also grundsätzlich zu besteuern (Variante

[832] Vgl. Mitschke, J. (1985), S. 181. Als Auslandsersparnis beziehungsweise -vermögen gelten dabei das Alleineigentum an Einzelfirmen sowie das Allein- oder Miteigentum an Personengesellschaften oder Kapitalgesellschaften mit Sitz im Ausland (wobei Beteiligungen auch als Inlandsersparnis akzeptiert werden können, wenn sie in inländischen Depots verbleiben), das Eigentum an im Ausland belegenem außerbetrieblichem Sachvermögen, außerbetriebliche Forderungen gegen natürliche oder juristische Personen mit Sitz im Ausland, außerbetriebliche Sortenbestände und Sichtguthaben im Ausland. Dazu zählen auch alle Auslandsvermögen, die mittelbar über beherrschte inländische Personen- oder Kapitalgesellschaften gehalten werden. Vgl. ebenda, S. 194 f.

[833] Vgl. Kapitel 4.1.2.

3).[834] Damit wäre die Bemessungsgrundlage im Quellenland noch weiter gefasst als bei Mitschkes Vorschlag.

Schließlich könnte die Besteuerung im Quellenland genau wie heute ausschließlich an den im Inland erzielten Einkünften anknüpfen, ohne dass nach der Art der Einkommensverwendung differenziert wird (Variante 4). Wie sich im Folgenden zeigen wird, hätte dieser Ansatz, den zum Beispiel auch Lodin befürwortet[835], einen wesentlichen Vorteil: Die Regelungen der heutigen Doppelbesteuerungsabkommen zur Begrenzung der Besteuerung im Quellenland könnten prinzipiell beibehalten werden.

Grundsätzlich sind im Rahmen einer sparbereinigten Einkommensteuer also folgende Ausgestaltungen des Quellenlandprinzips denkbar:

Variante 1:
Die Bemessungsgrundlage beschränkt Steuerpflichtiger (BMG_{QLP}) knüpft an den aus inländischen Einnahmen finanzierten inländischen Konsumausgaben an, die sich aus der Differenz zwischen inländischen Einkünften ($Y_{Quellenland}$) und inländischer Nettoersparnisbildung ($S_{Quellenland}$) sowie ins Wohnsitzland transferierten Einkommensteilen ($Transfer_{Wohnsitzland}$) ergeben:

$$(1) \qquad BMG_{QLP} = Y_{Quellenland} - S_{Quellenland} - Transfer_{Wohnsitzland}$$

Variante 2:
Die beschränkte Steuerpflicht knüpft an den aus inländischen Einnahmen finanzierten weltweiten Konsumausgaben an, die sich aus der Differenz zwischen inländischen Einkünften ($Y_{Quellenland}$) und in- und ausländischer Nettoersparnisbildung ($S_{Quellenland} + S_{Wohnsitzland}$) errechnen:

$$(2) \qquad BMG_{QLP} = Y_{Quellenland} - (S_{Quellenland} + S_{Wohnsitzland})$$

[834] Vgl. Genser, B. (1990), S. 523.
[835] „It should (...) be noted, that expenditure tax can only be applied in respect of taxpayers resident in Sweden. The procedure involving deductions for savings and taxation of dissaving makes it impossible to tax people living abroad on the same principles." Lodin, S.-O. (1978), S. 108.

Variante 3:
Die beschränkte Steuerpflicht knüpft an den inländischen Einnahmen an, die nicht im Inland gespart werden:

$$(3) \qquad BMG_{QLP} = Y_{Quellenland} - S_{Quellenland}$$

Variante 4:
Die beschränkte Steuerpflicht knüpft wie heute an den inländischen Einkünften an und differenziert nicht nach der Verwendungsart.

$$(4) \qquad BMG_{QLP} = Y_{Quellenland}$$

Für welchen dieser vier Ansätze man sich entscheidet, ist nicht nur eine Frage der Praktikabilität, sondern auch der Gerechtigkeit zwischen Nationen: Grundsätzlich wird die Besteuerungsgrundlage für das Quellenland von (1) bis (4) immer breiter. Variante 4 ist hinsichtlich einer gerechten Aufteilung der Steuerbemessungsgrundlagen auf die beteiligten Nationen auch bei einer sparbereinigten Einkommensbesteuerung durchaus konsequent. Schließlich sehen die jüngeren Konzeptionen einer direkten Konsumsteuer nicht den Konsum, sondern das Lebenseinkommen als Indikator steuerlicher Leistungsfähigkeit an.

6.1.2 Internationale Doppelbesteuerung und internationale Minderbesteuerung bei einer sparbereinigten Einkommensteuer

Das Nebeneinander von Universalprinzip und Territorialprinzip würde auch in einem konsumorientierten System der Einkommensbesteuerung zur internationalen Doppelbesteuerung führen. Dabei gibt es jedoch eine Besonderheit: Wie die folgenden Ausführungen zeigen, können die mit einer Doppelbesteuerung verbundenen Nachteile – Verstoß gegen die Gerechtigkeit zwischen Personen und gegen die Entscheidungsneutralität[836] – bei einer konsumorientierten Einkommensbesteuerung

[836] Siehe dazu Kapitel 5.1.2.

auch dann auftreten, wenn bestimmte Einkommensteile – nämlich die eigentlich steuerfreien Ersparnisse oder Ersparniserträge – in einer Periode zwar nur einmal besteuert werden, es aber dennoch zu einer „internationalen steuerlichen Doppelbelastung" kommt.

Im Folgenden wird untersucht, inwiefern eine konsequente Durchsetzung des Wohnsitzlandprinzips beim Übergang zu einer sparbereinigten Einkommensteuer tatsächlich aufwendiger wäre als im Rahmen einer traditionellen Einkommensteuer.[837]

Bei der näheren Betrachtung grenzüberschreitender Transaktionen, durch die es zu einer internationalen Doppelbesteuerung beziehungsweise steuerlichen Doppelbelastung kommen kann, wird zwischen zwei Szenarien unterschieden: So ist zunächst davon auszugehen, dass nur ein Land eine sparbereinigte Einkommensteuer einführt (Kapitel 6.1.2.1), wobei – in der hier vorgenommenen Zwei-Länder-Betrachtung – das andere Land bei der traditionellen Einkommensbesteuerung verbleibt. Denkbar wäre aber auch, dass beide Länder zu einer sparbereinigten Einkommensbesteuerung übergehen (Kapitel 6.1.2.2).

Anhand von Beispielen werden für beide Szenarien alle möglichen Kombinationen des Ortes der Einkommenserzielung und der Art und des Ortes der Einkommensverwendung durchgespielt; der Vollständigkeit halber werden auch die Fälle kurz dargestellt, die keine internationale Transaktion aufweisen. Mit Hilfe der im Folgenden unterschiedenen Fälle soll deutlich werden, wo die Schwierigkeiten der konsumorientierten Einkommensteuer bei internationalen Transaktionen liegen, wann es also zu internationaler Doppelbesteuerung beziehungsweise steuerlicher Doppelbelastung oder zu systembedingter internationaler Minderbesteuerung kommen würde. Dabei gehen die Rechenbeispiele von zwei Extremfällen in einem Zwei-Perioden-Modell aus: Das Einkommen wird in der ersten Periode entweder vollständig konsumtiv genutzt oder vollständig gespart und damit in der zweiten Periode vollständig konsumtiv genutzt. Außerdem wird unterstellt, dass die betrachtete Person ihr

---

[837] Peggy Musgrave vertritt zum Beispiel die Ansicht, dass die Probleme, die mit der Erhebung konsumorientierter Einkommensteuern in einer offenen Volkswirtschaft verbunden wären, größer wären als bei der heutigen Einkommensbesteuerung. Vgl. Musgrave, P.B. (1991), S. 553.

Einkommen entweder im Inland oder im Ausland verwendet. Die zweifellos realistischeren Zwischenfälle, in denen die betrachtete Person ihr Einkommen in der ersten Periode teilweise spart und teilweise konsumtiv nutzt und das sowohl im Ausland als auch im Inland, würden die folgenden Beispiele nicht nur zahlreicher, sondern auch komplexer machen. Da die zusätzliche Fallunterscheidung aber keine wesentlichen zusätzlichen Erkenntnisse bringen würde, werden im Folgenden nur die beiden Extremfälle berücksichtigt.

6.1.2.1 Nationaler Alleingang bei einer sparbereinigten Einkommensteuer

Wie sich selbst an dem folgenden vereinfachten Beispiel zeigen lässt, wird die Abstimmung der Besteuerung internationaler Transaktionen schwieriger, wenn nicht mehr in beiden Ländern eine traditionelle Einkommensteuer erhoben wird, sondern ein Land zu einer sparbereinigten Einkommensbesteuerung übergeht. Denn dann hängt die Höhe der individuellen Steuerschuld nicht nur davon ab, in welchem Land der Steuerpflichtige seinen Wohnsitz hat und wo er sein Einkommen erzielt. Die Höhe der Steuerlast kann dann auch davon beeinflusst werden, in welchem Land und auf welche Weise der Steuerpflichtige dieses Einkommen verwendet. Eine nach dem Wohnsitzlandprinzip erhobene, gerechte und entscheidungsneutrale Besteuerung setzt aber voraus, dass zwei Personen mit gleichem Wohnsitz und Weltkonsumausgaben in identischer Höhe die gleiche Steuerlast tragen, gleichgültig wo sie ihre Einkünfte erzielen und wo sie diese Einkünfte zu Konsum- oder Sparzwecken nutzen.

Beispiel I:
Land X geht zu einer sparbereinigten Einkommensteuer mit einem Steuersatz von 40 Prozent über, während Land Y weiterhin eine traditionelle Einkommensteuer mit einem Steuersatz von 30 Prozent erhebt. Der Zinssatz beträgt in beiden Ländern 10 Prozent. Die betrachteten Personen A (mit Wohnsitz in Land X) und B (mit Wohnsitz in Land Y) erzielen in der ersten Periode ein Einkommen in Höhe von jeweils 10.000 Euro. Person A zahlt also bei konsequenter Umsetzung des Wohnsitzlandprinzips in einem Zwei-Perioden-Modell einen Steuerbetrag von 4.000 Euro (abgezinst auf die Periode 1) oder 4.400 Euro (aufgezinst auf die Periode 2), gleichgültig wo sie das

Einkommen erzielt und wie sie es verwendet. Person B zahlt entsprechend 3.000 Euro oder 3.300 Euro (aufgezinst) Steuern, wenn sie das Einkommen in der ersten Periode vollständig konsumiert. Legt sie das Einkommen jedoch zinsbringend an, dann zahlt sie zusätzlich in der zweiten Periode auf die Zinserträge von 700 Euro Einkommensteuer in Höhe von 210 Euro. Damit beträgt ihre gesamte Steuerlast 3.190,91 Euro (abgezinst auf die Periode 1) oder 3.510 Euro (aufgezinst auf die Periode 2), wenn sie in der ersten Periode ihr gesamtes verfügbares Einkommen spart. Beide Personen konsumieren ihr gesamtes Einkommen entweder in der ersten oder in der zweiten Periode.

Fall 1: Person A erzielt ihr Einkommen in Land Y.

1a) Person A konsumiert ihr Einkommen vollständig in Land Y.

Besteuerung in Land Y:	10.000 Euro · 0,3 = 3.000 Euro
Besteuerung in Land X:	10.000 Euro · 0,4 = 4.000 Euro[838]
Gesamtsteuerlast (aufgezinst):	7.700 Euro

Damit würde Person A höher belastet als wenn sie das gleiche Einkommen in Land X erzielt und konsumiert hätte, denn dann müsste sie nur 4.400 Euro (aufgezinst) an Steuern zahlen. Diese internationale Doppelbesteuerung kann – wie bereits heute – vermieden werden, indem das Wohnsitzland die im Ausland gezahlte Steuer anrechnet, oder indem das Quellenland die inländischen Einkünfte von Ausländern freistellt. In diesem speziellen Beispiel treten also durch den einseitigen Übergang zu einer sparbereinigten Einkommensteuer keine neuartigen Probleme auf. Das hängt damit zusammen, dass sich eine sparbereinigte Einkommensteuer und eine umfassende Einkommensteuer nur dann unterscheiden, wenn eine positive oder negative Nettoersparnisbildung vorliegt, was hier nicht der Fall ist.

[838] Dabei wird unterstellt, dass der Steuerpflichtige in Y keine Kapitalerträge aus zuvor dorthin transferiertem Vermögen bezieht, welche ja im Wohnsitzland nicht besteuert würden (Variante 1 des Wohnsitzlandprinzips).

1b) Person A konsumiert ihr Einkommen vollständig in Land X.

Besteuerung in Land Y: 10.000 Euro · 0,3 = 3.000 Euro

Besteuerung in Land X: 10.000 Euro · 0,4 = 4.000 Euro

Gesamtsteuerlast (aufgezinst): 7.700 Euro

Auch hier käme es zu einer internationalen Doppelbesteuerung, die auf die gleiche Weise vermieden werden könnte wie im Rahmen der traditionellen Einkommensteuer.

1c) Person A spart ihr Einkommen vollständig in Land Y.

Periode 1:

Besteuerung in Land Y: 10.000 Euro · 0,3 = 3.000 Euro

Besteuerung in Land X: 10.000 Euro · 0,4 = 4.000 Euro

Periode 2:

Besteuerung in Land Y: 300 Euro · 0,3 = 90 Euro

Besteuerung in Land X: 0 Euro

Gesamtsteuerlast (aufgezinst): 7.790 Euro

Wenn im Wohnsitzland ausländische Ersparnisse nicht steuermindernd wirken (Variante 1), macht es für die Besteuerung im Wohnsitzland keinen Unterschied, ob im Ausland gespart oder konsumiert wird. Somit beträgt in Periode 1 die gesamte Steuerlast 7.000 Euro, so dass dem Steuerpflichtigen nur 3.000 Euro für Sparzwecke verbleiben. Bei einer Verzinsung von 10 Prozent entstehen in Periode 2 Zinseinkünfte in Höhe von 300 Euro und damit eine Steuerschuld im Quellenland Y von 90 Euro. Im Wohnsitzland X bleiben die Zinserträge und die aufgelösten Sparbeträge steuerfrei, wenn ausländische Ersparnisse nach der zinsbereinigten Variante besteuert werden. Die aufgezinste Gesamtsteuerschuld von 7.790 Euro macht deutlich, dass hier eine steuerliche Benachteiligung ausländischer Ersparnisbildung vorliegt.

Diese Diskriminierung des ausländischen Sparens (bei Ersparnisbildung in Land X würde dort keine Steuer anfallen) könnte vermieden werden, indem in Periode 1 die ausländische Steuer auf die inländische angerechnet wird und die Gesamtsteuerlast somit von 7.000 Euro auf 4.000 Euro reduziert wird. Dem Steuerpflichtigen blieben damit 6.000 Euro, die er zu einem Zinssatz von 10 Prozent im Land Y anlegen könnte. In Periode 2 wären die Sparzinsen in Höhe von 600 Euro im Land Y steuerpflichtig, in Land X bleiben sie (ebenso wie die aufgelösten Ersparnisse) steuerlich unberücksichtigt. Bei unbeschränkter Anrechnung durch das Wohnsitzland, also einer Erstattung der 180 Euro wären Entscheidungsneutralität und individuelle Steuergerechtigkeit hergestellt, weil die aufgezinste Steuerschuld mit 4.400 Euro genauso hoch wäre wie im Fall eines anderen Steuerpflichtigen, der das gleiche Einkommen im Inland anlegt.

Werden im Wohnsitzland ausländische Ersparnisse anerkannt (Variante 2), dann sieht die Besteuerung in Periode 1 genauso aus wie im folgenden Fall 1d). In Periode 2 würde im Land Y zusätzlich eine Zinssteuer in Höhe von 150 Euro fällig.

1d) Person A spart ihr Einkommen vollständig in Land X.

Periode 1:

Besteuerung in Land Y:	10.000 Euro · 0,3 = 3.000 Euro
Besteuerung in Land X:	(10.000 Euro – 5.000 Euro) · 0,4 = 2.000 Euro

Periode 2:

Besteuerung in Land Y:	0 Euro
Besteuerung in Land X:	5.500 Euro · 0,4 = 2.200 Euro
Gesamtsteuerlast (aufgezinst):	7.700 Euro

Da der Steuerpflichtige in Periode 1 im Quellenland Y 3.000 Euro Steuern zahlen muss, kann er maximal 7.000 Euro sparen, so dass seine nach dem Universalprinzip ermittelte Bemessungsgrundlage im Wohnsitzland X mindestens 3.000 Euro beträgt und er auch dort Steuern zahlen muss. Das wiederum mindert das verfügbare Einkommen weiter, so dass Person A nicht 7.000 Euro, sondern höchstens 5.000 Euro sparen kann.[839] Legt sie diese 5.000 Euro an, dann muss sie im Wohnsitzland X in Periode 1 Steuern in Höhe von 2.000 Euro zahlen und in Periode 2 den aufgelösten

[839] Dieser maximale Sparbetrag (S_{max}) ermittelt sich, indem folgende Gleichung nach S_{max} aufgelöst wird: 10.000 Euro = 3.000 Euro + (10.000 Euro - S_{max}) · 0,4 + S_{max}; das heißt, das gesamte Bruttoeinkommen verteilt sich auf die Steuerschuld im Land Y, die vom Sparbetrag abhängige Steuerschuld im Land X und den maximalen Sparbetrag.

Sparbetrag und die Erträge mit 2.200 Euro versteuern. Die gesamte aufgezinste Steuerlast beträgt damit 7.700 Euro.

Das (unkorrigierte) Nebeneinander von Territorial- und Universalprinzip in der oben dargestellten Form würde also zu einer Diskriminierung der aus ausländischem Einkommen gebildeten Ersparnisse führen. Diese steuerliche Diskriminierung könnte vermieden werden, indem das Land Y keine Quellensteuer auf die Einkünfte von Ausländern erhebt. Dann könnte der Steuerpflichtige die gesamten 10.000 Euro im Wohnsitzland sparen und müsste folglich in Periode 1 auch im Wohnsitzland keine Steuer bezahlen, so dass die aufgezinste Gesamtsteuerlast 4.400 Euro betragen würde. Der gleiche Effekt würde erzielt, wenn Land X die ausländische Steuer in Periode 1 sofort erstatten würde.

Fall 2: Person A erzielt ihr Einkommen in Land X.

2a) Person A konsumiert ihr Einkommen vollständig in Land X.

Besteuerung in Land X:	10.000 Euro · 0,4 = 4.000 Euro
Besteuerung in Land Y:	0 Euro
Gesamtsteuerlast (aufgezinst):	4.400 Euro

Hier liegen keine internationalen Transaktionen vor, so dass es auch nicht zu internationaler Doppelbesteuerung kommen kann. Im Land Y besteht kein Anknüpfungspunkt für eine Besteuerung nach dem Territorialprinzip.

2b) Person A konsumiert ihr Einkommen vollständig in Land Y.

Besteuerung in Land X:	10.000 Euro · 0,4 = 4.000 Euro
Besteuerung in Land Y:	0 Euro
Gesamtsteuerlast (aufgezinst):	4.400 Euro

Da das Land Y eine traditionelle Einkommensteuer erhebt, Person A in Land Y aber keine Einkünfte erzielt, gibt es in Land Y keinen territorialen Anknüpfungspunkt für eine Besteuerung.

2c) Person A spart ihr Einkommen vollständig in Land X.

Periode 1:

Besteuerung in Land X: 0 Euro

Besteuerung in Land Y: 0 Euro

Periode 2:

Besteuerung in Land X: 11.000 Euro · 0,4 = 4.400 Euro

Besteuerung in Land Y: 0 Euro

Gesamtsteuerlast (aufgezinst): 4.400 Euro

Auch hier besteht in Land Y in beiden Perioden kein Anknüpfungstatbestand für eine Besteuerung nach dem Territorialprinzip, so dass es nicht zu einer internationalen Doppelbesteuerung kommen kann.

2d) Person A spart ihr Einkommen vollständig in Land Y.

Periode 1:

Besteuerung in Land X: 10.000 Euro · 0,4 = 4.000 Euro

Besteuerung in Land Y: 0 Euro

Periode 2:

Besteuerung in Land Y: 600 Euro · 0,3 = 180 Euro

Besteuerung in Land X: 0 Euro

Gesamtsteuerlast (aufgezinst): 4.580 Euro

Wenn das Wohnsitzland nur inländische Ersparnisse steuerfrei stellt (Variante 1), und ausländische Ersparnisse zinsbereinigt besteuert, muss der Steuerpflichtige in Periode 1 Steuern in Höhe von 4.000 Euro zahlen und kann nur 6.000 Euro sparen. In Periode 2 werden zudem die Zinserträge im Quellenland Y besteuert. Damit liegt eine internationale steuerliche Doppelbelastung[840] vor, da sich die aufgezinste Steuerschuld in Periode 2 auf 4.580 Euro (anstatt 4.400 Euro) beläuft. Diese könnte vermieden werden, indem das Quellenland die Zinserträge steuerfrei stellt oder indem das Wohnsitzland in Periode 2 die im Quellenland gezahlte Steuer unbeschränkt anrechnet, also erstattet.

[840] Die Ersparnisse werden aus – in Land X – versteuertem Einkommen gebildet, ihre Erträge werden – in Land Y – zusätzlich besteuert. Damit verteilt sich die steuerliche Doppelbelastung des Sparens auf zwei Länder.

Wenn das Wohnsitzland auch die ausländischen Ersparnisse steuerfrei stellen würde (Variante 2), dann könnte Person A wie in Fall 2c) 10.000 Euro sparen. In Periode 2 hätte sie im Wohnsitzland 4.400 Euro Steuern zu zahlen. Im Quellenland würde zusätzlich eine Steuer in Höhe von 120 Euro anfallen, die auf die inländische Steuerschuld angerechnet werden könnte. Eine internationale Doppelbesteuerung könnte somit leicht vermieden werden.

Fall 3: Person B erzielt ihr Einkommen in Land Y.

3a) Person B konsumiert ihr Einkommen vollständig in Land Y.

Besteuerung in Land Y:	10.000 Euro · 0,3 = 3.000 Euro
Besteuerung in Land X:	0 Euro
Gesamtsteuerlast (aufgezinst):	3.300 Euro

Hier gibt es keine grenzüberschreitende Transaktion und damit keine internationale Doppelbesteuerung oder steuerliche Überbelastung.

3b) Person B konsumiert ihr Einkommen vollständig in Land X.

Besteuerung in Land Y:	10.000 Euro · 0,3 = 3.000 Euro
Besteuerung in Land X:	0 Euro
Gesamtsteuerlast (aufgezinst):	3.300 Euro

Da im Land X kein Einkommen erzielt wird und ins Land transferierte Mittel nicht berücksichtigt werden, erhebt Land X keine sparbereinigte Einkommensteuer. Eine internationale Doppelbesteuerung wird somit von vornherein vermieden.

3c) Person B spart ihr Einkommen vollständig in Land X.

Periode 1:

Besteuerung in Land Y:	10.000 Euro · 0,3 = 3.000 Euro
Besteuerung in Land X:	- 7.000 Euro · 0,4 = - 2.800 Euro

Periode 2:

Besteuerung in Land Y:	700 Euro · 0,3 = 210 Euro
Besteuerung in Land X:	7.700 Euro · 0,4 = 3.080 Euro
	3.080 Euro – (2.800 Euro · 1,1) = 0 Euro
Gesamtsteuerlast (aufgezinst):	3.510 Euro

Berücksichtigt das Wohnsitzland ausländische Ersparnisse nicht (Variante 1 des Wohnsitzlandprinzips), dann zahlt Person B in Periode 1 Steuern in Höhe von 3.000 Euro im Land Y und kann daher im Land X nur 7.000 Euro sparen. In Land X erhält sie somit eine verzinsliche Steuergutschrift in Höhe von 2.800 Euro. In Periode 2 zahlt der Steuerpflichtige auf die im Ausland erzielten Ersparniserträge in Höhe von 700 Euro in seinem Wohnsitzland eine Steuer von 210 Euro. Im Quellenland sind die aufgelösten Ersparnisse und die Ersparniserträge in Höhe von insgesamt 7.700 Euro zu versteuern. Die sich daraus ergebende Steuerschuld von 3.080 Euro wird mit der Steuergutschrift von 2.800 Euro verrechnet, die aufgezinst ebenfalls 3.080 Euro beträgt. Damit bleibt eine Restschuld von 0 Euro bestehen (Varianten 1 bis 3 des Quellenlandprinzips). Wird dagegen die Variante 4 der Quellenlandbesteuerung durchgesetzt, dann erhält der Steuerpflichtige in Periode 1 keine Steuergutschrift. In Periode 2 führen die Kapitalerträge im Quellenland zu einer Steuerschuld von 280 Euro. Eine internationale Doppelbesteuerung dieser Erträge könnte nur vermieden werden, wenn das Wohnsitzland diese Steuer unbeschränkt anrechnet. Die aufgezinste Gesamtsteuerlast beträgt also (mindestens) 3.510 Euro, das heißt, die in Land X angelegten Ersparnisse werden intertemporal gesehen steuerlich (mindestens) genauso stark belastet, wie wenn sie im Wohnsitzland Y angelegt würden.[841] Folglich bestünde kein steuerlicher Anreiz für Ausländer mit Sitz in einem Einkommensteuerland Y, ihr Kapital im Land X anzulegen, das eine sparbereinigte Einkommensteuer erhebt.

Besteuert das Wohnsitzland auch ausländische Ersparnisse sparbereinigt (Variante 2 des Wohnsitzlandprinzips), dann kann der Steuerpflichtige in Periode 1 einen Betrag von 10.000 Euro in Land X sparen. Die obigen Ausführungen gelten analog.

[841] Bei begrenzter Anrechnung ausländischer Steuern im Wohnsitzland verbliebe ein Anrechnungsüberhang von 70 Euro, so dass bei Variante 4 eine aufgezinste Gesamtsteuerlast in Höhe von 3.580 Euro entstehen würde.

3d) Person B spart ihr Einkommen vollständig in Land Y.

Periode 1:

Besteuerung in Land Y: 10.000 Euro · 0,3 = 3.000 Euro

Besteuerung in Land X: 0 Euro

Periode 2:

Besteuerung in Land Y: 700 Euro · 0,3 = 210 Euro

Besteuerung in Land X: 0 Euro

Gesamtsteuerlast (aufgezinst): 3.510 Euro

Hier liegen keine grenzüberschreitenden Transaktionen vor. Somit kann es auch nicht zu internationaler Doppelbesteuerung oder steuerlicher Überbelastung kommen.

Fall 4: Person B erzielt ihr Einkommen in Land X.

4a) Person B konsumiert ihr Einkommen vollständig in Land X.

Besteuerung in Land X: 10.000 · 0,4 = 4.000 Euro

Besteuerung in Land Y: 10.000 · 0,3 = 3.000 Euro

Gesamtsteuerlast (aufgezinst): 7.700 Euro

Ohne gegensteuernde Maßnahmen kommt es hier zu einer internationalen Doppelbesteuerung. Eine Besteuerung nach dem Wohnsitzlandprinzip kann hier nur erreicht werden, wenn das Land X die Einkünfte von Ausländern steuerfrei stellt, oder wenn das Land Y eine unbeschränkte Anrechnung zulässt, dem Steuerpflichtigen also 1.000 Euro erstattet, so dass die aufgezinste Gesamtsteuerlast bei 3.300 Euro liegt.

4b) Person B konsumiert ihr Einkommen vollständig in Land Y.

Besteuerung in Land X: 0 Euro

Besteuerung in Land Y: 10.000 Euro · 0.3 = 3.000 Euro

Gesamtsteuerlast (aufgezinst): 3.300 Euro

Hier kommt es nicht zu einer internationalen Doppelbesteuerung, weil im Land X kein steuerpflichtiger Konsum vorgenommen wird (Variante 1 des Quellenlandprinzips). Wäre auch der im Wohnsitzland vorgenommene Konsum im Quellenland steuerpflichtig (Varianten 2, 3 und 4 des Quellenlandprinzips), dann müsste das Wohnsitzland Y die ausländische Steuer in Höhe von 4.000 Euro unbeschränkt anrechnen, um eine internationale Doppelbesteuerung zu vermeiden.

4c) Person B spart ihr Einkommen vollständig in Land X.

Periode 1:

Besteuerung in Land Y:	10.000 Euro · 0,3 = 3.000 Euro
Besteuerung in Land X:	5.000 Euro · 0,4 = 2.000 Euro

Periode 2:

Besteuerung in Land X:	5.500 Euro · 0,4 = 2.200 Euro
Besteuerung in Land Y:	500 Euro · 0,3 = 150 Euro
Gesamtsteuerlast (aufgezinst):	7.850 Euro

Wie in Fall 1d) kann der Steuerpflichtige hier maximal 5.000 Euro sparen, da die Besteuerung in Land Y kein vollständiges Sparen des gesamten Bruttoeinkommens zulässt und damit auch im Quellenland X eine Steuer in Höhe von 2.000 Euro fällig wird (Varianten 1, 2 und 3 des Quellenlandprinzips). Bei einer aufgezinsten Gesamtsteuerlast von 7.850 Euro bestehen für Person B steuerliche Hindernisse, das in Land X erzielte Einkommen auch dort zu investieren. Diese Hindernisse könnten abgebaut werden, wenn das Wohnsitzland die ausländische Steuer in beiden Perioden unbeschränkt anrechnen würde, so dass Person B in Periode 1 einen Betrag von 7.000 Euro sparen könnte. In Periode 2 würde sie in Land X 3.080 Euro Steuern zahlen, die sie jedoch auf die Steuerschuld im Wohnsitzland in Höhe von 210 Euro anrechnen könnte. Damit bekäme der Steuerpflichtige in Periode 2 Steuern in Höhe von 2.870 Euro erstattet. Die aufgezinste Gesamtsteuerlast würde dann – genau wie bei einer rein inländischen Transaktion im Wohnsitzland – 3.510 Euro betragen.

Besteuert das Quellenland beschränkt Steuerpflichtige gemäß Variante 4, dann unterliegt das gesamte Einkommen in Periode 1 sowohl im Quellenland als auch im Wohnsitzland der Steuer und Person B kann also nur noch 3.000 Euro sparen. Die gesamte aufgezinste Steuerlast beträgt damit 7.910 Euro. Bei begrenzter Anrechnung durch das Wohnsitzland kann sie auf 4.460 Euro reduziert werden und liegt somit über der steuerlichen Belastung einer rein inländischen Transaktion. Die aufgezinste Gesamtsteuerlast von 3.510 Euro kann nur durch eine unbegrenzte Anrechnung ausländischer Steuern durch das Wohnsitzland erreicht werden.

4d) Person B spart ihr Einkommen in Land Y.

Periode 1:

Besteuerung in Land X:	0 Euro
Besteuerung in Land Y:	10.000 Euro · 0,3 = 3.000 Euro

Periode 2:

Besteuerung in Land X:	0 Euro
Besteuerung in Land Y:	700 Euro · 0,3 = 210 Euro
Gesamtsteuerlast (aufgezinst):	3.510 Euro

Es liegt keine internationale Doppelbesteuerung vor, wenn die im Wohnsitzland gebildeten Ersparnisse im Quellenland steuerfrei gestellt werden (Varianten 1 und 2 des Quellenlandprinzips). Würde dagegen der Transfer ins Ausland im Land X besteuert (Varianten 3 und 4), dann müsste Land Y die dort in Periode 1 zu zahlende Steuer in Höhe von 4.000 Euro sofort unbeschränkt anrechnen, um eine Doppelbesteuerung zu vermeiden.

6.1.2.2 Übergang zu einer sparbereinigten Einkommensteuer in beiden Ländern

Beispiel II:

Beide Länder gehen zu einer sparbereinigten Einkommensbesteuerung über. Land X erhebt einen Steuersatz von 40 Prozent, Land Y von 30 Prozent. Der Zinssatz beträgt in beiden Ländern 10 Prozent. Die betrachteten Personen A (mit Wohnsitz in Land X) und B (mit Wohnsitz in Land Y) erzielen in der ersten Periode ein Einkommen in Höhe von je 10.000 Euro. Bei konsequenter Umsetzung des Wohnsitzlandprinzips zahlt Person A einen aufgezinsten Steuerbetrag von 4.400 Euro, Person B zahlt 3.300 Euro. Dabei ist es gleichgültig, wo das jeweilige Einkommen erzielt und wo und wie es verwendet wird.

Fall 5: Person A erzielt ihr Einkommen in Land Y.

5a) Person A konsumiert ihr Einkommen vollständig in Land Y.

Besteuerung in Land Y:	10.000 Euro · 0,3 = 3.000 Euro
Besteuerung in Land X:	10.000 Euro · 0,4 = 4.000 Euro
Gesamtsteuerlast (aufgezinst):	7.700 Euro

Auch hier wird deutlich, dass kein Unterschied zur traditionellen Einkommensteuer besteht, wenn das Einkommen sofort und vollständig zu konsumtiven Zwecken genutzt wird: Genau wie bei einer in beiden Staaten erhobenen traditionellen Einkommensteuer kann auch hier eine internationale Doppelbesteuerung vermieden und eine Besteuerung nach dem Wohnsitzlandprinzip erreicht werden, wenn entweder das Wohnsitzland X die im Quellenland Y gezahlte Steuer anrechnet oder das Quellenland Y die von Ausländern im Inland erzielten und konsumtiv genutzten Einkünfte steuerfrei stellt.

5b) Person A konsumiert ihr Einkommen vollständig in Land X.

Besteuerung in Land Y:	0 Euro
Besteuerung in Land X:	10.000 Euro · 0,4 = 4.000 Euro
Gesamtsteuerlast (aufgezinst):	4.400 Euro

Wenn das ins Wohnsitzland transferierte Einkommen im Quellenland steuerfrei bleibt (Variante 1 des Quellenlandprinzips), kommt es nicht zu einer internationalen Doppelbesteuerung. Anders sieht es aus, wenn aus fiskalischen Gründen auch der aus inländischen Einkünften finanzierte Konsum im Wohnsitzland im Quellenland Y zu versteuern ist (Varianten 2, 3 und 4). Dann müsste das Wohnsitzland X die in Land Y gezahlte Steuer anrechnen, um eine Doppelbesteuerung der Konsumausgaben zu vermeiden.

5c) Person A spart ihr Einkommen vollständig in Land Y.

Periode 1:

Besteuerung in Land X: 10.000 Euro · 0,4 = 4.000 Euro

Besteuerung in Land Y: (10.000 Euro – 4.285,71 Euro) · 0,3 = 1.714,29 Euro

Periode 2:

Besteuerung in Land Y: 4.714,28 Euro · 0,3 = 1.414,28 Euro

Besteuerung in Land X: 0 Euro

Gesamtsteuerlast (aufgezinst): 7.700 Euro

Wenn ausländische Ersparnisse im Wohnsitzland X zinsbereinigt besteuert werden (Variante 1 des Wohnsitzlandprinzips), fällt dort (nur) in Periode 1 eine Steuer von 4.000 Euro an. Damit reduziert sich der maximale Sparbetrag zunächst auf 6.000 Euro, so dass auch im Quellenland eine Steuer fällig wird (Varianten 1, 2 und 3 des Quellenlandprinzips), was wiederum den maximalen Sparbetrag reduziert. Daher können in Periode 1 nur 4.285,71 Euro gespart werden.[842] In Periode 2 müssen der aufgelöste Sparbetrag und die Sparerträge im Quellenland Y versteuert werden. Damit beläuft sich die aufgezinste Gesamtsteuerlast auf 7.700 Euro.

Werden ausländische Ersparnisse im Wohnsitzland besteuert (Variante 1 des Wohnsitzlandprinzips) und besteuert das Quellenland beschränkt Steuerpflichtige auf der Basis ihrer inländischen Einkünfte, ohne nach Einkunftsverwendungsarten zu differenzieren (Variante 4 des Quellenlandprinzips), dann beträgt die aufgezinste Gesamtsteuerlast 7.910 Euro. Denn dann wird in Periode 1 in beiden Ländern eine Steuer auf das gesamte Einkommen fällig und in Periode 2 sind in beiden Ländern die Kapitalerträge zu besteuern. Diese steuerliche Diskriminierung könnte durch eine unbegrenzte Anrechnung ausländischer Steuern im Wohnsitzland vermieden werden.

Eine internationale steuerliche Doppelbelastung könnte in dem hier betrachteten Fall leicht vermieden werden, wenn das Wohnsitzland die ausländischen Ersparnis-

[842] Dieser maximale Sparbetrag (S_{max}) ermittelt sich, indem man folgende Gleichung nach S_{max} auflöst: 10.000 Euro = 4.000 Euro + (10.000 Euro - S_{max}) · 0,3 + S_{max}; das heißt, das gesamte Bruttoeinkommen verteilt sich auf die Steuerschuld im Land X, die vom Sparbetrag abhängige Steuerschuld im Land Y und den maximalen Sparbetrag.

se nicht zinsbereinigt, sondern sparbereinigt behandeln würde (Variante 2 des Wohnsitzlandprinzips). Dann hätte Person A in Periode 1 einen Betrag von 10.000 Euro für Sparzwecke zur Verfügung und müsste (bei Variante 1, 2 oder 3 des Quellenlandprinzips) nur in Periode 2 im Land Y 3.300 Euro Steuern zahlen. Könnte sie diese auf die im Wohnsitzland fällige Steuer in Höhe von 4.400 Euro anrechnen, dann würde die gesamte aufgezinste Steuerlast nur 4.400 Euro betragen. Dieser Ansatz würde allerdings erhebliche Möglichkeiten zur Steuerhinterziehung eröffnen, wenn man davon ausgeht, dass die entsparten Beträge nicht der Besteuerung im Quellenland unterliegen, sobald sie ins Wohnsitzland transferiert werden (Variante 1 des Quellenlandprinzips).

Lässt das Wohnsitzland ausländische Ersparnisse steuerfrei (Variante 2) und besteuert das Quellenland nicht Ansässige gemäß Variante 4, dann wird in Periode 1 in Land Y eine Steuer in Höhe von 3.000 Euro fällig, so dass der Steuerpflichtige nicht mehr die gesamten 10.000 Euro sparen kann. Damit entsteht auch im Wohnsitzland eine Steuerschuld und der maximale Sparbetrag sinkt auf 5.000 Euro. Die aufgezinste Gesamtsteuerlast beträgt damit 7.850 Euro.

5d) Person A spart ihr Einkommen vollständig in Land X.

Periode 1:

Besteuerung in Land Y:	0 Euro
Besteuerung in Land X:	0 Euro

Periode 2:

Besteuerung in Land Y:	0 Euro
Besteuerung in Land X:	11.000 Euro · 0,4 = 4.400 Euro
Gesamtsteuerlast (aufgezinst):	4.400 Euro

Eine internationale steuerliche Doppelbelastung entsteht hier nicht, wenn das Quellenland Y im Rahmen der territorialen Besteuerung auch im Wohnsitzland gebildete Ersparnisse steuerlich berücksichtigt (Varianten 1 und 2 des Quellenlandprinzips). Wird der Einkommenstransfer ins Ausland jedoch grundsätzlich besteuert (Varianten 3 und 4), dann kann der Steuerpflichtige in Periode 1 nicht das gesamte Bruttoeinkommen sparen, sondern nur 5.000 Euro (analog zu den Fällen 1d und 4c). In diesem Fall beläuft sich seine aufgezinste Gesamtsteuerlast auf 7.700 Euro, es sei denn, das Wohnsitzland erstattet die in Land Y fällige Steuer in Periode 1 in Höhe von 3.000 Euro sofort, so dass der Steuerpflichtige 10.000 Euro sparen kann.

Fall 6: Person A erzielt ihr Einkommen in Land X.

6a) Person A konsumiert ihr Einkommen vollständig in Land X.

Besteuerung in Land X: 10.000 Euro · 0,4 = 4.000 Euro

Besteuerung in Land Y: 0 Euro

Gesamtsteuerlast (aufgezinst): 4.400 Euro

Da hier keine grenzüberschreitenden Transaktionen vorgenommen werden, kann es auch nicht zu einer internationalen Doppelbesteuerung kommen.

6b) Person A konsumiert ihr Einkommen vollständig in Land Y.

Besteuerung in Land X: 10.000 Euro · 0,4 = 4.000 Euro

Besteuerung in Land Y: 0 Euro

Gesamtsteuerlast (aufgezinst): 4.400 Euro

Da Person A in keiner Periode ein Einkommen in Land Y erzielt, besteht dort kein Anknüpfungstatbestand für eine Besteuerung nach dem Territorialprinzip. Eine internationale Doppelbesteuerung entsteht somit nicht.

6c) Person A spart ihr Einkommen vollständig in Land X.

Periode 1:

Besteuerung in Land X: 0 Euro

Besteuerung in Land Y: 0 Euro

Periode 2:

Besteuerung in Land X: 11.000 Euro · 0,4 = 4.400 Euro

Besteuerung in Land Y: 0 Euro

Gesamtsteuerlast (aufgezinst): 4.400 Euro

Auch hier besteht in Land Y zu keinem Zeitpunkt ein Anknüpfungstatbestand für eine Besteuerung nach dem Territorialprinzip.

6d) Person A spart ihr Einkommen vollständig in Land Y.

Periode 1:

Besteuerung in Land X:	10.000 Euro · 0,4 = 4.000 Euro
Besteuerung in Land Y:	- 6.000 Euro · 0,3 = - 1.800 Euro

Periode 2:

Besteuerung in Land X:	0 Euro
Besteuerung in Land Y:	6.600 Euro · 0,3 = 1.980 Euro
	1.980 Euro – (1.800 Euro · 1,1) = 0 Euro

Gesamtsteuerlast (aufgezinst): 4.400 Euro

Werden im Rahmen des Universalprinzips ausländische Ersparnisse zinsbereinigt besteuert (Variante 1), kann der Steuerpflichtige in Periode 1 zwar nur 6.000 Euro sparen, bezahlt aber in Periode 2 in Land X keine Steuern. In Land Y führen die Ersparnisse, die Person A aus ausländischen Einkünften tätigt, zu einer Steuergutschrift von 1.800 Euro (Varianten 1 bis 3 des Quellenlandprinzips). In Periode 2 beträgt die Steuerschuld auf entsparte Beträge und Zinsen 1.980 Euro, was durch die aufgezinste Steuergutschrift genau ausgeglichen wird. Die aufgezinste Gesamtsteuerlast liegt dann bei 4.400 Euro, eine internationale steuerliche Doppelbelastung liegt somit nicht vor. Werden beschränkt Steuerpflichtige in Land Y gemäß Variante 4 des Quellenlandprinzips (also weder spar- noch zinsbereinigt) besteuert, dann müssen die in Periode 2 fälligen Steuern auf Kapitalerträge im Wohnsitzland unbegrenzt angerechnet (also erstattet) werden, um eine internationale steuerliche Doppelbelastung zu vermeiden.

Besteuert das Wohnsitzland gemäß Variante 2 ausländische Ersparnisse sparbereinigt, dann kann der Steuerpflichtige 10.000 Euro sparen. Die Steuergutschrift in Land Y erhöht sich dann auf 3.000 Euro. In Periode 2 beträgt die mit der Gutschrift verrechnete Steuerschuld in Land Y 0 Euro (Varianten 1 bis 3 des Quellenlandprinzips). Im Wohnsitzland zahlt der Steuerpflichtige Steuern in Höhe von 4.400 Euro. Auch hier kommt es nicht zu einer internationalen Doppelbesteuerung beziehungsweise steuerlichen Doppelbelastung. Besteuert Land Y ausländische Steuerpflichtige gemäß Variante 4, dann kann die Doppelbesteuerung der Erträge durch eine Anrechnung der im Land Y erhobenen Steuern vermieden werden.

Fall 7: Person B erzielt ihr Einkommen in Land Y.

Die nun folgenden Fälle unterscheiden sich von den Fällen 6a) bis 6c) nur dadurch, dass hier der Steuersatz des Wohnsitzlandes geringer ist als der des Quellenlandes, so dass es im Fall einer beschränkten Anrechnung der ausländischen Steuer durch das Wohnsitzland zu Anrechnungsüberhängen kommt.

7a) Person B konsumiert ihr Einkommen vollständig in Land Y.

Da in Land X in beiden Perioden kein Anknüpfungstatbestand für eine Besteuerung nach dem Territorialprinzip vorliegt, kommt es nicht zu internationaler Doppelbesteuerung. Person B muss eine aufgezinste Gesamtsteuerlast von 3.300 Euro tragen.

7b) Person B konsumiert ihr Einkommen vollständig in Land X.

Auch hier liegt kein internationaler Steuertatbestand vor, so dass es nicht zu einer internationalen Doppelbesteuerung kommen kann. Person B zahlt in Land Y eine aufgezinste Gesamtsteuerschuld von 3.300 Euro.

7c) Person B spart ihr Einkommen vollständig in Land Y.

Hier liegt ebenfalls kein internationaler Steuertatbestand vor. Person B unterliegt ausschließlich der heimischen Besteuerung und muss in der Periode 2 eine Steuerschuld von 3.300 Euro zahlen.

7d) Person B spart ihr Einkommen vollständig in Land X.

Periode 1:

Besteuerung in Land Y:	10.000 Euro · 0,3 = 3.000 Euro
Besteuerung in Land X:	- 7.000 Euro · 0,4 = - 2.800 Euro

Periode 2:

Besteuerung in Land Y: 0 Euro

Besteuerung in Land X: 7.700 Euro · 0,4 = 3.080 Euro

3.080 Euro – (2.800 Euro · 1,1) = 0 Euro

Gesamtsteuerlast (aufgezinst): 3.300 Euro

Die ausländischen Ersparnisse werden analog zu Fall 6d) besteuert. Bei Umsetzung des Wohnsitzlandprinzips gemäß Variante 1 (zinsbereinigte Besteuerung ausländischer Kapitalanlagen) und einer Umsetzung des Quellenlandprinzips gemäß Variante 1, 2 oder 3 liegt keine Doppelbesteuerung vor. Besteuert das Quellenland beschränkt Steuerpflichtige jedoch gemäß Variante 4, dann ist in Periode 2 eine unbegrenzte Anrechnung der Quellenlandsteuer auf die Kapitalerträge durch das Wohnsitzland notwendig, um eine Doppelbesteuerung zu vermeiden. Besteuert das Land Y ausländische Ersparnisse sparbereinigt, kann der Steuerpflichtige in Periode 1 10.000 Euro sparen; seine aufgezinste Gesamtsteuerlast beträgt dann 3.300 Euro.

Fall 8: Person B erzielt ihr Einkommen in Land X.

8a) Person B konsumiert ihr Einkommen vollständig in Land X.

Besteuerung in X: 10.000 Euro · 0,4 = 4.000 Euro

Besteuerung in Y: 10.000 Euro · 0,3 = 3.000 Euro

Gesamtsteuerlast (aufgezinst): 7.700 Euro

Eine entscheidungsneutrale und gerechte Besteuerung kann in diesem Fall durch eine unbeschränkte Anrechnung der ausländischen Steuer durch das Wohnsitzland Y oder – was mit Blick auf die steuerliche Gerechtigkeit zwischen Staaten unwahrscheinlicher ist – durch eine Freistellung durch das Land X erreicht werden.

8b) Person B konsumiert ihr Einkommen vollständig in Land Y.

Besteuerung in Land X: 0 Euro

Besteuerung in Land Y: 10.000 Euro · 0,3 = 3.000 Euro

Gesamtsteuerlast (aufgezinst): 3.300 Euro

Bei Freistellung des ins Wohnsitzland Y transferierten Einkommens in Land X (Variante 1 des Quellenlandprinzips) kommt es nicht zu einer internationalen Doppelbesteuerung. Ansonsten (Varianten 2, 3 und 4) müsste das Wohnsitzland Y die im Land X gezahlte Steuer in Höhe von 4.000 Euro unbeschränkt anrechnen, um eine Besteuerung nach dem Wohnsitzlandprinzip zu erreichen.

8c) Person B spart ihr Einkommen vollständig in Land X.

Periode 1:	
Besteuerung in Land Y:	10.000 Euro · 0,3 = 3.000 Euro
Besteuerung in Land X:	(10.000 Euro – 5.000 Euro) · 0,4 = 2.000 Euro
Periode 2:	
Besteuerung in Land X:	5.500 Euro · 0,4 = 2.200 Euro
Besteuerung in Land Y:	0 Euro
Gesamtsteuerlast (aufgezinst):	7.700 Euro

Wenn die Ersparnisbildung im Quellenland X im Wohnsitzland Y zinsbereinigt besteuert wird (Variante 1 des Wohnsitzlandprinzips), kann Person B keine 10.000 Euro sparen, so dass (bei Variante 1, 2 oder 3 des Quellenlandprinzips) auch in Land X eine Steuer fällig wird. Der maximale Sparbetrag reduziert sich dadurch auf 5.000 Euro. Das führt zu einer aufgezinsten Gesamtsteuerlast von 7.700 Euro. Die internationale steuerliche Doppelbelastung könnte vermieden werden, wenn das Wohnsitzland Y die in Periode 1 in Land X gezahlte Steuer anrechnet, so dass der Steuerpflichtige 7.000 Euro sparen kann. In Periode 2 müsste dann entweder das Wohnsitzland die ausländische Steuer erstatten oder das Quellenland die entsparten Beträge und die Erträge steuerfrei lassen. Das wäre bei Variante 1 des Quellenlandprinzips dann der Fall, wenn Person B die Beträge in ihr Wohnsitzland transferiert.

Wird die ausländische Ersparnisbildung im Wohnsitzland steuerfrei gestellt (Variante 2 des Wohnsitzlandprinzips), dann kann der Steuerpflichtige in Periode 1 einen Betrag von 10.000 Euro sparen. In Periode 2 zahlt er im Quellenland 3.300 Euro und im Wohnsitzland 4.400 Euro Steuern. Eine Anrechnung der ausländischen Steuer durch das Wohnsitzland würde eine internationale Doppelbesteuerung verhindern.

Wird im Quellenland die Besteuerung beschränkt Steuerpflichtiger nicht nach der Art der Einkommensverwendung differenziert (Variante 4 des Quellenlandprinzips) und besteuert das Wohnsitzland ausländische Ersparnisse (Variante 1 des Wohnsitzlandprinzips), dann wird bereits in Periode 1 eine Steuer in Höhe von 7.000 Euro fällig. In Periode 2 sind dann die Kapitalerträge in Höhe von 300 Euro im Quellenland steuerpflichtig, so dass die aufgezinste Gesamtsteuerlast bei 7.820 Euro liegt. Bei unbegrenzter Anrechnung der Quellenlandsteuer durch das Wohnsitzland in beiden Perioden könnte eine internationale Doppelbesteuerung ohne weiteres vermieden werden.

Wenn das Quellenland die Ersparnisse nicht Ansässiger steuerfrei stellt (Variante 1, 2 oder 3 des Quellenlandprinzips) und auch das Wohnsitzland das im Ausland angelegte Kapital nicht besteuert, dann wird in Periode 1 keine Steuer fällig. In Periode 2 sind dann sowohl die aufgelösten Ersparnisse als auch die Erträge in Höhe von insgesamt 11.000 Euro in beiden Ländern zu versteuern. Eine internationale Doppelbesteuerung – also eine Steuerlast von 7.700 Euro – kann dann leicht vermieden werden, wenn das Wohnsitzland die ausländische Steuer in Höhe von 4.400 Euro unbegrenzt anrechnet.

8d) Person B spart ihr Einkommen in Land Y.

Periode 1:

Besteuerung in Land X:	0 Euro
Besteuerung in Land Y:	0 Euro

Periode 2:

Besteuerung in Land X:	0 Euro
Besteuerung in Land Y:	11.000 Euro · 0,3 = 3.300 Euro
Gesamtsteuerlast (aufgezinst):	3.300 Euro

Wenn das Quellenland X keine Steuer auf im Wohnsitzland gespartes Einkommen erhebt (Varianten 1 und 2 des Quellenlandprinzips), kommt es hier nicht zu einer internationalen steuerlichen Überbelastung. Eine Besteuerung im Quellenland (Varianten 3 und 4) würde dagegen (wie in Fall 5c) zu einem maximalen Sparbetrag von 4.285,71 Euro und einer aufgezinsten Gesamtsteuerlast von 7.700 Euro führen. Diese steuerliche Doppelbelastung könnte durch eine unbeschränkte Anrechnung der Quellenlandsteuer im Wohnsitzland in Periode 1, also eine Erstattung der 4.000 Euro, vermieden werden.

Insgesamt wird deutlich, dass es hinsichtlich der internationalen Doppelbesteuerung keinen Unterschied zum traditionellen System der Einkommensbesteuerung gibt, wenn der Steuerpflichtige sein Einkommen sofort und vollständig im Quellenland konsumiert. Eine neue Situation entsteht durch die steuerliche Behandlung der Ersparnisbildung und Ersparnisauflösung sowie gegebenenfalls durch den grenzüberschreitenden Einkommens- beziehungsweise Vermögenstransfer. Aber auch hier kann durch eine unbegrenzte Anrechnung der ausländischen Steuerschuld durch das Wohnsitzland eine (kapitalexport-)neutrale und individuell gerechte Besteuerung erreicht werden. Dabei ist zu beachten, dass bereits heute das Wohnsitzlandprinzip keineswegs konsequent umgesetzt wird. Zum einen wird durch die nur begrenzte Anrechnung ausländischer Steuern nicht immer die gleiche Steuerlast erreicht wie bei einer rein inländischen Transaktion. Zum anderen wird mit den bestehenden Doppelbesteuerungsabkommen, wie in Kapitel 5.2 dargestellt wurde, bei wichtigen Einkunftsarten das Quellenlandprinzip durchgesetzt.

6.1.3 Sparbereinigte Einkommensteuer und Doppelbesteuerungsabkommen

Im Folgenden soll geprüft werden, ob die bestehenden Doppelbesteuerungsabkommen beibehalten werden könnten, wenn ein Land oder beide Länder (Zwei-Länder-Fall) zu einer sparbereinigten Einkommensteuer übergingen, und wo möglicherweise Änderungs- oder Ergänzungsbedarf bestünde. Als Referenzabkommen gilt dabei grundsätzlich das in Kapitel 5.2.2 dargestellte OECD-Musterabkommen.

6.1.3.1 Sachlicher Geltungsbereich

Zunächst ist zu klären, ob der in Artikel 2 OECD-MA („Unter das Abkommen fallende Steuern") festgelegte sachliche Geltungsbereich der Doppelbesteuerungsabkommen mit einer sparbereinigten Einkommensteuer verlassen würde. Wie in Kapitel 5.2.2.1 bereits dargestellt wurde, wäre das vermutlich nicht der Fall: So kann die sparbereinigte Einkommensteuer durchaus als eine Steuer von „Teilen des Einkommens" (Artikel 2 Abs. 2 OECD-MA) angesehen werden.[843] Zudem enthält das OECD-Musterabkommen ebenso wie die konkreten Doppelbesteuerungsabkommen eine Klausel, die eine Ausdehnung des jeweiligen Abkommens auf „Steuern gleicher oder im Wesentlichen ähnlicher Art" (Artikel 2 Abs. 4 OECD-MA)[844] ermöglicht, die erst nach seiner Unterzeichnung in einem der beiden Vertragsstaaten eingeführt werden.

Insbesondere eine im Alleingang durchgeführte sparbereinigte Reform der Einkommensbesteuerung könnte jedoch dazu führen, dass ein Vertragsstaat das bestehende Doppelbesteuerungsabkommen kündigt, weil mit dessen Regelungen die in Kapitel 5.2.1 dargestellten Abkommensziele hinsichtlich steuerlicher Gerechtigkeit zwischen Nationen und zwischen Personen, Entscheidungsneutralität sowie nationaler Steuerhoheit nun nicht mehr im ursprünglichen Sinne erreicht würden.

6.1.3.2 Begrenzung der Besteuerung im Quellenland

Da die beschränkte Steuerpflicht auch bei der sparbereinigten Einkommensteuer an dem im Quellenland erzielten Einkommen anknüpft, könnten die nach Einkommensarten differenzierten Regelungen bestehender Doppelbesteuerungsabkommen zur Begrenzung der Besteuerung im Quellenland grundsätzlich beibehalten werden. Das bedeutet, dass Einkünfte aus unbeweglichem Vermögen, Betriebstättengewinne und Einkünfte aus unselbständiger Arbeit (bei einem länger als 183 Tage währenden Aufenthalt innerhalb von zwölf Monaten) im Quellenland der Höhe nach unbegrenzt, Dividenden mit maximal 15 Prozent und Zinsen mit maximal zehn Prozent (häufig jedoch überhaupt nicht) besteuert werden. Ruhegehälter, Veräußerungsgewinne aus beweglichem privatem Vermögen und „sonstige Einkünfte" dürfen gemäß

[843] Dabei ist jedoch zu beachten, dass bei einer sparbereinigten Einkommensteuer mit erhaltenen Krediten und Kredittilgungen, Geschenken und Erbschaften, Lotteriegewinnen sowie Nutzungsanteilen langlebiger Konsumgüter zusätzliche Einnahmen steuerlich relevant wären.
[844] So ist beispielsweise das zwischen Frankreich und Deutschland abgeschlossene Doppelbesteuerungsabkommen gemäß Artikel 2 Absatz 3 „auch auf alle anderen ihrem Wesen nach gleichen oder ähnlichen Steuern anzuwenden, die nach seiner Unterzeichnung in einem der Vertragsstaaten (...) eingeführt werden".

OECD-Musterabkommen im Quellenland nicht besteuert werden.[845] Im Rahmen einer sparbereinigten Einkommensteuer zusätzlich steuerpflichtige Einnahmen wie aufgenommene Kredite, erhaltene Geschenke und Erbschaften oder Nutzungsanteile langlebiger Konsumgüter könnten gemäß Artikel 21 OECD-MA („Andere Einkünfte") behandelt werden und demnach im Quellenland steuerfrei bleiben. Je nachdem welche der in Kapitel 6.1.1.2 vorgestellten vier Varianten des Quellenlandprinzips bei einer sparbereinigten Einkommensbesteuerung gewählt würden, bestünde jedoch Ergänzungsbedarf.

Wird gemäß Variante 4 bei der Quellenlandbesteuerung keine Differenzierung bezüglich der Einkommensverwendung vorgenommen, bleibt beschränkt Steuerpflichtigen also eine steuerliche Entlastung gesparter oder investierter Einkommensteile verwehrt, dann können die heutigen Vereinbarungen bezüglich der Quellenlandbesteuerung unverändert beibehalten werden. Gegen diese praktikable und für das Quellenland auch in fiskalischer Hinsicht interessante Regelung spricht, dass sie als steuerliche Diskriminierung von ausländischen Steuerpflichtigen interpretiert werden könnte, wie sie in Artikel 24 OECD-MA ausdrücklich untersagt ist. Außerdem würde das sparbereinigt besteuernde Land auf die Möglichkeit verzichten, mit steuerlichen Maßnahmen die Attraktivität als Investitionsort zu verbessern, auch wenn das nur für die Einkunftsarten gilt, die nach dem Quellenlandprinzip besteuert werden. Um die steuerliche Diskriminierung der Investitionen von Ausländern zu begrenzen, müssten diesen zumindest Abschreibungsmöglichkeiten eingeräumt werden. Das damit verbundene Nebeneinander unterschiedlicher Gewinnermittlungsarten wäre jedoch sehr aufwendig, so dass die Praktikabilität der Variante 4 erheblich eingeschränkt wäre.[846]

Soll gemäß Variante 1 im Quellenland nur das Einkommen besteuert werden, das dort erzielt und konsumiert wurde, müssen alle Einkünfte, die im Quellenland gespart oder ins Wohnsitzland transferiert werden, steuerfrei bleiben. Bereits an den Fiskus abgeführte Quellensteuern sind gegebenenfalls auf Antrag des Steuerpflich-

---

[845] Vgl. ausführlich Kapitel 5.2.2.2.
[846] Vgl. Institute for Fiscal Studies (1978), S. 437.

tigen zu erstatten.[847] Eine korrekte nachträgliche Entlastung gesparter oder ins Ausland transferierter Einkünfte setzt jedoch eine genaue Zuordnung der Ersparnisse zu einzelnen Einkunftsarten voraus, was praktisch nicht möglich ist. Zudem würden Steuerpflichtige und Steuerbehörden in Konflikt geraten: Der Steuerpflichtige selbst würde angeben, dass er seine Ersparnisse aus mit einem hohen Quellensteuersatz belasteten Einkünften gebildet hat, um so die Steuererstattung zu maximieren. Dagegen wäre der Fiskus an dem Nachweis interessiert, dass der Steuerpflichtige die Ersparnisse aus unversteuerten Einnahmen (zum Beispiel aus Zinsen) gebildet und damit keinen Anspruch auf Steuererstattung hat. Um einer unangemessenen steuerlichen Belastung entgegenzuwirken, müssten alle beschränkt Steuerpflichtigen grundsätzlich veranlagt werden. Das würde den Aufwand, der mit der Besteuerung beschränkt Steuerpflichtiger verbunden ist, deutlich erhöhen. Bislang geschieht dies vor allem über Quellensteuern.

Werden im Quellenland aus dort erzielten Einkünften gebildete Ersparnisse steuerfrei gestellt (Varianten 1, 2 und 3), dann muss geklärt werden, wie das spätere Entsparen im Quellenland zu besteuern ist.[848] Ohne gesonderte Regelungen könnten aufgelöste Ersparnisse gemäß Artikel 21 OECD-MA („Andere Einkünfte") behandelt, also im Quellenland steuerfrei gestellt werden. Dann würde der Übergang zu einer sparbereinigten Einkommensteuer jedoch zu erheblichen fiskalischen Nachteilen für den Quellenstaat (genauer: für Nettokapitalimportländer) führen: Im Extremfall könnten alle Einkünfte zuerst im Quellenland gespart werden, so dass das Quellenland überhaupt keinen Zugriff auf diese Einkünfte hätte. Aus diesem Grund ist es nahe liegend, aufgelöste Ersparnisse im Quellenland zu besteuern, wobei die Höhe des Quellensteuersatzes bilateral zu verhandeln wäre. Die der heutigen Quellenlandbesteuerung zugrunde liegende Vorstellung von steuerlicher Gerechtigkeit zwischen Nationen, nach der die Besteuerung im Quellenland sich nach dessen Anteil am Entstehen der Einkünfte bemisst, lässt sich dabei nicht mehr durchsetzen. Dazu

---

[847] Bei einigen Einkunftsarten wäre auch eine Berücksichtigung von Ersparnissen im Rahmen der Quellenbesteuerung denkbar. So könnten zum Beispiel bei Dauersparverträgen Freibeträge auf der Lohnsteuerkarte eingetragen werden oder entsprechende Freistellungsaufträge bei Banken eingereicht werden.

[848] Für Ersparnisse, die im Wohnsitzland gebildet und gemäß Variante 1 oder 2 im Quellenland nicht besteuert wurden, besteht in der Phase des Entsparens grundsätzlich kein Anknüpfungspunkt für eine Besteuerung im Quellenland.

müssten die Ersparnisse einzelnen Einkunftsarten zuzuordnen sein, was nicht möglich ist.

Im Hinblick auf die hier unterstellte Interpretation steuerlicher Gerechtigkeit zwischen Nationen (Ausländer werden auf der Basis ihrer im Inland erzielten und konsumierten Einkünfte belastet) ist übrigens zu kritisieren, dass Einnahmen, die nach den heutigen Doppelbesteuerungsabkommen im Quellenland steuerfrei bleiben, im Quellenland auch dann nicht besteuert werden könnten, wenn sie dort konsumiert würden. Das stellt zwar an sich keine (fiskalische) Verschlechterung gegenüber der heutigen Situation dar, führt aber insbesondere bei Variante 1 der Quellenlandbesteuerung dazu, dass die ohnehin schmale Besteuerungsgrundlage des Quellenlandes weiter schrumpft.

Unter dem Strich ist festzuhalten, dass im Rahmen einer sparbereinigten Einkommensteuer eine Quellenlandbesteuerung gemäß Variante 4 den anderen drei Varianten vorzuziehen wäre. Sie wäre praktikabel und würde keinen Änderungsbedarf bei den bestehenden Doppelbesteuerungsabkommen mit sich bringen. Auch aus fiskalischen Gründen ist sie für das Quellenland vorteilhafter als die Varianten 1, 2 und 3. Allerdings verzichtet das Quellenland darauf, mit einer Freistellung von Ersparnisbildung und Investition ausländisches Kapital zu attrahieren, dessen Erträge – de jure oder de facto – nach dem Quellenlandprinzip besteuert werden. Damit geht ein wesentlicher Beweggrund für die Einführung einer sparbereinigten Einkommensteuer verloren.[849]

6.1.3.3 Begrenzung der Besteuerung im Wohnsitzland

Zur Klärung der Frage, ob auch die in den bestehenden Doppelbesteuerungsabkommen vorgesehene Begrenzung der Besteuerung im Wohnsitzland im Rahmen einer sparbereinigten Einkommensteuer beibehalten werden könnte, wird zunächst unterstellt, dass ein Land im Alleingang zu einer solchen Steuer übergeht. Dabei ist

[849] Ein Hauptgrund für das politische Interesse an der Konsumbesteuerung ist die Hoffnung, mit einer solchen Besteuerung die inländischen Investitionen und vor allem mehr Arbeitsplätze erzielen zu können. Vgl. Hackmann, J. (1999), S. 87.

zu unterscheiden zwischen einem Fall 1, in dem das Quellenland sparbereinigt besteuert und im Wohnsitzland eine umfassende Einkommensteuer erhoben wird, und einem Fall 2, in dem das Wohnsitzland zu einer sparbereinigten Einkommensteuer übergeht und das Quellenland bei der traditionellen Einkommensteuer bleibt.

Fall 1:
Keinen Änderungsbedarf gibt es für das Wohnsitzland, das bei der traditionellen Einkommensbesteuerung verbleibt, wenn das Quellenland zu einer sparbereinigten Einkommensteuer übergeht, die Besteuerung beschränkt Steuerpflichtiger aber weiterhin nach den Regeln der bestehenden Doppelbesteuerungsabkommen vornimmt, hier also nicht zwischen Einkommensverwendungsarten differenziert (Variante 4). Dann kann das Wohnsitzland eine internationale Doppelbesteuerung bereits im Quellenland besteuerter Einkünfte wie heute durch das Freistellungsverfahren mit Progressionsvorbehalt (so bei Einkommen aus unbeweglichem Vermögen, Betriebstättengewinnen und Einkünften aus unselbständiger Arbeit) oder durch das begrenzte Anrechnungsverfahren (zum Beispiel bei Dividenden) vermeiden. Einkünfte, die gemäß Doppelbesteuerungsabkommen im Quellenland nicht besteuert werden (Ruhegehälter, Veräußerungsgewinne aus beweglichem Vermögen, sonstige Einkünfte) werden nach dem Wohnsitzlandprinzip im engeren Sinne besteuert.[850]

Lässt das Quellenland dagegen im Inland gesparte Einkünfte auch bei beschränkt Steuerpflichtigen steuerfrei (Varianten 1, 2 und 3), dann bleiben Einkünfte, die gemäß Doppelbesteuerungsabkommen im Wohnsitzland nicht besteuert werden, in der Periode der Ersparnisbildung oder Investition völlig steuerfrei. Die Besteuerung in der nächsten Periode hängt dann davon ab, in welcher Weise gespart beziehungsweise investiert wurde, welcher Art also die Erträge sind: Sind die Erträge im Wohnsitzland wiederum steuerfrei gestellt, dann wird der Steuerpflichtige insgesamt nach dem Quellenlandprinzip und damit sparbereinigt besteuert.[851] Insofern besteht ein steuerlich bedingter Anreiz, Einkünfte im Land mit der sparbereinigten Einkommen-

---

[850] Siehe ausführlich Kapitel 5.2.2.3. Aus Sicht des Wohnsitzlandes ist jedoch zu kritisieren, dass die zur Zeit durch das Quellenlandprinzip erreichte Wettbewerbsneutralität (zum Beispiel zwischen Betriebstätten in- und ausländischer Unternehmen) gestört wird, wenn beschränkt Steuerpflichtige Investitionen aus versteuertem Einkommen bilden müssen (Variante 4 des Quellenlandprinzips).

[851] Wobei in beiden Perioden der Progressionsvorbehalt berücksichtigt werden muss, der zu einer entsprechend höheren steuerlichen Belastung anderer Einkünfte im Wohnsitzland führt.

steuer zu erzielen und dort so zu investieren (also zum Beispiel in unbewegliches Vermögen oder in eine Betriebstätte), dass die Erträge später im Wohnsitzland freigestellt werden.

Der Steuervorteil bleibt auch dann bestehen, wenn die Erträge im Wohnsitzland nicht freigestellt sind[852], sondern beschränkt angerechnet werden und damit dem jeweils höheren Steuersatz von Quellen- oder Wohnsitzland unterliegen. Auch dann können die Ersparnisse oder Investitionen in der ersten Periode aus steuerfreiem Einkommen gebildet werden, so dass auch Personen mit Wohnsitz in einem Land mit traditioneller Einkommensteuer sparbereinigt besteuert werden. Die damit verbundene steuerlich bedingte Entscheidungsverzerrung und der drohende Kapitalabfluss könnten dazu führen, dass Partnerstaaten mit traditioneller Einkommensteuer die Beibehaltung bestehender Doppelbesteuerungsabkommen mit (dann) sparbereinigt besteuernden Ländern ablehnen. Insbesondere bei den Varianten 1 und 2 der Quellenlandbesteuerung wäre mit erheblichen Widerständen zu rechnen: Bei Einkunftsarten, die gemäß Quellenlandprinzip besteuert werden, würde die Freistellung repatriierter Einkommensteile die Attraktivität das Quellenlandes für entsprechende Kapitalanlagen deutlich steigern. Ausländische Steuerpflichtige könnten diese Einkünfte steuerfrei vereinnahmen, solange sie sie nicht im Quellenland konsumieren. Diese Kapitalattrahierung würde das Quellenland zwar mit Steuermindereinnahmen erkaufen, da ins Ausland transferierte Einkommensteile unwiderruflich seiner Steuerhoheit entzogen werden. Das viel diskutierte Beispiel der Zinsbesteuerung zeigt allerdings, dass eine solche Ausgestaltung der Quellenlandbesteuerung für die Kapitalimportländer dennoch von wirtschaftlichem Interesse sein kann.

Keinen Änderungsbedarf könnten dagegen Länder sehen, deren Doppelbesteuerungsabkommen eine „subject-to-tax"-Klausel enthält: Nach dieser Klausel steht die Freistellung im Wohnsitzland unter dem Vorbehalt, dass im Quellenland auch tatsächlich eine Steuer erhoben wurde.[853] Diese Klausel könnte sogar dazu führen, dass die Kapitalanlage im sparbereinigt besteuernden Ausland steuerlich benachteiligt wird: Wenn der Steuerpflichtige in der ersten Periode in dem Land mit sparberei-

[852] Was zum Beispiel bei Zinsen und Dividenden der Fall ist.
[853] Vgl. Kapitel 5.2.2.3.

nigter Einkommensteuer Einkünfte erzielt und spart beziehungsweise investiert, die nach dem Wohnsitzlandprinzip zu versteuern sind, muss er seine Ersparnis oder Investition aus versteuertem Einkommen bilden. Damit liegt seine Gesamtsteuerlast in Periode 1 mindestens auf dem gleichen Niveau wie bei einer rein inländischen Transaktion. In Periode 2, in der die ausländischen Ersparnisse aufgelöst und folglich im sparbereinigt besteuernden Quellenland steuerpflichtig werden, bestehen im Wohnsitzland mit traditioneller Einkommensteuer keine entsprechenden steuerpflichtigen Einnahmen; hier werden lediglich die Erträge besteuert. Damit ist keine Möglichkeit gegeben, die ausländische Steuer auf die entsparten Beträge auf die Steuerschuld im Wohnsitzland anzurechnen. Der im Ausland angelegte Betrag würde folglich zweifach besteuert[854]: bei der Ersparnisbildung durch das Wohnsitzland und bei der Ersparnisauflösung durch das Quellenland. Das gleiche Ergebnis würde bei den Einkunftsarten erzielt, die gemäß Doppelbesteuerungsabkommen grundsätzlich nach dem Wohnsitzlandprinzip besteuert und im Quellenland gespart werden.

Fall 2:

Bei einseitigem Übergang zur sparbereinigten Einkommensteuer durch das Wohnsitzland führen die derzeitigen Regelungen der Doppelbesteuerungsabkommen dann zu den gleichen Ergebnissen wie heute, wenn das Einkommen sofort vollständig konsumiert wird.[855] Auch wenn das im Ausland erzielte Einkommen (im Wohnsitzland[856]) gespart wird, treten keine Schwierigkeiten auf, falls die Einkünfte im Quellenland nicht besteuert wurden, also das Wohnsitzlandprinzip im engeren Sinne gilt. Denn dann können die Ersparnisse im Wohnsitzland steuerfrei gestellt werden, ohne dass eine Quellenlandbesteuerung ausgeglichen werden muss.

Anders sieht das aus bei Einkünften wie beispielsweise Mieten, Betriebstättengewinnen, Einkünften aus unselbständiger Arbeit oder Dividenden, die bereits im Quellenland einer Besteuerung unterliegen und im Wohnsitzland unter Progressionsvor-

---

[854] Will man in der Terminologie John Stuart Mills bleiben, kann hier auch von einer steuerlichen Dreifachbelastung des Sparens gesprochen werden. Vgl. Kapitel 3.1.

[855] Vgl. Fälle 1a) und 1b) in Kapitel 6.1.2.1.

[856] Bei Variante 1 des Wohnsitzlandprinzips. Bei Variante 2 ist der Ort der Ersparnisbildung oder Investition gleichgültig; das heißt, die folgenden Ausführungen gelten auch für die Ersparnisbildung im Ausland.

behalt freigestellt werden. Hier wird die aus ausländischen Einkünften vorgenommene Ersparnisbildung zweifach besteuert und damit steuerlich diskriminiert, weil sie in Periode 1 nicht steuerfrei bleibt und in Periode 2 zusätzlich die aufgelösten Ersparnisse und Erträge durch das Wohnsitzland besteuert werden.

Wird die im Ausland gezahlte Steuer im Wohnsitzland gemäß Doppelbesteuerungsabkommen angerechnet, kommt es ebenfalls zu einer Doppelbesteuerung der gesparten Einkommensteile.[857] Denn nach dem Prinzip der begrenzten Anrechnung darf der anzurechnende Betrag „den Teil der vor der Anrechnung ermittelten Steuer vom Einkommen (...) nicht übersteigen, der auf die Einkünfte, die im anderen Staat besteuert werden können (...), entfällt."[858] Werden die ausländischen Einkünfte jedoch (im Wohnsitzland[859]) gespart, dann ist die inländische Steuer auf diese Einkünfte gleich null, so dass eigentlich keine Anrechnung möglich ist und somit das gleiche Ergebnis erreicht wird wie beim Freistellungsverfahren. Lässt man dagegen bei der Anrechnung der ausländischen Steuer die Verwendung des im Ausland erzielten Einkommens außer Acht und rechnet die ausländische Steuer bis zu dem Betrag an, der sich durch Anwendung des inländischen individuellen Steuersatzes auf die ausländischen Einkünfte ergibt, dann kann es – je nach Höhe von in- und ausländischem Steuersatz – durchaus zu einer völligen Freistellung der gesparten Beträge kommen, aber auch zu einem Anrechnungsüberhang und somit zu einer Diskriminierung der internationalen Transaktion.[860]

Wird das im Ausland erzielte Einkommen dort gespart und gemäß Variante 1 im Wohnsitzland zinsbereinigt besteuert, dann können die Regelungen der Doppelbe-

---

[857] Diese Doppelbesteuerung ist nicht mit der steuerlichen Doppelbelastung im Sinne John Stuart Mills zu verwechseln. Bezieht man wie Mill die implizite Besteuerung der Kapitalerträge mit ein, dann kommt es hier zu einer steuerlichen Dreifachbelastung des Sparens.

[858] Art. 23B Abs. 1 OECD-MA.

[859] Bei Variante 1 des Wohnsitzlandprinzips. Bei Variante 2 ist der Ort der Ersparnisbildung oder Investition gleichgültig; das heißt, die folgenden Ausführungen gelten auch für die Ersparnisbildung im Ausland.

[860] Ein solches Vorgehen schlägt Mitschke vor. Vgl. Mitschke, J. (1985), S. 189 f. Folgendes Beispiel soll diese Anrechnungstechnik verdeutlichen: Der Steuersatz im Ausland beträgt 40 Prozent, im Inland 30 Prozent. Der Steuerpflichtige erzielt 20.000 Euro im Wohnsitzland, 15.000 Euro im Ausland. Er zahlt im Ausland 6.000 Euro an Steuern und spart die restlichen 9.000 Euro vollständig im Inland. Im Inland muss er auf die Bemessungsgrundlage von 20.000 Euro + 15.000 Euro – 9.000 Euro = 26.000 Euro einen Steuerbetrag von 7.800 Euro zahlen. Darauf kann er ausländische Steuer von 0,3 · 15.000 Euro = 4.500 Euro anrechnen, so dass eine zu zahlende Steuerschuld von 3.300 Euro verbleibt. Die Gesamtsteuerlast beträgt damit 9.300 Euro, also 1.500 Euro mehr als bei einer rein inländischen Transaktion.

steuerungsabkommen in Periode 1 ohne weiteres beibehalten werden.[861] In Periode 2 kommt es jedoch zu Schwierigkeiten, wenn die Kapitaleinkünfte im Quellenland besteuert werden. Eine Freistellung im Wohnsitzland (zum Beispiel bei Mieteinnahmen) führt dann dazu, dass die Ersparnisbildung im Ausland nicht zinsbereinigt besteuert und damit gegenüber einer inländischen Transaktion steuerlich benachteiligt wird. Gleiches gilt für die begrenzte Anrechnung der ausländischen Steuer.

Fall 3:
Auch wenn beide Länder eine sparbereinigte Einkommensteuer erheben, führen die bestehenden Doppelbesteuerungsabkommen hinsichtlich steuerlicher Gerechtigkeit zwischen Nationen beziehungsweise Personen und hinsichtlich der Entscheidungsneutralität immer dann zu den gleichen Ergebnissen wie im Rahmen der traditionellen Einkommensteuer, wenn das gesamte Einkommen sofort konsumiert wird.[862]

Spart oder investiert der Steuerpflichtige sein Einkommen im Quellenland, welches beschränkt Steuerpflichtige gemäß Variante 1, 2 oder 3 besteuert, dann ist das Freistellungsverfahren auf den ersten Blick mit Komplikationen verbunden: Obwohl sie im Wohnsitzland eigentlich zinsbereinigt besteuert werden sollen (Variante 1 des Wohnsitzlandprinzips), bleiben die Einkünfte in der Sparperiode sowohl im Quellenland als auch im Wohnsitzland steuerfrei. In der Phase des Entsparens beziehungsweise der Desinvestition werden sie dann einschließlich der Kapitalerträge im sparbereinigt besteuernden Quellenland belastet. Im Wohnsitzland wird in dieser Periode dagegen keine Steuer fällig, so dass keine Möglichkeit besteht, die Quellenlandbesteuerung zu kompensieren. Die Folge des Freistellungsverfahrens wäre eine sparbereinigte Besteuerung der ausländischen Einkünfte nach Maßgabe der Steuersätze des Quellenlands.[863] Damit würde das Doppelbesteuerungsabkommen seine bisherige Zielsetzung auch im Rahmen einer sparbereinigten Einkommensbesteuerung weiterhin erreichen: die Vermeidung der internationalen Doppelbesteuerung

---

[861] Würde es dagegen sparbereinigt behandelt, dann würden in beiden Perioden die gleichen Schwierigkeiten entstehen wie sie oben für den Fall dargestellt wurden, dass der Steuerpflichtige die im Ausland erzielten Einkünfte im Wohnsitzland spart. In Periode 2 müsste zusätzlich eine internationale Doppelbesteuerung der im Ausland erzielten Kapitalerträge vermieden werden. Dabei könnten jedoch die heutigen Regelungen der Doppelbesteuerungsabkommen beibehalten werden.

[862] Siehe Fälle 5a) und 8a) in Kapitel 6.1.2.2.

[863] Abkommen mit einer „subject-to-tax"-Klausel, bei denen die Steuerfreiheit der gesparten Einkommensteile im Quellenland eine Besteuerung im Wohnsitzland nach sich zieht, würden entsprechend zu einer internationalen Doppelbesteuerung der Sparbeträge führen.

und die Durchsetzung des Quellenlandprinzips durch die Freistellung im Wohnsitzland. Beim Anrechnungsverfahren würde die Doppelbesteuerung dagegen nicht vermieden, weil in Periode 1 aus versteuertem Einkommen gespart würde und die gesparten Beträge in Periode 2 zusätzlich besteuert würden.[864]

Eine internationale Doppelbesteuerung kann auch dann vermieden werden, wenn das Wohnsitzland im Ausland gebildete Ersparnisse sparbereinigt besteuert (Variante 2 des Wohnsitzlandprinzips). Dabei ist es unerheblich, ob das Wohnsitzland in der Spar- und in der Entsparperiode das Freistellungsverfahren oder das Anrechnungsverfahren anwendet.[865] Wichtig ist nur, dass das Quellenland die inländischen Ersparnisse beschränkt Steuerpflichtiger sparbereinigt besteuert (Varianten 1 bis 3 des Quellenlandprinzips).[866] Abgesehen von den administrativen Schwierigkeiten, die mit der Kontrolle ausländischer Ersparnisse verbunden wären, ist die Freistellung ausländischer Kapitalanlagen auch aus fiskalischen Gründen für das Wohnsitzland wenig interessant: Wird das Kapital im Ausland so angelegt, dass die Erträge im Wohnsitzland gemäß Doppelbesteuerungsabkommen nicht besteuert werden können (also beispielsweise in eine Immobilie oder eine Betriebstätte), dann „beteiligt" sich der Fiskus des Wohnsitzlandes zwar an der ausländischen Investition, nicht aber an deren Erträgen. Ähnlich würde sich eine Kapitalanlage auswirken, bei der die ausländischen Steuern im Wohnsitzland angerechnet werden: Auch hier würde der heimische Fiskus nicht angemessen an den Kapitalerträgen beteiligt. In beiden Fällen ist jedoch zu beachten, dass die entsparten Beträge selbst im Wohnsitzland durchaus besteuert werden können,[867] so dass lediglich ein Zinsverlust für den heimischen Fiskus entsteht.

Besteuert das Quellenland beschränkt Steuerpflichtige gemäß Variante 4, differenziert also nicht nach Einkommensverwendungsarten, dann ist die zinsbereinigte Va-

[864] Die Tatsache, dass die Repatriierung der Beträge in Periode 2 bei der Variante 1 des Quellenlandprinzips zu ihrer Steuerfreiheit im Quellenland führen würde, entschärft diesen Nachteil etwas.

[865] Beim Freistellungsverfahren wird nach dem Quellenlandprinzip, beim Anrechnungsverfahren nach dem Wohnsitzlandprinzip besteuert. Beim begrenzten Anrechnungsverfahren kann es – je nach Höhe der Steuersätze im Quellen- und im Wohnsitzland – allerdings zu einer teilweisen Doppelbesteuerung kommen. Das stellt jedoch keine systembedingte Verschlechterung gegenüber der heutigen Situation dar.

[866] Ansonsten ist die zinsbereinigte Variante des Wohnsitzlandprinzips vorzuziehen.

[867] Allerdings nur unter Anrechnung der Quellenlandsteuern. Eine ausschließliche Besteuerung im Wohnsitzland würde gegen die fiskalischen Interessen des Quellenlandes verstoßen.

riante der Wohnsitzlandbesteuerung (Variante 1 des Wohnsitzlandprinzips) in Periode 1 unproblematisch.[868] Das gilt sowohl für Einkünfte, die nur im Quellenland besteuert werden (Freistellungsverfahren) als auch für Einkünfte, die nach dem Wohnsitzlandprinzip im engeren oder im weiteren Sinne (Anrechnungsverfahren) besteuert werden. In Periode 2 müssen die Kapitalerträge (und die entsparten Beträge) dann vollständig steuerfrei bleiben. Den Regelungen des OECD-Musterabkommens zufolge werden jedoch alle wesentlichen Arten von Kapitalerträgen im Quellenland besteuert, was im Wohnsitzland weder durch das Freistellungsverfahren noch durch das begrenzte Anrechnungsverfahren vollständig kompensiert werden kann. Folglich würden ausländische Ersparnisse durch die Anwendung der heutigen Doppelbesteuerungsabkommen steuerlich diskriminiert. Eine Ausnahme bilden dabei zinsbringende Kapitalanlagen: Da Zinsen in vielen Doppelbesteuerungsabkommen im Quellenland steuerfrei bleiben, könnte hier eine zinsbereinigte Besteuerung problemlos durchgesetzt werden. Eine Diskriminierung der ausländischen Ersparnisse kann folglich durch das Quellenland selbst vermieden werden, wenn es die Kapitalerträge von beschränkt Steuerpflichtigen steuerfrei lässt. Die sparbereinigte Variante des Wohnsitzlandprinzips ließe sich dagegen nur durchsetzen, wenn das Wohnsitzland die im Quellenland in Periode 1 bezahlte Steuer unbegrenzt anrechnen, also erstatten würde.

Spart der Steuerpflichtige sein im Ausland erzieltes Einkommen im Wohnsitzland, dann führt das Freistellungsverfahren zu einer steuerlichen Diskriminierung dieser Ersparnisse, weil die Besteuerung durch das Quellenland (Varianten 3 und 4) im Wohnsitzland nicht beziehungsweise – bei einem Anrechnungsverfahren im Sinne von Mitschke[869] – nur in Ausnahmefällen voll kompensiert werden kann. Damit werden die Ersparnisse aus versteuertem Einkommen gebildet. In der zweiten Periode werden zusätzlich die aufgelösten Ersparnisse und die Erträge durch den heimischen Fiskus belastet. Die damit verbundene internationale steuerliche Doppelbelastung[870] der Sparbeträge wird bei den Varianten 1 und 2 der Quellenlandbesteue-

[868] Diese Kombination der Besteuerung im Quellenland und im Wohnsitzland kann jedoch nicht mehr als sparbereinigte Einkommensbesteuerung bezeichnet werden.
[869] Siehe Fußnote 859.
[870] Es handelt sich hierbei nicht um eine internationale Doppelbesteuerung im Sinne der in Kapitel 4.4.1.1 dargestellten Definition, weil die Sparbeträge nicht in derselben Periode zweimal belastet werden.

rung vermieden, da hier auch im Wohnsitzland gebildete Ersparnisse im Quellenland steuerfrei gestellt werden. Ersparnisse, die aus Einkünften gebildet werden, bei denen die Quellenlandbesteuerung im Wohnsitzland durch das begrenzte Anrechnungsverfahren ausgeglichen wird, werden steuerlich diskriminiert, sobald es zu einem Anrechnungsüberhang kommt.

Schließlich ist der Fall zu betrachten, in dem der Steuerpflichtige sein im Wohnsitzland erzieltes Einkommen im Ausland spart. Besteuert das Wohnsitzland diese Ersparnisse zinsbereinigt (Variante 1), dann werden die Ersparnisse aus versteuertem Einkommen gebildet. In Periode 2 bleibt das Entsparen im Wohnsitzland ebenso steuerfrei wie die Kapitalerträge. Um eine vollständige Steuerfreiheit dieser Beträge zu erreichen, müssten eventuelle Besteuerungen durch das Quellenland vollständig erstattet werden.[871] Das ist jedoch weder beim Freistellungsverfahren noch bei der begrenzten Anrechnung möglich, so dass ausländische Kapitalanlagen in vielen Fällen diskriminiert würden. Eine Ausnahme bilden auch hier verzinsliche Anlagen, da Zinserträge häufig von der Quellenlandbesteuerung ausgenommen sind.

Werden dagegen auch ausländische Ersparnisse beziehungsweise Investitionen im Wohnsitzland steuerfrei gestellt (Variante 1), dann können diese – über die Zeit betrachtet – insgesamt in gleichem Maße steuerlich belastet werden wie inländische. Das setzt jedoch voraus, dass ihre Kontrolle durch den heimischen Fiskus gewährleistet ist und entsparte beziehungsweise desinvestierte Beträge tatsächlich besteuert werden. Gelingt das nicht – was ohne Kontrollmitteilungen aus dem Ausland nicht selten der Fall sein dürfte –, dann ist eine Kapitalanlage im Ausland dadurch steuerlich vorteilhaft. Die Kapitalflucht, die bereits heute durch die meist fehlende Quellenlandbesteuerung und mangelnde Kontrollmöglichkeiten der heimischen Steuerbehörden bei Zinsen ausgelöst wird, wird damit noch attraktiver.

---

871 Besteuert das Quellenland nicht Ansässige gemäß Variante 4, dann können im Quellenland nur die Erträge besteuert werden. Gleiches gilt für den Fall, dass entsparte Beträge gemäß Artikel 21 OECD-MA, also nach dem Wohnsitzlandprinzip im engeren Sinne besteuert werden.

6.1.3.4 Internationale Migration

Ein Punkt, der mit Blick auf die internationalen Aspekte einer sparbereinigten Einkommensteuer häufig aufgegriffen wird, ist die grenzüberschreitende Migration.[872] Im Allgemeinen wird unterstellt, dass eine konsequente Umsetzung des Wohnsitzlandprinzips mit internationaler Entscheidungsneutralität verbunden ist. Vor allem dann, wenn nur ein Land zu einer sparbereinigten Einkommensbesteuerung übergeht, wird jedoch die Wahl des Wohnortes durch die dann unterschiedlichen Steuersysteme beeinflusst. Denn dann besteht grundsätzlich ein steuerlich bedingter Anreiz, Einkommen in dem Land mit der sparbereinigten Einkommensteuer zu erzielen und zu sparen und die Ersparnisse später – zum Beispiel im Rentenalter – in das Land mit traditioneller Einkommensteuer zu transferieren, um es dort zu konsumieren. Bei einer Besteuerung nach dem Wohnsitzlandprinzip können die damit verbundenen Steuervorteile (steuerfreies Sparen und steuerfreies Konsumieren) nur erreicht werden, wenn man seinen Wohnsitz von einem Land mit sparbereinigter Einkommensteuer in ein Land mit traditioneller Einkommensteuer verlagert.[873] Diese Gestaltungsmöglichkeit gilt als wesentlicher Schwachpunkt der Konzeption einer sparbereinigten Einkommensteuer.[874]

Dem steuerlich bedingten Anreiz zur Wohnsitzverlagerung könnte entgegengewirkt werden, indem alles Vermögen, das aus bislang unversteuertem Einkommen gebildet wurde, bei der Emigration besteuert wird.[875] Damit sind unterschiedliche Probleme verbunden: Zum einen besteht bei allen Vermögensarten, die nicht auf qualifizierten Konten gehalten werden, ein Bewertungsproblem. Zum anderen würde die Besteuerung des gesamten Vermögensbestandes in einer Periode einen erheblichen Progressionseffekt bewirken und nicht zuletzt deswegen zu Liquiditätsproblemen bei den betroffenen Steuerpflichtigen führen. Der Progressionseffekt könnte jedoch vermieden werden, indem der Vermögensbestand mit einem Pauschalsteuersatz, der deutlich unter dem Spitzensteuersatz liegt, belastet wird. Auch eventuellen Liquiditätsschwierigkeiten könnte begegnet werden, indem die Steuerschuld auf

---

872 Siehe dazu beispielsweise Institute for Fiscal Studies (1978), S. 419 f., Lodin, S.-O. (1978), S. 108 ff.
873 Vgl. Institute for Fiscal Studies (1978), S. 17 und S. 419 f.
874 So zum Beispiel Krause-Junk, G. (1999), S. 134.
875 Eine solche „emigration tax" schlägt zum Beispiel Lodin vor. Vgl. Lodin, S.-O. (1978), S. 108 f.

mehrere Jahre verteilt wird. Ausschlaggebendes Argument gegen eine Emigrationssteuer sind europarechtliche[876] und – wegen entsprechender historischer Erfahrungen mit einer solchen Steuer zu erwartende – politische Bedenken. Bei alledem ist zu bedenken, dass eine Art Emigrationssteuer automatisch fällig würde, wenn die Steuerpflichtigen bei einer Wohnsitzverlegung ins Ausland ihre qualifizierten Konten auflösen würden. Dem Progressionseffekt könnten sie dabei entgehen, indem sie ihre qualifizierten Konten nicht sofort auflösen, sondern das Vermögen erst nach und nach in ihr neues Wohnsitzland transferieren.[877]

Während die Übersiedlung von einem Land mit sparbereinigter Einkommensteuer in ein Land mit traditioneller Einkommensteuer steuerlich vorteilhaft wäre, würde die Migration in entgegengesetzter Richtung steuerlich behindert, wenn aus versteuertem Einkommen gebildetes Vermögen bei dessen konsumtiver Verwendung zusätzlich der sparbereinigten Einkommensteuer unterworfen würde.[878] Für die Immigration von Steuerpflichtigen aus einem Land mit traditioneller Einkommensbesteuerung in ein Land mit sparbereinigter Einkommensbesteuerung müssten daher entsprechende Regelungen getroffen werden, um eine internationale steuerliche Doppelbelastung von Vermögensbeständen zu vermeiden. Zum Beispiel könnten die Vermögensbestände bei der Einwanderung steuerlich entlastet werden, wenn sie auf ein qualifiziertes Konto eingezahlt werden. Hierbei bestünde jedoch das Problem, den relevanten Steuersatz und damit die richtige Höhe der steuerlichen Entlastung zu bestimmen. Da dabei auf einen pauschalen Steuersatz zurückgegriffen werden müsste, würde eine internationale steuerliche Doppel- oder Minderbelastung nur in Ausnahmefällen vollständig vermieden. Um erhebliche Steuererstattungen in der Immigrationsperiode zu vermeiden, könnte die steuerliche Entlastung auch gutgeschrieben, verzinst und mit der späteren Steuerschuld verrechnet werden.[879] Auf den ersten Blick praktikabler wäre es, das ins Inland gebrachte Vermögen und dessen Verwendung steuerlich unberücksichtigt zu lassen, also zinsbereinigt zu besteuern. Hier würde dem Steuerpflichtigen jedoch eine – unter Umständen erhebliche –

---

[876] Siehe dazu Kapitel 6.1.4.

[877] Diese Möglichkeit besteht jedoch nur, wenn auch beschränkt Steuerpflichtige berechtigt sind, qualifizierte Konten zu halten (Varianten 1 bis 3).

[878] Die Probleme, die bei der Übersiedlung von einem Land mit traditioneller Einkommensteuer in ein Land mit sparbereinigter Einkommensteuer entstehen würden, entsprechen den in Kapitel 3.3.1 beschriebenen Übergangsproblemen bei Vermögensbeständen.

[879] Vgl. Institute for Fiscal Studies (1978), S. 437.

Manövriermasse zur Verfügung gestellt, mit der er seine zukünftige Gesamtsteuerschuld minimieren könnte. So hätte er die Möglichkeit, dem Progressionseffekt entgegenzuwirken, indem er das Vermögen in Perioden mit hohen steuerpflichtigen Einnahmen und entsprechend hohem persönlichem Steuersatz in qualifizierte Konten eingezahlt und erst in Perioden mit niedrigerem persönlichem Steuersatz wieder entspart.

6.1.3.5 Unternehmensbesteuerung

Die hier unterstellte reine Konsumsteuer, wie sie von Kaldor, Lodin, Bradford („Blueprints") und Mitschke vorgeschlagen wurde[880], sieht keine ergänzende Unternehmensteuer vor. Da Unternehmen nicht konsumieren, ist das prinzipiell auch nicht notwendig. Investieren private Haushalte in Unternehmen, so mindern die damit verbundenen Ausgaben die Bemessungsgrundlage der sparbereinigten Einkommensteuer. Ausgeschüttete Unternehmensgewinne werden bei den privaten Haushalten als steuerlich relevante Einnahmen erfasst, einbehaltene Gewinne bleiben als gesparte Einkommensteile steuerlich unberücksichtigt. Um einer Steuervermeidung entgegenzuwirken, könnte jedoch eine Quellensteuer auf ausgeschüttete Gewinne erhoben werden, die auf die sparbereinigte Einkommensteuer angerechnet wird. Auf diese Weise hätte der Fiskus auch Zugriff auf die Unternehmensgewinne, die an ausländische Anteilseigner fließen, so dass die Gerechtigkeit zwischen den Nationen gewahrt wäre. Das wäre insbesondere bei den Varianten 1 bis 3 des Quellenlandes notwendig, bei denen sich der Fiskus auch bei beschränkt Steuerpflichtigen an inländischen Investitionen „beteiligt", indem er einen Abzug der Investitionsausgaben von der Bemessungsgrundlage zulässt. Ohne eine Kapitalertragsteuer würden die Erträge ausschließlich im Wohnsitzland besteuert, der Fiskus des Quellenlandes würde die inländischen Investitionen subventionieren.

Im Fall einer konsumorientierten Steuerreform im Alleingang würde die Steuerfreiheit einbehaltener Gewinne – bei einer Besteuerung der Unternehmensgewinne nach dem Sitzlandprinzip – zur Sitzverlagerung von Unternehmen in das Land mit einer

[880] Siehe dazu Kapitel 2.2.1.3.

reinen Konsumsteuer führen. Hat das traditionell besteuernde Sitzland mit dem sparbereinigt besteuernden Land ein Doppelbesteuerungsabkommen abgeschlossen, das eine Besteuerung von Unternehmensgewinnen nach dem Quellenlandprinzip vorsieht, kann das Unternehmen auch ohne eine Sitzverlagerung von der Steuerfreiheit thesaurierter Gewinne profitieren, indem es eine Betriebstätte gründet. Wie in Kapitel 5.2.2.3 dargestellt wurde, ist eine ausschließliche Besteuerung von Unternehmensgewinnen im Quellenland in den deutschen Abkommen üblich. Sieht das jeweilige Doppelbesteuerungsabkommen jedoch eine subject-to-tax-Klausel oder eine switch-over-Klausel vor, dann wird die Steuerfreiheit im Quellenland durch das (Wohn-)Sitzland kompensiert. Die ausländischen Gewinne werden dann dort nur freigestellt, wenn sie im Quellenland tatsächlich besteuert wurden.

In internationalen Konzernen könnten die Steuervorteile des sparbereinigten Systems auch genutzt werden, indem Gewinne in die Tochtergesellschaften mit Sitz im konsumorientiert besteuernden Land verlagert werden. Wegen der Abschirmwirkung juristischer Personen könnte der Fiskus des Landes, in dem die Muttergesellschaft ihren Sitz hat, den Gewinn der Tochtergesellschaft erst bei Ausschüttung an inländische Anteilseigner belasten. Derartige Anreize – und entsprechende Gegenmaßnahmen – gibt es bereits heute[881], sie würden durch eine sparbereinigte Einkommensbesteuerung aber vermutlich noch verstärkt.

Wird die sparbereinigte Einkommensteuer von einer Cash-flow-Unternehmensteuer, also einer R-Steuer, einer R+F-Steuer oder einer S-Steuer[882] begleitet, dann werden in einer offenen Volkswirtschaft neue Fragen aufgeworfen, die hier nur knapp angerissen werden. Insbesondere ist zu klären, ob und in welcher Weise grenzüberschreitende Zahlungsströme bei der Ermittlung der Bemessungsgrundlage zu berücksichtigen sind und ob eine solche Steuer gemäß Quellenlandprinzip oder Wohnsitzlandprinzip erhoben werden soll.

---

[881] Siehe dazu die Ausführungen in den Kapiteln 4.4.2.2 und 4.4.2.3.

[882] Wie in Kapitel 2.2.1.3 dargestellt wurde, ergibt sich die Bemessungsgrundlage der R-Steuer aus der Differenz zwischen Zahlungszuflüssen und Zahlungsabflüssen aus ausschließlich realwirtschaftlichen Transaktionen. Die R+F-Steuer dagegen bezieht auch finanzwirtschaftliche Transaktionen mit ein. Die Bemessungsgrundlage der S-Steuer errechnet sich aus dem Auszahlungsüberschuss bei Beteiligungstransaktionen.

Die heute übliche Besteuerung nach dem Quellenlandprinzip lässt sich beispielsweise im Rahmen der R-Steuer umsetzen, indem die Steuer ausschließlich auf die inländischen Geschäfte aller Betriebe erhoben wird, unabhängig davon, ob diese in inländischem, ausländischem oder internationalem Besitz sind. Steuerlich relevante Ausgaben sind Ausgaben für Güter, Arbeit und Dienstleistungen, die im Inland gekauft oder importiert wurden, steuerlich relevante Einnahmen sind Erlöse aus Produkten oder Dienstleistungen, die im Inland verkauft oder exportiert werden. Würde jedes Land die R-Steuer auf diese Weise anwenden, so würden sämtliche Gewinne auf der Welt nur einmal besteuert.[883] Gleiches gilt, wenn die beschriebene Vorgehensweise auf die R+F-Steuer übertragen wird.

Der Ansatz, bei dem Exportentgelte auf der Einnahmenseite, Importausgaben auf der Auszahlungsseite verbucht werden, wird auch als Besteuerung auf der „origin basis" bezeichnet. Dagegen ist von einer Besteuerung auf der „destination basis" die Rede, wenn Exportentgelte nicht als Einnahmen und Importausgaben nicht als steuerlich relevante Ausgaben akzeptiert werden.[884]

Bei einer Unternehmensbesteuerung auf S-Basis (Auszahlungsüberschuss bei Beteiligungstransaktionen) müsste geklärt werden, inwieweit grenzüberschreitende Beteiligungstransaktionen zu berücksichtigten wären. Gehen beide beteiligten Länder zu einer solchen Cash-flow-Steuer über, dann sollten auch ausländische Beteiligungen einbezogen werden, um eine gezielte Steuerminderung durch grenzüberschreitenden gegenseitigen Aktienkauf zu vermeiden. Ansonsten würde der Verkauf der eigenen Anteile die Bemessungsgrundlage reduzieren, der Kauf der fremden Anteile dagegen hätte keine Auswirkungen auf die Bemessungsgrundlage.[885]

---

[883] Für eine solche Umsetzung der R-Steuer sprechen sich zum Beispiel Hall und Rabushka aus. Vgl. Leube, K.R. (1998), S. 117 f. Wie in Kapitel 2.2.2.2 dargestellt wurde, schlagen Hall und Rabushka eine R-Steuer als Ergänzung einer Lohnsteuer vor. Ihre Aussagen über die Ausgestaltung einer R-Steuer in einer offenen Volkswirtschaft sind jedoch auch auf den Fall übertragbar, dass die R-Steuer eine sparbereinigte Einkommensteuer ergänzt.

[884] Vgl. Bradford, D.F. (1986), S. 78. Diese beiden Bezeichnungen machen deutlich, dass eine Cash-flow-Steuer große Ähnlichkeit mit einer Mehrwertsteuer hat, insbesondere wenn diese anhand eines Vorumsatzabzuges erhoben wird. Vgl. Bach, S. (1999), S. 99 f.

[885] Siehe dazu ausführlich Kapitel 2.2.1.3.

Für den Fall einer die sparbereinigte Einkommensteuer ergänzenden zinsbereinigten Gewinnsteuer, wie sie Lang vorschlägt, sei auf die Ausführungen in Kapitel 6.2 verwiesen.

6.1.3.6 Zwischenfazit

Die bisherigen Ausführungen haben gezeigt, dass die bestehenden Doppelbesteuerungsabkommen weder bei einem Alleingang noch bei einem gleichzeitigen Übergang der beiden Länder zu einem sparbereinigten System der Einkommensbesteuerung zwangsläufig angepasst werden müssten.[886] Dabei ist es gleichgültig, ob das Wohnsitzlandprinzip gemäß Variante 1 oder Variante 2 umgesetzt würde und ob nicht Ansässige gemäß Variante 1, 2, 3 oder 4 des Quellenlandprinzips besteuert würden. Der Grund: Die sparbereinigte Einkommensteuer würde aller Voraussicht nach in den sachlichen Geltungsbereich der Abkommen fallen und es bestünde kein Regelungsbedarf, der nicht durch die bestehenden Abkommen abgedeckt wäre. Steuerpflichtige Einnahmen, die im Rahmen einer traditionellen Einkommensteuer keine Rolle spielen – wie beispielsweise aufgenommene Kredite, erhaltene Kredittilgungen, Nutzungsanteile langlebiger Konsumgüter und vor allem aufgelöste Ersparnisse –, könnten dann wie „Andere Einkünfte" (Artikel 21 OECD-MA) ausschließlich im Wohnsitzland besteuert werden. Ob die Anwendung der bestehenden Regelungen hinsichtlich der internationalen und interpersonellen Gerechtigkeit, der Entscheidungsneutralität, der Praktikabilität und der Steuerhoheit auch im Rahmen einer sparbereinigten Einkommensteuer zu den von den Vertragsstaaten gewünschten Ergebnissen führen würde, ist eine andere Frage.[887] Daher kann es auf Dauer wünschenswert sein, entsprechende Modifikationen der Abkommen vorzunehmen.[888]

Bei einem einseitigen Übergang zu einer sparbereinigten Einkommensteuer bietet sich aus fiskalischen und aus Praktikabilitätsgründen die Variante 4 des Quellenlandprinzips an: Die Doppelbesteuerungsabkommen könnten beibehalten werden,

---

[886] Dieser Ansicht sind auch Mitschke, J. (1985), S. 189 f., Lodin, S.-O. (1978), S. 113, Genser, B. (1990), S. 524.

[887] Dabei sollte nicht vergessen werden, dass auch die heutigen Doppelbesteuerungsabkommen keine optimalen, aber eben von beiden Seiten akzeptierte Ergebnisse erzielen.

[888] Dieser Ansicht sind beispielsweise Genser, B. (1990), S. 524 und Lodin, S.-O. (1978), S. 113.

ohne dass es zu Verschiebungen beim Steueraufkommen der beteiligten Ländern käme. Weil das sparbereinigt besteuernde Land beschränkt Steuerpflichtige nicht in die Sparbereinigung einbeziehen würde, bestünde für diese kein steuerlich bedingter Anreiz, ihr Einkommen in diesem Land zu erzielen und zu investieren. Dadurch hätten die anderen Länder keinen Grund, gegen die sparbereinigte Besteuerung vorzugehen. Ein solcher Widerstand könnte jedoch dadurch entstehen, dass die Ungleichbehandlung ansässiger und nicht ansässiger Unternehmen, die durch eine Besteuerung von Unternehmensgewinnen nach dem Quellenlandprinzip ausdrücklich vermieden werden soll, zu Wettbewerbsnachteilen für Unternehmen aus traditionell besteuernden Ländern führen würde.

Will man die bestehenden Doppelbesteuerungsabkommen beibehalten, bietet sich außerdem eine Umsetzung des Wohnsitzlandprinzips gemäß Variante 1 an. Eine konsequente zinsbereinigte Besteuerung ausländischer Kapitalerträge wäre im Rahmen der heutigen Abkommen jedoch kaum möglich, weil in vielen Fällen bereits im Quellenland eine Steuer auf diese Erträge erhoben wird. Damit würden ausländische Kapitalanlagen tendenziell stärker besteuert als inländische, es sei denn das Wohnsitzland erstattet die ausländische Steuer. Dem Verzicht auf die steuerliche Attrahierung von ausländischen Investoren durch die Umsetzung der Variante 4 des Quellenlandprinzips würde somit die steuerliche Diskriminierung ausländischer Investitionen von inländischen Steuerpflichtigen gegenüberstehen.

Auf Dauer – und vor allem bei einem Übergang beider Länder zu einer sparbereinigten Einkommensteuer – sollten die Doppelbesteuerungsabkommen an das neue System angepasst werden. Eine konsequente Sparbereinigung kann nur mit Variante 2 des Wohnsitzlandprinzips erreicht werden. Damit Erträge aus ausländischen Kapitalanlagen zumindest zum Teil im Wohnsitzland besteuert werden können, sollte das Wohnsitzlandprinzip gestärkt werden. Der fiskalische Anspruch des Wohnsitzlandes müsste auch durch Kontrollmitteilungen über im Ausland aufgelöste Ersparnisse und Investitionen gesichert werden, was den internationalen Kooperationsbedarf erheblich erhöhen würde. Gelingt es nicht, die ausländischen Kapitalerträge und aufgelösten Ersparnisse zu erfassen, dann besteht ein noch höherer steuerlich bedingter Anreiz als heute, Kapital ins Ausland zu transferieren.

Ergänzend zur Umsetzung des Wohnsitzlandprinzips gemäß Variante 2 sollten im Quellenland gesparte oder investierte Teile dort erzielten Einkommens steuerfrei bleiben (Variante 3 des Quellenlandprinzips). Auf diese Weise könnte eine steuerliche Gleichbehandlung in- und ausländischer Steuerpflichtiger erreicht werden. Diese Variante würde jedoch zusätzliche Abkommensregelungen für die entsparten beziehungsweise desinvestierten Beträge notwendig machen, die zu einer angemessenen Beteiligung auch des Quellenlandes an diesen Beträgen führen. Ansonsten würde der Fiskus des Quellenlandes leer ausgehen, wenn im Inland erzielte Einkünfte erst gespart und anschließend – gemäß Auffangklausel der Doppelbesteuerungsabkommen – ausschließlich im Wohnsitzland besteuert würden.

Ähnlich sähe es bei der Besteuerung im Ausland aufgenommener Kredite aus: Sind diese nur im Wohnsitzland zu versteuern, dann kommt es zu einer Verschiebung des Steueraufkommens zulasten des Quellenlandes, wenn dieses die Kreditvergabe an nicht Ansässige bei seinen unbeschränkt Steuerpflichtigen steuerfrei lässt: Das Kreditvolumen wird somit nicht mehr im Quellenland, sondern ausschließlich im Wohnsitzland besteuert. Auch hier wären entsprechende Ergänzungen der Doppelbesteuerungsabkommen notwendig.

6.1.4 Sparbereinigte Einkommensteuer und europäisches Steuerrecht

Die politische Durchsetzbarkeit eines konsumorientierten Einkommensteuersystems in einem Mitgliedstaat der Europäischen Union hängt auch davon ab, ob sich dieses System in das bestehende EU-Recht, insbesondere in die für die direkten Steuern relevanten Regelungen des primären und sekundären Gemeinschaftsrechts, einfügen würde.[889]

Dabei ist zunächst zu prüfen, ob eine sparbereinigte Einkommensteuer gegen eine der vier Grundfreiheiten (freier Warenverkehr, freier Dienstleistungsverkehr, freier Personenverkehr, freier Kapital- und Zahlungsverkehr) verstoßen und somit die Funktionsfähigkeit des Binnenmarktes einschränken würde. Eine Emigrationssteuer,

---

[889] Zu diesen Regelungen siehe Kapitel 5.1.2.

mit der im Fall der Wohnsitzverlagerung ins Ausland das bis dahin steuerfreie Vermögen belastet würde, würde sicherlich einen Verstoß gegen die Freizügigkeit darstellen. Darüber hinaus wäre die Variante 1 des Wohnsitzlandprinzips, bei der ausländische Kapitalanlagen nicht sparbereinigt besteuert werden, möglicherweise als unvereinbar mit der Niederlassungsfreiheit von Unternehmern oder dem freien Kapitalverkehr anzusehen. Das setzt jedoch voraus, dass der Europäische Gerichtshof, bei dem die endgültige Entscheidung darüber läge, die theoretische Äquivalenz von spar- und zinsbereinigter Besteuerung nicht akzeptiert.

Die Bestimmungen des EG-Vertrages untersagen jegliche Diskriminierung von natürlichen oder juristischen Personen aufgrund ihrer Staatsangehörigkeit. Problematisch wäre in dieser Hinsicht die Variante 4 des Quellenlandprinzips, bei der nicht Ansässige auf der Basis ihres im Inland erzielten Einkommens besteuert werden, ohne dass nach der Art der Einkommensverwendung differenziert wird. Da sie vor allem Ausländer betrifft, könnte diese Regelung als versteckte Diskriminierung abgelehnt werden.

Die einseitige Einführung einer reinen Konsumsteuer - also einer sparbereinigten Einkommensteuer, die nicht durch eine Unternehmensteuer ergänzt wird - wäre mit dem die Unternehmensbesteuerung betreffenden „Dreier-Paket" aus Schiedsverfahrenkonvention, Mutter-Tochter-Richtlinie und Fusionsrichtlinie prinzipiell vereinbar. Wird die Mutter-Tochter-Richtlinie, mit der eine Doppelbesteuerung konzerninterner Dividendenzahlungen vermieden werden soll, jedoch umgesetzt, indem das Sitzland der Muttergesellschaft die ausländischen Dividenden freistellt, dann führt eine reine Konsumsteuer im Quellenland zu einer völligen Steuerfreiheit der ausgeschütteten Gewinne auf Unternehmensebene. Eine Quellensteuer auf Dividenden, wie sie zur Durchsetzung der fiskalischen Interessen des sparbereinigt besteuernden Landes gegenüber ausländischen Investoren vorgesehen ist, wäre dagegen im Fall einer Schachtelbeteiligung nicht zulässig.

Beim Übergang aller EU-Mitgliedstaaten zu einer reinen Konsumsteuer wären die Regelungen des „Dreier-Pakets", das sich ausschließlich auf die Unternehmensbesteuerung beziehen, gegenstandlos. Gleiches gilt für den – bislang noch nicht verabschiedeten – Verhaltenskodex für die Unternehmensbesteuerung.

Bei einem einseitigen Übergang würde eine sparbereinigte Einkommensbesteuerung, die nicht durch eine Unternehmensteuer ergänzt wird, dagegen schnell in den Verdacht geraten, Element eines „schädlichen" und „unfairen" Steuerwettbewerbs zu sein und somit gegen den Verhaltenskodex zu verstoßen. Solange aber nicht nur Gebietsfremde, sondern auch Inländer keine Unternehmensteuer zahlen, so dass auch die innerstaatliche Steuerbasis von der Reform betroffen ist, und solange die steuerlichen Regelungen transparent, konsequent und nachvollziehbar sind, dürften sie bei genauerer Prüfung nicht als schädliche steuerliche Maßnahmen eingestuft werden.[890] Ohnehin hätte eine solche Einstufung „nur" politische Konsequenzen.

Würde im Rahmen einer sparbereinigten Einkommensteuer die Variante 2 des Wohnsitzlandprinzips durchgesetzt, dann müsste der im Sommer 2001 von der EU-Kommission vorgelegte Richtlinienentwurf für eine effektive Besteuerung von Zinserträgen ergänzt werden. Bei dieser Variante wird die Bemessungsgrundlage im Wohnsitzland ermittelt, indem das weltweit erzielte Einkommen um die weltweite Nettoersparnisbildung reduziert wird. Der heimische Fiskus wäre also nicht nur auf die mit dem Richtlinienentwurf angestrebten Auskünfte über ausländische Finanzkapitalerträge angewiesen. Auch die im Ausland aufgelösten Ersparnisse könnte er nur mit Hilfe entsprechender Informationen der ausländischen Banken lückenlos erfassen. Würde dagegen die Variante 1 des Wohnsitzlandprinzips durchgesetzt, dann wären Kontrollmitteilungen über ausländische Zinseinnahmen für das Land mit der konsumorientierten Einkommensteuer nicht von Interesse. Die Umsetzung der Richtlinie würde sich damit erübrigen.

---

[890] Vgl. die in Kapitel 5.1.2 dargestellten Kriterien für „potentiell schädliche" Unternehmensbesteuerung.

6.2 Zinsbereinigte Einkommensteuer und internationale Steuerordnung

Eine zinsbereinigte Einkommensbesteuerung würde „es dem deutschen Fiskus erlauben, unter den großen Industrienationen im Alleingang ein modernes und ökonomisch effizientes Steuersystem einzuführen, ohne daß dies im Außenverkehr zu Unverträglichkeiten führt."[891] In dieser Tatsache – so die Überzeugung der Befürworter einer solchen Steuer – liegt ein wesentlicher Vorteil der zinsbereinigten Einkommensteuer gegenüber der sparbereinigten Variante.[892]

6.2.1 Wohnsitzlandprinzip und Quellenlandprinzip bei der zinsbereinigten Einkommensteuer

Da auch die zinsbereinigte Einkommensteuer als Subjektsteuer ausgestaltet ist, sollte sie – ebenso wie die sparbereinigte Einkommensteuer – nach dem Universal- oder Wohnsitzlandprinzip erhoben werden. Bei der Ausgestaltung dieses Prinzips unterscheidet sich die zinsbereinigte Variante nicht grundsätzlich von der traditionellen Einkommensteuer: Das weltweit erzielte Einkommen eines Steuerpflichtigen wird zusammengefasst und der im Wohnsitzland geltenden Steuer unterworfen. Der Unterschied liegt lediglich darin, dass die weltweit erzielten Einkommen anders ermittelt werden als bei der traditionellen Einkommensteuer. So bleiben bei den privaten Haushalten die weltweit erzielten Finanzkapitaleinkünfte steuerfrei und die herkömmlich ermittelten Einkünfte aus selbständiger Tätigkeit, zu der alle Einkünfte aus Realkapital zählen, werden zusätzlich um eine Standardverzinsung des eingesetzten Eigenkapitals reduziert.

Damit ist das Wohnsitzlandprinzip bei der zinsbereinigten Einkommensteuer leichter durchzusetzen als bei der umfassenden Einkommensteuer: Sie umgeht die Schwierigkeiten, die mit der Erfassung und Besteuerung ausländischer Finanzkapitalerträge verbunden sind. Und auch der sparbereinigten Einkommensteuer ist sie in inter-

[891] Rose, M. (1996a), S. 86.
[892] Vgl. Rose, M. (1996b), S. 168.

nationaler Hinsicht überlegen, weil eine Kontrolle ausländischer Kapitalanlagen hier nicht notwendig ist.[893]

Bei allen Konzeptionen einer zinsbereinigten Einkommensteuer, die eine zinsbereinigte oder auch Cash-flow-Unternehmensteuer vorsehen, welche auf Haushaltsebene durch eine proportionale Lohnsteuer ergänzt wird, wäre auch eine Besteuerung internationaler Einkommen nach dem Quellenlandprinzip denkbar.[894] Die individuellen Umstände des Steuerpflichtigen könnten dann durch entsprechende Freibeträge auf der Lohnsteuerkarte berücksichtigt werden; alle anderen Einkünfte würden der als Objektsteuer ausgestalteten Gewinnsteuer unterliegen.[895] Für die im Weiteren unterstellte Variante der zinsbereinigten Einkommensbesteuerung, die marktorientierte Einkommensbesteuerung nach Rose, ist jedoch eine Besteuerung internationaler Einkommen nach dem Wohnsitzlandprinzip anzustreben. Auch Roses Konzeption der marktorientierten Gewinnsteuer sieht eine Besteuerung nach dem Universalprinzip vor.[896]

Bei der Ausgestaltung des Quellenlandprinzips unterscheidet sich die zinsbereinigte Einkommen- und Gewinnsteuer ebenfalls nur unwesentlich von der traditionellen Besteuerung. Im Rahmen der Quellenlandbesteuerung können auch hier alle ausländischen Haushalte und Unternehmen erfasst werden, die Einkünfte aus inländischen Quellen erzielen. Diese Einkünfte sollten – ebenso wie bei inländischen Steuerpflichtigen – zinsbereinigt ermittelt werden. Auf diese Weise würde eine steuerliche Gleichbehandlung von ansässigen und nicht ansässigen Steuerpflichtigen erreicht.

---

[893] Vgl. McLure, C.E., Zodrow, G.R. (1991), S. 138. Der sparbereinigten Variante ist die zinsbereinigte Einkommensteuer auch deswegen überlegen, weil hier keine zusätzlichen Einnahmearten wie beispielsweise aufgenommene Kredite berücksichtigt werden müssen.

[894] So zum Beispiel die in Kapitel 2.2.2 dargestellte „flat tax"-Konzeption von Hall und Rabushka.

[895] Bach, S. (1999), S. 98. Zur Diskussion, welchem der beiden Prinzipien zur Besteuerung internationaler Einkommen der Vorzug zu geben ist, siehe Kapitel 4, insbesondere die Zusammenfassung in Kapitel 4.3.

[896] Vgl. Rose, M. (1998b), S. 106.

6.2.2 Internationale Doppelbesteuerung und internationale Minderbesteuerung bei der zinsbereinigten Einkommensteuer

Auch im Rahmen einer zinsbereinigten Einkommensbesteuerung würde das übliche Nebeneinander von Quellenlandprinzip und Wohnsitzlandprinzip bestehen bleiben, das ohne korrigierende Maßnahmen zu einer internationalen Doppelbesteuerung im Ausland erzielter Einkünfte führen würde. So regelte das kroatische Einkommensteuergesetz, dass der Einkommensteuer grundsätzlich alle natürlichen Personen unterliegen sollten. Dabei wurden inländische Steuerpflichtige mit ihrem gesamten Welteinkommen erfasst, ausländische Steuerpflichtige dagegen nur mit dem Einkommen, das ihnen aus inländischen Quellen zufloss. Bei der Gewinnsteuer wurden inländische Steuerpflichtige mit ihrem gesamten Weltgewinn besteuert, ausländische Steuerpflichtige mit Sitz oder Geschäftsleitung im Ausland nur mit dem im Inland erzielten Gewinn.[897]

Im Folgenden werden die Besonderheiten untersucht, die sich bei einer zinsbereinigten Einkommensteuer hinsichtlich der Besteuerung internationaler Einkommen ergeben würden. Dabei ist es ausreichend, die Einkunftsarten zu betrachten, die anders besteuert werden als im Rahmen der traditionellen Einkommensteuer.[898]

6.2.2.1 Nationaler Alleingang bei einer zinsbereinigten Einkommensteuer

Die Auswirkungen eines nationalen Alleingangs bei einer zinsbereinigten Reform der Einkommensteuer auf die Besteuerung internationaler Einkommen werden ebenfalls an einem Zwei-Länder-Modell untersucht: Land X geht zu einer zinsbereinigten Einkommensteuer mit einem Steuersatz von 40 Prozent über, während Land Y eine traditionelle Einkommensteuer mit einem Steuersatz von 30 Prozent erhebt. Person A hat ihren Wohnsitz in Land X, Person B in Land Y. Beide erzielen ein Einkommen in Höhe von 10.000 Euro. Dabei wird der Einfachheit halber unterstellt, dass der

---

[897] Vgl. Rose, M. (1998b), S. 104 ff.

[898] Zu den Besonderheiten, die sich durch die sparbereinigte Besteuerung von Einkünften aus Vorsorgevermögen im Rahmen der marktorientierten Einkommensteuer ergeben, sei hier auf die Ausführungen in Kapitel 6.1 verwiesen.

Steuerpflichtige jeweils nur eine Art von Einkünften erzielt. Bei einer konsequenten Umsetzung des Wohnsitzlandprinzips zahlt Person A Steuern in Höhe von 4.000 Euro, sofern sie keine Einkünfte erzielt, die nicht der zinsbereinigten Einkommensteuer unterliegen. Erzielt sie dagegen Erträge aus Finanzkapital oder aus Unternehmensbeteiligungen (also Zinsen, Dividenden oder Veräußerungsgewinne) in Höhe von 10.000 Euro, dann muss sie keine Steuer zahlen, weil diese im Rahmen einer zinsbereinigten Einkommensteuer steuerfrei bleiben. Person B zahlt – unabhängig von der Art der erzielten Einkünfte – einen Steuerbetrag von 3.000 Euro.

Fall 1: Person A erzielt ihr Einkommen in Land X.
Eine internationale Transaktion liegt in diesem Fall nicht vor, so dass es auch nicht zu einer internationalen Doppelbesteuerung kommen kann. Person A zahlt – je nach der Art der Einkünfte – eine Steuerlast von 4.000 Euro oder von 0 Euro.

Fall 2: Person A erzielt ihr Einkommen in Land Y.
Erzielt Person A ihr Einkommen im Ausland, das eine traditionelle Einkommensteuer erhebt, so zahlt sie dort eine Steuer in Höhe von 3.000 Euro. Je nachdem, um welche Art von Einkünften es sich handelt, kommen im Wohnsitzland X noch 4.000 Euro oder 0 Euro dazu. Handelt es sich um steuerfreie Kapitalerträge, dann wird im Land X keine Steuer fällig und die Gesamtsteuerschuld liegt bei 3.000 Euro. Handelt es sich um steuerpflichtige Einkünfte, also beispielsweise um Lohn- oder Gehaltszahlungen, Mieteinkünfte oder ausgeschüttete Gewinne nicht bilanzierender Unternehmen, dann werden im Wohnsitzland Steuern in Höhe von 4.000 Euro[899] fällig. In beiden Fällen liegt die Gesamtsteuerschuld von 3.000 Euro beziehungs-

[899] Da die Art der Einkunftsermittlung in den beiden Ländern bei einigen Einkunftsarten voneinander abweicht, kann die Steuerschuld im Wohnsitzland auch unter 4.000 Euro liegen. Das ist zum Beispiel bei Mieten und Gewinnen wahrscheinlich, wenn zur Einkunftserzielung nicht nur Fremdkapital, sondern auch Eigenkapital eingesetzt wurde. Dieses wird nur im zinsbereinigt besteuernden Wohnsitzland bei der Ermittlung der Bemessungsgrundlage berücksichtigt, und zwar in der Art, dass eine Standardverzinsung des Eigenkapitals von der Bemessungsgrundlage abgezogen wird, so dass die Bemessungsgrundlage unter 10.000 Euro liegt. Im Fall der vereinfachten Zinsbereinigung, wie sie bei der marktorientierten Einkommensteuer vorgesehen ist, kann die inländische Steuerbemessungsgrundlage aber auch über 10.000 Euro und die Steuerschuld damit über 4.000 Euro liegen. Das ist der Fall, wenn die Vernachlässigung der tatsächlichen Fremdkapitalkosten, die über die Standardverzinsung hinausgehen, nicht durch den Abzug der standardisierten Eigenkapitalkosten kompensiert wird. Diese Unterschiede, die sich durch die unterschiedliche Art der Ermittlung der Bemessungsgrundlage im Quellenland und im Wohnsitzland ergeben, bestehen heute auch. Sie sind also keine Folge des einseitigen Übergangs zur zinsbereinigten Einkommensteuer und werden daher im Folgenden außer Acht gelassen.

weise 7.000 Euro über der Steuerschuld, die sich bei einer rein inländischen Transaktion ergeben würde (0 Euro beziehungsweise 4.000 Euro). Das Wohnsitzland kann die damit verbundene steuerliche Diskriminierung der Einkunftserzielung im Ausland nur verhindern, wenn es die ausländische Steuer unbegrenzt anrechnet, gegebenenfalls also Steuern in Höhe von 3.000 Euro erstattet.

Das Beispiel macht deutlich, dass die mit internationaler Doppelbesteuerung verbundenen Nachteile (Verstoß gegen die Entscheidungsneutralität und gegen die Gerechtigkeit zwischen Personen) bei einer zinsbereinigten Einkommensteuer auch dann auftreten, wenn eigentlich steuerfreie Einkünfte nur einmal, nämlich im traditionell besteuernden Quellenland, besteuert werden.

Fall 3: Person B erzielt ihr Einkommen in Land Y.
Da keine internationale Transaktion vorliegt, kann es nicht zu einer internationalen Doppelbesteuerung kommen. Unabhängig von der Art der Einkünfte muss der Steuerpflichtige 3.000 Euro Steuern zahlen.

Fall 4: Person B erzielt ihr Einkommen in Land X.
Je nachdem, um welche Einkommensart es sich handelt, zahlt der Steuerpflichtige im Land X eine Steuer in Höhe von 4.000 Euro (zum Beispiel bei Lohn oder bei Mieteinnahmen) oder seine Einkünfte bleiben steuerfrei (zum Beispiel bei Zinsen). Da in seinem Wohnsitzland Y eine Steuerschuld von 3.000 Euro fällig wird, beläuft sich seine Gesamtsteuerschuld damit auf 7.000 Euro oder auf 3.000 Euro. Damit muss das Wohnsitzland bereits im Ausland gezahlte Steuern nur im Fall der auch im Rahmen einer zinsbereinigten Einkommensteuer steuerpflichtigen Einkünfte anrechnen, um eine internationale Doppelbesteuerung zu vermeiden.

Die Fälle 3 und 4 zeigen, dass es durch den Übergang eines Landes zu einer zinsbereinigten Einkommensteuer keineswegs schwieriger wird, eine internationale Doppelbesteuerung zu vermeiden, als im Rahmen der traditionellen Einkommensteuer. Nicht nur in fiskalischer Hinsicht ist ein zinsbereinigte Einkommensbesteuerung im Alleingang bei konsequenter Umsetzung des Wohnsitzlandprinzips aber wenig attraktiv: Das hängt zunächst damit zusammen, dass ein zinsbereinigt besteuerndes Land keine Quellensteuer auf die inländischen Finanzkapitalerträge von Ausländern erheben kann. Zudem muss es die ausländische Steuer auf im Inland steuerfreie Einkünfte erstatten, wenn es einen Anrechnungsüberhang und damit einen Verstoß gegen die Kapitalexportneutralität und die steuerliche Gerechtigkeit zwischen Personen vermeiden will.[900] Da die steuerliche Belastung nicht Ansässiger bei einer Besteuerung nach dem Wohnsitzlandprinzip immer auf das heimische Steuerniveau angehoben wird, hat das zinsbereinigt besteuernde Land auch keine Möglichkeit, die grenzüberschreitenden Kapitalströme steuerlich zu beeinflussen. Der Wettbewerb um das international mobile Kapital müsste daher auf andere Instrumente, wie zum Beispiel Infrastrukturmaßnahmen oder Subventionen, verlagert werden.[901]

Das traditionell besteuernde Land hätte dagegen – unter der Annahme einer Besteuerung nach dem Wohnsitzlandprinzip – keine Nachteile von dem Übergang des anderen Landes zu einer zinsbereinigten Einkommensteuer. Im Gegenteil: Um eine konsequente Besteuerung nach dem Wohnsitzlandprinzip durchzusetzen, müssten jetzt weniger ausländische Steuern angerechnet werden, so dass die Steuerreform des anderen Landes in fiskalischer Hinsicht sogar von Vorteil wäre. Damit würde die Steuerreform im Alleingang lediglich zu einem Steuertransfer in das Land mit der traditionellen Einkommensteuer führen. Auch eine steuerlich bedingte Kapitalflucht größeren Ausmaßes müsste das Land mit der traditionellen Einkommensteuer nicht befürchten: Solange die Einkommensteuer nach dem Wohnsitzlandprinzip erhoben würde, könnten die Steuerpflichtigen nur durch eine Verlagerung ihres (Wohn-) Sitzes von den Vorteilen eines zinsbereinigten Steuersystems profitieren. Wohnsitze sind jedoch (nicht nur wegen der höheren Transaktionskosten) wesentlich weniger mobil als Kapital.[902]

---

[900] Vgl. Homburg, S. (1997), S. 114.
[901] Vgl. Hackmann, J. (1999), S. 91 f.
[902] Vgl. ebenda, S. 88 f. Geht man davon aus, dass die zinsbereinigte Einkommensteuer mit relativ hohen nominalen Steuersätzen verbunden wäre, dann wäre eine Wohnsitzverlagerung in das zinsbereinigt besteuernde Land vor allem für private Haushalte interessant, die hohe Kapitaleinkünfte beziehen. Bezieher von Arbeitseinkommen dagegen würden von einem solchen Steuersystem eher abgeschreckt. Damit würden natürliche Personen von der zinsbereinigten Einkommensteuer in einer anderen Lebensphase profitieren (und folglich angezogen) als von der sparbereinigten Einkommensteuer, nämlich im Rentenalter, in dem sie ihr Vermögen und dessen Erträge konsumtiv nutzen.

Auch bei einer Besteuerung nach dem Wohnsitzlandprinzip bedingen unterschiedliche Steuersysteme – ebenso wie unterschiedliche Steuersätze – Steuervermeidungsanreize. So könnte es bei einer zinsbereinigten Einkommens- und Gewinnbesteuerung für internationale Konzerne von Interesse sein, ihre Gewinne in dem Land mit der zinsbereinigten Steuer nur bis zur Höhe der Standardverzinsung des Eigenkapitals anfallen zu lassen. Bis zu dieser Höhe blieben die Gewinne steuerfrei, während darüber hinausgehende Gewinne vermutlich stärker besteuert würden als im Rahmen einer umfassenden Gewinnbesteuerung.[903] Zudem könnte die Gesamtsteuerlast eines Konzerns reduziert werden, indem Unternehmen im zinsbereinigt besteuernden Land verstärkt mit Eigenkapital und Unternehmen im traditionell besteuernden Land entsprechend stärker mit Fremdkapital ausgestattet würden. Derartige Anreize für eine grenzüberschreitende Gewinnverlagerung und steuermindernde Finanzstrukturen gibt es bereits heute; die entsprechenden Gegenmaßnahmen könnten auch nach dem Übergang eines Landes zu einer konsumorientierten Einkommensteuer angewendet werden.[904]

6.2.2.2 Übergang zu einer zinsbereinigten Einkommensteuer in beiden Ländern

Gehen in dem betrachteten Zwei-Länder-Modell beide Länder zu einer zinsbereinigten Einkommensteuer über, wobei Land X einen Steuersatz von 40 Prozent und Land Y einen Steuersatz von 30 Prozent erhebt, dann ergeben sich in den oben aufgeführten rein nationalen Fällen keine (Fall 1) beziehungsweise nur geringfügige Unterschiede: In Fall 3 (Person B erzielt ihr Einkommen in Land Y) wären Einkünfte aus Finanzvermögen und aus Unternehmensbeteiligungen steuerfrei. In Fall 2 (Person A erzielt ihr Einkommen in Land Y) müsste das Land X keine Steuererstattung mehr leisten, um eine Besteuerung nach dem Wohnsitzlandprinzip durchzusetzen. Der Grund: Kapitaleinkünfte, die im Wohnsitzland X steuerfrei sind, blieben dann auch im Quellenland Y steuerfrei. Bei steuerpflichtigen Einkünften käme es ohne Anrechnung der ausländischen Steuer nach wie vor zu einer internationalen

---

[903] Hier wird eine aufkommensneutrale Reform unterstellt.
[904] Siehe dazu Kapitel 4.4.2.3. Vgl. Krause-Junk, G. (1999), S. 138.

Doppelbesteuerung. Für Fall 4 (Person B erzielt ihr Einkommen in Land X) gelten die Ausführungen zu Fall 2 analog.

Sowohl bei einem einseitigen als auch bei einem beidseitigen Übergang zu einer zinsbereinigten Einkommens- und Gewinnbesteuerung wird deutlich, dass die konsequente Umsetzung des Wohnsitzlandprinzips in einem solchen System einen wesentlich geringeren internationalen Kooperationsbedarf bedingen würde als im Rahmen einer traditionellen Einkommensbesteuerung. Die Schwierigkeiten, die damit verbunden sind, ausländische Finanzkapitalerträge zu erfassen und im Wohnsitzland zu besteuern, würden hier vermieden. Dabei ist jedoch zu beachten, dass dieser administrative Vorteil eine Folge der stark vereinfachenden und anfechtbaren Annahme ist, dass private Haushalte keine überdurchschnittlichen Finanzkapitalerträge erwirtschaften.[905]

6.2.3 Zinsbereinigte Einkommensteuer und Doppelbesteuerungsabkommen

Im Folgenden soll untersucht werden, ob die bestehenden Doppelbesteuerungsabkommen unverändert beibehalten werden könnten, wenn ein Land oder beide Länder zu einer zinsbereinigten Einkommensteuer übergehen würden. Auch hier werden die Regelungen des OECD-Musterabkommens zugrunde gelegt.

6.2.3.1 Sachlicher Geltungsbereich

Dass die zinsbereinigte Einkommensteuer in den in Artikel 2 OECD-MA abgegrenzten sachlichen Geltungsbereich der bestehenden Doppelbesteuerungsabkommen fallen würde, ist anzunehmen. Auch die deutsche Einkommensteuer ist eine Einkommensteuer im Sinne der Abkommen, obwohl sie Einkünfte aus Kapitalvermögen in Höhe des so genannten „Sparerfreibetrags" von 1.550 Euro steuerfrei lässt.[906] Und nicht nur in diesem Punkt unterscheidet sich die deutsche Einkommensteuer

---

[905] Siehe dazu die Ausführungen in Kapitel 2.2.2.1.
[906] Bei gemeinsam veranlagten Ehepaaren verdoppelt sich dieser Freibetrag. Vgl. § 20 Abs. 4 EStG.

von dem Idealbild einer synthetischen Einkommensteuer. Schließlich ist aber auch eine analytische Einkommensteuer, die zwischen verschiedenen Einkommensarten differenziert, zweifellos eine Steuer, „die vom Gesamteinkommen (...) oder von Teilen des Einkommens“[907] erhoben wird.

6.2.3.2 Begrenzung der Besteuerung im Quellenland

Durch den Übergang eines Landes zu einer zinsbereinigten Einkommens- und Gewinnbesteuerung würde die in den heutigen Doppelbesteuerungsabkommen vorgesehene Begrenzung der Quellenlandbesteuerung nicht beeinträchtigt. Umgekehrt würden die bestehenden Regelungen auch keine Schwierigkeiten bei der Durchsetzung einer zinsbereinigten Steuer mit sich bringen: Einkünfte aus unselbständiger Arbeit würden genauso besteuert wie heute, so dass sich auch an der Besteuerung nicht Ansässiger nichts verändern würde. Bei Einkünften aus unbeweglichem Vermögen und bei Betriebstättengewinnen würde lediglich die Bemessungsgrundlage auf eine andere Weise – eben zinsbereinigt – ermittelt. Die Regelungen der Doppelbesteuerungsabkommen würden davon nicht berührt.

Auch die im Rahmen einer zinsbereinigten Einkommen- und Gewinnsteuer vorgesehene Steuerfreiheit von Dividenden und Zinsen wäre mit den bestehenden Doppelbesteuerungsabkommen vereinbar: Das OECD-Musterabkommen sieht in Artikel 10 Absatz 2 vor, dass Dividenden und Zinsen im Quellenland nach dort geltendem Recht besteuert werden können, wobei Dividenden mit höchstens 15 Prozent und Zinsen mit höchstens zehn Prozent des Bruttobetrages belastet werden dürfen. Insbesondere die in einem zinsbereinigten System übliche „Steuerfreiheit der Sparzinsen korrespondiert (...) mit dem internationalen Standard ihrer Besteuerung nach dem Wohnsitzlandprinzip“[908], bei dem das Quellenland überhaupt keine Steuer auf Zinserträge von Ausländern erhebt.

---

[907] Art. 2 OECD-MA.

[908] Rose, M. (1998a), S. 250.

6.2.3.3 Begrenzung der Besteuerung im Wohnsitzland

Inwieweit die heutigen Regelungen zur Begrenzung der Besteuerung internationaler Faktoreinkommen im Wohnsitzland zu den gleichen – oder zumindest zu für beide Vertragsstaaten akzeptablen – Ergebnissen führen würden wie heute, hängt auch davon ab, ob ein Land im Alleingang zu einer zinsbereinigten Besteuerung übergehen würde oder ob in dem hier unterstellten Zwei-Länder-Modell beide Länder ein solches Steuersystem implementieren würden. Bei einem Alleingang ist zu unterscheiden zwischen dem Fall, in dem das Quellenland eine zinsbereinigte Steuer erhebt und das Wohnsitzland bei der traditionellen Einkommensbesteuerung bleibt (Fall 1), und dem umgekehrten Fall, in dem nur das Wohnsitzland eine zinsbereinigte Einkommensteuer erhebt (Fall 2).

Fall 1:
Keinen Änderungsbedarf gibt es für das Wohnsitzland, das bei der traditionellen Einkommensbesteuerung bleibt, wenn das Quellenland eine zinsbereinigte Einkommen- und Gewinnsteuer erhebt. Die bisherigen Regelungen, mit denen eine internationale Doppelbesteuerung im Ausland erzielter Einkünfte vermieden beziehungsweise vermindert wird, führen jedoch zu anderen Ergebnissen als zuvor.

Einkünfte, die gemäß Doppelbesteuerungsabkommen im Wohnsitzland – gegebenenfalls unter Progressionsvorbehalt – freigestellt werden, unterliegen dem Quellenlandprinzip und damit der zinsbereinigten Besteuerung. Während das auf die Besteuerung von Löhnen und Gehältern keine Auswirkungen hat, besteht bei Einkünften aus unbeweglichem Vermögen und bei Betriebstättengewinnen grundsätzlich ein steuersystembedingter Anreiz, diese im zinsbereinigt besteuernden Land zu erzielen. Denn bei diesen Einkünften kann – zusätzlich zu den auch im Rahmen der traditionellen Einkommensteuer absetzbaren Fremdkapitalkosten – die Standardverzinsung des eingesetzten Eigenkapitals von der Bemessungsgrundlage abgezogen werden.[909]

[909] Das ist bei der marktorientierten Variante allerdings nur dann von Vorteil, wenn der Abzug der Standardverzinsung des eingesetzten Eigenkapitals die Tatsache ausgleicht, dass auch Fremdkapitalkosten nur bis zur Höhe der Standardverzinsung von der Bemessungsgrundlage abgezogen werden können. Zur marktorientierten Variante einer zinsbereinigten Einkommensteuer siehe Kapitel 2.2.3.1.

Dagegen hat der Übergang des Quellenlandes zu einer zinsbereinigten Einkommensteuer bei Einkünften, die nach dem Wohnsitzlandprinzip besteuert werden – also beispielsweise bei Zinsen und Dividenden – keine Auswirkungen auf den Ort der Einkommenserzielung.[910] Für das Wohnsitzland kann der Übergang des Quellenlandes zur zinsbereinigten Einkommensteuer fiskalisch sogar von Vorteil sein, weil es dann keine ausländische Steuer anrechnen muss.[911]

Fall 2:

Geht nur das Wohnsitzland zu einer zinsbereinigten Einkommensteuer über, dann wird für inländische Steuerpflichtige das Erzielen ausländischer Einkünfte (bei unveränderten nominalen Steuersätzen) tendenziell unattraktiver: Ausländische Einkünfte, die nach dem Quellenlandprinzip (Freistellungsverfahren) besteuert werden, werden dann umfassender besteuert als inländische Einkünfte. Und ausländische Einkünfte, die nach dem Wohnsitzlandprinzip besteuert werden, unterliegen zumindest der gleichen steuerlichen Belastung wie entsprechende inländische Einkünfte. Dabei wäre die Wahrscheinlichkeit eines Anrechnungsüberhangs – und damit einer steuerlichen Diskriminierung ausländischer Einkünfte – größer als heute: Würde der Steuerpflichtige zum Beispiel nur Zinsen und Dividenden einnehmen, dann bliebe seine Belastung mit ausländischen Steuern in vollem Umfang erhalten, während eine entsprechende inländische Investition zu keiner Steuerschuld führen würde. Auch die heute zu beobachtende steuerlich bedingte Kapitalflucht, die darauf zurückzuführen ist, dass ausländische Kapitalerträge im Inland nicht deklariert werden, so dass Zinseinkünfte völlig steuerfrei bleiben, würde durch den Übergang des Wohnsitzlandes zu einer zinsbereinigten Einkommensteuer uninteressant.

Unter dem Strich ist bei einem einseitigen Übergang zu einer zinsbereinigten Einkommensbesteuerung und Weiterführen der bestehenden Doppelbesteuerungsabkommen davon auszugehen, dass die Kapitalexporte vom Land mit der zinsbereinigten Einkommensteuer in das Land mit der traditionellen Einkommensteuer abnehmen, die Kapitalströme in entgegengesetzter Richtung aber zunehmen würden. Dar-

---

910 Das setzt voraus, dass das Wohnsitzlandprinzip in der Praxis auch durchgesetzt wird und die Quellenlandbesteuerung nicht doch abschließend ist, weil die Einkünfte im Wohnsitzland nicht deklariert werden.

911 Dieser Vorteil relativiert sich jedoch, wenn man bedenkt, dass bereits heute Zinsen in vielen Fällen im Quellenland steuerfrei bleiben.

in begründet sich die Überzeugung der Befürworter einer zinsbereinigten Reform der Einkommens- und Gewinnbesteuerung, mit dem Übergang zu einem solchen System könne Deutschland „nicht nur die bestehenden Standortnachteile verringern, sondern in der Standortattraktivität bezüglich der Steuerbelastung von Investitionserträgen in der Ländergruppe ihrer größten Mitwettbewerber sogar die Spitzenposition übernehmen."[912]

Dabei setzen die Anhänger einer zinsbereinigten Einkommensteuer voraus, dass Entscheidungen über den Investitionsort wesentlich von der effektiven Steuerbelastung der Investitionserträge beeinflusst werden.[913] Dieser Zusammenhang ist jedoch umstritten. So ist beispielsweise der Wissenschaftliche Beirat beim Bundesministerium der Finanzen der Auffassung, dass „Standort- und Investitionsentscheidungen der Unternehmen wesentlich von den nominalen Sätzen abhängen."[914] Ist das der Fall und trifft außerdem die Annahme zu, dass eine aufkommensneutrale Zinsbereinigung des Steuersystems nur mit höheren nominalen Steuersätzen erreicht werden kann, dann könnte eine Steuerreform im Alleingang sogar zu einem Kapitalabfluss aus dem zinsbereinigt besteuernden Land führen.

Die Argumentation des Wissenschaftlichen Beirats gegen die Wirksamkeit von Vergünstigungen in der Steuerbemessungsgrundlage trifft auf die Zinsbereinigung jedoch in einigen Punkten nicht zu: So handelt es sich bei der zinsbereinigten Einkommen- und Gewinnsteuer nicht um „punktuelle Vergünstigungen"[915], die an vorher nicht absehbare „spezielle operative Maßnahmen"[916] anknüpfen und daher zum Beispiel bei der Standortwahl eines Unternehmens noch keine Berücksichtigung finden können. Außerdem ist die steuersystematische Veränderung gegenüber einer traditionellen Steuer so grundlegend, dass sie nicht nur durch „(d)etallierte steuerliche Informationen"[917] ersichtlich wird. Die Zinsbereinigung hat grundsätzlich zur Folge, dass „eine Rendite des Eigenkapitals in Höhe des Schutzzinses steuerlich unbelas-

---

[912] Rose, M. (1996a), S. 87.
[913] Diese Ansicht vertritt auch Peggy Musgrave, wenn sie davon ausgeht, dass eine international neutrale Besteuerung dann erreicht wird, wenn die Steuerpflichtigen „einer gleichen effektiven Steuerbelastung unterliegen, unabhängig davon, ob das Einkommen im In- oder Ausland entsteht". Musgrave, P.B. (1991), S. 547.
[914] Wissenschaftlicher Beirat beim BMF (1999), S. 11 f. Vgl. auch Weichenrieder, A.J. (1999), S. 95.
[915] Wissenschaftlicher Beirat beim BMF (1999), S. 12.
[916] Ebenda.
[917] Ebenda.

tet bleibt."[918] Die Erfahrungen in Kroatien haben jedoch gezeigt, dass auch ein zinsbereinigtes Steuersystem „nicht überall verstanden wird"[919] und dass die Vorteile des Schutzzinses den Unternehmen oft nur dann deutlich werden, wenn „Unternehmensberater sie darauf hinweisen"[920].

Ob der einseitige Übergang zu einer zinsbereinigten Einkommensteuer für das betreffende Land vorteilhaft ist, hängt nicht zuletzt auch davon ab, in welcher Weise das andere Land auf diesen Vorstoß reagiert. Dabei ist es durchaus denkbar, dass dieses den Wechsel seines Vertragspartners zu einer zinsbereinigten Einkommensteuer gelassen sieht. Das wäre zum Beispiel dann der Fall, wenn dieses Land sehr klein wäre, so dass seine steuerlichen Regelungen kaum Auswirkungen auf das Land mit der traditionellen Einkommensteuer hätten, oder wenn die Steuerreform als legitime Anstrengung eines Entwicklungs- oder Schwellenlandes akzeptiert würde.[921] Beides könnten Gründe sein, warum die kroatische Steuerreform nicht auf Widerstand gestoßen ist.

Würde dagegen ein großes Land zu einer zinsbereinigten Einkommensbesteuerung übergehen, dann wäre mit Reaktionen des Partnerlandes zu rechnen.[922] So könnte es das bestehende Doppelbesteuerungsabkommen kündigen, mit der Folge, dass beide Länder auf nationale Regelungen zur Vermeidung internationaler Doppelbesteuerung zurückfallen würden. Würde das Land mit der traditionellen Einkommensteuer ausländische Einkünfte dann grundsätzlich nach dem Wohnsitzlandprinzip besteuern, würden Kapitalexporte in das Land mit der zinsbereinigten Einkommensteuer steuerlich uninteressant, im Fall von Anrechnungsüberhangen sogar benachteiligt. Darüber hinaus könnte das traditionell besteuernde Land die Abschirmwirkung ausländischer Tochtergesellschaften durchbrechen und somit auch deren einbehaltene Gewinne der inländischen Steuer unterwerfen.[923] Möglich wäre zudem, dass das traditionell besteuernde Land die zinsbereinigte Einkommensteuer nicht

---

918 Rose, M. (1996b), S. 173.
919 So der kroatische Vize-Finanzminister Damir Kustrak im Juli 2000. Vgl. Benkhoff, W. (2000), S. 10.
920 So Manfred Rose in einem Interview mit dem Handelsblatt im Juli 2000. Vgl. o.V. (2000c), S. 10.
921 Vgl. Krause-Junk, G. (1999), S. 140.
922 Vgl. Schreiber, U. (1998), S. 70.
923 Ein Beispiel für eine solche Durchbrechung ist die in Kapitel 4.4.2.3 beschriebene Hinzurechnungsbesteuerung. Vgl. Krause-Junk, G. (1999), S. 139.

als eine der inländischen Einkommensteuer gleichartige Steuer anerkennen und deshalb nicht auf die inländische Steuerschuld anrechnen würde.[924] Dann könnte die ausländische Steuer lediglich als Einkunftserzielungskosten von der inländischen Bemessungsgrundlage abgezogen werden.[925] Schließlich ist denkbar, dass das Land mit der traditionellen Einkommens- und Gewinnbesteuerung ebenfalls zu einer zinsbereinigten Besteuerung übergehen würde.

Fall 3:

Würde in beiden Ländern eine zinsbereinigte Einkommens- und Gewinnbesteuerung erhoben, dann wäre die Attraktivität ausländischer Investitionen, deren Erträge nach dem Quellenlandprinzip besteuert werden, von der Höhe der nationalen Steuersätze abhängig. Damit würden die Vorteile des Landes, das zuerst zum zinsbereinigten Steuersystem übergegangen ist, ebenso wegfallen wie die Nachteile des bis dahin noch traditionell besteuernden Landes.

Hinsichtlich der internationalen Kapitalströme bestünde dann kein Unterschied gegenüber der Ausgangssituation, in der beide Länder eine traditionelle Einkommensteuer erhoben haben. Lediglich die steuerlich bedingten Kapitalexporte, die in der Absicht vorgenommen wurden, die ausländischen Kapitalerträge im Inland nicht zu deklarieren und damit im Fall von Zinseinkünften völlig steuerfrei zu vereinnahmen, wären dann nicht mehr interessant. Beim Übergang von zwei gleich großen Ländern zu einer zinsbereinigten Einkommensteuer würde sich das ausgleichen, da auch steuerlich bedingte Kapitalimporte sinken würden. Dadurch bliebe das jeweilige inländische Kapitalangebot wohl weitgehend unverändert, das Volumen internationaler Kapitalflüsse würde jedoch zurückgehen.[926]

Insgesamt gesehen ist es also fraglich, ob Deutschland von einem Alleingang bei der zinsbereinigten Einkommens- und Gewinnbesteuerung langfristig profitieren würde.

---

[924] Aus diesem Grund hat sich zum Beispiel Bolivien gegen die Einführung einer konsumorientierten Steuer nach den Vorschlägen von McLure und Zodrow entschieden. Die bolivianische Regierung befürchtete, dass die USA eine solche Steuer nicht anrechnen würden. Vgl. Krause-Junk, G. (1999), S. 140, McLure, C.E., Zodrow, G.R. (1996), S. 97.

[925] Siehe dazu zum Beispiel § 34c Abs. 3 EStG.

[926] Vgl. Hackmann, J. (1999), S. 91 f.

6.2.4 Zinsbereinigte Einkommensteuer und europäisches Steuerrecht

Die Anhänger einer zinsbereinigten Einkommens- und Gewinnbesteuerung sind nicht nur der – im Prinzip zutreffenden – Ansicht, eine solche Steuer sei ohne weiteres mit der internationalen Praxis der Besteuerung von Haushalten und Unternehmen vereinbar.[927] Sie sind auch der Überzeugung, es gebe „keine Bestimmung in den europäischen Verträgen und keine steuerrechtliche Vereinbarung auf der EU-Ebene, die es Deutschland verbieten würde, das (...) vorgeschlagene Steuersystem zu etablieren."[928] Diese Aussage wäre zutreffend, wenn eine zinsbereinigte Einkommens- und Gewinnbesteuerung dem relevanten primären und sekundären Gemeinschaftsrecht nicht zuwiderlaufen würde. Das heißt, sie müsste mit den vier Grundfreiheiten und dem Diskriminierungsverbot ebenso vereinbar sein wie mit den einschlägigen Richtlinien.

Im Gegensatz zur sparbereinigten Einkommensbesteuerung würde die zinsbereinigte Variante die im Vertragsrecht der EU verankerten Grundfreiheiten (Freiheit von Kapital- und Zahlungsverkehr, Freizügigkeit von Arbeitskräften, Niederlassungsfreiheit der Unternehmer) in keiner Weise einschränken. Auch gegen das Verbot der offenen oder versteckten Diskriminierung ausländischer Staatsangehöriger würde eine solche Steuer nicht verstoßen, solange die Zinsbereinigung auch für beschränkt Steuerpflichtige gilt. Die Fusionsrichtlinie und die Schiedsverfahrenkonvention würden durch eine Zinsbereinigung des Steuersystems nicht berührt. Auch der Mutter-Tochter-Richtlinie, durch die eine internationale Doppelbesteuerung konzerninterner Dividendenzahlungen vermieden werden soll, würde entsprochen. Mit dem grundsätzlichen Abzug von Erträgen aus Beteiligungen an gewinnsteuerpflichtigen Unternehmen[929] würde die zinsbereinigte Gewinnsteuer sogar über die Bestimmungen der Richtlinie hinausgehen, da die Steuerfreiheit solcher Erträge nicht an eine Schachtelbeteiligung gebunden ist.

Auch mit dem – lediglich politisch verbindlichen – Verhaltenskodex für die Unternehmensbesteuerung wäre die zinsbereinigte Einkommensteuer aller Voraussicht

[927] Vgl. Rose, M. (1996a), S. 85 f.
[928] Ebenda, S. 86. Zum europäischen Steuerrecht siehe ausführlich Kapitel 5.1 dieser Arbeit.
[929] Vgl. Kapitel 2.2.3.2.

nach vereinbar: Sie gewährt Steuervorteile nicht ausschließlich für Gebietsfremde, die Vorteile sind nicht von der inländischen Wirtschaft isoliert und die steuerlichen Maßnahmen sind transparent, konsequent und nachvollziehbar.

Der Richtlinienentwurf für die einheitliche Zinsbesteuerung in Europa sieht vor, dass sich alle Mitgliedsländer spätestens ab 2010 an einem gegenseitigen Austausch von Kontrollmitteilungen über Zinszahlungen, die an natürliche Personen mit Wohnsitz in einem anderen Mitgliedsland fließen, beteiligen.[930] Auch ein zinsbereinigt besteuernder Mitgliedstaat würde von diesem administrativ aufwendigen Informationsaustausch nicht ausgenommen, obwohl für ihn selbst die Informationen über ausländische Zinserträge seiner Bürger nicht von fiskalischem Interesse wären. Damit wäre eine solche Richtlinie für ein Mitgliedsland mit einer zinsbereinigten Steuer nicht nur uninteressant, sondern wegen des damit verbundenen administrativen Aufwands sogar nachteilig. Würden sich alle Mitgliedsländer der Europäischen Union auf eine zinsbereinigte Einkommens- und Gewinnbesteuerung einigen, dann wäre der Richtlinienentwurf überflüssig.

Die Übergangsregeln, wonach einige Länder bis zum Jahr 2010 anstelle von Kontrollmitteilungen eine Quellensteuer von mindestens 15 Prozent auf an EU-Ausländer fließende Zinszahlungen erheben, passen nicht zu einer zinsbereinigten Einkommensbesteuerung. Dieser Widerspruch bezieht sich weniger auf die systemwidrige Quellensteuer an sich (ein zinsbereinigt besteuerndes Land würde wohl von vornherein Kontrollmitteilungen erstellen) als vielmehr auf die Verteilung des Quellensteueraufkommens: Hätte der Steuerpflichtige seinen Wohnsitz in dem Land mit der zinsbereinigten Einkommensteuer, so würden diesem Land 75 Prozent des Aufkommens zufließen, obwohl es selbst keine Steuer auf Zinsen erhebt. Gleichzeitig würden die Ersparnisse in den Ländern mit einer Quellenbesteuerung steuerlich diskriminiert, weil eine Anrechnung der ausländischen Quellensteuer auf die zinsbereinigte Einkommensteuer nicht möglich wäre.

---

[930] Vgl. Kapitel 5.1.2.

7 Schlussbemerkungen

Die Auseinandersetzung mit dem möglichen Ersatz der traditionellen Einkommensteuer durch eine konsumorientierte Einkommensteuer nimmt in der finanzwissenschaftlichen Literatur seit langem breiten Raum ein. Wie die Ausführungen in Kapitel 2 gezeigt haben, wurde im Laufe der Jahrzehnte eine Vielzahl von Steuerreformvorschlägen entwickelt und diskutiert, die der sparbereinigten oder der zinsbereinigten Variante einer konsumorientierten Einkommensbesteuerung zugeordnet werden können. Dabei wurde die sparbereinigte Variante zunehmend von der zinsbereinigten Variante verdrängt, was – wie im Folgenden näher erläutert wird – nicht zuletzt als Reaktion auf die verstärkte internationale Verflechtung der Volkswirtschaften und insbesondere auf die internationale Mobilität des Kapitals anzusehen ist.

Dass die Debatte über die konsumorientierte Einkommensbesteuerung fast ausschließlich in wissenschaftlichen Kreisen stattgefunden hat und stattfindet, ohne wirklich in das Bewusstsein der nichtfachlichen Öffentlichkeit vorzudringen, hängt sicherlich auch mit der unübersichtlichen Vielfalt der Einzelkonzeptionen zusammen. Eine wichtige Rolle spielt aber zweifellos die Tatsache, dass die immer wieder angeführten vermeintlichen Vorzüge dieser Steuern nicht eindeutig nachzuweisen sind: Wie die Ausführungen in Kapitel 3 dieser Arbeit deutlich gemacht haben, vermag die konsumorientierte Einkommensbesteuerung weder im Hinblick auf die steuerliche Gerechtigkeit noch im Hinblick auf die ökonomische Effizienz wirklich zu überzeugen. Letztlich bleiben nur Praktikabilitätsaspekte, die für den Ersatz der heutigen Einkommensbesteuerung durch eine konsumorientierte Einkommensbesteuerung, allerdings auch nur in der zinsbereinigten Variante, sprechen.

Diese Beurteilung hat auch dann Bestand, wenn man die konsumorientierte Einkommensbesteuerung in einer offenen Volkswirtschaft betrachtet und insbesondere ihre Vereinbarkeit mit den internationalen „Spielregeln“ für die Besteuerung internationaler Einkommen berücksichtigt. Aus deutscher Sicht sind dabei vor allem die bestehenden Doppelbesteuerungsabkommen und das relevante EU-Recht von Interesse.[931] Der Übergang von der traditionellen zur sparbereinigten Einkommensbesteuerung würde einen grundlegenderen Systemwechsel darstellen als der Übergang zur zinsbereinigten Einkommensbesteuerung. Das wirkt sich auch auf die Kompatibilität mit der bestehenden internationalen Steuerordnung aus.

Weil die sparbereinigte Steuer nach der Art der Einkommensverwendung differenziert, müssten zum Beispiel die beiden grundlegenden Prinzipien der Besteuerung internationaler Faktoreinkommen, das Quellenland- und das Wohnsitzlandprinzip, anders umgesetzt werden als im Rahmen der heutigen Einkommensbesteuerung. Dabei kommen jeweils unterschiedliche Ansätze in Betracht: Die konsequent sparbereinigte Besteuerung unbeschränkt Steuerpflichtiger gemäß Variante 1 des Wohnsitzlandprinzips wäre sehr aufwendig und letztlich praktisch nicht durchzusetzen, weil der Fiskus auch ausländische Kapitalanlagen kontrollieren müsste. Die Variante 2, bei der ausländische Kapitalanlagen zinsbereinigt besteuert würden, wäre zwar deutlich praktikabler, käme aber einer teilweisen Abkehr vom sparbereinigten System gleich.[932] Für die sparbereinigte Einkommensbesteuerung nach dem Quellenlandprinzip gibt es vier mögliche Varianten, wobei – mit Blick auf das Gebot der Nichtdiskriminierung beschränkt Steuerpflichtiger und auf die fiskalischen Interessen des sparbereinigt besteuernden Landes – die Variante 3 vorzuziehen wäre. Bei dieser Variante werden nicht Ansässige auf der Basis ihres inländischen Einkommens besteuert, soweit sie es nicht im Inland sparen. Um Qualifikationskonflikten und damit systembedingter internationaler Doppel- oder Minderbesteuerung entgegenzuwirken, müsste ein Konsens über die Ausgestaltung des Wohnsitzlandprinzips und des Quellenlandprinzips im Rahmen einer sparbereinigten Einkommensteuer geschaffen werden. Die damit verbundene internationale Koordination würde den administrativen Aufwand, der durch den Übergang zu einer solchen Steuer bedingt wäre, zusätzlich erhöhen.

---

[931] Da das nationale Außensteuerrecht im Zuge einer grundlegenden Reform des Steuersystems ohne Abstimmung mit anderen Ländern an das neue Steuerrecht angepasst werden könnte, wäre eine notwendige Veränderung oder Ergänzung dieses Teils des deutschen internationalen Steuerrechts nicht mit einem administrativen Aufwand verbunden, der einer konsumorientierten Reform der Einkommensbesteuerung grundsätzlich entgegenstehen würde.

[932] Außerdem würde eine solche Differenzierung zwischen in- und ausländischen Kapitalanlagen zu einem Verstoß gegen die Entscheidungsneutralität und gegen die steuerliche Gerechtigkeit zwischen Personen führen – sofern man die theoretische Äquivalenz von zins- und sparbereinigter Einkommensteuer außer Acht lässt.

Bei einer zinsbereinigten Einkommensbesteuerung dagegen könnten sowohl das Wohnsitzlandprinzip als auch das Quellenlandprinzip genauso ausgestaltet werden wie heute. Das weltweit erzielte Einkommen unbeschränkt Steuerpflichtiger beziehungsweise das im Inland erzielte Einkommen beschränkt Steuerpflichtiger würde lediglich anders ermittelt als im Rahmen der traditionellen Einkommensteuer. Durch die systematische Steuerfreiheit privater Finanzkapitalerträge wäre das Wohnsitzlandprinzip sogar leichter durchzusetzen als im Rahmen der traditionellen Einkommensteuer.

Prinzipiell könnten die bestehenden Doppelbesteuerungsabkommen nach dem Übergang zu einer sparbereinigten Einkommensbesteuerung aus zwei Gründen beibehalten werden: Erstens würde auch eine sparbereinigte Einkommensteuer aller Voraussicht nach in den sachlichen Geltungsbereich der Abkommen fallen; zweitens wären zusätzlich zu regelnde Tatbestände, wie die steuerliche Behandlung aufgelöster Ersparnisse oder aufgenommener Kredite, über die „Auffangklausel" der Abkommen abgedeckt, die eine ausschließliche Besteuerung im Wohnsitzland vorsieht. Je nachdem welche Variante des Wohnsitzlandprinzips und des Quellenlandprinzips umgesetzt würde, wäre das unveränderte Weiterführen der bestehenden Doppelbesteuerungsabkommen aber mit erheblichen Verwerfungen hinsichtlich der steuerlichen Gerechtigkeit zwischen Personen und zwischen Nationen sowie hinsichtlich der Neutralität verbunden.

Will man die bestehenden Doppelbesteuerungsabkommen aufrecht erhalten, dann bietet sich mit Blick auf die fiskalischen Interessen des sparbereinigt besteuernden Landes eine Kombination von Variante 4 des Quellenlandprinzips (keine Differenzierung nach der Verwendungsart des im Inland erzielten Einkommens) und Variante 1 des Wohnsitzlandprinzips (zinsbereinigte Besteuerung ausländischer Kapitalanlagen) an. Eine solche Vorgehensweise, die kaum noch als sparbereinigte Einkommensbesteuerung bezeichnet werden könnte, wäre aber mit der steuerlichen Diskriminierung nicht Ansässiger und mit dem Verstoß gegen die Niederlassungsfreiheit von Unternehmen beziehungsweise den freien Kapitalverkehr verbunden und folglich nicht mit dem EU-Recht vereinbar. Zudem würde das sparbereinigt besteuernde Land auf die steuerlich bedingte Attrahierung ausländischen Kapitals, dessen Erträge nach dem Quellenlandprinzip versteuert werden, verzichten. Damit würde ein wichtiges Ziel der sparbereinigten Einkommensbesteuerung verfehlt.

Auf Dauer und insbesondere dann, wenn beide Vertragspartner zu einer sparbereinigten Besteuerung übergehen, sollten die Doppelbesteuerungsabkommen daher an das neue Steuersystem angepasst werden. Grundsätzlich wäre eine sparbereinigte Besteuerung beschränkt Steuerpflichtiger gemäß Variante 3 des Quellenlandprinzips und eine sparbereinigte Besteuerung unbeschränkt Steuerpflichtiger gemäß Variante 2 des Wohnsitzlandprinzips anzustreben. Auf diese Weise könnte eine gleichmäßige, nicht diskriminierende Besteuerung erreicht werden, durch die auch die fiskalischen Interessen der beteiligten Länder gewahrt wären – allerdings nur unter der Voraussetzung, dass ausländische Kapitalanlagen im Wohnsitzland lückenlos erfasst würden, dass das Wohnsitzlandprinzip bei der Besteuerung von Kapitalerträgen gestärkt würde und dass eine angemessene Regelung für die Besteuerung aufgelöster Ersparnisse und aufgenommener Kredite gefunden würde. Allein die lückenlose Kontrolle ausländischer Kapitalanlagen bringt jedoch nahezu unüberwindliche praktische Schwierigkeiten mit sich: Der Fiskus des Wohnsitzlandes wäre auf entsprechende Kontrollmitteilungen aus dem Ausland angewiesen, was – wie der anhaltende Streit über die Besteuerung internationaler Zinseinkünfte zeigt – politisch kaum durchzusetzen ist. Die notwendigen Revisionsverhandlungen der Doppelbesteuerungsabkommen machen die sparbereinigte Variante der konsumorientierten Einkommensteuer endgültig unpraktikabel.

Beim Übergang zu einer zinsbereinigten Einkommensbesteuerung könnten die bestehenden Doppelbesteuerungsabkommen dagegen ohne weiteres beibehalten werden – unabhängig davon, ob die zinsbereinigte Steuer im Alleingang oder von beiden Vertragspartnern erhoben wird. Der sachliche Geltungsbereich der Abkommen würde wohl auch durch die systematische Freistellung privater Finanzkapitalerträge nicht verlassen. Im Gegensatz zur sparbereinigten Einkommensbesteuerung gäbe es zudem keine zusätzlich zu regelnden Tatbestände. Die heutigen Abkommensregelungen würden sogar dazu führen, dass eine zinsbereinigte Steuerreform im Alleingang die von den Befürwortern einer solchen Steuer hervorgehobene positive Wirkung entfalten könnte und die Standortattraktivität des zinsbereinigt besteuernden Landes erhöht würde. Dieser positive Effekt bliebe jedoch nur so lange bestehen bis die Partnerländer zu Gegenmaßnahmen greifen und zum Beispiel das Doppelbesteuerungsabkommen kündigen und zu einer konsequenten Wohnsitzlandbesteuerung übergehen oder ebenfalls eine zinsbereinigte Einkommensteuer einführen würden. Bei einem beidseitigen Übergang zur zinsbereinigten Besteuerung bestünde hinsichtlich der internationale Kapitalströme kein Unterschied zur Ausgangssituation, in der beide Länder eine traditionelle Einkommensteuer erheben. Lediglich die mit dem Ziel der Steuerhinterziehung vorgenommenen grenzüberschreitenden Finanzkapitalströme würden – in beide Richtungen – abnehmen. Insofern ist es fraglich, ob Deutschland von einem Alleingang bei der zinsbereinigten Einkommensbesteuerung langfristig profitieren würde.

Im Gegensatz zur sparbereinigten Einkommensbesteuerung wäre die zinsbereinigte Variante auch mit dem relevanten EU-Recht ohne Einschränkungen vereinbar. Mit Hilfe einer zinsbereinigten Einkommensbesteuerung könnte darüber hinaus ein wesentlicher Streitpunkt der europäischen Steuerpolitik aus der Welt geschaffen werden: Der Richtlinienentwurf für die einheitliche Zinsbesteuerung würde durch eine EU-weite Einführung eines solchen Steuersystems gegenstandslos.

In diesem Punkt könnte der ausschlaggebende Vorteil der zinsbereinigten Einkommensteuer liegen – nicht nur gegenüber der sparbereinigten Variante, sondern auch und vor allem gegenüber der traditionellen Einkommensbesteuerung: Mit einer solchen Steuer würden die aller Erfahrung nach nicht zu lösenden Probleme, die mit der umfassenden Besteuerung der weltweit erzielten Finanzkapitalerträge verbunden sind, einfach ausgeblendet.[933] Die endgültige Kapitulation vor der Besteuerung des international mobilen Kapitals könnte somit der Durchbruch für die zinsbereinigte Einkommensteuer sein.

---

[933] Damit werden die umstrittenen Vorzüge eines konsumorientierten Steuersystems auf einen Aspekt reduziert, der streng genommen die Folge einer – eigentlich unzulässigen – Vereinfachung ist: der Annahme, dass private Haushalte keine Finanzkapitalerträge erzielen, die über eine marktübliche Verzinsung des eingesetzten Kapitals hinausgehen. Das von Rose im Sommer 2001 vorgestellte „Einfachsteuerkonzept" verzichtet auch auf diesen Reiz der zinsbereinigten Einkommensteuer.

Literaturverzeichnis

Aaron, H.J. (1990), Alternate Roads to Consumption Taxation – Administration versus Tax Structure, in: Rose, M. (Ed.), Heidelberg Congress on Taxing Consumption, Berlin u.a.O., S. 391-405

Aaron, H.J. (Ed.) (1976), Inflation and the Income Tax, Washington D.C.

Aaron, H.J., Galper, H. (1985), Assessing Tax Reform, Washington, D.C.

ACIR Advisory Commission on Intergovernmental Relations (1974), The Expenditure Tax: Concept, Administration and Possible Applications, Washington D.C.

Alfred-Weber-Gesellschaft (Hrsg.)(1998), Mehr Arbeitsplätze durch marktorientierte Einkommensteuern, Heidelberg

Andel, N. (1980), Einkommensteuer, in: Neumark, F. (Hrsg.), Handbuch der Finanzwissenschaft, 3. Aufl., Bd. 2, Tübingen, S. 331-401

Andrews, W.D. (1974), A Consumption-type or Cash Flow Personal Income Tax, in: Harvard Law Review, Vol. 87, No. 6, S. 1113-1188

Atkinson, A.B., Sandmo, A. (1980), Welfare Implications of the Taxation of Savings, in: The Economic Journal, Vol. 90, S. 529-549

Bach, S. (1999), Der Cash-flow als Bemessungsgrundlage der Unternehmensbesteuerung, in: Smekal, C. u.a. (Hrsg.), Einkommen versus Konsum. Ansatzpunkte zur Steuerreformdiskussion, Heidelberg, S. 85-122

Bach, S. (1993), Die Idee der Cash-flow-Steuer vor dem Hintergrund des gegenwärtigen Steuersystems, Berlin

Batina, R.G., Ihori, T. (2000), Consumption Tax Policy and the Taxation of Capital Income, Oxford

Becker, H. (1995), Fiskalstaat Deutschland. Entwicklung, Zustand, Perspektiven, München

Benkhoff, W. (2000), Kroatien verwässert „ideales Steuermodell", in: Handelsblatt, Nr. 143 vom 27.07.2000, S. 10

Birk, D. (1991), Verfassungsrechtliche Grenzen der Konsumbesteuerung, in: Rose, M. (Hrsg.), Konsumorientierte Neuordnung des Steuersystems, Berlin u.a.O., S. 351-366

Boadway, R., Bruce, N. (1984), A general proposition on the design of neutral business tax, in: Journal of Public Economics, Vol. 24, S. 231-239

Boadway, R., Bruce, N., Mintz, J. (1983), On the Neutrality of Flow-of-funds Corporate Taxation, in: Economica, Vol. 50, S. 49-61

Bond, S.R., Devereux, M.P. (1995), On the design of a neutral business tax under uncertainty, in: Journal of Public Economics, Vol. 58, S. 57-71

Bradford, D.F. (1980), The Case for a Personal Consumption Tax, in: Pechman, J.A. (Ed.), What Should Be Taxed: Income or Expenditure?, Washington, D.C., S. 75-113

Bradford, D.F. (1984), Blueprints for Basic Tax Reform, 2nd Ed., Arlington

Bradford, D.F. (1986), Untangling the Income Tax, Cambridge

Bradford, D.F. (1991), Die X-Steuer: Ein Weg zur Steuervereinfachung, in: Rose, M. (Hrsg.), Konsumorientierte Neuordnung des Steuersystems, Berlin u.a.O., S. 175-191

Brennan, G., Buchanan, J.M. (1980), The Power to Tax. Analytical Foundations of a Fiscal Constitution, Cambridge

Brown, E.C. (1948), Business-Income Taxation and Investment Incentives, in: Metzler, L.A. u.a. (Ed.), Income, Employment and Public Policy. Essays in Honor of Alvin H. Hansen, New York, S. 300-316

Brümmerhoff, D. (2001), Finanzwissenschaft, 8. Aufl., München, Wien

Bühler, O. (1964), Prinzipien des internationalen Steuerrechts (IStR), München

Bundesministerium der Finanzen (2001), Die Steuerreform 2000, Berlin

Burmester, G. (1997), Zur Systematik internationaler Minderbesteuerung und ihrer Vermeidung, in: Burmester, G., Endres, D. (Hrsg.), Aussensteuerrecht, Doppelbesteuerungsabkommen und EU-Recht im Spannungsverhältnis. Festschrift für Helmut Debatin zum 70. Geburtstag, München, S. 55-79

BVerfG Bundesverfassungsgericht (1957), Beschluss vom 17. Januar 1957, 1 BvL 4/54, in: Entscheidungen des Bundesverfassungsgerichts, Bd. 6, Tübingen, S. 55-84

BVerfG Bundesverfassungsgericht (1983), Urteil vom 3. November 1982, 1 BvR 620/78, 1335/78, 1104/79 und 363/8, in: Entscheidungen des Bundesverfassungsgerichts, Bd. 61, Tübingen, S. 319-357

BVerfG Bundesverfassungsgericht (1992), Urteil vom 27. Juni 1991, 2 BvR 1493/89, in: Entscheidungen des Bundesverfassungsgerichts, Bd. 84, Tübingen, S. 239-285

BVerfG Bundesverfassungsgericht (2002), Urteil vom 6. März 2002, 2BvL 17/99, in: Neue Juristische Wochenschrift, 55. Jg., Nr. 15, S. 1103-1111

Cansier, D. (1989), Cash-flow-Steuern: Neue Wege der Unternehmensbesteuerung?, in: Wirtschaftsdienst, 69. Jg., Nr. 1, S. 49-56

Cnossen, S., Bird, R.M. (Ed.)(1990), The Personal Income Tax. Phoenix from the Ashes?, Amsterdam u.a.O.

Commission of the European Communities (1992), Report of the Committee of Independent Experts on Company Taxation, Brüssel, Luxemburg

Debatin, H. (1983), Probleme der internationalen Doppelbesteuerung, in: Neumark, F. (Hrsg.), Handbuch der Finanzwissenschaft, 3. Aufl., Bd. 4, Tübingen, S. 269-309

Deutsche Bundesbank (Hrsg.)(1994), Aufkommen und ökonomische Auswirkungen des steuerlichen Zinsabschlags, in: Monatsbericht, 46. Jg., Nr. 1, S. 45-58

Deutsche Bundesbank (Hrsg.)(1999), Die Entwicklung der Kapitalverflechtung der Unternehmen mit dem Ausland von Ende 1995 bis Ende 1997, in: Monatsbericht, 51. Jg., Nr. 6, S. 59-72

Elschen, R., Hüchtebrock, M. (1983), Steuerneutralität in Finanzwissenschaft und Betriebswirtschaftslehre – Diskrepanzen und Konsequenzen, in: Andel, N. (Hrsg.), Finanzarchiv, N.F., Bd. 41, Tübingen, S. 253 - 280

Elster, K. (1913), Eine Reichsaufwandsteuer?, in: Jahrbücher für Nationalökonomie und Statistik, Bd. 101, S. 785-796

Elster, K. (1916), Nochmals: Die Reichsaufwandsteuer, in: Jahrbücher für Nationalökonomie, Bd. 107, S. 800-818

Engels, W. Mitschke, J., Starkloff, B. (1974), Staatsbürgersteuer. Vorschlag zur Reform der direkten Steuern und persönlichen Subventionen durch ein integriertes Personalsteuer- und Subventionssystem, in: Karl-Bräuer-Institut des Bundes der Steuerzahler e.V. (Hrsg.), Heft 26, Bad Wörishofen

Fehr, H., Wiegard, W. (1998), Effizienzorientierte Steuerreformen – läßt sich die Verteilungsfrage vernachlässigen?, in: Krause-Junk, G. (Hrsg.), Steuersysteme der Zukunft, Schriften des Vereins für Socialpolitik, N. F., Bd. 256, Berlin, S. 199-245

Fehr, H., Wiegard, W. (1999), Lohnt sich eine konsumorientierte Neugestaltung des Steuersystems?, in: Smekal, C., Sendlhofer, R., Winner, H. (Hrsg.), Einkommen versus Konsum. Ansatzpunkte zur Steuerreformdiskussion, Heidelberg, S. 65-84

Fehr, H., Wiegard, W. (2001), The Incidence of an Extended ACE Corporation Tax, CES ifo Working Paper, No. 484, München

Feld, L.P. (2000), Steuerwettbewerb und seine Auswirkungen auf Allokation und Distribution, Tübingen

Feldhoff, M. (1989), Die Cash-flow-Besteuerung und ihre Problematik, in: Steuer und Wirtschaft, 66. Jg., Nr. 1, S. 53-63

Fisher, I. (1937), Income in Theory and Income Taxation in Practice, in: Econometrica, Vol. 5, S. 1-55

Fisher, I. (1939), The Double Taxation of Savings, in: The American Economic Review, Vol. 29, S. 16-33

Fisher, I., Fisher, H.W. (1942), Constructive Income Taxation, New York, London

Fleißig, E. (2000), Die Harmonisierung der Zinsbesteuerung in der EU, Lohmar, Köln

Folkers, C. (1987), Wandlungen der Verbrauchsbesteuerung, in: Häuser, K. (Hrsg.), Wandlungen der Besteuerung, Schriften des Vereins für Socialpolitik, N. F., Bd. 160, Berlin, S. 89-212

Frenkel, J.A., Razin, A., Sadka, E. (1991), International Taxation in an Integrated World, Cambridge, London

Gandenberger, O. (o.J.), Kapitalexportneutralität versus Kapitalimportneutralität. Allokative Überlegungen zu einer Grundfrage der internationalen Besteuerung, Forschungsinstitut für Wirtschaftspolitik an der Universität Mainz, Aufsätze zur Wirtschaftspolitik, Nr. 7

Genser, B. (1990), Do International Tax Relations impede a Shift towards Expenditure Taxation?, in: Rose, M. (Ed.), Heidelberg Congress on Taxing Consumption, Berlin u.a.O., S. 513-528

Goode, R. (1980), The Superiority of the Income Tax, in: Pechman, J.A. (Ed.), What Should Be Taxed: Income or Expenditure?, Washington, D.C., S. 49-73

Graetz, M.J. (1980), Expenditure Tax Design, in: Pechman, J.A. (Ed.), What Should Be Taxed: Income or Expenditure?, Washington, D.C., S. 161-276

Greß, M., Rose, M., Wiswesser, R. (1998), Marktorientierte Einkommensteuer, München

Hackmann, J. (1999), Zinsbereinigte Einkommensteuer und Sollzinsbesteuerung, in: Andel, N. (Hrsg.), Probleme der Besteuerung II, Schriften des Vereins für Socialpolitik, Bd. 259/II, Berlin, S. 35 – 126

Hall, R.E., Rabushka, A. (1983), Low Tax, Simple Tax, Flat Tax, New York

Hall, R.E., Rabushka, A. (1995), The Flat Tax, 2nd Ed., Stanford

Haller, H. (1964), Die Steuern. Grundlinien eines rationalen Systems öffentlicher Abgaben, Tübingen

Haller, H. (1990), Umstrittene Fragen der „Leistungsfähigkeitsbesteuerung", in: Bea, F.X., Kitterer, W. (Hrsg.), Finanzwissenschaft im Dienste der Wirtschaftspolitik. Dieter Pohmer zum 65. Geburtstag, Tübingen, S. 21-40

Höfer, J. (1997), Deutsche Doppelbesteuerungsabkommen – Grundlagen und aktuelle steuerpolitische Entwicklungen - in: Klein, F., Stihl, H.P., Wassermeyer, F. (Hrsg.), Unternehmen Steuern. Festschrift für Hans Flick zum 70. Geburtstag, Köln, S. 805-816

Homburg, S. (1997), Soll die klassische Einkommensteuer wiederbelebt werden?, in: Rose, M. (Hrsg.), Standpunkte zur aktuellen Steuerreform. Vorträge des Zweiten Heidelberger Steuerkongresses 1997, Heidelberg, S. 107-114

Hornbach, H. (1987), Besteuerung, Inflation und Kapitalallokation. Intersektorale und internationale Aspekte, Frankfurt am Main u.a.O.

Huber, B. (1991/92), Besteuerung, intertemporale Neutralität und zeitliche Inkonsistenz, in: Andel, N. (Hrsg.), Finanzarchiv, N.F., Bd. 49, Tübingen, S. 423-456

Huber, B. (1997), Der Steuerwettbewerb: Gefahr oder Chance?, in: List-Forum für Wirtschafts- und Finanzpolitik, Bd. 23, S. 242-256

Institute for Fiscal Studies (1978), The Structure and Reform of Direct Taxation. Report of a Committee chaired by Professor J.E. Meade, 3rd Ed., London

Institute for Fiscal Studies (1989), Neutrality in the Taxation of Savings: An Extended Role for PEPS. A Report of the IFS Capital Taxes Group Chaired by Malcolm Gammie, London

Institute for Fiscal Studies (1994), Setting Savings Free. Proposals for the Taxation of Savings and Profits. A Summary of the Final Report of the IFS Capital Taxes Group, London

Jackstein, C.-D. (1997), Das deutsche Steuerrecht im Wettbewerb mit ausländischen Steuersystemen, in: Burmester, G., Endres, D. (Hrsg.), Außensteuerrecht, Doppelbesteuerungsabkommen und EU-Recht im Spannungsverhältnis. Festschrift für Helmut Debatin zum 70. Geburtstag, München, S. 179-206

Jacobs, O.H. (1997), Ist die zinskorrigierte Besteuerung ein Ansatz zur Harmonisierung der Unternehmensbesteuerung in Europa?, in: Burmester, G., Endres, D. (Hrsg.), Außensteuerrecht, Doppelbesteuerungsabkommen und EU-Recht im Spannungsverhältnis. Festschrift für Helmut Debatin zum 70. Geburtstag, München, S. 207-233

Jacobs, O.H. (Hrsg.)(1999), Internationale Unternehmensbesteuerung, 4. Aufl., München

Kaiser, M. (1992), Konsumorientierte Reform der Unternehmensbesteuerung, Heidelberg

Kaldor, N. (1969), An Expenditure Tax, 5th Ed., London

Kay, J.A., King, M.A. (1990), The British Tax System, 5. Ed., Oxford u.a.O.

Kiesewetter, D. (1999), Zinsbereinigte Einkommen- und Körperschaftsteuer, Bielefeld

King, M.A. (1980), Savings and Taxation, in: Hughes, G.A., Heal, G.M. (Ed.), Public Policy and the Tax System, London, S. 1-35

King, M.A. (1987), The Cash Flow Corporate Income Tax, in: Feldstein, M. (Ed.), The Effects of Taxation on Capital Accumulation, Chicago, London, S. 377-400

Klapdor, R. (2000), Effiziente Steuerordnung durch ein europäisches Musterabkommen?, Bielefeld

Knoll, L. (2000), Zinsbesteuerung und Einkommenschancen: Das Trugbild fiskalischer Diskriminierung, in: Wirtschaftsdienst, 80. Jg., Nr. 2, S. 176-179

Knoll, L. (2001), Unternehmensgewinnbesteuerung in Kroatien, Italien und Österreich, in: Die Betriebswirtschaft, 61. Jg., S. 335-348

Krause, H.-J. (1997), Besteuerung ausländischer Kapitalerträge, in: Klein, F., Stihl, H.P., Wassermeyer, F. (Hrsg.), Unternehmen Steuern. Festschrift für Hans Flick zum 70. Geburtstag, Köln, S. 477-498

Krause-Junk, G. (1988), Außenwirtschaftliche Konsequenzen beschleunigter Abschreibung, in: Andel, N. (Hrsg.), Finanzarchiv, N.F., Bd. 46, Tübingen, S. 252-267

Krause-Junk, G. (1990), Problems of International Tax Coordination under Alternative Consumption Tax Regimes, in: Rose, M. (Ed.), Heidelberg Congress on Taxing Consumption, Berlin u.a.O., S. 491-508

Krause-Junk, G. (1999), Ausgabensteuern im Steuerwettbewerb, in: Smekal, C., Sendlhofer, R., Winner, H. (Hrsg.), Einkommen versus Konsum. Ansatzpunkte zur Steuerreformdiskussion, Heidelberg, S. 123-142

Krause-Junk, G. (2002), Besteuerung multinationaler Unternehmen – wie sind die Vorschläge der EU-Komission zu bewerten? Ein kühnes Vorhaben, in: ifo Schnelldienst, Nr. 2, 55. Jg., S. 3-8

Krause-Junk, G., Müller, R. (1999), Einkommensteuer, Konsumsteuer und die ausgelassenen Chancen der Einkommenserzielung, in: Wirtschaftsdienst, 79. Jg., Nr. 9, S. 545-547

Kronberger Kreis (1986), Bürgersteuer – Entwurf einer Neuordnung von direkten Steuern und Sozialleistungen, Schriftenreihe des Frankfurter Instituts für wirtschaftspolitische Forschung e.V., Bd. 11, Bad Homburg

Kronberger Kreis (1996), Steuerreform für Arbeitsplätze und Umwelt, Frankfurter Institut, Stiftung Marktwirtschaft und Politik, Bd. 30, Bad Homburg

Kronberger Kreis (2000), Abgeltungssteuer bei Kapitaleinkommen, Frankfurter Institut, Stiftung Marktwirtschaft und Politik, Bd. 37, Bad Homburg

Lang, J. (1993), Entwurf eines Steuergesetzbuches, Schriftenreihe des Bundesministeriums der Finanzen, Heft 49, Bonn

Lang, J. (1996), Vom Steuerchaos zu einem Steuersystem rechtlicher und wirtschaftlicher Vernunft, in: Baron, S., Handschuch, K. (Hrsg.), Wege aus dem Steuerchaos. Aktueller Stand der steuerpolitischen Diskussion in Deutschland, Stuttgart, S. 117-163

Lang, J. (1997), Besteuerung in Europa zwischen Harmonisierung und Differenzierung, in: Klein, F., Stihl, H.P., Wassermeyer, F. (Hrsg.), Unternehmen Steuern. Festschrift für Hans Flick zum 70. Geburtstag, Köln, S. 873-894

Lang, J. (1998), in: Tipke, K., Lang, J., Steuerrecht, 16. Aufl., Köln, § 9

Lang, J. (1999), Konsumorientierung – eine Herausforderung für die Steuergesetzgebung?, in: Smekal, C., Sendlhofer, R., Winner, H. (Hrsg.), Einkommen versus Konsum. Ansatzpunkte zur Steuerreformdiskussion, Heidelberg, S. 143-166

Leube, K.R. (Hrsg.)(1998), Flat tax – das Steuermodell der Zukunft, Wien

Lodin, S.-O. (1976), Progressive Expenditure Tax – an Alternative? A Report of the 1972 Government Commission on Taxation, Stockholm

McLure, C.E. (1992), Substituting Consumption-Based Direct Taxation for Income Taxes as the International Norm, in: National Tax Journal, Vol. 45, S. 145-154

McLure, C.E., Zodrow, G.R. (1991), Administrative Vorteile des individuellen Steuervorauszahlungs-Ansatzes gegenüber einer direkten Konsumbesteuerung, in: Rose, M. (Hrsg.), Konsumorientierte Neuordnung des Steuersystems, Berlin u.a.O., S. 117-174

McLure, C.E., Zodrow, G.R. (1996), A Hybrid Consumption-Based Direct Tax Proposed for Bolivia, in: International Tax and Public Finance, No. 3, S. 97-112

Mieszkowski, P. (1969), Carter on the Taxation of International Income Flows, in: National Tax Journal, Vol. 22, No. 1, S. 97-108

Mieszkowski, P. (1977), The Cash Flow Version of an Expenditure Tax, U.S. Treasury Department Office of Tax Analysis, Paper No. 26, Washington D.C.

Mieszkowski, P. (1980), The Advisability and Feasibility of an Expenditure Tax System, in: Aaron, H.J., Boskin, M.J. (Ed.), The Economics of Taxation, Washington, D.C., S. 179-201

Mitschke, J. (1976), Über die Eignung von Einkommen, Konsum und Vermögen als Bemessungsgrundlagen der direkten Besteuerung. Eine meßtechnische Analyse, Berlin

Mitschke, J. (1980a), Methoden der indirekten Konsummessung für Zwecke einer persönlichen allgemeinen Ausgabensteuer, in: Andel, N. (Hrsg.), Finanzarchiv, N.F., Bd. 38, Tübingen, S. 274-301

Mitschke, J. (1980b), Lebenseinkommensbesteuerung durch interperiodischen Progressionsausgleich, in: Steuer und Wirtschaft, 57. (10.) Jg., Nr. 2, S. 122-134

Mitschke, J. (1980c), Entwurf einer EStG-Änderung zur Lebenseinkommensbesteuerung durch interperiodischen Progressionsausgleich, in: Steuer und Wirtschaft, 57. (10.) Jg., Nr. 3, S. 252 -267

Mitschke, J. (1985), Steuer- und Transferordnung aus einem Guß, Entwurf einer Neugestaltung der direkten Steuern und Sozialtransfers in der Bundesrepublik Deutschland, Schriften zur Ordnungspolitik, Bd. 2, Baden-Baden

Mitschke, J. (1986), Umrisse einer integrierten Neuordnung von direkten Steuern und Sozialtransfers, in: Wirtschaftsdienst, 66. Jg., Nr. 9, S. 461-467

Mitschke, J. (1988a), Steuerkraft im Konsum, in: Wirtschaftswoche, Nr. 7 vom 12.2.1988, S. 68-72

Mitschke, J. (1988b), Ökonomische Analyse einkommensteuerlicher Einkunftsermittlung und Alternativen steuerlicher Einkommensperiodisierung, in: Steuer und Wirtschaft, 65. Jg., Nr. 2, S. 111-132

Mitschke, J. (1995), Steuer- und Sozialpolitik für mehr reguläre Beschäftigung, in: Wirtschaftsdienst, 75. Jg., Nr. 2, S. 75-84

Mitschke, J. (1996), Steuerpolitik für mehr Beschäftigung und qualitatives Wachstum, in: Baron, S., Handschuch, K. (Hrsg.), Wege aus dem Steuerchaos, Stuttgart, S. 89-102

Mössner, J.M. (1983), Die internationale Steuerflucht, in: Hansmeyer, K.H. (Hrsg.), Staatsfinanzierung im Wandel, Schriften des Vereins für Socialpolitik, N.F., Bd. 134, Berlin, S. 817-839

Mombert, P. (1916), Eine Verbrauchseinkommensteuer für das Reich als Ergänzung zur Vermögenszuwachssteuer, Tübingen

Mombert, P. (1922), Besteuerung und Volkswirtschaft, Karlsruhe

Müller, M. (1992), Aufkommens- und Verteilungseffekte alternativer Ausgabensteuersysteme, in: Petersen, H.-G., Hüther, M., Müller, K. (Hrsg.), Wirkungsanalyse alternativer Steuer- und Transfersystem, Frankfurt/Main, New York, S. 41-74

Musgrave, P.B. (1991), Internationale Koordinationsprobleme beim Ersatz einer Einkommens- durch eine Konsumbesteuerung, in: Rose, M. (Hrsg.), Konsumorientierte Neuordnung des Steuersystems, Berlin u.a.O., S. 535-568

Musgrave, R.A. (1991), Zur Wahl der „richtigen" Steuerbemessungsgrundlage – eine historische Betrachtung, in: Rose, M. (Hrsg.), Konsumorientierte Neuordnung des Steuersystems, Berlin u.a.O., S. 35-49

Musgrave, R.A., Musgrave, P.B. (1972), Internation-equity, in: Bird, R.M., Head, J.G. (Ed.), Modern Fiscal Issues. Essays In Honor Of Carl S. Shoup, Toronto, S. 63-85

Musgrave, R.A., Musgrave, P.B., Kullmer, L. (1978), Die öffentlichen Finanzen in Theorie und Praxis, Bd. 4, Tübingen

Musgrave, R.A., Musgrave, P.B., Kullmer, L. (1993), Die öffentlichen Finanzen in Theorie und Praxis, Bd. 2, 5. Aufl., Tübingen

Naust, H. (1983), Direkte Steuern und intertemporale Allokation. Eine wohlfahrtsökonomische Betrachtung, Köln u.a.O.

Naust, H. (1991/92), Konsumorientierte Steuerreform. Zum Heidelberger Konsumsteuerkongreß, in: Andel, N. (Hrsg.), Finanzarchiv, N.F., Bd. 49, Tübingen, S. 501-533

Neumark, F. (1970), Grundsätze gerechter und ökonomisch rationaler Steuerpolitik, Tübingen

Nimmermann, P. (1999), Die Besteuerung internationaler Faktoreinkommen. Ein Beitrag zur positiven Theorie der Doppelbesteuerungsabkommen unter besonderer Berücksichtigung der Beziehungen Deutschlands zu ausgewählten Entwicklungsländern, Frankfurt am Main

Nowotny, E. (1999), Der öffentliche Sektor, 4. Aufl., Berlin

Oberhauser, A. (Hrsg.)(1998), Probleme der Besteuerung I, Schriften des Vereins für Socialpolitik, N.F., Bd. 259/I, Berlin

OECD Organisation for Economic Co-Operation and Development (1996), Model Tax Convention on Income and on Capital, Paris

OECD Organisation for Economic Co-Operation and Development (1998), Harmful Tax Competition. An Emerging Global Issue, Paris

O.V. (2000a), Niedrige Steuersätze locken nach Kroatien, in: Frankfurter Allgemeine Zeitung, Nr. 107 vom 09.05.2000, S. 19

O.V. (2000b), Die EU-Finanzminister sind einen Zinsschritt weiter, in: Frankfurter Allgemeine Zeitung, Nr. 277 vom 28.11.2000, S. 17

O.V. (2000c), Steuergeschenke lassen Investoren kalt, in: Handelsblatt, Nr. 143 vom 27.7.2000, S. 10

O.V. (2000d), Monti: Blockade des Steuerpakets umgehen, in: Frankfurter Allgemeine Zeitung, Nr. 45 vom 23.02.2000, S. 19

O.V. (2001), EU droht neuer Streit um geplante Zinssteuer, in: Handelsblatt, Nr. 136 vom 18.07.2001, S. 5

Overwiening, B. (1996), Die optimale fiskalische Souveränität eines Staates im Spiegel des Internationalen Steuerrechts: eine Soll-Ist-Analyse, Münster

Pechman, J.A. (Ed.)(1980), What Should Be Taxed: Income or Expenditure?, Washington, D.C.

Peffekoven, R. (1975), Zur Theorie des Steuerexports, Tübingen

Peffekoven, R. (1978), Internationale Finanzordnung, in: Gröner, H., Schüller, A. (Hrsg.), Internationale Wirtschaftsordnung, Stuttgart, New York, S. 123-140

Peffekoven, R. (1980), Persönliche allgemeine Ausgabensteuer, in: Neumark, F. (Hrsg.), Handbuch der Finanzwissenschaft, 3. Aufl., Bd. 2, Tübingen, S. 417-452

Peffekoven, R. (1982), Probleme der internationalen Finanzordnung, in: Neumark, F. (Hrsg.), Handbuch der Finanzwissenschaft, 3. Aufl., Bd. 4, Tübingen, S. 219-268

Peffekoven, R. (1983), Steuerliche Koordinationsprobleme in den Wirtschaftsbeziehungen zwischen Industrie- und Entwicklungsländern, in: Hansmeyer, H. (Hrsg.), Staatsfinanzierung im Wandel, Schriften des Vereins für Socialpolitik, N.F., Bd. 134, Berlin, S. 787-816

Peffekoven, R. (1984), Anrechnung versus Freistellung – Zur ökonomischen Analyse internationaler Besteuerungsprinzipien, in: Aussenwirtschaft, 39. Jg., Nr. 1/2, S. 137-150

Peffekoven, R. (2000), Rentenbesteuerung – ein Weg aus der Finanzkrise?, in: ifo Schnelldienst, 53. Jg., Nr. 21, S. 3-5

Peffekoven, R., Fischer, H. (1982), Ausgabensteuer (persönliche, allgemeine), in: Albers, W. u.a. (Hrsg.), Handwörterbuch der Wirtschaftswissenschaft, Bd. 9, Stuttgart u.a.O., S. 697-706

Pesmatzoglou, H. (1996), Die Harmonisierung der Kapitaleinkommensbesteuerung in der Europäischen Union, Frankfurt am Main u.a.O.

Pitlik, H. (1998), Steuerwettbewerb oder Steuerharmonisierung in der WWU?, in: Caesar, R., Scharrer, H.-E. (Hrsg.), Die Europäische Wirtschafts- und Währungsunion. Regionale und globale Herausforderungen, Bonn, S. 169-193

Pollak, H. (1991), Gestaltungs- und Folgeprobleme progressiver Ausgabensteuertarife, in: Rose, M. (Hrsg.), Konsumorientierte Neuordnung des Steuersystems, Berlin u.a.O., S. 373-397

Pollak, H. (1990), Anmerkungen zur Gerechtigkeit der Konsumausgabensteuer, in: Bea, F.X., Kitterer, W. (Hrsg.), Finanzwissenschaft im Dienste der Wirtschaftspolitik. Dieter Pohmer zum 65. Geburtstag, Tübingen, S. 69-85

Pumbo, M. (1995), Ausländische Einkünfte im körperschaftsteuerlichen Anrechnungsverfahren. Ökonomische Wirkungen und Reformvorschläge, Hamburg

Radulescu, D.M. (2002), Besteuerung von Kapitalgesellschaften im Binnenmarkt. Reformvorschlag der Europäischen Kommission, in: ifo Schnelldienst, 55. Jg., Nr. 2, S. 12-18

Richter, W.F., Wiegard, W. (1991a), Cash-flow-Steuern: Ersatz für die Gewerbesteuer?, in: Rose, M. (Hrsg.), Konsumorientierte Neuordnung des Steuersystems, Berlin u.a.O., S.193-204

Richter, W.F., Wiegard, W. (1991b), Effizienzorientierte Reform der Gewerbesteuer, in: Rose, M. (Hrsg.), Konsumorientierte Neuordnung des Steuersystems, Berlin u.a.O., S. 437-471

Richter, W.F., Wiegard, W. (1993), Zwanzig Jahre „Neue Finanzwissenschaft", Teil: Steuern und Staatsverschuldung, in: Zeitschrift für Wirtschafts- und Sozialwissenschaften, Nr. 113, S. 337-400

Rose, G. (2000), Grundzüge des Internationalen Steuerrechts, 5. Aufl., Wiesbaden

Rose, M. (1991a), Cash-flow-Gewerbesteuer versus zinsbereinigte Gewerbeertragsteuer, in: Rose, M. (Hrsg.), Konsumorientierte Neuordnung des Steuersystems, Berlin u.a.O., S. 205-216

Rose, M. (1991b), Plädoyer für ein konsumbasiertes Steuersystem, in: Rose, M. (Hrsg.), Konsumorientierte Neuordnung des Steuersystems, Berlin u.a.O., S. 7-34

Rose, M. (1991c), Wirkungen einer konsumorientierten Neuordnung des Steuersystems auf Kapitalbildung und Wohlfahrt, in: Gahlen, B. u.a. (Hrsg.), Wachstumstheorie und Wachstumspolitik. Ein neuer Anlauf, Tübingen, S. 211-240

Rose, M. (1992), Reform der Besteuerung des Sparens und der Kapitaleinkommen, in: Betriebsberater, 47. Jg., Beilage 5 zu Heft 10

Rose, M. (1994), Eine konsumorientierte Neuordnung des Steuersystems für mehr Entscheidungsneutralität, Fairneß und Transparenz, in: Bühler, W. u.a. (Hrsg.), Steuervereinfachung. Festschrift für Dietrich Meyding zum 65. Geburtstag, Heidelberg, S. 234-251

Rose, M. (1996a), Argumente für ein konsumbasiertes Einkommensteuersystem ohne Subventionselemente und die Schutzverzinsung (das Existenzminimum) des Kapitals, in: Baron, S., Handschuch, K. (Hrsg.), Wege aus dem Steuerchaos, Stuttgart, S. 65-88

Rose, M. (1996b), Reform der öffentlichen Finanzen zur Stärkung der Standortqualität, in: Siebert, H. (Hrsg.), Steuerpolitik und Standortqualität. Expertisen zum Standort Deutschland, Tübingen, S. 145-191

Rose, M. (1996c), Schutz des Kapitalexistenzminimums, in: Betriebsberater, 51. Jg., Nr. 21, S. 1085-1090

Rose, M. (1997), Steuerliche Gleichbelastung alternativer Formen der Altersvorsorge und Vermögensbildung, in: Rose, M. (Hrsg.), Standpunkte zur aktuellen Steuerreform. Vorträge des Zweiten Heidelberger Steuerkongresses 1997, Schriften des Betriebsberaters, Bd. 97, Heidelberg, S. 17-35

Rose, M. (1998a), Konsumorientierung des Steuersystems – theoretische Konzepte im Lichte empirischer Erfahrungen, in: Krause-Junk, G. (Hrsg.), Steuersysteme der Zukunft, Schriften des Vereins für Socialpolitik, N.F., Bd. 256, Berlin, S. 247-278

Rose, M. (1998b), Zur praktischen Ausgestaltung einer konsumorientierten Einkommensbesteuerung, in: Oberhauser, A. (Hrsg.), Probleme der Besteuerung I, Schriften des Vereins für Socialpolitik, N.F., Bd. 259/I, Berlin, S. 99-123

Rose, M. (1999a), Die Gewinnsteuer als Element eines analytischen Systems der Einkommensbesteuerung, in: Wirtschaftsdienst, 79. Jg., Nr. 6, S. 341-346

Rose, M. (1999b), Einführung marktorientierter Einkommensteuersysteme in osteuropäischen Reformstaaten, in: Smekal, C., Sendlhofer, R., Winner, H. (Hrsg.), Einkommen versus Konsum. Ansatzpunkte zur Steuerreformdiskussion, Heidelberg, S. 167-195

Rose, M. (1999c), Recommendations on Taxing Income for Countries in Transition to Market Economies, in: Rose, M. (Hrsg.), Tax Reform for Countries in Transition to Market Economies, Stuttgart, S. 23-62

Rose, M. (2000a), Doppelbesteuerung versus Doppelbelastung von Zinsen. Eine Erwiderung auf Hannes Schellhorn, in: Wirtschaftsdienst, 80. Jg., Nr. 8, S. 499-501

Rose, M. (2000b), Aktion „Faires Steuersystem“. Mehr Arbeitsplätze durch marktorientierte Einkommensteuern, http://www.steuersystem.de/pub/steuer/broschuere/startbroschuere.html

Rose, M. (Ed.)(1990), Heidelberg Congress on Taxing Consumption, Berlin u.a.O.

Rose, M. (Hrsg.)(1991), Konsumorientierte Neuordnung des Steuersystems, Berlin u.a.O.

Rose, M. (Hrsg.)(1997), Standpunkte zur aktuellen Steuerreform. Vorträge des Zweiten Heidelberger Steuerkongresses 1997, Heidelberg

Rose, M. (Hrsg.)(1999), Tax Reform for Countries in Transition to Market Economies, Stuttgart

Rose, M., Wagner, F.W., Wenger, E. (o.J.), Vorschläge zu einer konsumorientierten Reform der Einkommens- und Gewinnbesteuerung, Alfred Weber-Gesellschaft e.V., Aktion Faires Steuersystem, Informationsblatt zu einer konsumorientierten und damit fairen Neuordnung des Steuersystems, Heidelberg

Rosen, H.S. (1999), Public Finance, 5th Ed., Boston u.a.O.

Sarkar, S., Zodrow, G.R. (1993), Transitional Issues in Moving to a Direct Consumption Tax, in: National Tax Journal, Vol. 46, S. 359-376

Sato, M., Bird, R. M. (1975), International Aspects of the Taxation of Corporations and Shareholders, in: International Monetary Fund, Staff Papers, Vol. 22, S. 384 – 455

Schanz, G.v. (1892), Zur Frage der Steuerpflicht, in: Schanz, G.v., Hofrat, K.B. (Hrsg.), Finanzarchiv, Bd. 9, Stuttgart, S. 365-438

Schaumburg, H. (1998), Internationales Steuerrecht, 2. Aufl., Köln

Scheer, C. (1998), Steuerpolitische Ideale – gestern und morgen, in: Krause-Junk, G. (Hrsg.), Steuersysteme der Zukunft, Schriften des Vereins für Socialpolitik, N.F., Bd. 256, Berlin, S. 155-198

Schellhorn, H. (2000), In welcher Höhe werden Zinseinkünfte in Deutschland besteuert? Anmerkungen zu Berechnungen von Manfred Rose, in: Wirtschaftsdienst, 80. Jg., Nr. 8, S. 494-498

Schemmel, L. (1999), Zur Reform der Zinsenbesteuerung. Vermeidung übermäßiger Belastungen durch angemessene Pauschalierung, Sparerfreibetrag und Vermögensteuer-Verzicht, Karl-Bräuer-Institut des Bundes der Steuerzahler e.V., Heft 90, Wiesbaden

Schmidt, K. (1986), Reform der Unternehmensbesteuerung. Erfordernisse und Lösungswege, in: Spahn, P.B. (Hrsg.), 2. Merton-Lesung an der Johann Wolfgang Goethe-Universität Frankfurt am Main, Berlin u.a.O.

Schmidt, K. (1999), Buchbesprechung zu Smekal, C., Sendlhofer, R., Winner, H. (Hrsg.), Einkommen versus Konsum. Ansatzpunkte zur Steuerreformdiskussion. Heidelberg 1999. Physica, in: Finanzarchiv, N.F., Bd. 56, S. 264-270

Schmidt, O. (2001), Ende einer Ära: Was wird aus Sparkassen und Landesbanken?, in: Wirtschaftsdienst, 81. Jg., Nr. 6, S. 346-351

Schmidt, P. (1999), Konsumbesteuerung durch Mehrwertsteuer. Zur konsumorientierten Ausgestaltung mehrwertsteuerlicher Erhebungstechnik, Bielefeld

Schneider, D. (1971), Gewinnermittlung und steuerliche Gerechtigkeit, in: Schmalenbachs Zeitschrift für betriebswirtschaftliche Forschung, N.F., 23. Jg., S. 352 –394

Schneider, D. (1999), Ist die Einkommensteuer überholt? – Kritik und Reformvorschläge, in: Smekal, C., Sendlhofer, R., Winner, H. (Hrsg.), Einkommen versus Konsum. Ansatzpunkte zur Steuerreformdiskussion, Heidelberg, S. 1-14

Schratzenstaller, M., Wehner, H. (2000), Zinsbesteuerung in der Europäischen Union, in: Wirtschaftsdienst, 80. Jg., Nr. 11, S. 675-683

Schreiber, U. (1996), Notwendigkeit und Alternativen einer Reform der Besteuerung von Kapitaleinkommen, in: Jacobs, O.H., Spengel, C. (Hrsg.), Aspekte der Unternehmensbesteuerung in Europa, Baden-Baden, S. 85-115

Schreiber, U. (1998), Internationale Mobilität von Steuerbasen – Ist nationale Steuerpolitik noch möglich?, in: Krause-Junk, G. (Hrsg.), Steuersysteme der Zukunft, Schriften des Vereins für Socialpolitik, N.F., Bd. 256, Berlin, S. 29-88

Schrinner, A. (2001), Wissenschaftler fordern „Einfach-Steuergesetz", in: Handelsblatt, Nr. 117 vom 21.06.2001, S. 5

Schumpeter, J.A. (1929/30), Ökonomie und Soziologie der Einkommensteuer, in: Der deutsche Volkswirt, 4. Jg., 1. Halbband, S. 380-385

Schuster, H. (1999), Die österreichische Abgeltungssteuer – Modell für Deutschland, in: Bundesverband deutscher Banken (Hrsg.), Daten, Fakten, Argumente, Köln

Schwinger, R. (1992), Einkommens- und konsumorientierte Steuersysteme. Wirkungen auf Investition, Finanzierung und Rechnungslegung, Heidelberg

Seidl, C. (1990), Administration Problems of an Expenditure Tax, in: Rose, M. (Ed.), Heidelberg Congress on Taxing Consumption, Berlin u.a.O., S. 407-449

Seidman, L.S. (1997), The USA Tax: A Progressive Consumption Tax, Cambridge, London

Siebert, H. (2000), Außenwirtschaft, 7. Aufl., Stuttgart

Sinn, H.-W. (1984), Wachstums- und beschäftigungsneutrale Kapitaleinkommensbesteuerung, in: Siebert, H. (Hrsg.), Intertemporale Allokation, Frankfurt am Main u.a.O., S. 259-279

Sinn, H.-W. (1985), Kapitaleinkommensbesteuerung, Tübingen

Sinn, H.-W. (1995), Implikationen der vier Grundfreiheiten für eine nationale Fiskalpolitik, in: Wirtschaftsdienst, 75. Jg., Nr. 5, S. 240-249

Sinn, H.-W. (1997a), Deutschland im Steuerwettbewerb, in: Wagner, A. u.a. (Hrsg.), Jahrbücher für Nationalökonomie und Statistik, Bd. 216, Stuttgart, S. 672-692

Sinn, H.-W. (1997b), Das Selektionsprinzip und der Systemwettbewerb, in: Oberhauser, A. (Hrsg.), Fiskalföderalismus in Europa, Schriften des Vereins für Socialpolitik, N.F., Bd. 253, Berlin, S. 9-60

Smekal, C., Sendlhofer, R., Winner, H. (Hrsg.) (1999), Einkommen versus Konsum. Ansatzpunkte zur Steuerreformdiskussion, Heidelberg

Sörensen, P.B. (2000), The case for international tax co-ordination reconsidered, in: Economic Policy. A European Forum, No. 31, S. 431-472

Stützel, W. (1979), Das Mark-gleich-Mark-Prinzip und unsere Wirtschaftsordnung. Über den sogenannten Nominalismus, insbesondere im Schuld- und Steuerrecht, Baden-Baden

SVR Sachverständigenrat zur Begutachtung der gesamtwirtschaftlichen Entwicklung (2001), Für Stetigkeit – gegen Aktionismus, Jahresgutachten 2001/2002, Stuttgart

SVR Sachverständigenrat zur Begutachtung der gesamtwirtschaftlichen Entwicklung (1998), Vor weitreichenden Entscheidungen, Jahresgutachten 1998/1999, Stuttgart

Swoboda, P. (1991), Cash-flow-Steuern und Finanzierungsneutralität, in: Rose, M. (Hrsg.), Konsumorientierte Neuordnung des Steuersystems, Berlin u.a.O., S. 473-493

Tanzi, V. (1998), Globalization, Tax Competition and the Future of Tax Systems, in: Krause-Junk, G. (Hrsg.), Steuersysteme der Zukunft, Schriften des Vereins für Socialpolitik, N.F., Bd. 256, Berlin, S. 11 – 27

Tanzi, V. (1995), Taxation in an Integrating World, Washington, D.C.

Thien, E.J. (1975), Die Beurteilung der „Fiktiven Steueranrechnung“ unter besonderer Berücksichtigung ihrer Verwendung in Doppelbesteuerungsabkommen (DBA) der Bundesrepublik Deutschland mit Entwicklungsländern, Frankfurt/Main, Zürich

Umweltbundesamt (Hrsg.)(1999), Anforderungen an und Anknüpfungspunkte für eine Reform des Steuersystems unter ökologischen Aspekten, Berlin

UNCTAD (Hrsg.)(2000), UNCTAD Handbook of Statistics, Genf, New York

Vogel, K. (1991), Der offene Finanz- und Steuerstaat, Heidelberg

Vogel, K. (1994), Über „Besteuerungsrechte“ und über das Leistungsfähigkeitsprinzip im Internationalen Steuerrecht, in: Kirchhof, P., Offerhaus, K., Schöberle, H. (Hrsg.) Steuerrecht. Verfassungsrecht. Finanzpolitik. Festschrift für Franz Klein, S. 361-376

Volckens, H.V. (2001), Die Ertragsbesteuerung des grenzüberschreitenden Handels im Internet, Frankfurt am Main u.a.O.

Wagner, F.W. (1997), Kann es eine Beseitigung aller steuerlichen Ausnahmen geben, wenn es gar keine Regel gibt?, in: Rose, M. (Hrsg.), Standpunkte zur aktuellen Steuerreform. Vorträge des Zweiten Heidelberger Steuerkongresses 1997, Heidelberg, S. 37 - 51

Wagner, F.W. (1998), Eine Abgeltungssteuer muß auch für Unternehmensgewinne gelten, in: Handelsblatt, Nr. 126 vom 06.07.1998, S. 2

Wagner, F.W. (1999a), Die Integration einer Abgeltungssteuer in das Steuersystem – Ökonomische Analyse der Kapitaleinkommensbesteuerung in Deutschland und der EU, in: Der Betrieb, 52. Jg., Nr. 30, S. 1520-1528

Wagner, F.W. (1999b), Eine Einkommensteuer muß eine konsumorientierte Steuer sein, in: Smekal, C., Sendlhofer, R., Winner, H. (Hrsg.), Einkommen versus Konsum. Ansatzpunkte zur Steuerreformdiskussion, Heidelberg, S. 15-35

Wagner, F.W., Schwinger, R. (1991), Der Einfluß einer Cash-flow-Steuer auf Finanzierung und Rechnungslegung, in: Rose, M. (Hrsg.), Konsumorientierte Neuordnung des Steuersystems, Berlin u.a.O., S. 495-521

Wagner, F.W., Wenger, E. (1996), Theoretische Konzeption und legislative Transformation eines marktwirtschaftlichen Steuersystems in der Republik Kroatien, in: Sadowski, D., Czap, H., Wächter, H. (Hrsg.), Regulierung und Unternehmenspolitik. Methoden und Ergebnisse der betriebswirtschaftlichen Rechtsanalyse, Wiesbaden, S. 399-415

Wagner, F.W., Wenger, E. (1999), Was wir von Österreich lernen können, in: Handelsblatt, Nr. 67 vom 08.04.1999, S. 53

Wassermeyer, F. (1997), 25 Jahre Außensteuergesetz, in: Klein, F., Stihl, H.P., Wassermeyer, F. (Hrsg.), Unternehmen Steuern. Festschrift für Hans Flick zum 70. Geburtstag, Köln, S. 1057-1071

Wassermeyer, F. (2001), OECD-Musterabkommen, in: Wassermeyer (Hrsg.), Doppelbesteuerungsabkommen. Textsammlung mit Einführung und Verweisungen, München 2001

Weichenrieder, A.J. (1995), Besteuerung und Direktinvestition, Tübingen

Weichenrieder, A.J. (1999), Direktinvestitionen und Besteuerung – eine deutsche Perspektive, in: Döhrn, R., Heiduk, G. (Hrsg.), Theorie und Empirie der Direktinvestitionen, Schriftenreihe des Rheinisch-Westfälischen Instituts für Wirtschaftsforschung, N.F., Heft 65, S. 75-102

Weichenrieder, A.J. (2002), Die Kommissionsgutachten zur Unternehmensbesteuerung: Mehr Fragen als Antworten, in: ifo Schnelldienst, 55. Jg., Nr. 2, S. 9-11

Weisflog, W.E. (1983), Die konsumbasierte oder Mittelfluß-Einkommensteuer von W.D. Andrews, in: Steuer und Wirtschaft, 60. (13.) Jg., S.337-345

Wellisch, D. (1995), Dezentrale Finanzpolitik bei hoher Mobilität, Tübingen

Wenger, E. (1983), Gleichmäßigkeit der Besteuerung von Arbeits- und Vermögenseinkünften, in: Andel, N. (Hrsg.) Finanzarchiv, N.F., Bd. 41, Tübingen, S. 207-252

Wenger, E. (1997), Traditionelle versus zinsbereinigte Einkommens- und Gewinnbesteuerung: Vom Sammelsurium zum System, in: Rose, M. (Hrsg.), Standpunkte zur aktuellen Steuerreform. Vorträge des Zweiten Heidelberger Steuerkongresses 1997, Heidelberg, S. 115-140

Wenger, E. (1999), Warum die Finanzwissenschaft bei der Suche nach einer theoretischen Basis für die Einkommensteuer erfolglos bleiben mußte, in: Smekal, C., Sendlhofer, R., Winner, H. (Hrsg.), Einkommen versus Konsum. Ansatzpunkte zur Steuerreformdiskussion, Heidelberg, S. 37-63

Wiegard, W. (2000), Nachgelagerte Besteuerung von Alterseinkünften: Das trojanische Pferd der Befürworter einer Konsumsteuer, in: ifo Schnelldienst, 53. Jg., Nr. 21, S. 8-12

Windisch, R. (1999), Globalisierung, Systemwettbewerb und Steuerpolitik, in: Andel, N. (Hrsg.), Probleme der Besteuerung II, Schriften des Vereins für Socialpolitik, N.F., Bd. 259/II, Berlin, S. 127-174

Wissel, H. (1997), Einkünfteerzielungsabsicht und Einkommensbegriff, Hamburg

Wissenschaftlicher Beirat beim Bundesministerium für Finanzen (1974), Gutachten zur Finanzierung eines höheren Staatsanteils am Sozialprodukt vom 3. Juni 1972, in: Der Wissenschaftliche Beirat beim Bundesministerium der Finanzen (Hrsg.), Entschließungen, Stellungnahmen und Gutachten 1949-1973, Tübingen, S. 535-571

Wissenschaftlicher Beirat beim Bundesministerium für Finanzen (1999), Reform der internationalen Kapitaleinkommensbesteuerung, Schriftenreihe des Bundesministeriums der Finanzen, Heft 65, Bonn

Wiswesser, R. (1999), Adjustment of Personal and Business Income Taxation to Inflation, in: Rose, M. (Ed.), Tax Reform for Countries in Transition to Market Economies, Stuttgart, S. 72-98

Wohlgemuth, M. (1996), Die persönliche Ausgabensteuer, Frankfurt am Main

Zeitler, F.-C. (1993), Aktuelle steuerpolitische Fragen der Doppelbesteuerungsabkommen, in: Beisse, H., Lutter, M., Närger, H. (Hrsg.), Festschrift für Karl Beusch zum 68. Geburtstag am 31. Oktober 1993, Berlin, New York, S. 949-962

Zimmermann, H., Henke, K.-D. (2001), Finanzwissenschaft, 8. Aufl., München

Zodrow, G.R. (1990), The choice between income and consumption: efficiency and horizontal equity aspects, in: Cnossen, S., Bird, R.M. (Ed.), The Personal Income Tax. Phoenix from the Ashes?, Amsterdam u.a.O., S. 85-115

Zodrow, G.R. (1995), Taxation, uncertainty and the choice of a consumption tax base, in: Journal of Public Economics, Vol. 58, S. 257-265

Zumstein, P. (1977), Die Ausgabensteuer – Volkswirtschaftliche Begründung und praktische Durchführbarkeit, Diessenhofen

Verzeichnis der Quellen der Europäischen Union

Bericht der Gruppe „Verhaltenskodex" (Unternehmensbesteuerung) an den Rat „Wirtschaft und Finanzen" vom 29.11.1999, http://europa.eu.int/comm/taxation_customs/taxation/law/primarolo/primarolo_de.pdf

Entschließung des Rates und der im Rat vereinigten Vertreter der Regierungen der Mitgliedstaaten vom 1. Dezember 1997 über einen Verhaltenskodex für die Unternehmensbesteuerung, ABl. EG C 2 vom 6.1.1998, S. 2

KOM (1992), 1118 endg., Mitteilung der Kommission an den Rat und das Europäische Parlament im Anschluss an die Schlussfolgerungen des unabhängigen Sachverständigenausschusses unter dem Vorsitz von Herrn Ruding über die Leitlinien für die Unternehmensbesteuerung im Rahmen der Vertiefung des Binnenmarktes vom 26. Juni 1992, BT-Drucksache 13/4138 vom 18.3.1996, S. XXI

KOM (1998) 67 endg., Vorschlag für eine Richtlinie des Rats über eine gemeinsame Steuerregelung zur Zahlung von Zinsen und Lizenzgebühren zwischen verbundenen Unternehmen verschiedener Mitgliedstaaten (98/C 123/07), ABl. EG C 123 vom 22.4.1998, S. 9

KOM (1998) 295 endg., Vorschlag für eine Richtlinie des Rates zur Gewährleistung eines Minimums an effektiver Besteuerung von Zinserträgen innerhalb der Gemeinschaft (98 C 212/09), ABl. EG C 212 vom 8.7.1998, S. 13

KOM (2001) 260 endg., Mitteilung der Kommission an den Rat, das Europäische Parlament und den Wirtschafts- und Sozialausschuss vom 23.5.2001, Steuerpolitik in der Europäischen Union – Prioritäten für die nächsten Jahre, ABl. EG C 284 vom 10.10.2001, S. 6

KOM (2001) 400 endg., Vorschlag für eine Richtlinie des Rates zur Gewährleistung einer effektiven Besteuerung von Zinserträgen innerhalb der Gemeinschaft vom 18.7.2001, 2001/0164 CNS, ABl. EG C 270E vom 25.9.2001, S. 259

KOM (2001) 582 endg., Mitteilung der Kommission an den Rat, das Europäische Parlament und den Wirtschafts- und Sozialausschuss vom 23.10.2001, Ein Binnenmarkt ohne steuerliche Hindernisse, Strategie zur Schaffung einer konsolidierten Körperschaftsteuer-Bemessungsgrundlage für die grenzüberschreitende Unternehmenstätigkeit in der EU, http://europa.eu.int/eur-lex/de/com/cnc/2001/com2001_0582de01.pdf

Protokoll zur Änderung des Übereinkommens vom 23. Juli 1990 über die Beseitigung der Doppelbesteuerung im Falle von Gewinnberichtigungen zwischen verbundenen Unternehmen (1999/C202/01), ABl. EG C 202 vom 16.7.1999, S. 1

Richtlinie des Rates vom 19. Dezember 1977 über die gegenseitige Amtshilfe zwischen den zuständigen Behörden der Mitgliedstaaten im Bereich der direkten Steuern (77/799/EWG), ABl. EG L 336 vom 27.12.1977, S. 15

Richtlinie des Rates vom 23. Juli 1990 über das gemeinsame Steuersystem für Fusionen, Spaltungen, die Einbringung von Unternehmensteilen und den Austausch von Anteilen, die Gesellschaften verschiedener Mitgliedstaaten betreffen (90/434 EWG), ABl. EG L 225 vom 20.8.1990, S. 1

Richtlinie des Rates vom 23. Juli 1990 über das gemeinsame Steuersystem der Mutter- und Tochtergesellschaften verschiedener Mitgliedstaaten (90/435/EWG), ABl. EG L 225 vom 20.8.1990, S. 6

Schlussfolgerungen des Rates „Wirtschafts- und Finanzfragen“ vom 1. Dezember 1997 zur Steuerpolitik (98/C2/01), ABl. EG C 2 vom 6.1.1998, S. 1

Übereinkommen über die Beseitigung der Doppelbesteuerung im Falle von Gewinnberichtigungen zwischen verbundenen Unternehmen (90/436/EWG), ABl. EG L 225 vom 20.8.1990, S. 10

Vertrag über die Europäische Union (EUV) vom 7. Februar 1992 in der Fassung vom 1. Januar 1995, BGBl. 1992 II, S. 1253, geändert durch den Beitrittsvertrag vom 24. Juni 1994, BGBl. 1994 II, S. 2024, und den Anpassungsbeschluss des Rates Nr. 95/1/EG, Euratom, EGKS vom 1. Januar 1995, ABl. EG L1/1995, S. 1

Vertrag von Amsterdam zur Änderung des Vertrags über die Europäische Union, der Verträge der Europäischen Gemeinschaften sowie einiger damit zusammenhängender Rechtsakte vom 2. Oktober 1997, BGBl. 1998 II, S. 387

Vertrag von Nizza zur Änderung des Vertrags über die Europäische Union, der Verträge zur Gründung der Europäischen Gemeinschaften sowie einiger damit zusammenhängender Rechtsakte vom 26. Februar 2001, ABl. EG C 80 vom 10.3.2001, S. 19

Vertrag zur Gründung der Europäischen Gemeinschaft (EGV) in der Fassung vom 1. Januar 1995, basierend auf dem EWG-Vertrag vom 25. März 1957, BGBl. 1957 II, S. 766 und BGBl. 1958 II, S. 1, geändert durch die Einheitliche Europäische Akte vom 18. Februar 1986, BGBl. 1986 II, S. 1104 sowie Titel II des Vertrages über die Europäische Union vom 7. Februar 1992 (Vertrag von Maastricht), BGBl. 1992 II, S. 1253, den Beitrittsvertrag vom 24. Juni 1994, BGBl. 1994 II, S. 2024 und den Anpassungsbeschluss des Rates Nr. 95/1/EG, Euratom, EGKS vom 1. Januar 1995, ABl. EG L1/1995, S. 1

Verzeichnis der Doppelbesteuerungsabkommen

Abkommen zwischen der Bundesrepublik Deutschland und dem Königreich Dänemark zur Vermeidung der Doppelbesteuerung bei den Steuern vom Einkommen und vom Vermögen sowie bei den Nachlaß-, Erbschaft- und Schenkungsteuern und zur Beistandsleistung in Steuersachen (Deutsch-dänisches Steuerabkommen) vom 22. November 1995, BGBl. 1996 II, S. 2566

Abkommen zwischen der Bundesrepublik Deutschland und der Französischen Republik zur Vermeidung der Doppelbesteuerungen und über die gegenseitige Amts- und Rechtshilfe auf dem Gebiete der Steuern vom Einkommen und vom Vermögen sowie der Gewerbesteuerung und der Grundsteuern vom 21. Juli 1959, BGBl. 1961 II, S. 398

Abkommen zwischen der Bundesrepublik Deutschland und der Italienischen Republik zur Vermeidung der Doppelbesteuerung auf dem Gebiet der Steuern vom Einkommen und vom Vermögen und zur Verhinderung der Steuerverkürzung vom 18. Oktober 1989, BGBl. 1990 II, S. 743

Doppelbesteuerungsabkommen Deutschland-Elfenbeinküste, Abkommen zwischen der Bundesrepublik Deutschland und der Republik Elfenbeinküste zur Vermeidung der Doppelbesteuerung und Regelung der gegenseitigen Amtshilfe auf dem Gebiet der Steuern vom Einkommen und vom Vermögen vom 3. Juli 1979, BGBl. 1982 II, S. 154

Doppelbesteuerungsabkommen Deutschland-Indien, Abkommen zwischen der Bundesrepublik Deutschland und der Republik Indien zur Vermeidung der Doppelbesteuerung auf dem Gebiet der Steuern vom Einkommen und vom Vermögen vom 19. Juni 1995, BGBl. 1996 II, S. 707

Doppelbesteuerungsabkommen Deutschland-Österreich, Abkommen zwischen der Bundesrepublik Deutschland und der Republik Österreich zur Vermeidung der Doppelbesteuerung auf dem Gebiete der Steuern vom Einkommen und vom Vermögen sowie der Gewerbesteuern und der Grundsteuern vom 4. Oktober 1954, BGBl. 1955 II, S. 750, in der Fassung des Änderungsabkommens vom 8. Juli 1992, BGBl. 1994 II, S. 123

Doppelbesteuerungsabkommen Deutschland-USA, Abkommen zwischen der Bundesrepublik Deutschland und den Vereinigten Staaten von Amerika zur Vermeidung der Doppelbesteuerung und zur Verhinderung der Steuerverkürzung auf dem Gebiet der Steuern vom Einkommen und vom Vermögen und einiger anderer Steuern vom 29. August 1989, BGBl. 1991 II, S. 355

OECD-Musterabkommen 2000 zur Vermeidung der Doppelbesteuerung auf dem Gebiet der Steuern vom Einkommen und Vermögen (OECD-MA 2000), Stand: Dezember 2000, BStBl. 2001 I, S. 72

Übersicht betr. Stand der Doppelbesteuerungsabkommen und der Doppelbesteuerungsverhandlungen am 1. Januar 2001 vom 2. Januar 2001, BStBl. 2001 I, S. 41

Kolibri 360 GmbH
Ferdinand-Jühlke-Straße 7
99095 Erfurt, Deutschland
produktsicherheit@kolibri360.de

Druck:
CPI Druckdienstleistungen GmbH
im Auftrag der
Kolibri 360 GmbH
Ferdinand-Jühlke-Str. 7
99095 Erfurt